Igor W. Moshejko
# 7 UND 37 WUNDER
## DER WELT

IGOR W. MOSHEJKO

# 7 und 37 WUNDER DER WELT

Aus dem Russischen von
Emilia Crome

Verlag MIR Moskau

Urania-Verlag

Leipzig · Jena · Berlin

Originalausgabe:
Игорь Можейко: 7 и 37 чудес,
издательство «Наука», Москва 1983


Možejko, Igor V.:
7 und 37 Weltwunder/ Igor W. Moshejko. Aus d. Russ. von Emilia Crome.
[Ill.: Werner Ruhner].— 1. Aufl.— Moskau: Verlag Mir; Leipzig; Jena; Berlin:
Urania-Verlag, 1988.
7 i 37 čudes ⟨dt.⟩
ISBN 3-332-00196-5
NE: Verf.: EST




ISBN 3-332-00196-5

1. Auflage
VLN 212-475/8/88 · LSV 023 9
Einband und Illustrationen: Werner Ruhner, Leipzig
Gesamtgestaltung: Wolfgang Lenck
Lektoren: Ulrike Pondorf/Walentina Poleshajewa
Satz und Druck: UdSSR
Best.-Nr. 654 188 1
01280

# INHALT

# EINFÜHRUNG

Als Weltwunder galten in der Antike sieben Bau- und Kunstwerke: die ägyptischen Pyramiden, das Mausoleum von Halikarnassos, der Koloß von Rhodos, der Leuchtturm bei Alexandria, der Artemistempel von Ephesos, die Zeusstatue in Olympia und die Hängenden Gärten Babylons.

Ihre Auswahl war durch die magische Zahl Sieben begrenzt, sie hing auch mit den Schranken des menschlichen Gedächtnisses und mit der Enge der antiken Welt, vor allem aber mit der Beharrlichkeit der Tradition zusammen. Nachdem irgendein Mächtiger oder Weiser die Liste der Wunder etwa im 3. Jahrhundert v. u. Z. festgelegt hatte, wurde sie von den Bewohnern der Mittelmeerregion so akzeptiert und beibehalten, und nur einige Lokalpatrioten versuchten zuzeiten, Korrekturen anzubringen, ohne jedoch das Prinzip selbst in Frage zu stellen. So betrachtete zum Beispiel der römische Schriftsteller Martialis das Kolosseum als ein Weltwunder, andere rechneten die Alexandrinische Bibliothek, noch andere den Pergamonaltar zu den Wundern.

Als tausend Jahre nach dem Untergang des Römischen Reiches vorüber waren und die Menschen begannen, sich für Ereignisse und Dinge außerhalb ihrer eigenen kleinen Welt zu interessieren, erinnerte man sich auch jener sieben Weltwunder. Der Respekt vor der Antike war so groß, daß die sieben Bau- und Kunstdenkmale nunmehr als ein unteilbares Ganzes aufgefaßt wurden, obwohl einige der Weltwunder längst vom Erdboden verschwunden und nur noch aus alten Schriften oder durch mündliche Überlieferung bekannt waren. Seither sprach man gelegentlich von einem »achten Weltwunder«. Als achtes Wunder wurden Palmyra, Petersburg, Venedig und sogar der Eiffelturm bezeichnet. Niemals war die Rede von einem neunten Weltwunder, ein neuntes Wunder konnte es nicht geben. Die Anzahl der Weltwunder wurde stets nur um eines erhöht und damit die Einzigartigkeit eines Bau- oder Kunstwerkes ausgedrückt, das später als jene kanonisierten sieben entstanden war.

Die Griechen unternahmen zwar bemerkenswerte Reisen, doch über das Mittelmeer kamen sie selten hinaus, wußten deshalb nicht viel über Zentralindien, Südostasien, noch weniger über China, hatten wohl kaum eine Vorstellung von dem Teil Afrikas, der südlich der Sahara lag. Bau- und Kunstwerke, die außerhalb ihrer engen Welt entstanden und zur Zeit der großen griechischen Seefahrten vielleicht bereits vernichtet oder vergessen waren, und solche, die erst nach der strengen und doch subjektiven Auswahl der sieben Weltwunder bekannt wurden, blieben unberücksichtigt. So kam eine historische Ungerechtigkeit zustande, derer man sich offenbar stets bewußt war. Das drückt sich in den späteren Versuchen aus, manche Wunder durch andere zu ersetzen oder ein achtes Wunder hinzuzufügen.

Jede historische Ungerechtigkeit kann wiedergutgemacht werden, sofern sie nicht bereits große materielle Verluste zur Folge hatte; sie kann zumal dann korrigiert werden, wenn sie nur auf einer Vereinbarung beruht. Ohne die Auswahl der Alten antasten zu wollen, gehe ich im vorliegenden Buch von jenen bekannten sieben Weltwundern aus, versuche dann jedoch, das Wunderensemble der Antike zu erweitern und eine Reihe von Wundern zu beschreiben, mit denen die alten Griechen nicht in Berührung gekommen waren.

In den letzten fünf Jahrtausenden sind von den Menschen viele außergewöhnliche Kunstwerke geschaffen und viele großartige Bauwerke errichtet worden. Welche von ihnen soll man als »Wunder« betrachten? Offenbar solche, die aufgrund ihrer Idee oder Ausführung im Rahmen der Kulturgeschichte des betreffenden Volkes etwas außerordentlich Bedeutendes, vielleicht Einmaliges, Unwiederholbares darstellen und zugleich die Geschichte und Kultur der gesamten Menschheit bereicherten.

Doch selbst derart hoch angesetzte Kriterien gestatten nicht die vollständige Erfassung all der großartigen Kulturdenkmale, die die Menschheit hervorbrachte. Es sind ihrer so viele, daß man sie nicht in einem oder in zwei Büchern, ja nicht einmal in zehn Bänden beschreiben könnte.

Im Jahre 1969 erschien im Verlag Nauka mein Buch »Weitere 27 Weltwunder«, das die Beschreibung von 27 Kunst- und Bauwerken Asiens enthält. In Asien bildeten sich die ältesten und verschiedenartigsten Kulturen heraus, die später die Entwicklung der Weltkultur stark beeinflußt haben. Die Wunder der ganzen Welt sind ein nahezu unerschöpfliches Thema, während die Wunder Asiens (deren es freilich mehr als 27 gibt) doch überschaut und in einem Buchband in knapper Form beschrieben werden können. Viele geschichtliche Faktoren trugen dazu bei, daß uns die asiatische Kultur weniger bekannt ist als beispielsweise die Kultur der Antike. Andererseits stellen wir ein ständig wachsendes Interesse am Osten fest, da die Rolle der östlichen Länder heute weit größer ist als noch vor hundert Jahren. Zudem hatte der Verfasser selbst Gelegenheit, viele Länder und Regionen des Ostens kennenzulernen und eine Reihe der beschriebenen Denkmale zu besichtigen.

In vielen Fällen habe ich mich der traditionellen Wertschätzung von Denkmalen angeschlossen. So wurden in das genannte Buch zum Beispiel Beschreibungen von Tadsch Mahal, Borobudur und Angkor aufgenommen. Daneben sind jedoch auch Kulturdenkmale berücksichtigt, die manchen Lesern weniger bekannt sein dürften, obwohl sie unbestritten zu den bedeutendsten der Welt gehören, wie Pagan, Baalbek, Konaraka und andere. Bisweilen mußte zwischen zwei oder mehreren einander sehr ähnlichen Denkmalen gewählt werden. In solchen Fällen entschied ich mich mit Hinblick auf seine Entstehung und spätere Geschichte für das — meiner Ansicht nach — interessantere Bau- oder Kunstwerk. Doch wer wollte darüber streiten, ob die Schönheitskrone den Fresken von Sigirija oder den Wandgemälden von Adschanta gebührt, ob der Tempel von Kantschipuram oder der von Konaraka, der Todai-ji-Tempel von Nara oder die Buddhastatue von Kamakura das jeweils großartigere Kunstwerk ist. Sie alle stellen unschätzbare Kulturwerte dar. Dennoch mußten einige Denkmale unberücksichtigt bleiben; denn das Buch sollte kein Nachschlagewerk sein, sondern anregende Lektüre bieten. Sicherlich stimmten nicht alle Leser der zum Teil subjektiven Auswahl zu. Damit mußte sich der Autor abfinden.

Es bleibt noch anzumerken, daß einige Länder bedeutend stärker repräsentiert sind als andere. So wurden zum Beispiel vier burmesische Denkmale beschrieben und kein einziges von Thailand. Indien und Sri Lanka erhielten ein besonderes Kapitel, während Japan nur mit einem Denkmal vertreten ist. Das erklärt sich einfach damit, daß ich längere Zeit in Burma gelebt habe und die dortigen Kunstdenkmale weit besser kenne als die Wunder Japans oder Thailands. Tadsch Mahal, die Tschandraguptasäule und Fatehpur-Sikri habe ich gesehen, war mehrfach in Mittelasien und im Nahen Osten, aber China kenne ich kaum. Man kann besser über etwas schreiben, das man kennt. Der Leser sollte also nicht annehmen, daß es in Japan nur wenige und in Thailand gar keine Kulturdenkmale von Rang gibt, die eine Zurechnung zur Kategorie der Wunder rechtfertigen.

Als man mir einige Jahre nach dem Erscheinen von »Weitere 27 Weltwunder« vorschlug, das Thema wieder aufzunehmen und weiterzuführen, stellte sich die Frage, ob es zweckmäßig wäre, innerhalb des einmal gewählten geographischen Raumes zu verbleiben oder über die Grenzen Asiens hinauszugehen. Ich entschied mich für eine Erweiterung und beschloß, alle jene Gebiete einzubeziehen, die mit Asien durch ihre Geschichte und Kultur verbunden sind.

Die Aufnahme der Denkmale Afrikas schien mir vom Thema her gerechtfertigt. Zwischen den nordafrikanischen und den nahöstlichen Kulturzentren bestand nicht nur geographische Nähe, sondern auch wechselseitiger Einfluß. Die Wanderungen der Völker und ihres Ideengutes, die Heeresstraßen, auf denen die Vormärsche der Krieger erfolgten, das Netz der Handelswege, die Verschiebungen von Staatsgrenzen der alten Reiche lassen das Bild eines einheitlichen, durch zahlreiche Fäden verbundenen Orients entstehen, in den Afrika und Asien gleichermaßen einbezogen waren. Die Bindungen werden durch die indischen Tempel Südostasiens und die persischen Tempel in Indien ebenso bezeugt wie durch die Scherben chinesischer Gefäße inmitten der Ruine von Simbabwe oder die authentischen Berichte über Besuche afrikanischer Gesandter in China.

Das vorliegende Buch stellt also keine Neuauflage von »Weitere 27 Weltwunder« dar. Ein Afrikakapitel ist hinzugekommen, verschiedene Abschnitte der übrigen Kapitel wurden überarbeitet, abgeändert oder ausgetauscht. Schließlich hielt ich es für zweckmäßig, ein Kapitel über die sieben Weltwunder der Antike zur besseren Information der Leser voranzustellen. Ihre Standorte befanden sich großenteils in Asien, und die meisten antiken Weltwunder sind so oder anders mit den übrigen hier beschriebenen Kunstdenkmalen verbunden. Es scheint, daß manche Leser die alten »originalen« Weltwunder teilweise nur noch dem Namen nach kennen.

Beim Schreiben des Buches motivierten mich jedoch nicht nur die Absicht, Wissenswertes an meine Leser zu vermitteln, sondern auch der Wunsch, historisches Unrecht wettzumachen. Asiatische und afrikanische Länder, in denen in ferner Vergangenheit oder auch in gar nicht weit zurückliegender Zeit herrliche Tempel, Skulpturen und Fresken entstanden waren, verwandelten sich nach und nach in Kolonien europäischer Mächte. Ihre Unfreiheit währte oft Jahrhunderte und wurde zum Teil erst um die Mitte unseres Jahrhunderts beendet. Als die Eroberer kamen, hatte man vielleicht bereits vergessen, wer beispielsweise die Schwarze Pagode in Konaraka oder die Eiserne Säule in Delhi errichtet hatte und in welcher Zeit das geschehen war. Längst hatten Legenden den Ursprung der Denkmale in dichte Schleier gehüllt. Für Vermutungen verschiedenster Art waren Tür und Tor weit geöffnet. Viele europäische Historiker und Kolonialbeamte folgten einem simplen Denkschema: Wir Europäer haben nichts Vergleichbares hervorgebracht, hatten jedoch wenig Mühe, dieses rückständige Volk zu besiegen, folglich konnte es nichts Derartiges geschaffen haben. Wer aber sonst könnte es gewesen sein?

Burma wurde nach der Besetzung zur Provinz von Britisch-Indien degradiert und verfügte als Eigentum der britischen Krone nicht einmal über relative politische Eigenständigkeit. Die Tempel von Pagan, Burmas ehemaliger Hauptstadt, wurden einmütig als Nachahmungen von indischen Tempelbauten erklärt, obwohl es dafür keinerlei wissenschaftliche Beweise gab. Die aus mächtigen Steinquadern errichteten Anlagen von Simbabwe erschienen so gigantisch, daß sie nicht von Afrikanern erbaut worden sein konnten. Also wurden an ihrer Entstehung König Salomo und die Phöniker, denen man Bautätigkeit im Süden von Afrika andichtete, als Akteure beteiligt. Die meisterlichen realistischen Porträtskulpturen von Ife im heutigen Nigeria bezeugen ohne Zweifel eine hohe Entwicklungsstufe altafrikanischer Kunst. Man schrieb sie den alten Griechen beziehungsweise den Bewohnern der legendären Atlantis zu.

Man sollte annehmen, daß die Archäologie, die Inschriftenkunde und die Geschichtsforschung mittlerweile vieles erhellt und für die Ausräumung naiver Vorurteile gesorgt haben. Doch noch immer muß für den vollen Sieg der Wahrheit gekämpft werden. Es kommt zu Rückfällen, die zum Teil neue Ursachen haben. In unserer Zeit sind die Anhänger des Irrationalen nicht mehr durch Hexen- und Geistergeschichten zufriedenzustellen. Der moderne Aberglaube kleidet sich in ein pseudowissenschaftliches Gewand. So wurden Hypothesen vom zeitweiligen Erdaufenthalt außerirdischer Wesen verbreitet, die einst aus dem Kosmos gekommen seien, um bei uns irgendwelche Bauwerke zu errichten. Mit der Borniertheit von Kolonialbeamten des vorigen Jahrhunderts sprechen die Apologeten der Kosmosbesucher gerade dem Osten die kulturellen Leistungen ab. Auf ungezählten Buchseiten und mittels langer Filmstreifen wird verkündet, daß die ägyptischen Pyramiden und die Tempel von Baalbek niemals hätten von unseren Vorfahren erbaut werden können. Auch die Eiserne Säule von Delhi, ja selbst die Tassilifresken in der Sahara wurden, so heißt es, nicht von Menschenhand geschaffen. Solchen Hypothesen wird vor allem dann Glauben geschenkt, wenn weit und breit Unkenntnis darüber besteht, wie und wann die bewunderten Monumente entstanden sind. Jenen Verfechtern von Besuchen aus dem Kosmos würde wohl niemals einfallen, den Eiffelturm oder den Moskauer Kreml als Werk außerirdischer Wesen zu bezeichnen. Vielleicht aber könnte man solchen Unsinn einem mit der Geschichte Frankreichs oder Rußlands gänzlich unvertrauten Bewohner irgendeiner entlegenen Pazifikinsel einreden. Da ich zutiefst davon überzeugt bin, daß alle Wunderwerke der Erde von den Menschen ohne außerirdischen Beistand geschaffen wurden, wie unglaublich uns heute deren damaliges Können und die Dimensionen ihrer Werke mitunter auch erscheinen mögen, möchte ich nachweisen, daß alle nichtirdischer Herkunft verdächtigen Weltwunder so irdisch sind wie Tadsch Mahal oder jedes beliebige Minarett Chiwas.

Schließlich bleibt zu bemerken, daß der Begriff »Wunder« in diesem Buch so weit gefaßt wird, wie man ihn im Altertum verstand. (Selbst die Bibliothek von Alexandria wurde als ein Wunder betrachtet, sie gehört freilich zu den erst später »unterschobenen« Weltwundern.) Unter den von uns ausgewählten Kulturdenkmalen finden sich Städte und Ortschaften, wie Göreme in der Türkei. Wir werden Wunderwerken begegnen, die sich über Tausende von Kilometern erstrecken, wie die Große Chinesische Mauer, und solchen, die nur einige zehn Quadratmeter groß sind, wie die Inschrift von Behistun oder die Sigirijafresken. Schließlich werden hier Kunstwerke beschrieben, die man in die Hand nehmen kann, wie die Plastiken von Ife. Denn der Verfasser stellt sich vor allem die Aufgabe, den Lesern eine Vorstellung von der Vielfalt und vom Reichtum der Kulturen des Ostens zu vermitteln und deren hohen Stellenwert innerhalb der menschlichen Kultur nachzuweisen.

Obwohl die meisten der Denkmale, von denen hier die Rede sein wird, vor vielen Jahrhunderten entstanden sind, ist ihre Geschichte nicht abgeschlossen, auch dann nicht, wenn sie bereits nicht mehr existieren. Denn unser Wissen von der Vergangenheit wird ständig erweitert und vervollkommnet.

Seit dem Erscheinen der 1. Auflage des Buches wurden neue epigraphische und archäologische Fakten bekannt, durch die manche Zweifel ausgeräumt werden konnten, aber auch neue Probleme hinzukamen. Die 2. Auflage weist gegenüber der ersten einige geringfügige, jedoch unumgängliche Änderungen und Ergänzungen auf. Der Gesamtumfang und die Gliederung des Buches wurden beibehalten.

# ERSTES KAPITEL

# DIE ERSTEN
# SIEBEN WUNDER

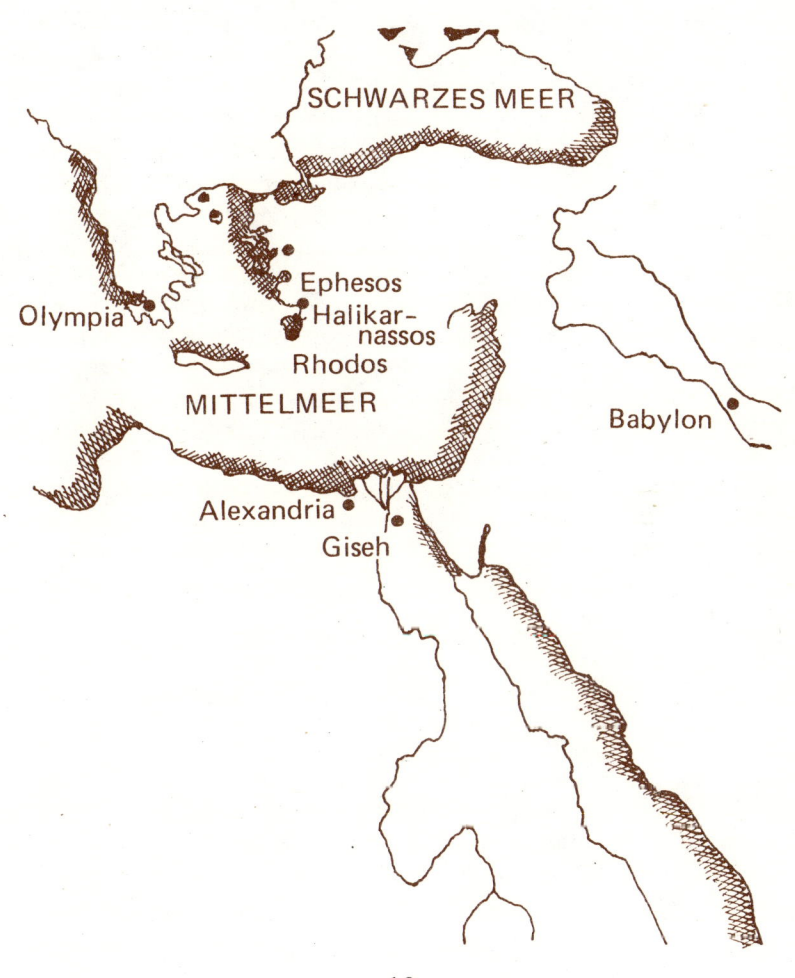

Als die nunmehr Jahrtausende alte Formel von den sieben Weltwundern aufkam (im 3. Jh. v. u. Z.), existierten noch sämtliche damit gemeinten Bau- und Kunstwerke, und die meisten von ihnen hatten bis dahin dem zerstörerischen Wirken von Zeit und Menschen standgehalten. Alle sieben Weltwunder waren leicht zugänglich. In der antiken Welt des Mittelmeerraumes, die nach der Entstehung des Imperiums Alexanders von Makedonien und mit dem Aufkommen des Hellenismus gleichsam zusammenschrumpfte und rundum erkundet war, konnten wißbegierige Reisende innerhalb weniger Monate alle sieben Wunder in Augenschein nehmen, zumal sich ihre Standorte, die Gärten von Babylon ausgenommen, unfern der Küste befanden. Und auch nach Babylon führten viele belebte Handelsstraßen.

Doch dann verschwanden die antiken Weltwunder eines nach dem anderen. Bereits den Römern wäre es nicht mehr vergönnt gewesen, alle sieben Wunder zu besichtigen. Nur ein einziges von ihnen hat bis in unsere Zeit überdauert. Es erscheint paradox, daß es sich dabei um das älteste der Weltwunder handelt, um die Pyramiden bei Memphis in Ägypten.

## DIE PYRAMIDEN ÄGYPTENS
### Das erste Weltwunder

Die ägyptischen Pyramiden darf man wohl als die berühmtesten Bauwerke der Welt betrachten. Es gibt keine anderen, deren Ruhm größer wäre. Unter den berühmten Bauten sind sie zudem die ältesten. Die gigantischen Grabstätten der Pharaonen Cheops (Chufu) und Chefren (Chafra) von der 4. altägyptischen Dynastie wurden vor 5000 Jahren erbaut, und weder die Zeit noch die Eroberer konnten

14

ihnen etwas anhaben. Nach ihrer Errichtung existierte das ägyptische Reich noch nahezu 3000 Jahre; es wechselten die Pharaonen und Könige, doch die in den Anfängen altägyptischer Zivilisation entstandenen Pyramiden blieben stets die mächtigsten Bauten dieses Landes und wohl auch der ganzen Welt. Wenn heute bemerkt wird, daß die Cheopspyramide seit 1889 nicht mehr das höchste Bauwerk der Erde ist und diesen Rang im genannten Jahr an den Eiffelturm abtrat, übersieht man, daß ein auf der Abstraktion toter Zahlen beruhender Vergleich stets hinkt. Denn die Höhe stellt nur ein einziges Charakteristikum der Pyramiden dar. 137 Meter hoch (ursprünglich waren es fast 147 Meter) türmen sich 2 300 000 sorgfältig bearbeitete Kalksteinblöcke von je 2,5 Tonnen Masse. Praktisch ohne technisches Gerät, nur mit Hilfe von Keilen und Hämmern, wurden die Blöcke einst in den Steinbrüchen des rechten Nilufers herausgehauen und an Ort und Stelle bearbeitet, sodann mit Papyrusseilen zum Wasser geschleppt, danach zum Baupodest gebracht und über den schrägen Hang eines Erdhügels, der mit der Pyramide wuchs, hinaufgeführt. Herodot versichert, daß der Bau der Cheopspyramide zwanzig Jahre in Anspruch nahm, daß dabei ständig 100 000 Menschen beschäftigt waren, die nach jeweils drei Monaten ausgewechselt wurden. Wie viele nach drei Monaten härtester Fron am Leben blieben, war wohl allein den Schreibern des Pharaos bekannt. Wieviel Menschen ihr Leben opferten, bevor die Grabstätte eines einzigen Menschen vollendet war, ist nicht überliefert. Jedenfalls schickte der Pharao Zehntausende, vermutlich Hunderttausende seiner Untertanen voraus ins Schattenreich der Toten. Dagegen ist authentisch bezeugt, daß niemand außer den Ägyptern selbst und den aus Nachbarländern stammenden Sklaven teilhatte an diesem grandiosen Werk, für das man zwanzig Jahre benötigte und dessen Sinn in Frage gestellt werden darf. Jede Bauphase ist von ägyptischen Künstlern dargestellt und in unserer Zeit durch Archäologen bestätigt worden. Man könnte die Pyramide sogar nachbauen, jeden Schritt des Bauprozesses genauestens nachvollziehen. In den Brüchen fand man selbst die Papyrusseile, mit deren Hilfe die Quader abtransportiert wurden, wie auch die Werkzeuge der Steinbrucharbeiter.

Heute betrachten wir das Vorhandensein der Pyramiden als gegeben und fragen nicht nach ihrem Ursprung. Es ist möglich, sie aus ökonomischer Sicht zu kommentieren: Da wurden einst Werte geschaffen, deren gesellschaftlicher Nutzen nach dem Willen der Herrscher allein in der Hervorhebung ihrer irdischen und göttlichen Macht bestand. Wir könnten ihre Entstehung psychologisch ausdeuten: Dem Pharao als Gottkönig mußte ein ewiger Aufenthaltsort bereitet werden, dessen Größe die Vorstellungskraft der Menschen überstieg.

Doch weshalb wurden von den alten Ägyptern ausgerechnet Pyramiden erbaut? Weshalb mußten es derart massive Grabstätten sein, in denen der Sarkophag des Königs wie ein winziger Wurm in einem Riesenapfel verborgen war? Jemand mußte doch die Pyramide als Bauwerk erdacht, konstruiert und errichtet haben. Waren es nicht doch Gäste aus dem Kosmos, die den Pharao dazu überredeten?

Wir kennen den Namen ihres genialen Schöpfers, des vermutlich ersten historisch bezeugten Genies der Menschheitsgeschichte, sogar sein Aussehen ist uns bekannt. Schon zu Lebzeiten wurde er geehrt, und noch Tausende Jahre nach seinem Tode erinnert man sich seiner. Deshalb wollen auch wir ihn an dieser Stelle nennen — Imhotep, den ebenbürtigen Vorgänger Leonardo da Vincis.

Er war ein Zeitgenosse von König Djoser, dem Begründer der 3. Dynastie (2778—2723 v. u. Z.), und nach Berufung und Leistung ein Universalgenie. Im einige Jahrhunderte zuvor vereinigten Ägypten gab es bis zur Zeit Djosers und Imhoteps fast keine Bauten aus Stein. Die Wohnhäuser wurden aus Holz, Rohr und Lehm gebaut, die Paläste und Mastabas — rechteckige bankförmige Grabstätten — aus ungebrannten und teilweise aus gebrannten Lehmziegeln.

Wie es sich für einen Pharao gehörte, begann Djoser rechtzeitig, eine Grabstätte für sich vorzubereiten, eine solide Mastaba, die noch teilweise erhalten ist. Sie wurde erbaut, blieb aber unbenutzt. Es ist bekannt, daß Djoser ein hohes Alter erreichte. Vielleicht war Imhotep jünger als der Pharao, vielleicht erlangte er erst um die Mitte der Regierungszeit Djosers Anerkennung und Ruhm. Jedenfalls war die königliche Mastaba beinahe fertig, als die Wege beider Männer sich kreuzten. Nur so läßt sich erklären, weshalb der Pharao die fast vollendete Grabstätte verwarf und eine neue erbauen ließ. Dabei entstand die erste richtige Pyramide aus Stein; sie war das Werk Imhoteps.

So sah sie aus: Auf eine Mastaba von bis dahin nie erreichter Größe wurde eine zweite, etwas kleinere gesetzt, darauf eine dritte, noch kleinere und so weiter. Insgesamt waren es sechs übereinandergetürmte Mastabas. So entstand die älteste Stufenpyramide, ein 70 Meter hoher Monumentalbau.

Auch die zweite architektonische Erfindung Imhoteps ist mit der Djoserpyramide verbunden. Erstmalig wurde neben der Pharaonen-

*Die Pyramiden von Gizeh, des Cheops, des Chefren und des Mykerinos, dreier Pharaonen aus der 4. Dynastie, wurden vor rund 5000 Jahren errichtet.*
*Die Sphinx, 20 Meter hoch und 74 Meter lang, bewacht den heiligen Bezirk der Chefrenpyramide.*

grabstätte ein Tempelkomplex errichtet, und zwar ebenfalls aus Stein. Imhotep gelang es freilich nicht, sich sofort von der Holzarchitektur zu lösen: Säulen, Dächer, Gesimse und Wände der Steinbauten wiesen noch traditionelle Struktur- und Schmuckelemente der ägyptischen Holz- und Lehmziegelarchitektur auf. Bis zur vollen Überwindung des alten Baustils und zur Ausbildung neuer, dem Stein gemäßer Formen bedurfte es noch mehrerer Jahrhunderte.

Die genialen Leistungen Imhoteps blieben nicht auf die Architektur beschränkt. Da er wie viele andere hervorragende Persönlichkeiten des Altertums dem Priesterstand angehörte, behielt ihn die Nachwelt als großen Magier und Zauberkünstler in Erinnerung. Richtiger ist wohl, ihn einen Gelehrten zu nennen, denn die Anfänge der Wissenschaft waren weitgehend mit der Magie verbunden. Imhotep war auch Schriftsteller. Mit seinen »Sprüchen« beginnt die altägyptische Literatur, in der Folklore begegnet man ihnen noch heute. Nach seinem Tode wurde er als Schutzpatron der Schreiber zur Gottheit verklärt. Wollte ein Schreiber sich seiner Arbeit zuwenden, so goß er zuvor Wasser aus einem Gefäß auf den Boden, damit brachte er dem Schutzgott ein unblutiges Opfer dar. Als Gottheit wurde Imhotep sogar zweifach in Anspruch genommen: Die alten Griechen erinnerten sich seiner noch nach 2000 Jahren und verehrten ihn als Gott der Heilkunst. Sein Standbild, dessen Bruchstücke man in einem Totentempel des Pharaos entdeckte, ist offenbar die älteste bildnerische Darstellung eines Gelehrten. Sie beweist, daß ein wirkliches Genie durchaus schon zu Lebzeiten Anerkennung finden kann. Später schuf man viele weitere Imhotepstatuen aus Stein und Bronze, sie fehlen in keinem größeren Museum der Welt. In Memphis gab es sogar einen Imhotep geweihten Tempel.


## DIE GÄRTEN VON BABYLON
### Das zweite Weltwunder

Die Hängenden Gärten von Babylon sind jünger als die Pyramiden. Als sie entstanden, hatte Homer bereits die Odyssee geschrieben; zur gleichen Zeit wurden viele griechische Städte erbaut. Dennoch stehen die Babylonischen Gärten den Pyramiden weit näher als der Welt der alten Griechen. Die Gärten entstanden im Zeichen des Niederganges des babylonisch-assyrischen Weltreiches, dessen Geschichte sich

*Die jagende Semiramis (nach Marten de Vos) reitet vor ihrer blühenden Oase, den Hängenden Gärten von Babylon.*

mit der seines Gegenspielers, des alten Ägypten, berührt. Aber die Pyramiden haben viele Reiche überdauert und existieren noch immer, während den Hängenden Gärten nur ein kurzes Dasein vergönnt war. Sie gingen zusammen mit Babylon, dem großartigen, jedoch morbiden Giganten aus Ton, unter. Babylon war wie ein Zuckerwerk. Es war die Märchenprinzessin unter den Städten der Antike.

Der Niedergang Babylons hatte bereits begonnen, es war nicht mehr die Hauptstadt eines mächtigen Reiches, sondern nur noch Zentrum einer persischen Satrapie, als das Heer Alexanders des Großen hier einzog. Alexander hat zwar keines der Weltwunder erbaut, dennoch gehört er zu den Helden dieses Buches, denn er wirbelte den ganzen Orient durcheinander und beeinflußte so oder anders das Schicksal der großen Denkmale des Altertums, hatte mit ihrer Entstehung oder mit ihrem Untergang zu tun.

Im Jahre 331 v. u. Z. wurde Alexander durch Boten aus Babylon die Bitte überbracht, in die Stadt ohne Kampf einzuziehen. Der Feldherr war vom Reichtum und Glanz der trotz beginnenden Verfalls immer noch größten Stadt der Welt stark beeindruckt und beschloß, hier zu bleiben, wo man ihn als Befreier empfangen hatte. Alles lag noch vor ihm. Alexander wollte die ganze Welt erobern.

Kaum zehn Jahre waren vergangen, als der Kreis sich schloß. Müde, erschöpft von den unmenschlichen Strapazen der letzten acht Jahre, dennoch voller Ideen und Pläne, kehrte Alexander, der Beherrscher des Orients, nach Babylon zurück. Er hatte vor, weiter nach Westen zu marschieren, um Karthago, Italien und Spanien zu unterwerfen und zu den Grenzen der damals bekannten Welt, zu den Heraklessäulen, vorzustoßen. Die Vorbereitungen für den Feldzug waren bereits voll im Gange, als Alexander erkrankte. Einige Tage lang wehrte er sich gegen die Krankheit, beriet mit den Feldherren, bereitete das Auslaufen der Schiffe vor. Unerträgliche Hitze und Staub lasteten über der Stadt. Sengende Sonnenstrahlen durchbohrten den fahlen Schleier und ließen die rostfarbenen Mauern der hohen Häuser erglühen. Tagsüber verstummte der betäubende Lärm der Marktplätze, die ein nie dagewesenes Warenangebot füllte — von billigen Sklaven bis zu indischen Kostbarkeiten, die, als Kriegsbeute mühelos gewonnen, ebenso leichtfertig wieder veräußert wurden. Hitze und Staub drangen selbst durch die dicken Palastmauern. Alexander rang nach Luft; in all den Jahren hatte er sich nicht an das heiße Klima seiner östlichen Besitzungen gewöhnen können. Er fürchtete den Tod nicht — oft genug hatte er ihm auf den Schlachtfeldern ins Auge gesehen. Noch vor zehn Jahren hätte Alexander den Tod als natürlich und unvermeidlich empfunden, doch nun schien es ihm undenkbar, daß er, ein lebender Gott, sterben könnte. Er wollte hier nicht sterben, nicht in dieser stickigen, staubigen fremden Stadt, fern von den schattigen Eichenhainen Makedoniens, ohne seine Sendung erfüllt zu haben. Denn da nunmehr eine Hälfte der Welt ihm und seiner Reiterei zu Füßen lag, mußte auch die andere Hälfte hinzukommen. Er konnte nicht sterben, ohne den Westen gesehen und bezwungen zu haben.

Als der mächtige Herrscher sich ganz elend fühlte, fiel ihm ein, daß es in Babylon einen einzigen Ort gab, wo er Linderung finden könnte. Dort hatte er einmal einen Hauch seiner Heimat verspürt, hatte sich voller Staunen an das köstliche Aroma der vom Duft des Grases und Murmeln der Bäche erfüllten, sonnendurchfluteten makedonischen Wälder erinnert. An der letzten Station seines Weges in die Unsterblichkeit angelangt, befahl der noch mächtige, noch lebende Alexander, ihn in die Hängenden Gärten zu bringen.

Der babylonische König Nebukadnezar, der diese Gärten geschaffen hatte, ließ sich von einer hochsinnigen Laune leiten. Die zuweilen wunderlichen Einfälle von Despoten können auch Gutes bewirken, freilich niemals für alle. Nebukadnezar liebte seine junge Frau, eine indische Prinzessin, die sich wie Alexander im staubigen baumlosen Babylon nach frischer Luft und nach rauschenden Hainen sehnte. Der König verlegte seine Residenz nicht nach den waldigen Hügeln Mediens, sondern tat etwas, was für gewöhnliche Sterbliche nicht denkbar gewesen wäre. Er ließ in dem heißen Tal eine Fata Morgana jener Hügel entstehen.

Für die Schaffung der Gärten, des Refugiums der Königin, wurde die ganze Kraft des Landes aufgeboten, alle Erfahrung seiner Architekten und Mathematiker stand dafür zur Verfügung. Babylon bewies, daß es imstande war, das erste Liebesmonument der Welt zu errichten. In der Erinnerung der Nachfahren wurde der Name der babylonischen Königin mit dem Namen der assyrischen Herrscherin Schammuramat verwechselt, und die Anlagen sind als »Gärten der Semiramis« bekanntgeworden. Vielleicht ist da im menschlichen Gedächtnis ein Gerechtigkeitssinn mit im Spiel, der ein ungewöhnliches Geschehen auch mit einem großen Namen zu verbinden sucht. So lebte zum Beispiel die grusinische Königin Tamara niemals in dem Schloß, das jetzt ihren Namen trägt. Tamara war eine ehrbare Frau, die ihren zweiten Mann und ihre Kinder liebte und nicht daran dachte, irgendwelche glücklosen Liebhaber vom Felsen herabzustoßen. Einer Tragödie muß der Glanz eines großen Namens verliehen werden, sonst mangelt es ihr an Dramatik.

Die Babylonischen Gärten wiesen vier Ränge auf. Jeder Rang stützte sich auf Säulen von 25 Meter Höhe. Auf die aus Flachziegeln zusammengefügten Böden wurde Schilfrohr aufgeschichtet, das man mit Asphalt übergoß und mit Bleiblechplatten überdeckte, um das Abfließen des Wassers auf die darunterliegenden Stockwerke zu verhindern. Über diese Unterlage wurde eine Erdschicht aufgeschüttet, die auch für größere Bäume ausreichte. Mit farbigen Fliesen ausgelegte Treppen, breit und bequem, führten zu den nach oben hin zurücktretenden Rängen hinauf.

Noch waren die Bauarbeiten nicht abgeschlossen, noch rauchten die Öfen, in denen die breiten Flachziegel gebrannt wurden, noch lud man in der Euphratniederung fruchtbaren Schlamm auf Fahrzeuge, die in endlosen Karawanen nach Babylon zogen, und schon trafen aus dem Norden die Samen seltener Gräser ein, Sträucher und junge Bäume. In der kühleren Jahreszeit wurden große, sorgfältig in feuchte Bastmatten eingerollte Bäume auf schweren, von Stieren gezogenen Wagen in die Stadt gebracht.

Nebukadnezar hatte der Königin seine Liebe bewiesen. Auf den Mauern von Babylon, die 100 Meter hoch und so breit waren, daß darauf zwei Prunkwagen einander ausweichen konnten, erhob sich der grüne Schirm der Gärten. Wenn die Königin auf dem obersten Rang im Schatten der Bäume erfrischende Kühle suchte und dem Rauschen des Wassers lauschte — bei Tag und Nacht schleppten Sklaven Wasser aus dem Euphrat herbei —, sah sie ringsum viele Kilometer weit nur die eintönigen, flachen Ebenen ihres Landes. War sie wohl glücklich in diesen Gärten?

Alexander war hier mit Sicherheit nicht glücklich. Verzweifelt rang er mit der Krankheit, er mußte ja das Heer nach dem Westen führen. Der Feldherr starb. Doch als seine alten Kampfgefährten im Schatten der Bäume am Lager des Sterbenden vorbeigingen, glaubte Alexander vielleicht, endlich nach Makedonien zurückgekehrt zu sein.

Nach Alexanders Tod brach sein Imperium, von ehrgeizigen Heerführern zerstückelt, in kürzester Zeit auseinander. Babylon wurde niemals wieder die Hauptstadt eines Weltreiches. Die Stadt siechte dahin, allmählich verschwand hier alles Leben. Eine Überschwemmung zerstörte den Palast Nebukadnezars. Die Lehmziegel der in Eile errichteten Gärten waren offenbar ungenügend gehärtet, die hohen Säulen stürzten ein, auch die Plattformen und Treppen fielen herab. Natürlich waren die Bäume und exotischen Pflanzen schon lange zuvor verdorrt, denn es gab niemand, der Tag und Nacht hätte Wasser vom Euphrat herbeischleppen können.

Heute weisen die Reiseleiter in Babylon auf einen grauen Lehmhügel hin, der wie alle Hügel der Stadt mit Ziegelbruch und Fliesenscherben übersät ist: das sind die Überreste der Hängenden Gärten der Semiramis.

# DER ARTEMISTEMPEL VON EPHESOS

## Das dritte Weltwunder

Die Geschichte des Artemistempels von Ephesos ist seit langem in ein gewisses Durcheinander verwickelt, deshalb weiß man nicht recht, über welchen Tempel man schreiben soll, über den letzten oder über den vorletzten. Seit alter Zeit bestanden bei den Autoren, die über dieses Weltwunder berichteten, Unklarheiten darüber, was Herostrat in Brand gesetzt und was Chersiphron erbaut hat. Deshalb werden wir kurz auf beide Tempel eingehen, es wird von zwei Architekten und einem Verbrecher die Rede sein. Es ist eine dramatische Geschichte, und man weiß nicht recht, ob darin das Böse oder das Gute siegt.

Ephesos (lat. Ephesus) war eine der bedeutendsten griechischen Städte in Ionien, das wohl die höchstentwickelte und reichste altgriechische Landschaft genannt werden darf. Die Kultur der Griechen wurde hier durch Einflüsse des Orients bereichert. Aus den Städten Westkleinasiens stammten die mutigen griechischen Seefahrer und die Begründer von Kolonien am Schwarzen Meer und an den Küsten Afrikas. In den ökonomisch starken ionischen Poleis herrschte rege Bautätigkeit. Viele ihrer Monumentalbauten wurden in der antiken Welt weithin berühmt, so der Tempel der Hera auf Samos, der Apollontempel in Didyma südlich von Milet, der Artemistempel von Ephesos ...

Der zuletzt genannte Tempel ist mehrfach erbaut worden. Die älteren Holztempel wurden früh baufällig, brannten nieder oder wurden durch Erdbeben zerstört, die in dieser Gegend nicht selten waren. Um die Mitte des 6. Jahrhunderts v. u. Z. beschloß man in Ephesos, ohne die großen Ausgaben und den Zeitaufwand zu scheuen, ein neues prächtiges Haus für die Schutzgöttin der Stadt zu errichten, zumal benachbarte Städte und Staaten zugesagt hatten, sich an dem repräsentativen Bauvorhaben zu beteiligen. In der Tempelbeschreibung von Plinius d. Ä., die freilich erst einige Jahrhunderte später entstand, heißt es: »... er ist von 127 Säulen umgeben, die von ebensovielen Königen geschenkt wurden.« Wenn es auch kaum so viele der Stadt Ephesos wohlgesinnte Könige in ihrem Umkreis gegeben haben dürfte, so scheint doch gesichert, daß der Tempelbau in einem bestimmten Umfang ein Gemeinschaftswerk der Epheser und der benachbarten Poleis darstellte. Auf jeden Fall dürfte der reichste der Despoten, Kroisos (Krösus), der König von Lydien, ein ansehnliches Scherflein beigesteuert haben.

An Architekten, Bildhauern und anderen Künstlern bestand kein

Mangel. Am besten gefiel das Tempelprojekt des berühmten Chersiphron. Er schlug vor, einen Marmortempel vom Typ des damals noch seltenen ionischen Dipteros zu errichten, das heißt, ihn mit einem doppelten Säulenring zu umgeben.

Die schlechten Erfahrungen der Epheser mit früheren Bautechniken zwangen den Architekten, zu überlegen, auf welche Weise dem Tempel eine lange Lebensdauer gesichert werden könnte. Chersiphron faßte den ebenso kühnen wie originellen Entschluß, den Tempel auf moorigem Boden in Flußnähe zu erbauen. Er betrachtete den Moorboden als eine Absicherung gegen künftige Erdbeben. Um zu verhindern, daß der Marmorkoloß im sumpfigen Erdreich versinkt, wurde eine tiefe Baugrube ausgehoben, die man mit einem Gemisch aus Holzkohle und Wolle füllte, so daß ein mehrere Meter hohes Kissen entstand. Diese Unterlage hat die Erwartungen des Architekten später wirklich erfüllt und dem Tempel einen langen Bestand gesichert. Allerdings ist mit dem dritten Weltwunder nicht dieser, sondern ein anderer Tempel gemeint.

Offensichtlich stellte der Tempelbau eine einzige ingenieurtechnische Knobelei dar. Alte Quellen haben das überliefert. Da gab es nicht nur die komplizierten Berechnungen, die den Nachweis für die Zuverlässigkeit des so ungewöhnlichen Fundaments liefern mußten, sondern auch das Problem des Transports der tonnenschweren Säulen über das morastige Gelände. Welche Art von Transportmitteln man auch konstruierte, mit der überschweren Last blieben sie immer wieder stecken. Doch Chersiphron fand eine ebenso einfache wie geniale Lösung. In die Stirnseiten der Säulen wurden Metallbolzen getrieben, darauf Holzbuchsen angebracht, von denen Gabelarme zu den Zugtieren führen. Die Säulen verwandelten sich in Walzen, in Räder, die von einigen zehn Stiergespannen bequem transportiert werden konnten.

Mitunter wußte selbst der große Chersiphron keinen Rat, dann mußte Artemis helfen. Sie war ja die am Erfolg besonders interessierte Person. Eines Tages mißlangen alle mühevollen Versuche, einen steinernen Träger des Unterbaus an der richtigen Stelle einzufügen. Chersiphrons Nerven waren nach Jahren angespannter Arbeit, ständiger Auseinandersetzungen mit gewissenlosen Unternehmern, mit den Stadtvätern, mit Touristen und neidischen Kollegen im Übermaß strapaziert. Für ihn wurde dieser Träger zum berühmten letzten Tropfen, und er beschloß, sich das Leben zu nehmen. Da mußte Ar-

*Am Prachtbau des Artemisheiligtums von Ephesos haben Orient und Okzident zu einer unvergleichlich schönen Form zusammengewirkt. Rechts: Statue der Jagdgöttin Artemis in Ephesos.*

temis unverzüglich eingreifen. Chersiphron hatte sich im Raum des Bauleiters eingeschlossen, als am Morgen Bürger der Stadt herbeieilten und schreiend verkündeten, daß der Träger in der Nacht selbsttätig in die Fugen eingerastet war.

Chersiphron erlebte die Vollendung des Tempelbaus nicht. Nach seinem vorzeitigen Tod wurde sein Sohn Metagenes erster Architekt, und als auch er starb, führten Peonit und Demetrios den Bau weiter. Er wurde ungefähr um 450 v. u. Z. abgeschlossen.

Wie der Tempel ausgestattet war, welche Statuen, Fresken und Bilder ihn schmückten, wie das Standbild der Artemis aussah, wissen wir nicht. Man sollte den Autoren besser keinen Glauben schenken, welche die Tempeleinrichtung, die von dem hervorragenden Bildhauer Skopas geschaffenen Dekors der Säulen und die Artemisstatue detailliert beschreiben. Das alles hat nichts mit diesem Tempel zu tun. Das Werk Chersiphrons und seiner Nachfolger ging durch Herostrats Schuld für immer verloren.

Die Geschichte des Herostrats gehört zu den lehrreichsten und zugleich dramatischsten Parabeln, die uns aus der Geschichte der Menschheit bekannt sind. Ein ganz gewöhnlicher, in keiner Hinsicht sich auszeichnender Mensch beschließt, Unsterblichkeit zu erlangen — durch ein Verbrechen, wie es zuvor noch niemals begangen worden war (jedenfalls ohne Unterstützung durch Armeen und Priester, ohne Zwangsapparat und ohne Henker). Allein um des Ruhmes und der Unsterblichkeit willen setzt er den Artemistempel, der noch nicht einmal hundert Jahre alt war, in Brand. Das geschah im Jahre 356 v. u. Z., nach der Überlieferung am Tage der Geburt Alexanders des Großen.

Die von der Sonne längst ausgedörrten hölzernen Teile des Tempels, die in seinen Kammern lagernden Getreidevorräte, die Opfergaben, Priestergewänder, Bilder — all das wurde augenblicklich ein Raub der Flammen. Dröhnend zerbarst das Deckengebälk, stürzten die glühenden Säulen um. Der Tempel war nicht mehr.

Nun hatten Herostrats Mitbürger das Problem, eine furchtbare Strafe für den Frevler zu ersinnen, die künftig jedermann von ähnlichen Taten abschrecken sollte.

Wären die Epheser phantasielos gewesen, hätte es unter ihnen keine Philosophen und Dichter gegeben, die sich Gedanken machten und sich für kommende Generationen verantwortlich fühlten, so wäre Herostrat vermutlich einfach hingerichtet worden und die Geschichte hätte damit ihr Ende gefunden. Einige Jahre lang hätten sich die Bürger der Stadt vielleicht noch darüber unterhalten: »Es gab einen Wahnsinnigen, der unseren Tempel angezündet hat ... wie war doch sein Name ... Zeus schenke uns ein besseres Gedächtnis ...« Auch wir hätten dann nichts über Herostrat erfahren.

Doch die Epheser beschlossen, den herostratischen Größenwahn mit einem Schlag aus der Welt zu schaffen, und begingen einen tragischen Fehler. Sie verordneten, Herostrat aus dem Gedächtnis zu verbannen, seinen Namen nirgendwo und niemals zu nennen, den von unvergänglichem Ruhm träumenden Mann durch Vergessen zu bestrafen.

Über die gescheiten Epheser machten sich die Götter lustig. In ganz Ionien, in Hellas, in Ägypten und Persien — überall sprach man darüber: »Wißt ihr schon, welche erstaunliche Strafe man sich in Ephesos für diesen Brandstifter ausgedacht hat? Er soll fortan für immer vergessen sein. Niemand wird seinen Namen nennen. Wie heißt er übrigens? Herostratos? Jawohl, diesen Herostratos wollen wir unbedingt vergessen.«

Selbstverständlich vergaß man seinen Namen nicht.

Die Epheser beschlossen, den Tempel wieder aufzubauen. Der zweite Tempel wurde vom Architekten Cheirokrates, einem berühmten Erfinder, entworfen, dem man auch den Plan der hellenistischen Musterstadt Alexandria zuschreibt sowie die Idee, der Berg Athos solle Alexander von Makedonien mit einem Gefäß in der Hand, aus dem ein Fluß hervorquillt, darstellen.

Dieses Mal nahm der Tempelbau allerdings bedeutend weniger Zeit in Anspruch — ein Verdienst des längst verstorbenen Chersiphrons. Es gab nun kein Rätselraten und keine Erfindungen mehr, man beschritt geebnete Wege, brauchte nur zu wiederholen. Der neue Tempel sollte jedoch noch größer sein als der frühere. Er wurde 109 Meter lang und 50 Meter breit. 127 Säulen umringten die Innenhalle in zwei Reihen, manche Säulen wiesen Verzierungen auf, die Flachreliefs waren das Werk des berühmten Bildhauers Skopas ... Dieser Tempel nun wurde als Weltwunder anerkannt, obwohl die Auszeichnung wahrscheinlich eher dem älteren, von Chersiphron erbauten Tempel zustand.

Um den Neubau des Artemistempels und verschiedene Ereignisse der folgenden Jahre rankten sich Geschichten, Gerüchte und Aberglaube, die in der ganzen antiken Welt verbreitet wurden. Freunde der Epheser und solche, die ihnen nicht wohlgesinnt waren, kreuzten auf den Marktplätzen die Klingen in Wortgefechten.

»Nachdem ein gewisser Herostrat den Tempel angezündet hatte, wurde ein anderer, noch schönerer errichtet, für den man sämtlichen Schmuck der Frauen und das eigene Privatvermögen geopfert sowie die Säulen des alten Tempels verkauft hatte«, schreibt der griechische Geograph und Historiker Strabon. Seine Nachrichten gehen auf wohlmeinende Quellen zurück. Dagegen behauptete Timaios aus Tauromenien — wie Artemidoros von Ephesos berichtet —, daß

27

die Epheser den Tempel aus Mitteln erbauten, die ihnen die Perser zur Aufbewahrung überlassen hatten. Artemidoros weist derartige Behauptungen mit Entrüstung zurück. »Sie haben zu dieser Zeit keinerlei Geld aufbewahrt. Wäre etwas dagewesen, so mußte es zusammen mit dem Tempel verbrannt sein. Denn wer hätte schon nach dem Brand, nachdem das Dach zerstört war, Geld unter freiem Himmel aufheben wollen?«

Als das Baugeschehen noch voll im Gange war, näherte sich Alexander von Makedonien der Stadt Ephesos. Er verstand es stets, im richtigen Augenblick zu erscheinen. Nachdem er den Bau besichtigt hatte, wollte Alexander dem Heiligtum seine Hochachtung bezeugen und zugleich politisches Kapital daraus schlagen. Auf der Stelle bot er an, alle früheren und künftigen Ausgaben für den Tempelbau zu übernehmen, unter einer Bedingung: Die Weihinschrift möge seinen Namen tragen. Die Lage war heikel. Wie sollte man eine Wohltat ausschlagen, hinter der die kampfgestählten Schlachtenreihen der Makedonier standen? Die geliebten Frauen hatten ihren Schmuck hergegeben, sogar die silbernen Gefäße waren an die Nachbarn verkauft worden ... Ganz gewiß fanden in der Stadt geheime Beratungen statt, auf denen es hoch herging: Wie bedeutend Alexander auch sein mag, die Ehre der Stadt gilt mehr.

Da fand sich ein listenreicher Bürger im berühmten Ephesos.

»Alexander«, sagte er, »es ziemt einem Gotte nicht, anderen Göttern Tempel zu errichten.«

Der Feldherr lächelte, zuckte mit den Schultern und sagte: »Nun, wie ihr meint ...«

Den Tempelinnenraum schmückten von Praxiteles und Skopas geschaffene wunderbare Statuen, doch noch großartiger waren die Tempelgemälde.

Nach unseren gängigen Vorstellungen wird die Kunst der alten Griechen vornehmlich durch ihre Plastik und Architektur repräsentiert. Mit Ausnahme einiger Fresken kennen wir die griechische Malerei kaum. Doch es gab vielerorts eine griechische Malkunst, die sich einer hohen Wertschätzung der Zeitgenossen erfreute. Wenn man antiken Kritikern, denen keinesfalls geringe Bildung nachgesagt wird, glauben darf, so übertraf die Malerei teilweise sogar die Plastik. Daß die Werke der Maler von Hellas und Ionien nicht erhalten blieben, stellt mit Sicherheit einen großen und herben Verlust für die Kunst der Menschheit dar.

Um die Kränkung wieder wettzumachen, die die Epheser Alexander zugefügt hatten, bestellten sie beim berühmten Maler Apelles ein Porträt von Alexander, das den Feldherrn mit dem Blitz in der Hand, gleich Zeus, darstellen sollte. Als die Auftraggeber erschienen, um das Bild in Empfang zu nehmen, waren sie durch dessen Vollkommenheit und durch die optische Wirkung (es schien, als rage die Hand mit dem Blitz aus der Leinwand heraus) so beeindruckt, daß sie dem Maler 25 Goldtalente auszahlten. Niemals wieder in den folgenden dreiundzwanzig Jahrhunderten erhielt irgendein Künstler für ein einziges Bild ein so hohes Honorar.

Im neuen Tempel gab es ein Gemälde, das Odysseus darstellte, der in einem Anfall geistiger Verwirrung einen Ochsen neben ein Pferd spannte; ein anderes Bild zeigte in tiefes Nachsinnen versunkene Männer, ein weiteres einen Krieger, der gerade sein Schwert in die Scheide schiebt. Viele Gemälde schmückten das Heiligtum.

Es erwies sich, daß die Berechnungen jener Architekten, die den ersten Artemistempel auf sumpfigem Boden erbaut hatten, exakt waren. Der neue Tempel stand hier noch ein halbes Jahrtausend. Die Römer hielten ihn hoch in Ehren, sie mehrten seinen Ruhm und Reichtum durch großzügige Schenkungen. Bekannt ist, daß Vibius Salutarius dem Tempel, der von den Römern Dianatempel genannt wurde, viele Gold- und Silberstatuen überließ. An großen Festtagen wurden sie hinausgetragen und zur Besichtigung im Theater aufgestellt.

Der große Ruhm des Tempels hat wohl zu seinem Untergang in frühchristlicher Zeit beigetragen. Ephesos blieb relativ lange ein Hort heidnischen Kultes: Artemis mochte ihren Ruhm und Reichtum nicht dem neuen Gotte überlassen. Es heißt, die Epheser hätten den Apostel Paulus und seine Anhänger aus der Stadt vertrieben. Ein solches Vergehen durfte natürlich nicht ungesühnt bleiben. Der Gott der Christen schickte die Goten nach Ephesos, die den Tempel im Jahre 263 plünderten. Der Haß des erstarkenden Christentums richtete sich noch gegen den leeren, verlassenen Tempel. Von den Predigern wurden die fanatisierten Massen gegen das Sinnbild der Vergangenheit aufgehetzt.

Doch der Tempel stand noch.

Sein endgültiger Verfall begann, als Ephesos unter die Herrschaft des christlichen Byzanz gelangte. Die Marmorverkleidung wurde entfernt und für andere Bauten verwendet, das Dach abgetragen, die Einheit der Konstruktion beschädigt. Als die Säulen nacheinander einstürzten, versanken ihre Bruchstücke in eben jenem Sumpf, der den Tempel einst vor Zerstörung bewahrt hatte. Noch einige Jahrhunderte später waren die letzten Überreste des schönsten ionischen Tempels im Morast und Flußschlamm verschwunden. Allmählich geriet selbst der Ort, an dem er einmal stand, in Vergessenheit.

Für die Auffindung seiner Spuren benötigte der englische Archäologe Wood viele Monate; am 31. Oktober 1869 war es ihm endlich geglückt. Die vollständige Freilegung des Fundaments gelang erst in unserem Jahrhundert. Darunter entdeckte man Reste des älteren, von Herostrat angezündeten Tempels.

## DAS MAUSOLEUM VON HALIKARNASSOS
### Das vierte Weltwunder

Die Entstehung des Mausoleums von Halikarnassos fällt zeitlich ungefähr mit dem Bau des neuen Artemistempels in Ephesos zusammen. An der Errichtung und Ausschmückung beider Bauwerke waren überdies dieselben Architekten und Künstler beteiligt; sie werden als die größten Meister ihrer Zeit angesehen.

Man könnte sagen, daß auch dieses Mausoleum ein Liebesmonument war wie die Hängenden Gärten von Babylon oder der indische Tadsch Mahal. Doch vermutlich wäre die medische Prinzessin, die Frau Nebukadnezars, kaum imstande gewesen, den Menschen Schaden zuzufügen, selbst wenn sie es gewollt hätte, und wir stellen sie uns lieber als sympathische, gütige Frau vor, die ein solches Denkmal verdient hatte. Dagegen steht der persische Satrap in Karien Maussolos (lat. Mausolus) seit langem unter schwerem Verdacht. Der französische Schriftsteller und Archäologe Prosper Mérimée, der über Halikarnassos, die Hauptstadt Kariens, den Geburtsort des berühmten Herodot, berichtete, schrieb folgendes:

»Maussolos gelang es vortrefflich, das Letzte aus den von ihm regierten Völkern herauszupressen, und keiner der Hirten des Volkes, wie sie Homer nannte, verstand es besser, seine Schäflein zu scheren. In seinen Besitzungen bezog er aus allem Einkünfte: selbst für Begräbnisse hatte er eine Steuer festgelegt. Auch eine Haarsteuer führte er ein. Er häufte gewaltige Reichtümer an. Mit diesen Reichtümern und den ständigen Verbindungen der Karer zu den Griechen erklärt sich, weshalb das Grabmal des Maussolos von den Griechen den sieben Weltwundern zugerechnet wurde.«

Dennoch gab es in Karien einen Menschen, der den König sehr liebte — seine eigene Schwester und Gemahlin (Geschwisterehen ka-

*Das prachtvolle Mausoleum von Halikarnossos (Ansicht von Osten, Rekonstruktion nach Stevenson) war von einer Pyramide mit den Kolossalstatuen des Königs Maussolos und seiner Gemahlin Artemisia gekrönt.*
*Unten: Relieffriesstück des Bildhauers Skopas, das den Kampf der Griechen gegen die Amazonen verbildlicht, östliche Seite des Mausoleums.*

30

men damals häufig vor, besonders im alten Ägypten) Artemisia. Als Maussolos nach einer Regierungszeit von 24 Jahren starb, überfiel Artemisia tiefe Trauer.

»Es heißt, daß Artemisia für ihren Gatten eine ungewöhnlich starke Liebe empfand«, schrieb Aulus Gellius, »eine Liebe, die in den Chroniken der Welt ohne Beispiel ist ... Als er starb, umarmte Artemisia den Leichnam und weinte, danach ordnete sie an, ihn mit höchster Feierlichkeit zur Grabstätte zu überführen, wo er verbrannt wurde. Von übergroßem Schmerz überwältigt, befahl Artemisia sodann, die Asche mit duftenden Kräutern zu vermischen und daraus ein feines Pulver zu bereiten, das sie in einen mit Wasser gefüllten Becher schüttete und austrank. Doch sie zeigte ihre heiße Liebe zu dem Entschlafenen noch auf andere Art. Der großen Aufwendungen ungeachtet ließ sie ein dem Andenken ihres verstorbenen Gatten gewidmetes großartiges Grabdenkmal errichten, das zu den sieben Weltwundern gezählt wird.«

Offensichtlich entspricht die Erzählung des römischen Schriftstellers nicht ganz den Tatsachen. Artemisia starb nämlich bereits zwei Jahre nach Maussolos, und die letzten Monate ihrer Regierungszeit waren mit Kriegen ausgefüllt, in denen sie sich als ausgezeichnete Heerführerin zeigte. Trotz der schwierigen Lage des kleinen Landes, das von Feinden umgeben war, verteidigte Artemisia die Unabhängigkeit des von Maussolos geschaffenen Königtums. Außerdem ist bekannt, daß Alexander von Makedonien zwanzig Jahre nach Maussolos' Tode, in denen Karien erbitterte Machtkämpfe, Palastrevolten und Wirren durchmachte, das prunkvoll ausgestattete fertige Mausoleum besichtigt hat. Es ist anzunehmen, daß Maussolos selbst bereits mit dem Bau begonnen hatte, der dann von Artemisia vollendet wurde. Für die Errichtung eines so großen Bauwerkes benötigte man mit Sicherheit mehrere Jahre.

Im Unterschied zum Artemistempel und zu anderen kleinasiatischen Bauten weist das Halikarnassosmausoleum neben griechischen Traditionen und Bauordnungen deutliche Einflüsse orientalischer Architektur auf. In der griechischen Architektur gab es dafür keine Vorbilder, doch begegnet man später vielen Nachahmungen des Mausoleums. Ähnliche Grabdenkmäler wurden in verschiedenen Gegenden des Nahen Ostens erbaut.

Das Grabmal des Tyrannen von Halikarnassos war ein nahezu quadratisches Bauwerk, in dessen unterem Teil sich die eigentliche Ruhestätte von Maussolos und Artemisia befand. Die Außenwände der riesigen, etwa 20 Meter hohen Grabkammer mit einer Fläche von 5000 Quadratmetern waren mit weißen, nach persischem Modus bearbeiteten Marmorplatten verkleidet. Den Sockel schloß oben ein Fries ab, dessen Reliefs die »Amazonomachie«, den Kampf der Griechen mit den Amazonen, darstellte. Sie waren das Werk des großen Skopas. Wie Plinius angibt, arbeiteten daran auch die Bildhauer Leochares, Bryaxis und Timotheos. Eine Säulenhalle über dem Sockel diente der Aufbewahrung der Opfergaben. Darüber erhob sich ein pyramidenförmiges, von einer Quadriga gekröntes Dach. Im vierspännigen Wagen befanden sich Statuen von Maussolos und Artemisia. Das Grabdenkmal war von Löwen- und Reiterskulpturen umsäumt.

Das Mausoleum von Halikarnassos drückte Elemente des Verfalls der klassischen griechischen Kunst aus. Offenbar war es zu prunkvoll und feierlich, um wirklich schön zu sein. Selbst auf den Rekonstruktionen wirkt es schwer und statisch wie die persischen Grabmale. Somit stand es dem Orient wohl näher als Griechenland. Vielleicht lag es am Pyramidendach, vielleicht auch an den kalten hohen Wänden des Unterbaus. Das Mausoleum vereinigte erstmalig in einem einzigen Bauwerk alle drei Säulenordnungen: den Sockel stützten 15 dorische Säulen, die innere Reihe der »oberen Etage« bildeten korinthische, die äußere ionische Säulen.

Plinius schreibt, daß das Grabdenkmal insgesamt 125 Ellen, das heißt 60 Meter, hoch gewesen sei. Bei anderen Autoren findet man abweichende Angaben.

Das Mausoleum erhob sich im Zentrum der Stadt, die auf einem zum Meer hin abfallenden Küstenstreifen lag, deshalb sah man es vom Meer aus weiter Ferne, daneben die auf Hügeln erbauten Tempel von Halikarnassos: das kolossale Heiligtum des Ares, den Tempel der Aphrodite, den Hermestempel.

Später entstanden überall in Griechenland und Rom Bauten, mit denen das Mausoleum von Halikarnassos nachgeahmt wurde. Doch sie waren, wie von Imitationen nicht anders zu erwarten, zumeist weniger gelungen und wurden bald vergessen. Allein das halikarnassische Grabdenkmal blieb berühmt, deshalb nannten die Römer jedes größere Grabmal Mausoleum. Zwei Jahrtausende alt wurde das solide erbaute Mausoleum von Halikarnassos. Die Nachricht von seiner Zerstörung verdanken wir einem Chronisten des späten Mittelalters, der eigentlich über die letzten Tage des Johanniterordens auf der Insel Rhodos berichtet.

»Als Sultan Suleiman im Jahre 1522 den Überfall auf Rhodos vorbereitete, entsandte der Großmeister einige Ritter, die die Festungsanlagen in Ordnung bringen und die Landung der Feinde möglichst verhindern sollten. Als sie in Mesina (so hieß damals Halikarnassos, I. M.) angekommen waren, begannen die Ritter sogleich, die Burg zu befestigen. Da sie nicht über genügend Baumaterial verfügten, verwendeten sie Marmorplatten und -blöcke von einem alten, halbverfallenen Bauwerk in Hafennähe. Als sie einen Block nach dem anderen herausgelöst hatten, gelangten sie nach Tagen in eine Höhle. Sie zündeten Kerzen an und gingen hinein. Da erblickten sie einen herrlichen viereckigen Saal, der mit Marmorsäulen, Gesimsen und Ornamenten geschmückt war. Die Räume zwischen den Säulen füllten Verzierungen aus verschiedenfarbigem Marmor, an den Wänden und an der Decke sah man Marmorreliefs, die Schlachtenszenen darstellten. Nachdem sie alles bewundert hatten, benutzten die Ritter auch diese Dinge, gleich den Außenquadern, als Baumaterial. Hinter dem Saal fanden sie noch einen kleineren zweiten, in den man durch eine niedrige Tür gelangte. Dort erblickten sie ein viereckiges Marmorgrabmal, auf dem eine Urne stand. Das Grabmal war sehr kunstvoll aus weißem, in der Dunkelheit wunderbar leuchtendem Marmor gefertigt. Die Ritter konnten hier aber nicht lange verweilen, da gerade das Glockenzeichen für sie ertönte. Als sie am nächsten Tag zurückkehrten, war das Denkmal zerstört und die Gruft geöffnet. Auf dem Boden zerstreut lagen Goldbrokatstücke und Goldlamellen. Daraus mußten sie schließen, daß an der Küste angelandete Piraten hier in der Nacht eingedrungen waren und viele Schätze entwendet hatten ...«

Auf diese Weise ist uns die einzige authentische Beschreibung der Grabkammer des Mausoleums überliefert. Sie stammt von »Anti-Archäologen«, die das Mausoleum zuletzt gesehen und selbst alles getan haben, damit nichts davon übrigblieb.

Reisende, die Mitte des 19. Jahrhunderts Kleinasien besuchten, stellten fest, daß die Mauern der türkischen Festung Budrum, eines Umbaus aus dem einstigen Johanniterschloß St. Peter, mehr aus Marmor denn aus Steinblöcken bestanden. Darüber braucht man sich nicht zu wundern: Die Überreste der antiken Städte dienten zuerst den Byzantinern, danach den Arabern und den Türken als Baumaterial. Doch die Marmorteile der Mauern von Budrum waren zu schön und ungewöhnlich: Ein unbekanntes Genie hatte die Reliefs auf den Marmorplatten mit kämpfenden Menschen und Göttern bevölkert.

Als der in der Türkei akkreditierte englische Botschafter davon hörte, begab er sich nach Budrum, wo man ihm nach endlosen Verhandlungen und nach Zahlung beträchtlicher Schmiergelder erlaubte, zwölf Platten aus den Mauern herauszubrechen. Sie wurden in das Britische Museum nach London überführt. Anhand von Beschreibungen und Kritiken antiker Autoren konnten sich die englischen Wissenschaftler rasch davon überzeugen, daß man Teile des berühmten Amazonenfrieses von Skopas gefunden hatte.

Als Sir Newton, Kustos am Britischen Museum, sicher war, daß man das Halikarnassosmausoleum in Budrum suchen mußte, eilte er dorthin. Das erste, was ihm in Budrum auffiel, nachdem er gerade das

Schiff verlassen hatte, waren zwei in die Festungsmauern eingefügte, zum Meer blickende Marmorlöwen. Auch sie waren einmal von den Kreuzfahrern zum Bau ihrer Burg aus einem anderen Gebäude entfernt worden. Ohne Zeit zu verlieren, besichtigte Newton jeden Winkel der Festung und fand weitere »gestohlene« Platten und Skulpturen. Als er auf die Genehmigung zur Sicherstellung der Kunstwerke wartete, mit der man sich wie üblich viel Zeit ließ, begann Newton nach dem einstigen Standort des Mausoleums zu forschen. Die Entfernung zur Festung konnte nicht allzu groß gewesen sein, sonst hätte sich das Heranschleppen der Platten und Marmorblöcke für die Johanniter nicht gelohnt.

Im Verlauf der neun Monate, die Newton in Budrum verbrachte, fand er Bruchstücke vom Mausoleum und schließlich unter Erd- und Schutthaufen vier weitere Skopasreliefs. Als man die Grabungen bereits beenden wollte, kam das Wichtigste zum Vorschein: die in unzählige Stücke und Splitter zerbrochenen, einmal 2 Meter messenden Statuen des Maussolos und der Artemisia, die, in der Quadriga aufgestellt, einst das Mausoleum gekrönt hatten, ferner ein beinahe unbeschädigter, einen Meter langer marmorner Pferdekopf mit vergoldetem Bronzezaum und Berlocken, der alle Zweifel beseitigte. Man wunderte sich über die unproportionierte Größe des Pferdekopfes. Doch Newton erriet den Grund: Die vor den Kampfwagen des karischen Königspaares gespannten Pferde standen ja in 60 Meter Höhe und wurden aus der Ferne und von unten betrachtet.

## DER KOLOSS VON RHODOS
### Das fünfte Weltwunder

Er ist ein jüngerer Zeitgenosse des Mausoleums und des Artemistempels. Der Gedanke, den Koloß zu schaffen, wurde im Frühling des Jahres 304 v. u. Z. geboren, als die Bewohner der unmittelbar vor Kleinasiens Küste gelegenen kleinen Insel von den lange belagerten und daher arg beschädigten Stadtmauern aus beobachteten, wie die Schiffe des Demetrios Poliorketes, der einer der Erben Alexanders des Großen und ein Sohn des Herrschers von Vorderasien und Syrien war, in der Ferne des Meeres verschwanden.

Um Rhodos zu bezwingen, hatte Poliorketes Belagerungsmaschinen an die Stadt herangeführt. Sie waren die modernste Errungenschaft einer für jene Zeit durchaus entwickelten Kriegstechnik. Die Belagerer waren stolz auf ihre Helepolis, einen Belagerungsturm mit Mauerbrechern und Zugbrücke, mit Schleudern und Plattformen für die

Angreifer. Die mit Eisen verkleidete Helepolis wurde von 3400 Kriegern fortbewegt.

Als sich Poliorketes von der erfolglos belagerten Insel zurückzog, blieb am Ufer die riesige Helepolis zurück; sie war auch eine Art Wunder, das hier jedoch die Erwartungen nicht erfüllt hatte. Der Belagerungsturm verschaffte der Stadt Rhodos nicht nur Gewinn, sondern auch Ruhm. Kaufleute, die sich nach dem Sieg in der Stadt eingefunden hatten, wollten die Helepolis »zwecks Verschrottung« erwerben und boten für das Eisen 300 Talente, einen in jener Zeit märchenhaften Betrag. Zum Gedenken an die Errettung sollte für das Geld vom Verkauf des Belagerungsturmes dem Schutzgott von Rhodos, Helios, eine Statue errichtet werden. Die Rhodier glaubten, daß sich die Insel einst auf Wunsch dieses Gottes aus dem Meer erhoben hatte.

Mit der Anfertigung der Statue beauftragte man im Jahre 291 den Bildhauer Chares von Lindos, einen Schüler des Lysippos. Zwölf Jahre später war das große Werk vollendet, nach Chares' Vorschlag wurde Helios stehend dargestellt. Heute weiß niemand genau, wie der Koloß von Rhodos ausgesehen hat, authentische Zeugnisse sind nicht überliefert. Die Zeichner konnten deshalb ihrer Phantasie freien Lauf lassen. Manche Darstellungen zeigen Helios mit einem über seine linke Schulter bis zur Erde fallenden Gewand, die rechte Hand zur Stirn erhoben, den Blick in die Ferne gerichtet. Auf anderen Darstellungen steht er breitbeinig auf zwei mächtigen Steinsockeln über der Hafeneinfahrt, eine brennende Fackel in der ausgestreckten Hand.

Die 36 Meter hohe Statue wurde von innen durch drei massive, aus Steinblöcken gefügte und mittels Eisenstangen verbundene Säulen getragen. Die Säulen waren in den Beinen und im Gewand verankert und in Schulter- sowie Gürtelhöhe durch Querträger ergänzt. Auf dem Mauerwerk wurde ein Eisengestell befestigt, auf das man die ziselierten Bronzeplatten aufarbeitete.

Der Koloß wuchs neben der Hafeneinfahrt auf einem mit weißem Marmor verkleideten künstlichen Hügel empor. Zwölf Jahre lang bekam niemand die Statue zu sehen; sobald ein Abschnitt des Innengestells mit Bronzeplatten bedeckt war, wurde der Erdwall um den Koloß erhöht, damit die Meister nach oben gelangen konnten. Erst

*Der Koloß von Rhodos, die berühmteste Riesenstatue der Antike, steht hier breitbeinig auf zwei mächtigen Steinsockeln über der Hafeneinfahrt von Rhodos, eine brennende Fackel in der ausgestreckten Hand. Die erzene Figur des Sonnengottes Helios soll 70 Tonnen gewogen und 30 bis 40 Meter hoch gewesen sein.*

nachdem der Wall beseitigt worden war, erblickten die Rhodier ihren Schutzgott, dessen Haupt eine Strahlenkrone zierte.

Den glitzernden Gott sah man viele Kilometer weit, und bald verbreitete sich die Kunde von der Statue in der ganzen Region. Doch bereits 58 Jahre später stürzte der Koloß durch ein die Insel zerstörendes Erdbeben um. Als besonders anfällig hatten sich die Knie gezeigt. Davon kommt wohl die Redensart »ein Koloß auf tönernen Füßen«.

Die Bewohner von Rhodos versuchten, die Statue wieder aufzurichten. Bekannt sind auch edle Bemühungen von Nachbarvölkern, ihnen dabei Hilfe zu leisten. Der König von Ägypten schickte einige hundert Bronzetalente und stellte Meister zur Verfügung. Doch es kam nichts dabei heraus.

So lag nun der Koloß am Ufer der Bucht und blieb die wichtigste Sehenswürdigkeit der Insel. Den gestürzten Riesen besichtigte auch Plinius d. Ä., der im 1. Jahrhundert nach Rhodos kam. Plinius beeindruckte am meisten, daß nur wenige Menschen den Daumen des Kolosses mit den Händen umfassen konnten.

Um den liegenden Koloß wuchs die Patinaschicht und die Zahl der Legenden. In den Berichten derer, die ihn gesehen hatten, wurde seine reale Größe stark übertrieben. Bei den Römern kam die Legende auf, er habe ursprünglich mit gespreizten Beinen über der Hafeneinfahrt gestanden und sei so groß gewesen, daß die Schiffe bequem hindurchfahren konnten.

Tausend Jahre lang lag der zerbrochene Riese am Ufer von Rhodos, bis ihn ein arabischer Statthalter, der in finanziellen Nöten war, einfach verkaufte. Um den Koloß, der eingeschmolzen werden sollte, fortzubringen, ließ ihn der Kaufmann in Stücke zerlegen, die dann mit 900 Kamelen abtransportiert wurden.

## DER LEUCHTTURM VON ALEXANDRIA
### Das sechste Weltwunder

Das letzte der klassischen Weltwunder, die in irgendeiner Weise mit dem Namen Alexanders von Makedonien zusammenhängen, ist der Leuchtturm von Alexandria.

Alexandria, im Jahre 332 v. u. Z. an der Stelle des kleinen ägyp-

*Der Leuchtturm von Alexandria, errichtet von dem griechischen Architekten Sostratos von Knidos, galt als eine der größten technischen Leistungen des Altertums.*

tischen Städtchens Rhakotis im Nildelta gegründet, gehört zu den ersten in der Epoche des Hellenismus entstandenen Städten, die nach einem Gesamtplan angelegt wurden. In Alexandria stand der Sarkophag Alexanders des Großen, dort befand sich das Museion — ein Tempel der Musen, ein Zentrum der Kunst und Wissenschaft. So knüpfte sich das etymologische Band von den Musen zu unserem Wort Museum. Das Museion war gleichermaßen Akademie der Wissenschaften, Gelehrtenwohnheim, technisches Zentrum, Schule und größte Bibliothek der alten Welt mit über einer halben Million Buchrollen. Selbst in unserer Zeit der Informationsexplosion, über die man so gern spricht, gibt es nur wenige Bibliotheken von diesem Rang. Vor 200 Jahren existierte noch keine einzige solche Bibliothek.

König Ptolemäus II., ein passionierter Bücherfreund und eitler Mann, war unzufrieden, weil ihm in seiner Bibliothek einige unikale Handschriften griechischer Dramen nicht zur Verfügung standen. Er schickte Boten nach Athen mit der Bitte, ihm eine Anzahl von Buchrollen zur Anfertigung von Abschriften auszuleihen. Die stolzen Athener verlangten eine unglaubliche Pfandsumme — 15 Talente, fast eine halbe Tonne Silber. Ptolemäus ging auf die anmaßende Forderung ein und lieferte das Silber. Schweren Herzens mußten die Athener zur Vereinbarung stehen. Doch Ptolemäus verzieh das Mißtrauen nicht, mit dem man seinem bibliophilen Eifer und seinem Ehrenwort entgegengetreten war. Er überließ den Athenern das Silber und behielt die Buchrollen.

Der Hafen mit dem wohl regsten Verkehr in der damaligen antiken Welt, Alexandria, war in mancher Hinsicht unbequem. Da der Nil große Mengen Schlamm beförderte, wurden im Flachmeer bei der Umschiffung von steinigen Stellen und Untiefen gute Lotsen gebraucht. Um den Schiffsverkehr sicherer zu machen, beschloß man im 3. Jahrhundert v. u. Z., auf der Insel Pharos vor Alexandria einen Leuchtturm zu erbauen. Im Jahre 285 v. u. Z. wurde die Insel durch einen Damm mit dem Festland verbunden, und der Architekt Sostratos von Knidos nahm die Arbeiten in Angriff. Der Bau dauerte nur fünf Jahre, denn Alexandria war ein führendes technisches Zentrum und die reichste Stadt der Welt; die Bauherren verfügten über eine riesige Flotte, über Steinbrüche, vor allem aber standen ihnen die Erkenntnisse der Museiongelehrten zu Diensten. Es entstand ein etwa 120 Meter hoher Leuchtturm (ein erster »Rivale« der ägyptischen Pyramiden) mit gleichsam drei Stockwerken. Der quadratische Unterbau war 30 Meter breit. Ein 60 Meter hoher viereckiger Turmteil aus schweren Steinblöcken trug einen zweiten, 40 Meter hohen, mit weißem Marmor verkleideten achteckigen Teil. Die dritte »Etage« bildete ein von Säulen eingefaßter zylindrischer

Turmteil, in dem ein niemals erlöschendes gewaltiges Holzfeuer brannte. Die Flamme wurde durch ein kompliziertes System von Spiegeln reflektiert. Das Holz mußte auf einer Wendeltreppe hinaufbefördert werden, die aber so breit und bequem war, daß ein von Eseln gezogenes Fahrzeug bis zur Höhe von 100 Metern hoch hinauffahren konnte.

Der Leuchtturm diente zugleich als Festung, als Vorposten von Alexandria und als Beobachtungspunkt; denn von hier entdeckte man die feindliche Flotte lange bevor sie sich der Stadt genähert hatte.

Auf dem Leuchtturm gab es viele ausgeklügelte technische Instrumente: Windfahnen, Uhren, astronomisches Gerät.

Der Leuchtturm war so großartig, daß Sostratos, der als Baumeister nicht vergessen werden wollte, die Anordnungen des Königs in riskanter Weise verletzte. In den Unterbau meißelte er eine Inschrift: »Sostratos von Knidos, Sohn des Dekstiphonos, widmete (diesen Leuchtturm) den rettenden Göttern zum Heil der Seefahrer.« Die Inschrift verdeckte er durch eine Putzschicht, in die der Name des Königs, Ptolemäus Soter, eingeritzt wurde. Sostratos glaubte nicht, daß die Putzschicht noch zu seinen Lebzeiten abfallen würde, ihm lag nicht daran, zu erfahren, wie der König auf seine Tat reagieren würde. Doch in der Zukunft sollte man sich seiner erinnern.

Später entdeckten römische Reisende die Inschrift des Sostratos. Der Leuchtturm funktionierte zu dieser Zeit noch immer. Erst nach dem Untergang des Römischen Reiches hörte er auf zu leuchten, als der im Laufe der Jahrhunderte baufällig gewordene obere Turmteil einstürzte. Die unteren Teile hielten sich bis zu einem Erdbeben im 14. Jahrhundert. Die Ruinen des alten Leuchtturms wurden in eine türkische Festung einbezogen und existieren als deren Bestandteil noch heute.

Die Rekonstruktion des Leuchtturms von Alexandria erinnert ein wenig an den New Yorker Wolkenkratzer Empire State Building.

## DIE ZEUSSTATUE VON OLYMPIA
### Das siebente Weltwunder

Nur ein einziges der sieben Weltwunder befand sich in Europa — die Zeusstatue von Olympia.

Nicht einen der Tempel von Hellas hielten die Griechen für würdig, als Wunder anerkannt zu werden. Sie erwählten zwar Olympia, jedoch nicht den dortigen Tempel, nicht die Kultstätte als Ganzes, sondern nur die Statue, die sich in seinem Innenraum befand.

Zeus und Olympia hatten eine ganz unmittelbare Beziehung zueinander. Jedermann in dieser Gegend wußte bestens darüber Bescheid, daß Zeus gerade hier den blutrünstigen Kronos besiegt hatte, seinen Vater, der aus Furcht, die Söhne könnten ihn der Herrschaft berauben, die eigenen Kinder verschlang. Zeus wurde genauso gerettet wie die Märchenhelden anderer Völker: Immer findet sich eine gütige Seele, die sich des Säuglings erbarmt. Kronos' Gemahlin Rhea unterschob ihrem Mann einen in Windeln gewickelten großen Stein, den der auch verschlang.

Als Zeus erwachsen war, besiegte er den Vater und zwang ihn, seine Brüder und Schwestern zusammen mit dem verhängnisvollen Stein wieder von sich zu geben.

Übrigens wurden die Olympischen Spiele zu Ehren des Zeus und der geschilderten Ereignisse abgehalten und begannen stets mit einem Zeusopfer.

Olympias Hauptheiligtum war der Zeustempel mit der Statue, die der berühmte Bildhauer Pheidias (lat. Phidias) geschafften hatte. Pheidias verdankte seinen Ruhm nicht nur der Zeusstatue von Olympia, sondern auch der Athenastatue und dem Reliefschmuck im Parthenon der Athener Akropolis. Gemeinsam mit Perikles entwarf Pheidias einen Plan der Neugestaltung und Verschönerung von Athen. Das kam ihm freilich teuer zu stehen. Die Feinde seines mächtigen Freundes und Mäzens wurden auch seine Widersacher. Ihre Rache war gemein und abscheulich, doch Athen wollte den Skandal. Pheidias wurde beschuldigt, bei der Anfertigung der Athenastatue Gold und Elfenbein entwendet zu haben.

Pheidias' Ruhm war jedoch stärker als die Verleumder. Die Bürger von Elis boten eine Haftsumme zugunsten des Angeklagten. Damit gaben sich die Athener zufrieden und entließen Pheidias nach Olympia. Dort blieb er einige Jahre und schuf die Zeusstatue aus Gold, Elfenbein und Holz. Wie sie aussah, ist uns aus Beschreibungen und von Münzdarstellungen bekannt.

Olympias Zeustempel war 64 Meter lang und 28 Meter breit, die Höhe des Innenraumes betrug etwa 20 Meter. Am Ende der Cella saß Pheidias' Zeus auf einem Thron, sein Haupt reichte bis zur Decke. Der halbentblößte Körper war mit einer dünnen, rosa schimmernden Elfenbeinschicht überzogen, unter der sich ein Holzkern verbarg, auf die Gewandpartien hatte Pheidias Goldfeinblech aufgearbeitet. In einer Hand hielt Zeus eine Goldstatuette der Siegesgöt-

*Das Götterbild aus Elfenbein und Ebenholz, reich mit Gold und Edelsteinen verziert, soll 15 Meter hoch gewesen sein. Im Hintergrund der große Zeustempel von Olympia.*

tin Nike, mit der anderen stützte er sich auf einen hohen Stab. Zeus wirkte so majestätisch, daß Pheidias, der nach Vollendung seines Werkes an die über dem dunklen Marmorfußboden gleichsam schwebende Statue herangetreten war, fragte:

»Bist du zufrieden, Zeus?«

Ein Donnerschlag ertönte als Antwort, und der Boden vor dem Thron riß auf. Zeus war zufrieden.

Laut Überlieferungen schmückten den Thron Elfenbeinreliefs und Goldskulpturen von Göttern. Die Seitenlehnen hatte Panainos, ein Verwandter und Gehilfe von Pheidias, mit Malerei verziert.

Später wurde die Statue unter Beachtung großer Vorsichtsmaßnahmen nach Konstantinopel überführt. Obwohl die dortigen Kaiser Christen waren, erhob sich keine Hand gegen Zeus. Selbst fanatische Christen, Feinde der heidnischen Kunst, wagten nicht, die Statue zu zerstören. Die byzantinischen Kaiser leisteten sich anfänglich noch die hohe Wertschätzung hervorragender Kunst. Doch zur großen Genugtuung der Geistlichen bestrafte Gott seinen heidnischen Rivalen und mit ihm auch die vom Pfad der Wahrheit abgewichenen Kaiser. Im 5. Jahrhundert ging der Palast von Kaiser Theodosius II. in Flammen auf. Dabei fiel auch der im Kern hölzerne Koloß dem Brand zum Opfer. Von Pheidias' Schöpfung blieben nur einige Elfenbeinstücke und Klümpchen geschmolzenen Goldes übrig.

So ging auch das siebente Weltwunder zugrunde.

Wenn von einem Denkmal nichts übrigblieb, ist man bisweilen versucht, seine einstige Existenz in das Reich der Phantasie zu verweisen. Auch die Zeusstatue von Olympia, von der nicht einmal Kopien vorhanden waren, entging dem Verdacht nicht. Um die Menschen zu überzeugen, daß sie wirklich existierte und daß sie so aussah, wie sie die Zeitgenossen des Pheidias beschrieben hatten, mußten zumindest indirekte Beweise geliefert werden.

Erst in letzter Zeit wurde der Versuch unternommen, die Werkstatt des Pheidias aufzufinden. Die Anfertigung der Zeusstatue mußte mit großem Arbeitsaufwand verbunden gewesen sein. Pheidias und seinen Gehilfen stand mit Sicherheit eine geräumige Werkstatt zur Verfügung. Die Statue war kein Marmorblock, den man auch im Winter draußen liegenlassen konnte.

Bei Grabungen in Olympia stießen deutsche Archäologen auf die Überreste eines aus der Antike stammenden Gebäudes, das in byzantinischer Zeit zu einer Kirche umgebaut worden war. Weitere Forschungen ergaben, daß sich dort einst eine Werkstatt, ein Steinbau, fast so groß wie ein Tempel, befunden hatte. Man entdeckte Werkzeuge von Steinmetzen und Juwelieren sowie Überreste einer Metallgießerei. Doch die interessantesten Funde lagen neben der

Werkstatt, in einer Grube, die über viele Jahre Abfälle und mißratene Teile von Statuen aufgenommen hatte. Dort fand man gegossene Formen einer Zeustoga, viele Elfenbeinbruchstücke, Splitter von Halbedelsteinen, Bronze- und Eisenstifte — kurzum, eine zweifelsfreie Bestätigung der Annahme, daß Pheidias gerade hier, in dieser Werkstatt, die Zeusstatue geschaffen hatte und daß sie so aussah, wie sie die Alten beschrieben haben. Zu guter Letzt fanden die Archäologen in einem Abfallhaufen den Boden eines Bechers mit der eingeritzten Inschrift: »Gehört Pheidias«.

Man könnte meinen, das Schicksal habe die antiken Weltwunder besonders hart getroffen, da ihre Geschichte zumeist tragisch endet. Doch dieser Eindruck ist falsch. Berge von Schutt, künstlich aufgetürmte Hügel im Nahen Osten, in Mittelasien, in Indien und China sind oft Überreste einstiger Städte, die später spurlos vom Erdboden verschwanden, von denen kein Haus, kein Tempel, ja vielleicht nicht einmal der Name erhalten blieb. In jedem Jahr erfahren wir von neuen bemerkenswerten archäologischen Entdeckungen, und jedes Mal mischt sich auch ein wenig Traurigkeit in die Nachricht. Die in Pendshikent entdeckten Wandmalereien bezeugen die Existenz eines Palastes in dieser Stadt, den niemand mehr wird besichtigen können; die Statue eines liegenden Buddha, die in Mittelasien gefunden wurde, brachte Aufschluß darüber, daß dort einst viele Buddhatempel standen, die keine Spuren hinterließen; die Löwenkapitelle an Säulenbruchstücken und die Überreste massiver Altäre einer Tempelstadt, auf die man in Kolchis am Schwarzen Meer stieß, zeugen von früheren Bauten und Kunstwerken, die unwiederbringlich verlorengingen.

Versucht man sich einen ungefähren Gesamtüberblick zu verschaffen, so stellt sich heraus, daß vielleicht nicht einmal eines von hundert hervorragenden Denkmalen des Altertums bis zur Gegenwart überdauerte.

Zum Glück hat diese Tatsache die Menschen niemals davon abgehalten, immer wieder zu bauen, zu formen, zu meißeln und zu zeichnen — sich selbst und ihre Zeit in der Kunst auszudrücken. Auch das wenige, das erhalten blieb, bietet eine hinreichende Vorstellung von der Kunst des Ostens, gibt uns das Recht, stolz zu sein auf die Meister der Vergangenheit, wo immer sie gewirkt haben — in Indien, Syrien, Japan, Burma oder in Äthiopien.

# ZWEITES KAPITEL

# DER NAHE OSTEN UND MITTELASIEN

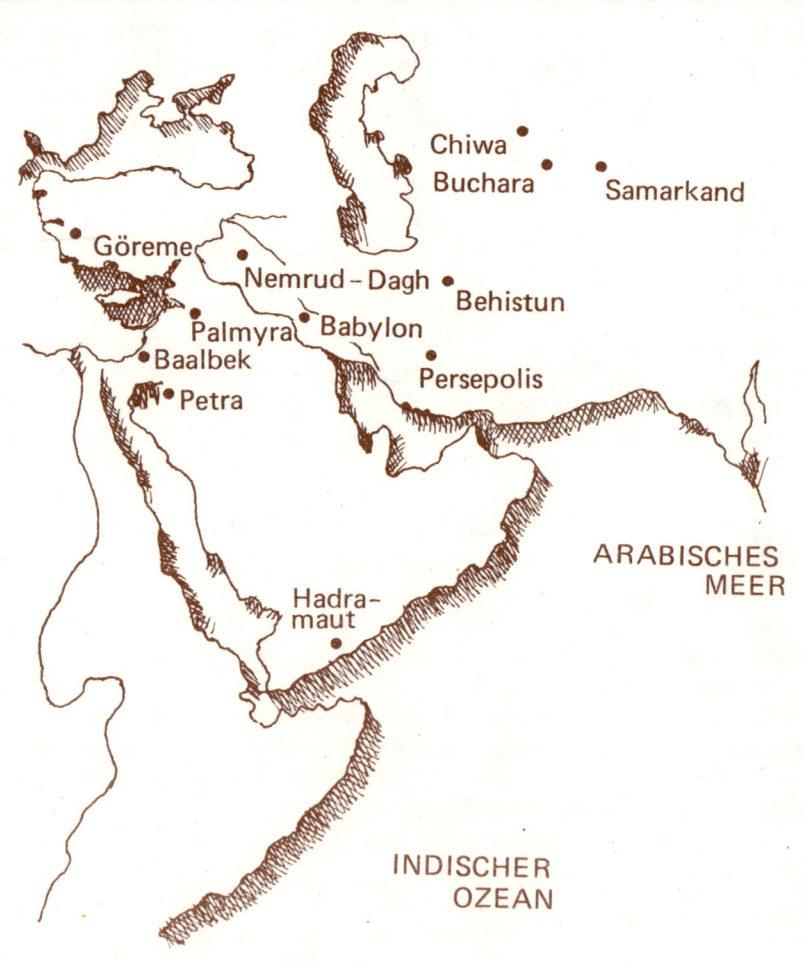

## DIE BABYLONISCHE ZIKKURAT

### Gab es den Turm zu Babel?

Versuchen Sie es doch einmal mit einem einfachen Test: Fordern Sie jemand auf, die sieben Weltwunder zu nennen. Vermutlich wird man mit den Pyramiden von Memphis beginnen, wird sich vielleicht auch der Hängenden Gärten der Semiramis erinnern, und man wird schließlich mit großer Wahrscheinlichkeit den Turm zu Babel nennen. Das wäre dann leider ein Irrtum. Zu den Weltwundern gehörte der babylonische Turm nicht. »Babel« ist übrigens der hebräische, folglich biblische Name von Babylon. In der Bibel heißt es, daß mit dem Turmbau begonnen wurde, doch die Bauherren konnten nicht genug Dolmetscher beschaffen, so daß die Arbeiten wegen einer Sprachverwirrung abgebrochen werden mußten.

Das ist die Geschichte, von der die Bibel berichtet.

Doch was wäre zu tun, wenn man der Bibel nicht glauben möchte? In diesem Falle bleibt nur übrig zu klären, was es dort in Babylon wirklich gegeben hat.

Zunächst wollen wir ein wenig in der Geschichte blättern, um zu erfahren, wie sich die Menschen früher jenen rätselhaften babylonischen Turm vorstellten und wie sich ihr Bild vom Turm allmählich wandelte ...

Im Dom von Salerno, im Süden Italiens, findet man auf einem Relief die älteste erhaltene Darstellung des Turmes von Babel. Sie stammt aus dem 11. Jahrhundert. Darauf sieht man ein kleines rechteckiges Gebäude, doppelt so groß wie die Menschen daneben, das einem nicht fertiggebauten europäischen Burgturm ähnelt. Zwei Männer reichen von unten einem dritten, der oben auf dem Gerüst kaum Platz hat, ein Gefäß hinauf. Daneben steht der Herrgott, der so groß ist wie der Turm, also doppelt so groß wie die Menschen. Gebieterisch streckt er den Arm zum Turm aus. Dem Künstler mangelte es sichtlich an Phantasie, die erwartete er aber offenbar vom Betrachter, falls der glauben sollte, daß die babylonische Verwirrung wegen eines so unscheinbaren Dinges begonnen haben könnte.

Nach hundert Jahren hatte sich das Bild des babylonischen Turmes kaum verändert. Ein sizilianisches Mosaik des 12. Jahrhunderts zeigt einen im Verhältnis zum Salernorelief nicht vergrößerten, jedoch mit einigen zusätzlichen Details ausgestatteten Turm. Eine bessere Vorstellung vom Turmbau bieten schon die Illustrationen in der Prager Velislavbibel des 14. Jahrhunderts. Man könnte sich daraus Kenntnisse über den mittelalterlichen tschechischen Burgenbau aneignen. Der Turm erreicht hier bereits die Höhe eines zweistöckigen Hauses, und es gelingt dem Künstler sogar, eine Vorstellung von der babylonischen Verwirrung zu vermitteln. Der Herrgott, der zur Hälfte in einer Wolke versinkt, versucht mit dem Krummstab einen frisch eingemauerten Ziegel herauszubrechen. Aus den Wolken strecken sich viele Engelsarme aus, um die bestürzten Bauarbeiter vom Turm herabzustoßen. Die übrigen Maurer setzen ihre Beschäftigung unbeirrt fort.

Weitere hundert Jahre gingen vorüber, Europa erlebte die Anfänge der Renaissance. Bei den Menschen regte sich Neugier auf das, was nicht mehr in unmittelbarer Nähe lag. Sie entdeckten fremde Länder und frühere Epochen, und sie begriffen, daß diese Länder und jene Zeiten ihren eigenen nicht nachstanden. Die Darstellungen des Turmbaus von Babylon sind im 15. Jahrhundert nicht mehr so primitiv. Der Turm ist bedeutend gewachsen, so daß er Respekt einflößt. Das Bild eines französischen Malers des 15. Jahrhunderts zeigt neben dem Turm ein Kamel, damit wird das Geschehen im Osten angesiedelt. Auf den Hügeln, die den in Gerüste eingeschlossenen Turm umgeben, stehen Windmühlen. Etwa zwei Dutzend Arbeiter tummeln sich neben und auf dem Turm. Das Gerüst erleichtert offenbar das Besteigen des Turmes und die Beförderung des Baumaterials.

Doch erst dem berühmten flämischen Maler Pieter Brueghel d. Ä. gelang 1563 eine wirklich revolutionierende Darstellung des Turmes zu Babel. Seine Idee war, daß jener Turm in der Tat ein unglaublich großes und ungewöhnliches Bauwerk gewesen sein mußte, das allein durch sein Aussehen den Kampf zwischen Gott und den Menschen ausdrückte und nicht nur die Macht Gottes, sondern auch die Größe der mit Gott uneins gewordenen Menschen bewies. Brueghel

*Den Babylonischen Turm (Rekonstruktion von E. Unger) wollten die Menschen nach alttestamentlichem Bericht bis zum Himmel errichten, doch Jahwe verhinderte seine Vollendung. Unten: Gehörnter Schlangendrache, Emblemtier Marduks, des Stadtgottes von Babylon, am Ischtartor. Dieses gehört mit seinen farbig glasierten Ziegeln zu den monumentalsten Bauten des orientalischen Altertums.*

wurde zu diesem Bild durch das Kolosseum von Rom inspiriert, das er während einer Italienreise besichtigt hatte. Auf seinem Bild verlieh er dem Kolosseum wahrhaft gigantische Dimensionen, streckte es ungemein nach oben und zeigte nicht nur die Außenansicht des Turmes, sondern auch seinen Querschnitt. Das war der erste echte babylonische Turm, die Schiffe auf dem Bild wirken wie Spielzeug.

Nach weiteren hundert Jahren gerieten die »Rekonstruktionen« des Turmes von Babel zu rein rationalen Gebilden. Die Naivität des Mittelalters und die Vorstellungskraft der Renaissancekünstler waren einem nüchternen, sachlichen Herangehen gewichen. Im 17./18. Jahrhundert stellten die babylonischen Türme nur noch technische Konstruktionen dar; sie wurden jeweils so gezeichnet, wie der Künstler, wäre er damit beauftragt worden, den Turm selbst projektiert hätte. Am höchsten war der Turm des Athanasius Kircher, selbst im unvollendeten Zustand konnte er sich wohl mit dem Moskauer Fernsehturm von Ostankino messen.

Viele Male versuchten Menschen, die den Turm von Babylon niemals gesehen und nur eine äußerst oberflächliche oder auch gar keine Vorstellung von ihm hatten, diesen Turm im Laufe von tausend Jahren darzustellen, doch kein einziger Künstler hat erraten, wie er wirklich aussah.

... Herodot, der über die sieben Weltwunder berichtet hat, weilte irgendwann in Babylon. Er sah dort sogar den legendären Turm, an den man später nicht immer glauben mochte. Herodot lebte viereinhalb Jahrhunderte vor unserer Zeitrechnung. Obwohl er den Turm nicht zu den Weltwundern zählte, hinterließ er eine kurze Beschreibung des Bauwerkes: Der Turm ragt über der Stadt, ist achtstufig, und jedes folgende Geschoß ist kleiner als das vorhergehende. Deshalb wurde der Turm zu Babel von Malern, die Herodots Beschreibung kannten, seit Pieter Brueghel zumeist achtstufig dargestellt.

Herodot schrieb, er habe den Turm in unbeschädigtem Zustand angetroffen. Als Alexander der Große über hundert Jahre später mit seinem Heer in Babylon einzog, stellte er indessen Baufälligkeit des Turmes fest ... und befahl, die Ruine abzutragen. Nein, Alexander wollte gewiß nicht, daß der Turm für immer verschwinde, er beabsichtigte, ihn neu aufzubauen, wünschte, ihn zum Zentrum seiner Hauptstadt zu machen und darin für alle großen Götter des Ostens eine Kultstätte einzurichten. Doch Alexander starb, als man gerade mit dem Wiederaufbau begonnen hatte.

... Kamele ziehen in einer Reihe die Straße entlang. Sie haben die Farbe der Steppe, ihre aufgeriebenen Höcker sind schlaff. Vorbeirasende Autos wirbeln eine Staubwolke auf, die Kamele wenden sich gleichgültig ab. Die eintönige graue Steppe fließt am Horizont mit einem ebenso grauen Himmel zusammen. Nirgendwo ist ein kleiner Hügel, eine grüne Niederung zu sehen. Vielleicht haben die Menschen in uralter Zeit gerade hier angefangen zu glauben, daß die Erde eine flache Scheibe sei.

Die Straße verbindet den Süden des Irak mit Bagdad. Hinter uns liegen die Bohrtürme, die lodernden Erdgasfackeln, die Wüste und die dunklen Zelte der Nomaden. Bis Bagdad sind es noch 100 Kilometer.

Nach Hilleh belebt sich der Verkehr, die Fahrzeugkolonne wird dichter. Nahezu jeder zweite Wagen transportiert auf dem Dach einen Sarg. Diese Wagen fahren nach Kerbela, wo sich ein Heiligtum der Moslems befindet. Viele Gläubige betrachten es als Ehre, neben der Moschee von Kerbela oder der von Nedschef begraben zu werden.

Plötzlich taucht ein Verkehrszeichen auf, wir biegen nach links ab. Es ist ein ganz gewöhnlicher Wegweiser, und man erfaßt nicht gleich die volle Bedeutung des Wortes Babylon.

Nun zeigen sich niedrige, gerundete Hügel, sie erinnern an Walroßrücken. Es sind die Ruinen von Babylon.

Außer den Hügeln entdecken wir nichts, weder den Turm noch die Gärten der Semiramis noch Paläste, keine einzige Säule, nicht einmal eine Mauer. Es gibt keine Stadt — einziger Beweis ihrer realen Existenz bleibt zunächst das Straßenschild.

Die Straße endet neben einem von Dattelpalmen halb verdeckten einstöckigen Gebäude, das als Museum gekennzeichnet ist.

Ein alter Araber öffnet die Tür des Museums, das aus einem einzigen langen Raum besteht. Schnell plappert er seinen längst auswendig gelernten Vortrag über all das herunter, was ein Tourist unbedingt erfahren muß, über Hammurabi und über den babylonischen Turm, »der infolge historischer und natürlicher Umstände nicht erhalten ist«.

Das Museum von Babylon ist in keiner glücklichen Lage. Lange bevor der Irak ein selbständiger Staat wurde, haben hier vor allem europäische Forscher Grabungen vorgenommen. Und so wanderten alle wertvollen Funde in die Museen europäischer Hauptstädte ab.

Wir besteigen einen Hügel hinter dem Museum und können von hier ganz Babylon überschauen, das heißt die von den Archäologen freigelegten Teile der Stadt. Man sieht geöffnete Hügel, sie sind von tiefen und flachen Gräben zerfurcht, die vor fünfzig, vor hundert oder auch vor wenigen Jahren ausgehoben wurden. Die Stadt scheint auf den Kopf gestellt — an der Oberfläche ist sie beinahe eben, doch unten kommen Häuser von verschiedener Größe zum Vorschein.

Im Inneren der Hügel werden Palasteingänge, Mauerreste, höhlenartige Gewölbe sichtbar.

»Dort sind die Gärten der Semiramis«, erklärt der alte Araber und weist auf eine Hügelreihe hin, die sich durch nichts von den übrigen Hügeln unterscheidet. »Und jetzt gehen wir zur Prozessionsstraße.«

Nach wenigen Schritten fordert er uns auf, näher zu treten.

... Vor uns öffnet sich ein Abgrund.

Die Straße wurde sehr sorgfältig freigelegt, bis ganz unten, bis hin zum Fahrdamm. Über Jahrtausende blieben die Häuser unter einer dicken Schicht von städtischen Abfällen und Sand verborgen, und nun wirken sie so, als hätte man die Mauern erst gestern aus glatten Ziegeln erbaut; sie sind mehrere Meter hoch und mit Reliefs verziert, die Fabeltiere darstellen.

Von der Prozessionsstraße begeben wir uns zu einem nahe gelegenen Platz, den viele flache und schmale Gräben wie ein Labyrinth durchziehen. Lakonisch bemerkt der Alte, der es inzwischen satt hat, in der Hitze herumzulaufen:

»Der Turm von Babylon.«

Nun kann man sich mit eigenen Augen davon überzeugen, daß kein Turm da ist, nicht ein Stein blieb davon erhalten. Alexander der Große beabsichtigte den Neuaufbau, doch auch ihn schreckte das Ausmaß der notwendigen Arbeiten. Nach Berechnungen des griechischen Geographen Strabon hätte man 10 000 Arbeiter gebraucht, um allein die Baufreiheit zu schaffen. Und sie wären damit zwei Monate lang beschäftigt gewesen.

Außer den ersten Archäologen versuchten oftmals auch nach Babylon verschlagene Schatzsucher, den Turm zu finden. Archäologische Grabungen werden in Babylon bereits seit 200 Jahren vorgenommen, und sie galten in den ersten Jahrzehnten ausschließlich dem Turm. Endlich fand Koldewey, der einer deutschen archäologischen Expedition angehörte, den Ort, an dem der Turm einst stand. Er entdeckte seine Fundamente und begann 1899 mit den Grabungen.

Nachdem Koldewey die Arbeiten zur Erschließung der Hügel aus Ziegelbruch, Schutt und Erde aufgenommen hatte, stieß er bereits in der ersten Woche auf eine gewaltige Mauer. Er hatte großes Glück, denn es handelte sich um genau jene Mauer, von der Herodot berichtete, daß darauf zwei vierspännige Wagen einander ausweichen konnten. Doch mit den weiteren Grabungen ging es nicht mehr so schnell voran, wie man sich das gewünscht hätte, was erklärlich ist, wenn man bedenkt, daß das alte Babylon von einer 12 bis 20 Meter dicken Erd- und Schuttschicht bedeckt war. Um festzustellen, was darunter lag, mußte man Tausende Tonnen Abraum bewegen.

Die von Koldewey entdeckte Mauer wird als die größte Befestigungsanlage des Altertums betrachtet. Zu ihr gehörten 360 Türme, die Abstände zwischen ihnen betrugen etwa 50 Meter. Die Mauer besaß somit eine Gesamtlänge von ungefähr 18 Kilometern.

Anhaltende Regengüsse, Erdbeben und Sandstürme haben den allmählichen Verfall der aus Lehmziegeln erbauten Stadt herbeigeführt. Zweitausend Jahre lang diente sie der in ihrem Umkreis wohnenden Bevölkerung als eine Art Versorgungsdepot für Baumaterial. Man verwendete die aus den Ruinen entnommenen Ziegel zum Bau der eigenen Wohnhäuser. Noch heute fallen in den Häuserwänden von Hilleh und in umliegenden Ortschaften Ziegel auf, die König Nebukadnezars Zeichen tragen.

Koldewey fand den Turm von Babylon. Genauer müßte es heißen: Er fand das Fundament der babylonischen Zikkurat E-Temen-an-Ki (Haus des Fundaments von Himmel und Erde). So nannten sie die Babylonier, nach deren Glauben der große Gott Marduk persönlich oben im Turm wohnte. Für seine Grabungen benötigte Koldewey außer jener ersten Woche, in der er die Stadtmauer entdeckt hatte, noch elf Jahre. Er hinterließ eine vorbildliche Beschreibung des Turmes, bei der er sich auf seine elfjährigen Forschungen, auf die Kenntnis babylonischer Architektur und Bautechniken · stützen konnte.

Auf allen Gebieten der Wissenschaft, auch in der Archäologie, gelingen große Entdeckungen nur selten dem einzelnen. Stets verbleibt genügend Raum für andere Forscher, die Entdeckung zu vervollständigen und eigene Erkenntnisse hinzuzufügen.

Der englische Archäologe Leonard Woolley legte die Zikkurat von Ur, einer Stadt im Süden des einstigen babylonischen Reiches, frei. Im Gegensatz zum babylonischen war der Turm von Ur so gut erhalten, daß über seine ursprüngliche Gestalt sichere Angaben gemacht werden konnten. Woolley war in der Lage, die Zikkurat von Ur genau zu rekonstruieren. Seine Zeichnung entsprach beinahe vollständig der von Koldewey vorgelegten Rekonstruktion des babylonischen Turmes. Nun konnten auch die tausendjährigen Bemühungen der Künstler, den Turm zu Babel darzustellen, ein Ende finden.

Die babylonische Zikkurat, das größte von zahlreichen ähnlichen Bauwerken des Zweistromlandes, war eine siebengeschossige Pyramide, deren Spitze ein kleiner Tempel bildete. Die Seitenlänge der quadratischen untersten Stufe betrug 90 Meter, ihre Höhe 33 Meter. Die 18 Meter hohe zweite Stufe besaß einen nur wenig kleineren Umfang, so daß die beiden unteren Teile des Turmes aus der Ferne wie ein monolither Würfel wirkten. Alle folgenden Geschosse waren weit niedriger, etwa je 6 Meter hoch. Auf der obersten Plattform stand der 15 Meter hohe Tempel des Gottes Marduk. Das Tempeldach war mit Goldblech belegt, blauglasierte Ziegel verkleideten die Außenwände. Die Gesamthöhe des Tempelturmes betrug 90 Meter, sie entsprach seiner unteren Seitenlänge.

Da die Cheopspyramide zur Spitze hin allmählich kleiner wird, verliert sie scheinbar einen Teil ihrer wirklichen Höhe. Über die scharfen Umrisse der Zikkurat konnte der Blick nicht hinweggleiten, sie waren nur durch ruckartige Bewegungen des Auges zu erfassen. Der 15 Meter hohe glänzende und weithin sichtbare Tempel an der Spitze der Zikkurat wirkte so majestätisch, daß die armen Nomaden aus Judäa in ihm eine Verkörperung menschlicher Macht, ein Sinnbild von Reichtum, Ruhm und Stolz erblickten. Und weil er ihnen so viel Ehrfurcht einflößte, vermochten sie den reichen, verwöhnten, auf die Viehzüchter herabsehenden Bürgern der Stadt keine Sympathie entgegenzubringen, zumal sie ihre Sprache nicht verstanden. Und weil die Judäer die Babylonier verdammten, wünschten sie, daß der Zorn ihres eigenen, wie sie selbst strengen und ärmlichen Gottes Babylon samt seinem Wahrzeichen, der Mardukzikkurat, dem Turm zu Babel, treffen möge.

Wenn man sich etwas sehr wünscht, beginnt man, an die Realität des Gewünschten zu glauben. Zuerst kam bei den Judäern die Mär von einer Strafe Gottes für Babylon auf. Als später der vom Perserkönig Kyros noch verschonte, von einem seiner Nachfolger, Xerxes, zerstörte und von Alexander dem Erdboden gleichgemachte Turm wirklich verschwand, hatte die Legende im nachhinein ihre reale Bestätigung gefunden.

Die babylonische Zikkurat war das Hauptheiligtum des Königreiches. Unten, an der Statue des Gottes Marduk, die nach Herodots Mitteilung eine Masse von 24 Tonnen hatte, begannen die Gebete der Gläubigen. Von hier führte eine in Form eines Dreiecks dem Turm vorgebaute massive Treppe direkt in das dritte Geschoß. Danach bestiegen die Pilger eine Terrasse nach der anderen, um zum blauen Tempel zu gelangen, den nur die Priester betreten durften. Hier wohnte Marduk, hier standen sein Ruhelager und sein vergoldeter Tisch. Von der höchsten Plattform blickten die Pilger weit in das ebene Land.

Unmittelbar neben der Zikkurat standen große Gebäude, in denen die Pilger Unterkunft fanden. Hier wohnten auch die Priester, die mächtigsten Männer von Babylon. Rings um diesen Komplex lag die lärmerfüllte Millionenstadt, von der die Babylonier glaubten, sie werde unerschütterlich und ewig bestehen.

Obwohl der Turm von Babylon nicht mehr existiert, ist es doch möglich, ein ähnliches Bauwerk in der Nähe von Bagdad zu besichtigen. In der grauen Salzsteppe erhebt sich eine eigenartige Anlage, die aus der Ferne einem gigantischen Zuckerhut gleicht.

Es ist die Ruine der Zikkurat von Agar-Hufe.

Sie ist so riesig, daß einige Reisende früher glaubten, sie sei der gesuchte Turm von Babel, der ja nicht fertig geworden war und deshalb diese seltsame Form hatte.

Umgeht man die aus Ziegelbruch und Scherben bestehenden flachen Hügel, die sich nicht von den babylonischen unterscheiden — sie wurden erst vor kurzem durch Grabungen der Irakischen Archäologischen Verwaltung aufgeschlossen — so gelangt man zu einer Erhebung, die sich aus von der Zikkurat herabrieselndem Lehm gebildet hat. So erklärt sich die ungewöhnliche runde Form des Turmriesen. Scharfe Winde und der Zahn der Zeit haben seinen Unterbau zernagt und rundherum ausgehöhlt, gleichsam ein Band darum gezogen. Begibt man sich über den schrägen Hang des Lehmwalles zu dieser Einkerbung, so erblickt man zerbröckelndes Mauerwerk, aus dem sich die Ziegel herauslösen. Dazwischen kommen Asphalt und Palmenblätter zum Vorschein, die wohl eine Verbindungsschicht bildeten.

Nach Meinung der Archäologen stand diese Zikkurat einst in der Hauptstadt der Kassiten Dur Kurigalzu und wurde um 1500 v. u. Z. erbaut. Die Agar-Hufe-Zikkurat war etwas kleiner als der babylonische Tempelturm Marduks; die Länge ihres Unterbaus betrug 69 Meter, die Breite 67 Meter. Doch die Bauform der beiden Zikkurate sowie ihre Bestimmung als Kultstätte waren identisch. Auch hier entdeckte man eine Treppe mit drei Aufgängen, die zur Wohnstätte der Gottheit hinaufführte. Die in der Nähe des Turmes freigelegten Tempel, Lagerhäuser, Unterkünfte der Priester und der Palast des Königs bestätigten einmal mehr die Ergebnisse der Pioniere archäologischer Forschung in Babylon. Wie der berühmte Turm von Babylon aussah — darüber gibt es wohl gegenwärtig keine Unklarheiten mehr.

# DIE INSCHRIFT VON BEHISTUN
### Ein König sorgte vor

Der König der Könige, Darajawausch, König der Perser und Herrscher über viele Völker und Länder, den seine Feinde, die Griechen, Dareios (lat. Darius) nannten, suchte sich für sein Denkmal einen Platz aus, wie man sich ihn nicht schöner vorstellen könnte.

Im Tal von Kermanschah erstreckt sich ein schmaler Höhenzug, den ein zweigipfeliger Berg an der Stelle abschließt, wo eine Karawanenstraße von Hamadan nach Babylon führte. Am Fuße des steilen Abhanges vereinigen sich mehrere Quellen zu einem klaren See. Daraus entspringt ein Bach, der am kleinen Dorf Behistun vorbei ins Tal hinabfließt.

Auch der Berg trägt den Namen Behistun.

Die Karawanen machten stets bei den Quellen halt, und die Kamele spürten, noch weit von ihnen entfernt, daß die Rast bevorsteht; sie beeilten sich, den von einer Baumgruppe umsäumten See zu erreichen. Hier unterbrachen auch die aus Persien kommenden oder dorthin zurückkehrenden Truppen ihren Marsch, um auszuruhen, und die Soldaten erinnerten sich noch lange an den Doppelgipfel über dem stillen Tal am klaren, kühlen Bach.

Darius wollte sich zu Lebzeiten ein Denkmal setzen, denn er glaubte zwar an den festen und dauernden Bestand seines mächtigen Reiches, nicht aber an die Dankbarkeit seiner Nachfolger. Er beabsichtigte, ein unwiederholbares und ewiges Monument zu schaffen. Das ist ihm dann auch weit besser gelungen als vielen anderen Herrschern vor und nach seiner Zeit.

Als Darius im Jahre 521 v. u. Z. den Thron besteigen wollte, mußte er sich mit neun anderen Thronanwärtern auseinandersetzen. Er rechnete grausam mit seinen Widersachern ab und wurde, nach dem altpersischen Gott Ahura Mazda (Ormuzd), der Zweitmächtigste in der Welt. Diesen seinen Kampf um die Herrschaft befahl Darius in dem Monument darzustellen.

Dem Befehl des Königs Folge leistend, wählten die Bildhauer eine steile Felswand aus und glätteten darauf zunächst ein riesiges Viereck. Dessen unteren Rand trennten 50 Meter vom Erdboden, so daß das Monument nur aus der Ferne betrachtet werden konnte. 2500 Jahre lang kam aber niemand hierher — mit einer Ausnahme, von der noch die Rede sein wird.

Auf dem Felsen entstand ein Relief mit mehreren lebensgroßen Figuren. Darius überragt die anderen, die Künstler achteten streng auf die Konvention. Fein und sorgfältig sind die großen Augen, die

*Zu den bedeutendsten Felsdenkmälern aller Zeiten gehören die Bilder und Inschriften, die König Darius I. als Zeugnis seiner Siege am Felsen von Behistun anbringen ließ. Neben den zwei linken Hofwürdenträgern erkennen wir Darius, die rechte Hand zu dem in der geflügelten Sonnenscheibe schwebenden Ahura Mazda emporhaltend, die linke auf den Bogen gestützt. Seinen linken Fuß hat er auf den vor ihm liegenden Gaumata gestellt, der seine Hände bittend emporstreckt. Dahinter stehen mit einem Strick um den Hals aneinander gebunden und mit gefesselten Händen die Lügenkönige.*

geschwungenen Brauen, das gekräuselte Barthaar und die Krone auf dem Haupt des königlichen Kriegers mit dem Meißel gezeichnet. Darius legte offenbar Wert auf Genauigkeit und Detailtreue. Seine Goldkrone war mit ovalen Edelsteinen reich verziert.

Darius hebt einen Arm zu dem über ihm schwebenden geflügelten Gott und tritt mit dem Fuß seinen Hauptfeind Gaumata nieder. Schwer lastet der Fuß auf dem vor Schmerz und Scham gekrümmten Körper Gaumatas. Hinter Darius halten zwei Diener Bogen und Speer des Königs. Vor ihm stehen, Darius mit dem finsteren Blick von Besiegten zugewandt, die acht übrigen glücklosen Thronprätendenten. Ihre Hände sind gefesselt, um ihre Nacken schlingt sich fortlaufend ein Seil.

Der König sah wohl voraus, daß die Bedeutung des hochmütigen Bildes den Nachfahren ohne eine erläuternde Inschrift nichts sagen würde. Vorsorglich befahl er, die frei gebliebene Fläche mit Inschriften in drei Sprachen zu füllen: in Altpersisch, der Sprache des Königs und des Hofes, in Akkadisch, der Sprache eines zwar zerschlagenen, aber doch großen und berühmten Reiches, die man in Persien weiterhin achtete und verwendete, und schließlich in elamitischer Sprache. Doch später kam noch eine Auflage hinzu.

Als die Steinmetzen und Kalligraphen gerade mit der langen Inschrift fertig waren, kehrte Darius, der die Zeit natürlich nicht untätig in seinem Palast verbrachte, von einem Feldzug gegen die Skythen zurück. Er hatte den »eine spitze Kapuze tragenden« Skythenkönig besiegt. Nun sollte neben den unterlegenen Gegnern noch das Bild dieses Königs eingefügt werden.

Darius' Befehl löste bei den für das Monument Verantwortlichen Entsetzen aus. Nicht nur deshalb, weil das Ganze ohnehin unglaublich schwierig war, und nicht nur, weil man die Gerüste erst kürzlich abgebaut und das Lager aufgelöst hatte; nun sollte man die Künstler und Hilfsarbeiter erneut in die Steppe schicken. Vor allen Dingen war für den Skythenkönig kein Platz mehr vorhanden, denn die ganze freie Fläche hatte man ja mit der Inschrift gefüllt.

Vielleicht erfuhr König Darius nichts von den Schwierigkeiten. Despoten dulden keinen Widerspruch, und es ist möglich, daß über die Angelegenheit nicht auf höchster Ebene verhandelt wurde. Schließlich zogen erneut Karawanen nach Behistun, wieder wurden die gewaltigen Gerüste hochgezogen, und noch einmal gingen die Bildhauer an die Arbeit, nachdem sie die aus der Hauptstadt mitgebrachten Porträts des Skythenkönigs mit der hohen, spitzen Kapuze genau studiert hatten. Der elamitische Text mußte entfernt werden, an seiner Stelle erschien am Ende der Aufrührerreihe die Figur des Skythen.

Sein Bild geriet ein wenig flacher als die anderen Figuren, doch von fern sah man den Unterschied nicht. Die teilweise abgetragene Inschrift wurde an anderer Stelle wieder eingemeißelt. König Darius besichtigte das Monument und zeigte sich zufrieden.

Für alle Fälle wurde ein Verbot der Denkmalsbeschädigung in den Text eingefügt und strenge Bestrafung bei Zuwiderhandlung angedroht. Doch um das Relief beschädigen zu können, hätte man es zuerst erreichen müssen. Das schaffte niemand. Und da es ganz unmöglich ist, die Inschrift von unten zu lesen, erfuhr auch niemand, daß Darius, der König der Könige und König der Perser, darin höchstpersönlich verboten hatte, sie zu beschädigen.

Viele Jahre gingen dahin. Darius starb, sein Reich zerfiel, die Paläste von Persepolis, der großartigen Residenz der Achämeniden, wurden zerstört. Vergessen waren die Sprachen, die Inschriften, doch das in einen harten und unzugänglichen Felsen gehaune Denkmal blieb unberührt.

Immer seltener zogen Karawanen am Berg Behistun vorüber, nur noch selten unterbrachen Truppen ihre Märsche an den Quellen. Und niemand mehr auf der ganzen Erde konnte keilschriftliche Texte lesen.

Zuerst wurde der Italiener Pietro della Valle, einer der letzten Humanisten der Renaissance, im 17. Jahrhundert auf die Keilschrift aufmerksam. Während einer Orientreise entdeckte er einen keilschriftlichen Text und veröffentlichte davon sogar eine Teilabschrift in seinem Buch. Danach bemerkten viele Reisende die seltsamen Zeichen auf vergessenen Denkmälern und Grabmalen, auf gebrannten Tontafeln, die inmitten der Ruinen altertümlicher Bauwerke in großer Zahl umherlagen. Im Jahre 1760 unternahm der deutsche Forscher Carstens Niebuhr im Auftrag des dänischen Königs Friedrich zusammen mit anderen Gelehrten eine wissenschaftliche Orientreise. Nach einem Jahr waren bereits alle Teilnehmer mit Ausnahme Niebuhrs verstorben. Das hätte ihn abschrecken und zur Rückkehr nach Europa veranlassen müssen. Doch Niebuhr setzte seine Reise allein fort und blieb noch weitere sechs Jahre in den Ländern des Nahen Ostens. Die von ihm verfaßte »Beschreibung von Arabien« erfreute sich größter Beliebtheit und erschien in einer Reihe von Auflagen. War doch der Verfasser des Werkes der erste Gelehrte, der jene Stätten besuchte, die seit den Kreuzfahrern noch kein Europäer gesehen hatte. In Europa aber wollte man etwas über die Länder erfahren, die schon fast ins Reich der Phantasie entrückt waren. Europa drängte nach Osten. So nimmt es nicht wunder, daß auch Napoleon Bonaparte sich während seiner ägyptischen Expedition von Niebuhrs Buch, einer wahren Enzyklopädie des Ostens, nicht trennte. Niebuhr hat auch etwas über die keilschriftlichen Texte geschrieben, die er mit den Ruinen von Persepolis verband, der alten Hauptstadt Persiens, über die schon die griechischen Autoren berichtet hatten. Sowohl in Persepolis als auch in den Ruinen von Babylon und in anderen Städten des Zweistromlandes waren unzählige Tafeln mit Keilschrift gefunden worden.

Den ersten Schritt zur Entschlüsselung der geheimnisvollen Schrift hat Georg Grotefend getan, den man wohl als »Genie für einen Tag« bezeichnen darf. In seinem langen Leben war er stets ein Muster an Pedanterie, und seine Karriere — er brachte es vom Gymnasiallehreranwärter bis zum Lyzeumsdirektor — mag für jene ein Vorbild sein, die eine Laufbahn der »goldenen Mitte« schätzen. Auch seine wissenschaftlichen Vorhaben (Grotefend gründete eine Gesellschaft zum Studium der deutschen Sprache und schrieb eine Reihe von Aufsätzen zur deutschen Philologie) ragten in keiner Weise über den Durchschnitt hinaus und gerieten bald in Vergessenheit. Der Zufall wollte es, daß Grotefend, soeben 27 Jahre alt geworden, eine Wette mit Freunden einging, er werde die rätselhaften Zeichen der Keilschrift, über die alle sprachen und viele schrieben, entziffern. Das war im Jahre 1802.

Grotefend, ein ernsthafter und zuverlässiger Mann, wollte das gegebene Versprechen unbedingt halten. So mußte er denn ein Genie werden, was sicherlich nicht in seiner Absicht gelegen hatte. Denn nur ein Genie konnte eine solche, wie es schien, unlösbare Aufgabe binnen weniger Tage lösen. Grotefend standen einige ungenau abgeschriebene Fragmente keilschriftlicher Texte zur Verfügung, er hatte keine Vorstellung vom Bau der Sprache, war nicht einmal völlig überzeugt, daß es sich um Inschriften und nicht etwa um Ornamente handelte, wußte nicht, ob die Zeichen Lautschrift oder vielleicht Begriffsschrift wie die chinesischen Schriftzeichen darstellten, er wußte einfach so gut wie gar nichts. Dennoch stellte Grotefend fest, daß die ihm vorliegenden Texte altpersisch seien, daß die Keilschrift von links nach rechts gelesen werden müsse und daß es sich um Inschriften von Grabsteinen der Könige Darius und Xerxes handele.

Nachdem Grotefend die Wette gewonnen hatte, hielt er an der Göttinger Akademie einen wenig beachteten Vortrag über seine Entdeckung und wandte sich danach wieder der Lehrtätigkeit und seinen Studien zur deutschen Philologie zu.

Grotefend stützte sich auf einige Inschriftenbruchstücke, und zwar ausschließlich auf altpersische. Sie repräsentierten folglich nur eine der Hauptsprachen, für die man einst die Keilschrift verwendet hatte. Wollte man seine Entdeckung nachprüfen und das gesamte altpersische Alphabet zusammenstellen, so benötigte man einen längeren Text. Dafür eignete sich, wie sich später zeigte, die Inschrift von Behistun; sie enthält 515 Zeilen in altpersischer, 141 Zeilen in babylonischer und

650 Zeilen in elamitischer Sprache. Doch davon wußte zunächst noch niemand ...

Als sich die Kunde vom Behistuner Monument und seiner großen Inschrift in Europa verbreitet hatte, versuchten französische Forscher, eine Kopie der Inschrift zu besorgen. Sie verbrachten mehrere Tage in Behistun, schlugen unzählige Keile in den Felsen, holten sich blutige Abschürfungen an Händen und Knien und kehrten schließlich mit der offiziellen Mitteilung nach Frankreich zurück, daß die Inschrift nicht zu erreichen sei. Die Franzosen ahnten nicht, daß der Text bereits sorgfältig abgeschrieben worden war. Während sie sich vergeblich mühten, um dann ihr Vorhaben entnervt aufzugeben, hielt sich ganz in ihrer Nähe ein Mann auf, der das alpinistische und wissenschaftliche Kunststück vollbracht hatte und gerade versuchte, den Behistuntext zu entziffern. Dieser Mann hieß Rawlinson.

Grotefends Entdeckung war nur ein Anfang gewesen. Die weiteren Schritte zur Erforschung der Keilschrift sind mit Henry Rawlinsons Namen verbunden. Rawlinson, ein englischer Offizier, hatte das Glück, im Alter von 17 Jahren den Gouverneur von Bombay, John Malcolm, der ein bekannter Orientalist war, auf einem nach Indien fahrenden Schiff kennenzulernen. Während ihrer mehrere Wochen dauernden Reise weckte der Gouverneur in Rawlinson ein leidenschaftliches Interesse an der Orientforschung. Im Jahre 1837 berührten sich die Lebenswege Rawlinsons und des Perserkönigs Darius bei Behistun, wo sich die uns bekannte Felsinschrift befindet. Erst mit dieser Begegnung begann die im eigentlichen Sinne wissenschaftliche Erforschung des Alten Persien und Babylons.

Als Rawlinson von Indien nach Persien versetzt wurde, erfuhr er von der Behistuner Inschrift. Er erbat sich einige Tage Urlaub, fuhr nach Behistun und begriff sofort, daß gerade dieser Text zur Entschlüsselung der Keilschrift beitragen konnte. Es muß hervorgehoben werden, daß Rawlinson bis dahin weder von Grotefends Entdeckung noch von der beabsichtigten Expedition der Franzosen, die in Paris gerade ihre vielen Koffer packten, Kenntnis besaß. Alle Versuche Rawlinsons, von unten zur Inschrift zu gelangen, wie es bald darauf die Franzosen probieren würden, blieben erfolglos. Doch Rawlinson dachte nicht daran aufzugeben. 100 Meter trennen die Inschrift vom Bachlauf darunter, 50 Meter hoch ist die völlig senkrechte Felswand. Nein, so konnte man es nicht schaffen. Doch wenn's von unten her nicht ging, dann vielleicht von oben? Mit einem Seil ausgerüstet, bestieg Rawlinson die Rückwand des steilen Felsens. Das war ebenfalls nicht einfach, doch nach einigen Stunden stand er oben. 300 Meter tiefer befand sich das von oben gar nicht erkennbare Relief des Darius und seiner Feinde.

Mit den Papierrollen auf dem Rücken kletterte Rawlinson, durch das Seil gesichert, zur Inschrift herunter. Stunde um Stunde zeichnete er die Inschrift nach, zeitweilig am Seil frei über dem Abgrund schwebend, dann wieder auf einen kleinen Vorsprung gestützt, schweißüberströmt, jeden Augenblick vom Absturz bedroht. Nachdem Rawlinson 9 von insgesamt 13 Kolumnen abgeschrieben hatte, seilte er sich ab, packte Ausrüstung und Papierrollen zusammen und kehrte nach Teheran zurück, um sofort mit der Dechiffrierung der Texte zu beginnen.

Zur gleichen Zeit wurde ihm eine Zeitschrift mit Grotefends Vortrag zugeschickt, der ihm in vielen Fragen weiterhalf.

Einige Jahre später legte Rawlinson, der inzwischen zum britischen Konsul in Persien befördert und als Orientforscher bekanntgeworden war, der Londoner Asiatic Society nicht nur die Abschrift großer Teile der Behistuninschrift, sondern auch deren Übersetzung vor.

Damit war die Erforschung der Inschrift natürlich nicht abgeschlossen, zumal Rawlinson nur einen der Texte, den altpersischen, übertragen hatte. Mit den anderen beiden gab es beträchtliche Schwierigkeiten: Es zeigte sich, daß die babylonische Keilschrift durchaus keine Lautschrift war wie die altpersische; sie stellte ein kompliziertes System dar, im dem ein und dasselbe Zeichen je nach Stellung sowohl einen Laut, eine Silbe als auch ein Wort oder eine Lesehilfe bezeichnen konnte. Im Kreise der Gelehrten entstand Konfusion; doch einige von ihnen, darunter Rawlinson, glaubten, daß man auch dieses System entschlüsseln werde. Sie sollten recht behalten. Wenige Jahre später wurden Tontafeln gefunden, die man im Alten Persien als Schulbücher verwendet hatte. Darauf waren Wörter und Texte aus einem System in das andere — aus dem Babylonischen ins Altpersische — übertragen. Da diese Funde sozusagen im rechten Augenblick auftauchten und den Forschern sehr gelegen kamen, fanden sich Skeptiker, die ihre Echtheit anzweifelten. Einige behaupteten auch, daß kein Text allein mit Hilfe von Wörterbüchern gelesen werden könne.

Da wagte die Asiatic Society ein recht ungewöhnliches Experiment. Eine ganz unbekannte, soeben erst entdeckte babylonische Inschrift wurde vier Forschern zugeschickt — auch Rawlinson bekam den Text —, und jeder von ihnen wurde um Übersetzung der Inschrift mit Hilfe alter Wörterbücher gebeten. Keiner der Wissenschaftler wußte, daß außer ihm drei Kollegen denselben Auftrag erhalten hatten. Alle vier erledigten ihn, und als man die Übersetzungen verglich, zeigte sich, daß sie praktisch identisch waren.

Die erste Etappe der Keilschriftentschlüsselung durfte nunmehr als abgeschlossen gelten.

Natürlich konnten die Forscher noch nicht behaupten, bereits alles über die Keilschrift zu wissen. Die Anzahl der altpersischen, babylonischen, assyrischen, sumerischen, elamitischen Texte wuchs lawinenartig, und jede neue Expedition brachte Tausende Tafeln mit. In den Museen der Welt liegen heute schon Hunderttausende, und die Funde nehmen kein Ende. Die alten Bewohner Mesopotamiens waren gebildete, des Schreibens kundige Leute. Alles, bis hin zu den Rechnungen in den Geschäften von Babylon, wurde auf Tontafeln fixiert und eingebrannt. Die großen alten Zivilisationen, die über Jahrtausende bestanden, hinterließen davon eine ungezählte Menge.

Man sollte meinen, daß die Forscher mit der Behistuninschrift schon längst nichts mehr im Sinn hatten. Doch immer wieder begaben sich neue Expeditionen zum Felsen, schlugen dort ihre Zelte auf und packten allerlei kompliziertes alpinistisches Gerät aus.

Die großen Expeditionen von Jackson im Jahre 1903 und von William King im Jahr darauf fertigten Abschriften an und widmeten den unklaren und verwitterten Zeilen besondere Aufmerksamkeit. Die letzte große »kopierende« Expedition im Jahre 1948 stand unter Leitung von Professor Cameron. Unterstützt von Fachleuten der Erdölproduktion, trieben die Historiker viele Haken in den Fels, führten Leitern bis zum Monument hinauf und brachten Gondeln an, wie sie die Maler benutzen und mit denen man sich mehr oder weniger frei über die ganze Fläche der Inschrift bewegen konnte. Bei dieser Expedition sind nicht Kopien, sondern Abschriften angefertigt worden.

Länger als ein Jahrhundert dauerte die Erforschung des Monuments. Man muß es Darius schon lassen: Er hatte den Gelehrten keine leichte Aufgabe gestellt. Doch sie alle respektierten seine Bitte: Soweit bekannt ist, gab es keinen Versuch, die Inschrift von Behistun zu beschädigen, die den Triumph des Königs über seine Feinde verkündet.


# PERSEPOLIS

## Ein Säulenwald

Stellt die Inschrift von Behistun gleichsam eine Apotheose des persischen Großreiches der Achämeniden dar, so ergibt sich aus der Betrachtung der dramatischen Ereignisse, die mit dem Namen Persepolis verbunden sind, hierzu ein scharfer Kontrast. Sie bedeuteten nicht nur das Ende dieses Großreiches, sondern auch den Untergang jener alten Welt an den Ufern des Nils, Tigris und Euphrat, deren allmählicher Aufstieg im Bau der Pyramiden von Memphis, der Tempel von Karnak, Ninive und Babylon seine Krönung fand und die unter dem gewaltigen Ansturm des verhältnismäßig kleinen Heeres eines makedonischen Feldherrn zerfiel. Zwar wird Babylon noch eine Frist gewährt sein, werden auf Ägyptens Thron noch die Herrscher wechseln (freilich sind sie aus dem Geschlecht eines Kampfgefährten und Nachfolgers jenes Alexanders von Makedonien), doch der Brand, der den Palast von Persepolis vernichtete, bedeutete nicht nur die Zerstörung eines prächtigen Baudenkmals. Wie der englische Archäologe Mortimer Wheeler schreibt, ging damals die gesamte mittelöstliche Zivilisation unter, für die die Zeiten schöpferischen Schwunges vorüber waren ...

Der Palast von Persepolis ist ebenso alt wie die Inschrift von Behistun. In jenen Jahren hatte Darius nach Vernichtung seiner Rivalen im Achämenidenimperium unbegrenzte Macht erlangt. Nun wandte er sich der Aufgabe zu, ein würdiges Zentrum des Großreiches zu schaffen; denn er war sich der Bedeutung prunkvoller äußerer Repräsentation der Macht in dem nur durch militärische Gewalt zusammengehaltenen, vom Kaukasus bis Ägypten reichenden Staat wohl bewußt.

Susa, die Residenz des Königs, war zwar eine große und reiche Stadt, doch mit Babylon, Theben und wohl auch mit einigen griechischen Städten, wie Ephesos und Milet, konnte sie sich nicht messen. Darius hielt nicht so sehr die Größe der Hauptstadt für wesentlich, sondern ein der Allmacht des Monarchen angemessenes Erscheinungsbild des Reichszentrums. Deshalb betrachtete er keine der ihm bekannten Städte als Vorbild für seine neue Residenz, sondern wollte wohl in die Fußtapfen seines Vorgängers, Kyros II., treten, der beabsichtigte, in Pasargadai ein Memorial zu Ehren seines Sieges über die Meder zu erbauen, zum Gedenken an die Schlacht, die über die Herrschaft im Nahen Osten zugunsten der Achämeniden entschieden hatte. In Pasargadai war Kyros, der 530 v. u. Z. im Kampf fiel, begraben.

Offenbar war Pasargadai jedoch nicht für einen ständigen Aufenthalt des Königs und Hofes vorgesehen. Grabungen in der Ruinenstadt brachten eine riesige Steinplattform zum Vorschein, zu der zwei breite Treppen emporführten. Am Fuße eines Hügels wurden Überreste eines kleinen Palastes mit Turm entdeckt, der in dieser Gegend »das Salomogefängnis« genannt wird (ein weiterer Beweis für die Neigung, Unverstandenes mit einem bekannten Namen zu versehen). Südlich von Pasargadai steht inmitten einer wüstenähnlichen Ebene ein einfaches Bauwerk mit stufenförmigem Unterbau. Es ist das Grabmal von König Kyros II.

Die Ruinen des Palastes von Pasargadai lassen vermuten, daß er nur zeitweilig als Wohnstätte diente. Wahrscheinlich beabsichtigte Kyros, dort einen richtigen Palast zu erbauen, doch die ständigen Kriege und Feldzüge hielten ihn davon ab. Sein Sohn Kambyses unterwarf Ägypten und kämpfte um die Erhaltung des vom Vater geschaffenen Imperiums. Auch ihm fehlte die Zeit, in Pasargadai weiterzubauen. Nachdem Darius die Herrschaft errungen hatte, wandte er sich zunächst Pasargadai zu und leitete dort Bauvorhaben ein. Er ließ einen Palast aus ungebrannten Ziegeln erbauen, wonach die Arbeiten jedoch abgebrochen wurden.

Bis Darius für seinen Palast einen anderen Ort fand, vergingen mehrere Jahre. Er wählte die herrlichen Terrassen am Fuße des Berges Rahmed, die zum Fluß Polvar hinabführen, 50 Kilometer vom heutigen Schiras entfernt.

Dort befand sich bereits ein Tempel und wohl auch eine kleine, von Kyros gegründete Stadt. Die Griechen gaben der neuen Residenz des Darius den Namen »Persepolis« — »Stadt der Perser«, wie uns aus den Aufzeichnungen von Kleitarchos, eines Historiographen Alexanders von Makedonien, bekannt ist. Die Perser selbst nannten sie anscheinend Parsa.

Die alten Perser pflegten ihre Kultstätten auf Hügeln zu erbauen, und diese Tradition setzte sich auch in Persepolis fort. Die Terrassen, auf denen man die Palaststadt, die Tempelstadt des göttlichen Königs der Könige, errichtete, wurden geebnet, mit riesigen Steinquadern gepflastert, befestigt und durch breite polierte Marmortreppen miteinander verbunden. Die Treppen zierten einförmige, langweilige und dennoch prunkvolle Flachreliefs. An dieser Stätte dominierte ein einziger Zweck: Den Betrachter sollten nicht nur der Reichtum und die Macht der Könige beeindrucken, er sollte auch die festgefügte Ordnung des Staates erkennen, in dem sich alles einem Plan und einem Willen unterordnete.

Im Perserreich der Achämeniden wurden viele Künstler und Handwerker aus verschiedenen Ländern beschäftigt. Als Alexander der Große sich Persepolis näherte, erblickte er am Wege eine große Schar versehrter Menschen. Es waren gefangene griechische Künstler, Bildhauer und Steinmetzen. Um ihre Flucht zu verhindern, hatte man sie an Körper und Gesicht grausam verstümmelt. Vielen fehlte die linke Hand, anderen ein Fuß, die Nase oder die Ohren. Mehr als 800 verunstaltete griechische Meister fand man in Persepolis. Außer ihnen lebten hier auch Ägypter, Meder, Babylonier, Juden, Nabatäer, Armenier; sie alle stammten aus Völkerschaften, deren Schicksal sich durch die persischen Eroberungen entschieden hatte. Es gab wohl nirgendwo in der Welt einen Palastbau, der so eindeutig und kompromißlos wie der von Persepolis eine einzige Idee repräsentierte — die Idee der staatlichen Macht. Der persönliche Wille der fremdstämmigen Künstler wurde durch die Beschränkung auf eine alleinige Aufgabe total ausgeschaltet, und man kann sich unschwer vorstellen, daß die verletzten Künstler nicht nur physische, sondern auch moralische Qualen erduldeten. Ihr Auftraggeber und Bauherr brauchte nur ihr technisches und handwerkliches Können, nicht ihre schöpferischen Gedanken. Und so erklärt sich, weshalb die Pfeiler und Wände der Treppen mit zwar meisterlich ausgeführten, jedoch einförmigen Reliefs verziert wurden, auf denen sich ein Motiv beinahe endlos wiederholt: der König und die Königin auf dem Thron sitzend und neben ihnen eine Reihe gleichaussehender Krieger, Tribut überbringende Männer, Untertanen. Selbst das wenige, das von Persepolis übrigblieb, zeigt den totalen Triumph von Hierarchie, Ordnung und soldatischer Subordination.

Die Unbedingtheit der Idee tritt vor allem im Stil der berühmtesten Bauten von Persepolis hervor; gemeint sind die Audienzhalle — Apadana — und der Thronsaal.

In der Apadana, einem riesigen quadratischen Raum, fanden bei feierlichen Empfängen 10 000 Menschen Platz. Die überdimensionale Höhe des Raumes entsprach der Höhe eines siebengeschossigen modernen Hauses. Die Decke ruhte auf 72 Säulen. Die Säulen des Persepolispalastes stellen eine Eigenschöpfung persischer Architekten dar, weder in Ägypten noch in Griechenland kannte man ähnliche. Die aus einem hohen gerundeten Basisteil emporwachsenden einfachen Steinpfeiler münden oben in Kapitelle mit Löwen- und Stierfiguren. Die Säulen waren nicht seitlich angeordnet, um den Blick in die Tiefe des Raumes freizugeben, sondern gleich Bäumen im Walde über die ganze Halle verteilt, so daß sie die Sicht versperrten und den Eindruck eines erstarrten steinernen Waldes erzeugten. Der Säulenwald verstärkte die ohnehin statische Wirkung des Palastes, wo am Thron des Weltbeherrschers auf dessen Befehl auch die Zeit gleichsam stillstand.

Man braucht sich nicht zu wundern, daß die Archäologen bisher die scheinbar einfache Frage nicht beantworten konnten, wo denn der Thron des Königs in diesem Saal gestanden habe. Es gab keine Raum-

*Säulen des Apadana, des größten Bauwerks von Persepolis.
Unten: Ausschnitt aus dem erzählenden Bildstreifen der Tributzüge
am großen Fries an der Apadana-Ostfront
XV. Delegation: Der erste Geschenkträger bringt zwei Schalen mit reich
verziertem Rand, der zweite führt das baktrische Reit- und Lasttier,
das doppelhöckrige Kamel.*

aufteilung, alle Seiten waren einander gleich. Vielleicht empfanden die Menschen den Raum als eine isolierte Welt ohne Anfang und Ende. Der Thron konnte überall und nirgends gestanden haben. Es wurde sogar die Vermutung geäußert, die Palastsäle von Persepolis seien nur eine Art von Museen, riesige Schatzkammern zur Aufbewahrung von Gütern gewesen, die von den Persern überall geraubt und hierher gebracht worden waren.

Darius konnte den Palast nicht vollenden, Xerxes und Artaxerxes führten den Bau fort, das bezeugen Inschriften, die sie hinterlassen haben. Bis zur Vollendung vergingen einige Jahrzehnte. Darius' Nachfolgern genügte dessen Audienzhalle offenbar nicht, sie fügten einen zweiten Saal hinzu. Der war zwar noch größer als der alte, wies aber außer einigen Reliefs nichts Neues auf. Alle Bauten von Persepolis verkörperten ja nur eine Idee.

In jener Zeit, als die aus vielen Ländern und Völkern stammenden Meister unzählige einförmige Säulenschäfte für den leblosen Wald bearbeiteten und Flachreliefs mit stets den gleichen Szenen schufen, versuchte der persische Großkönig Xerxes, Griechenland zu erobern und durch Einverleibung in die Welt der Ordnung zu beglücken. Als Xerxes' Heere im Jahre 480 v. u. Z. in Mittelgriechenland eindrangen, wurde auch Athen gebrandschatzt und zerstört. Es gelang Xerxes jedoch nicht, Griechenland zu unterwerfen; die persische Flotte wurde in der Seeschlacht bei der Insel Salamis vernichtend geschlagen, und die Perserheere zogen sich zurück. Doch die Griechen vergaßen die Zerstörung Athens nicht. Nahezu alle Schriftsteller der Antike sahen einen Zusammenhang zwischen jenem Ereignis und dem Untergang von Persepolis.

Für die Griechen besaß die kriegerische Auseinandersetzung mit dem Persien der Achämeniden den Charakter eines prinzipiellen Konflikts. Dies war kein Krieg wie alle anderen, wie sie Griechenland nicht eben selten führte, sondern ein Kampf auf Leben und Tod zwischen zwei verschiedenen Welten. Die Erinnerung an den Brand von Athen war nach 150 Jahren noch lebendig, als Alexander von Makedonien das Küstengebiet Asiens erreichte, um die Heere eines anderen Darius, eines neuen Königs der Könige, zu vernichten und das längst schon erstarrte, morbide und kaum noch lebensfähige Achämenidengroßreich zu zerschlagen. Vielleicht neigen wir dazu, jene Ereignisse, deren Betrachtung uns nur durch das Prisma griechischer Reflektierung und Beschreibung möglich ist, zu idealisieren; wenn wir jedoch aus den Schriften des Diodoros von Sizilien erfahren, daß Alexander beschloß, Persepolis völlig zu vernichten, so verbindet sich diese Absicht des Makedoniers für uns mit jener dramatischen Szene der Begegnung Alexanders mit den 800 verstümmelten Künstlern. Alexander sprach dieser Stadt samt ihren reliefgeschmückten Kasernen, in der Künstler zu Krüppeln gemacht wurden, das Recht auf Existenz ab.

Es fällt mir schwer, beim Brand und Untergang von Persepolis an einen Zufall zu glauben, wenn auch viele Autoren — vielleicht, um den Ruhm eines Großen nicht zu schmälern — in ihren Berichten über den letzten Tag der Achämenidenhauptstadt die Zufälligkeit der Ereignisse hervorheben.

Die Version von einem wilden Festgelage in Persepolis, bei dem die Geliebte des Ptolemäus, die Athenerin Thais, eine Fackel ergreift und die Vernichtung der Persepolis als Sühne für die einstige Zerstörung Athens fordert, Alexander sich der allgemeinen Stimmung unterwirft und als erster eine brennende Fackel in den Säulenwald des Thronsaales schleudert, scheint eine dramatisierende Geschichtsfälschung zu sein. Alexander war ein Mann, der überlegt und nüchtern handelte. Alles, was er vor der Vernichtung von Persepolis tat, spricht dafür, daß Diodoros von Sizilien recht hat, der versichert, Alexanders Entschluß habe seit langem festgestanden. Weshalb sonst hätte er einige Tage vor dem Brand befohlen, alle Schätze der persischen Könige von Persepolis nach Susa zu bringen? Warum erlaubte Alexander seinen Soldaten die totale Plünderung der Stadt, die sich doch kampflos ergeben hatte? Als der Brand ausbrach, war Persepolis aller Güter beraubt und menschenleer.

Wie immer es dazu gekommen sein mag — die Paläste und die umliegenden Gebäude brannten nieder. Erst gegen Morgen erlosch das Feuer. Die Decke des Thronsaales war eingestürzt; nur der Säulenwald ragte noch inmitten von Schutt und Asche.

Seither sind Jahrtausende vergangen, doch der im Laufe der Zeit lichter gewordene Wald der Säulen steht noch immer. Auf den Reliefüberresten fesseln die in Reih und Glied bedrohlich voranschreitenden Krieger unseren Blick, neben ihnen die Gefangenen; sie schreiten so seit Jahrtausenden ins Unbekannte, obwohl die Armeen und Paläste der Perser längst verschwunden sind.

Einige Geschichtsschreiber der Antike berichten, daß Darius III., der von der Hand des eigenen Satrapen den Todesstoß empfangen hatte, in den letzten Augenblicken seines Lebens unter den ihn Umgebenden nur ein einziges von Mitgefühl bewegtes Gesicht entdecken konnte — das Gesicht Alexanders, der Darius nachgeeilt war und ihn schließlich erreicht hatte. Ausgerechnet an ihn wandte sich der sterbende König mit der Bitte, für seine Familie zu sorgen.

Alexander habe, so heißt es, den Körper des Toten mit seinem Mantel bedeckt und befohlen, den König der Könige im niedergebrannten Persepolis zu bestatten.

Nach einer anderen Version ist Alexander der Große zu spät gekommen; als er die Karawane des Königs erreichte, war Darius bereits tot.

# BAALBEK

### Die phantastischen Steinplatten

Beginnen wir mit einem umfangreichen Zitat:

»An einigen Punkten der Erde sind Überreste altertümlicher Anlagen erhalten, die durch ihre Dimensionen, ihre ungewöhnliche Konstruktion und durch ,rätselhafte' Details in Erstaunen versetzen. So stellen zum Beispiel die Trilithen der Baalbekterrasse am Fuße des Antilibanongebirges gigantische, roh bearbeitete Steinblöcke von etwa 20 Meter Länge und einer Masse von ungefähr 1000 Tonnen dar. Diese Quader wurden aus Steinbrüchen hergebracht und auf eine Höhe von 7 Metern gehoben — eine Aufgabe, die selbst mit Hilfe mächtiger Ausrüstungen moderner Technik nur schwer zu bewältigen wäre. Im Steinbruch verblieb ein weiterer gewaltiger bereits behauener, vom Felsen jedoch noch nicht getrennter Quader. Seine Länge beträgt 21 Meter, er ist 4,8 Meter breit und 4,2 Meter hoch. Nur die vereinte Kraft von 40 000 Menschen wäre imstande, einen solchen Steinkoloß von der Stelle zu bewegen.

Bis zum heutigen Tag muß die Frage als nicht gelöst gelten, von wem, wann und zu welchem Zweck diese ,Zyklopenplatten' herausgehauen und bearbeitet wurden.«

Das Zitat ist einem Aufsatz von M. Agrest mit der Überschrift »Kosmonauten des Altertums« entnommen. Darin wird die Vermutung geäußert, daß von fernen Planeten stammende Wesen solche Anlagen wie Baalbek erbaut und auch Sodom und Gomorrah vernichtet haben könnten. Auf Baalbek bezieht sich die folgende Hypothese:

»Es ist anzunehmen, daß das Sonnensystem von Kosmonauten erforscht wurde, die mit kleinen Raumschiffen von der Erde aus starteten. Vielleicht bestand für sie einmal die Notwendigkeit, sich auf der Erde zusätzlich mit atomarem Treibstoff zu versorgen, wofür dann spezielle Rampen und Lagerungsstätten erbaut werden mußten. Ohne Zweifel wünschten sie auch eine Spur ihres Erdaufenthalts zu hinterlassen. Vielleicht gehören die genannten so ungewöhnlichen Anlagen, wie zum Beispiel die Baalbekterrasse, zu den Dingen, die die außerirdischen Gäste zurückließen?«

Da haben wir es: Im zentralen Teil von Libanon, am Fuße des Antilibanons, im Bekaa-Tal befindet sich die geheimnisvolle Baalbekterrasse, die vielleicht von Kosmonauten als Startrampe für kleine

Raketen erbaut wurde. Vermag man nicht daran zu glauben, wie soll dann erklärt werden, »von wem, wann und zu welchem Zweck diese ‚Zyklopenplatten' herausgehauen und bearbeitet wurden«?

Wir wollen uns nach Libanon begeben, um an Ort und Stelle mehr über die Baalbekterrasse zu erfahren.

Um nach Baalbek zu gelangen, verlassen wir die Mittelmeerküste und besteigen die trockenen Hänge des Libanongebirges, wobei wir den Spuren der 3. Gallischen und der 5. Makedonischen Legion des Kaisers Augustus folgen, die auf dieser Straße vor 2000 Jahren nach Heliopolis marschierten. Sie hatten die phönikischen Küstenstädte bezwungen und nun die neue Militärsiedlung, genannt Colonia Julia Augusta felix Beirutus, d. h. die Kolonie Julia Augusta (nach der Tochter des Kaisers), das glückliche Beirut, zurückgelassen, wo die römische Flotte ihren rückwärtigen Schutz sicherte. Marschziel der Legionäre war die kleine, jedoch wohlhabende semitische Stadt Heliopolis, so von den Seleukiden, den Nachfolgern Alexanders des Großen, in hellenistischer Zeit zu Ehren des Sonnengottes (griech. helios ‚Sonne') benannt. Heliopolis war das frühere Baal Bek — die Stadt Baals.

Die Römer wußten einiges über Heliopolis: Es ist ein altes Kulturzentrum der Phöniker; den heliopolitanischen Männern rühmt man hohe Redekunst, den Frauen große Schönheit nach; man findet dort die besten Flötenspieler der Welt; Heliopolis besitzt herrliche dem Sonnengott geweihte Tempel.

Vom Kamm des Libanongebirges blickt man in ein weites Tal; es ist etwa 100 Kilometer lang und 10 Kilometer breit. Gegenüber schimmern die rostroten und violetten Hänge des Antilibanons, dessen Gipfel über viele Monate des Jahres mit Schnee und Eis bedeckt sind. Den südlichen Talrand bildet ein von Schilfrohr überwucherter See. Nach Norden steigt das Gelände leicht an: zwischen kleinen Flüssen, die zum See hinabstreben, liegt dort die Stadt. Die zu Reihen geordneten Häuser sind von niedrigen Steinmauern eingefaßt; Schirmdächer beschatten die Marktplätze. In der Stadtmitte erhebt sich ein von mehreren kleinen Tempeln gekrönter Hügel. Die Tempel verraten hellenistische Baukunst.

Die Legionäre steigen hinab, befürchten offenbar nicht den Widerstand der Stadtwachen, stellen ihre Reihen nicht nach der Schlachtordnung auf. Der Marsch war kurz und kaum beschwerlich. Die braungebrannten, nach den Kämpfen an der Küste längst erholten Soldaten sind unbekümmert und zu fröhlichen Scherzen aufgelegt. Wie viele Städte haben sie schon kennengelernt? Keiner könnte sie alle nennen. Auf eine mehr oder weniger kommt es nicht an.

Der in uralter Zeit erbaute Haupttempel von Baal Bek war dem aramäischen Gott Hadad geweiht, dem Gott des Donners und der Blitze, der Macht hatte, Regen auf die Felder zu senden, damit sie Früchte trügen, aber auch Unwetter zu schicken, die die Ernte vernichteten. Hadads Haupt schmückte ein Strahlenkranz. Zur Zeit der Seleukiden wurde er mit dem griechischen Sonnengott Helios identifiziert. Vom Tempel erhielt die Stadt den neuen Namen Heliopolis. Später verwandelte sich der Hadad-Helios-Tempel in den Tempel des Jupiter Heliopolitanus. Er wurde umgebaut und erweitert, von immer mehr Pilgern besucht und erlangte große Berühmtheit.

Nachdem die Römer den Nahen Osten erobert hatten, gewann Heliopolis an Bedeutung, nicht nur, weil sich hier der Hadad-Jupiter-Tempel befand. Von Heliopolis her beherrschte man ein fruchtbares, an Süßwasser, Wäldern und Weingärten reiches Tal; die Stadt war ein wichtiger Umschlagplatz für Karawanen, die von der Küste kamen und in verschiedene Richtungen weiterzogen. Nicht zuletzt diente Heliopolis den Römern als Militärbasis. Von hier unternahmen sie ihre Feldzüge gegen die Parther.

Im Jahre 116 suchte Kaiser Trajan das Orakel des Jupitertempels in Heliopolis auf. Er wollte den allwissenden Wahrsager auf die Probe stellen und überreichte ihm eine unbeschriebene, in ein Tuch gehüllte Tafel. Als Antwort erhielt er eine ebensolche Tafel zurück. Das überzeugte den Kaiser von der Prophetiekunst des Orakels. »Und welches« wird die endgültige Antwort sein?« fragte der Kaiser. Man übergab ihm ein Reisigbündel, um das ein Stück Leinen gewickelt war. Ein Jahr später fiel Trajan in Kilikien. Sein Leichnam wurde auf einem Holzstoß verbrannt. Die Legende kündet, das Orakel habe sich erfüllt. Wäre der Kaiser nicht gefallen, so hätte man das Reisigorakel natürlich anders gedeutet. Jedenfalls war der Tempel von Heliopolis im 2. Jahrhundert so berühmt, daß selbst die römischen Kaiser hierher kamen, um sein Orakel zu befragen.

Kaiser Antoninus Pius (138—161) befahl, an der Stelle des alten Jupitertempels einen neuen — den größten Tempel der Welt — zu errichten. Für den Bau wurden beträchtliche Mittel und viele Sklaven benötigt. Der Tempelbau im Libanontal fand am römischen Hof wohl auch deshalb große Zustimmung, weil die römischen Kaiser

*Oben: die sechs Säulen der Südfront des Heliopolitanus-Tempels von Baalbek. Der Tempel gab mit seiner giebelgekrönten Vorderfront dem Altarhofe seinen westlichen Abschluß, an den übrigen drei Seiten ragte er in ganzer Höhe mit seinem gewaltigen Unterbau frei sichtbar aus dem Gelände.*
*Unten: Reliefschmuck an der Südseite des nördlichen Wasserbeckens.*

zu dieser Zeit keine reinblütigen Römer mehr waren. Kaiser Septimius Severus verschwägerte sich mit dem Hause des Julius Bassianus von Emesa; sein Sohn, der spätere Kaiser Caracalla, war Syrier. Auch für die anderen Kaiser der Severerdynastie stellte jenes ferne Libanontal kein fremdes Land dar, es war die Heimat ihrer Mütter und Frauen. Caracallas Mutter, die kluge und herrische Julia Domna, unterstützte zuerst ihren Mann Septimius Severus, später den Sohn bei der Führung der Regierungsgeschäfte. In Rom traten jetzt viele aus Syrien und aus dem Libanon stammende Gelehrte und Staatsmänner hervor. Den unternehmungsfreudigen Phönikernachfahren gelang es, im Imperium Romanum bedeutende Positionen für sich zu erobern. Sie befehligten Legionen, verwalteten den Handel, wurden Senatoren.

Caracalla und seine Mutter prägten den Namen »Heliopolis« auf ihre Geldmünzen. Zu ihrer Zeit schritt der von Antoninus Pius eingeleitete Tempelbau zügig voran. Der Sonnengott-Tempel und die gesamte Akropolis wurden umgestaltet und riefen die Bewunderung von Pilgern und Reisenden hervor. Mit dieser Akropolis konnte sich keine andere im ganzen Imperium messen, nicht einmal in Rom war ein vergleichbarer Tempelkomplex vorhanden.

Als die Araber viele Jahre später Baalbek eroberten und die Akropolis in eine Festung verwandelten, waren sie überzeugt, daß der große König Salomo der Erbauer der Anlagen gewesen sei. Denn niemand außer Salomo, so glaubten die Araber, hatte Macht über die Dschinn (Geister), und niemand außer den Dschinn konnte einen solchen Tempel erbaut haben. Offensichtlich wußten die Araber noch nichts von den Gästen aus dem Kosmos ...

Die Akropolis blieb unvollendet. Die Arbeiten zogen sich lange hin, und die Soldatenkaiser, die das Imperium in der Periode seines Niederganges regierten, konnten und wollten nicht riesige Mittel für den Tempelbau aufwenden. Doch das Werk war der Vollendung so nahe, daß die Kultstätte schon zu Caracallas Zeit genutzt werden konnte, und nur wenige ahnten, daß die ursprünglichen Pläne der Architekten nicht voll verwirklicht worden waren, daß Caracalla ein noch prächtigeres Bauwerk gewollt hatte.

... Eine gewaltige Freitreppe, auf der eine ganze Legion Platz gefunden hätte, führte zur Kolonnade des Haupteinganges der Akropolis hinauf. Der reich verzierte Torbogen war 15 Meter hoch und 10 Meter breit. Durch den Eingang gelangte man in einen sechseckigen, von Säulen umgebenen Hof. Dahinter lag ein weiterer, über einen Hektar großer Haupthof der Akropolis, in dessen Mitte sich ein mächtiger Altar erhob.

Die den Hof einfassenden Porphyrsäulen mußten beinahe mit Gold aufgewogen werden. Diese Säulen stammten aus den Steinbrüchen Ägyptens, waren dort in der Nähe des Roten Meeres herausgehauen, bearbeitet und geschliffen worden. Dann schleppte man sie zum Nil, brachte sie auf Lastkähnen nach Alexandria; hier wurden sie auf Schiffe verladen, die nach Beirut fuhren. Von Beirut mußten die Säulen erneut geschleppt werden, dieses Mal über das Libanongebirge nach Heliopolis.

Ähnliche Säulen fanden die Archäologen auch in Rom und sogar in Palmyra. Obwohl sie kleiner sind als die heliopolitanischen, hat doch jede eine Masse von mehreren Tonnen. Offenbar reichten die Körperkraft der damals lebenden Menschen und die Kraft der Tiere aus, so ungeheuer schwere Lasten über weite Strecken zu transportieren.

Der Jupitertempel, das Zentrum der Akropolis und der Stadt Heliopolis, schloß den Haupthof ab. Der Tempel stand auf einem gewaltigen Podium, das auf Steinplatten ruhte. Jede Platte war 20 Meter lang, 5 Meter hoch und 4 Meter breit. Sie herauszubrechen und zur Baustelle zu transportieren war mit Sicherheit ungemein schwierig. Doch die Architekten hatten sich die Sache gewiß nicht ausgedacht, um Stoff für Legenden von den Dschinn des Königs Salomo oder von außerirdischen Kosmonauten zu liefern. Unter dem Tempel lagen, von den Steinplatten verdeckt, geräumige Kammern. In dieser Gegend kamen zudem häufig starke Erdbeben vor (die meisten Tempel von Heliopolis wurden später durch Beben zerstört). Man wollte den Jupitertempel auf einem erdbebensicheren Unterbau errichten.

Doch das Vorhaben überforderte selbst die ausgezeichneten Architekten des Römischen Reiches. Nur drei mächtige Steinplatten, die man später »Trilithon« nannte, wurden in den Tempelunterbau eingefügt. Jede dieser Platten hat eine Masse von fast 1000 Tonnen; jede könnte einem 20 Meter langen und 15 Meter hohen Gebäude mit 1,5 Meter dicken Wänden als Fundament dienen.

Im Unterbau des Jupitertempels fehlt — manchem aufmerksamen Besucher der Tempelruine von Baalbek wird es nicht entgangen sein — eine vierte Platte gleicher Größe. Dafür wurden mehrere nicht so große Quader eingebaut. Wie läßt sich das erklären? Fehlte es an passendem Material? (Oder waren die Kosmonauten in Zeitnot?) Wie wir bereits wissen, existiert der vierte Großblock, doch er befindet sich noch immer im Steinbruch nahe Baalbek. Er ist über 1000 Tonnen schwer und so riesengroß, daß sich ein auf dem Quader stehender Mensch wie eine Ameise auf einem Koffer ausnimmt. An diesem Steinblock stellt man zahlreiche Spuren der Bearbeitung mit Meißeln fest. Von Kosmonauten dürfte somit wohl nicht mehr

75

die Rede sein; selbst die eifrigsten Verfechter der Kosmonautentheorie werden kaum behaupten wollen, daß Meißel zu den von Kosmonauten bevorzugten Geräten gehören.

Der Jupitertempel stand also auf einer Plattform aus drei gigantischen und einigen kleineren Quadern. Eine Freitreppe mit drei Aufgängen führte zu der von Säulen umgebenen Tempelhalle hinauf. Die zum Teil noch erhaltenen Säulen sind zwar weniger berühmt als die Trilithenquader, dennoch verdienen sie, hier erwähnt zu werden. Der Säulendurchmesser beträgt etwa 3 Meter, die Säulenhöhe über 20 Meter (was der Höhe eines sechsstöckigen Hauses entspricht). Die Masse einer der jeweils aus drei Teilen zusammengesetzten Säulen ist kaum geringer als die einer Großplatte. Jede Säule krönt ein prächtiges kolossales Kapitell, das einen tonnenschweren Fries trägt. Ein französischer Schriftsteller der Gegenwart drückt seine Bewunderung dieser herrlichen Säulen in folgenden Worten aus: »Wären sie nicht vorhanden, so gäbe es weniger Schönheit auf der Erde und weniger Poesie unter Libanons Himmel.«

Doch diese Säulen, die weit kompliziertere Werke architektonischer Kunst und technischen Könnens sind als die Platten der Terrasse, schreibt niemand außerirdischen Wesen zu. Das wäre auch äußerst problematisch: Der Kosmonautenbesuch müßte in eine bestimmte Geschichtsperiode eingeordnet werden; er wäre mit einer Gegend zu verbinden, die vor und nach der Entstehung der Baalbek-Akropolis vielfach bereist und beschrieben worden ist. Man müßte voraussetzen, daß die Kosmonauten die korinthische Säulenordnung kannten, daß sie Jupiter verehrten.

Im Tempelinnenraum befand sich die Jupiterstatue aus purem Gold. Wie die Autoren der Antike berichten, stellte sie den Gott als bartlosen, mit der Tunika eines Wagenlenkers bekleideten jungen Mann dar, die Donnerpeitsche in der rechten, den Blitz und eine Weizengarbe in der linken Hand haltend. Während der alljährlich begangenen Festtage wurde die Statue von den vornehmsten Heliopolitanern aus dem Heiligtum herausgetragen. Sie bereiteten sich darauf mit Fasten, Körperpflege und Enthaltsamkeit vor. In den Schatzkammern des Tempels wurden neben anderen Kostbarkeiten auch die heiligen schwarzen Steine aufbewahrt. Der Tempel war reich und berühmt wie kein anderer im Römischen Imperium. Seine Priester besaßen große Latifundien und viele Sklaven. Die Keller des Tempels waren mit Getreide, Wein und Öl gefüllt.

Links vom Jupitertempel, ein wenig tiefer gelegen, befand sich ein weiteres berühmtes Heiligtum der Akropolis — der Venustempel. Heute wird er oft irrtümlich als Bacchustempel bezeichnet, so auch in Geschichtsbüchern und Reiseführern. Er war zwar weniger monumental und prächtig als der Jupitertempel, jedoch keineswegs klein und unbedeutend. Allein das erhaltene 15 Meter hohe Tor bezeugt seine Größe. Den Tempelfries schmückten steinerne Paneele, deren Flachreliefs römische Götter darstellten: Mars, Merkur, Pluto, den weinlaubbekränzten Bacchus, die Göttin Venus mit dem ausgelassenen Cupido an der Brust.

In spätrömischer Zeit entstand außerhalb der Akropolis, etwa 300 Meter von ihr entfernt, ein etwas kleinerer prächtiger Rundtempel, der der Glücksgöttin Fortuna geweiht war.

Die Blütezeit von Heliopolis währte so lange, bis das Christentum die vielen teils grausamen, mitunter heiteren, zumeist beschränkten, unzuverlässigen antiken Götter verdrängt hatte. Das Christentum brachte den Niedergang von Heliopolis. Die Priester beherrschten die Stadt noch eine Zeitlang, doch die heidnischen Festlichkeiten wurden von Jahr zu Jahr bescheidener und ärmlicher, der goldene Sonnengott verlor viele seiner Anbeter. Der Niedergang des heidnischen Heliopolis fiel mit dem Auseinanderbrechen des Römischen Imperiums zusammen.

In Byzanz, dem christlichen Oströmischen Reich, wurde der Kult der alten Gottheiten unterdrückt.

Doch Heliopolis lebte weiter, und seine Akropolis blieb erhalten, wenngleich man sie der Jupiterstatue, die in Goldbarren umgeschmolzen wurde, und anderer Schätze beraubte. Heliopolis war noch immer eine wichtige Handelsstadt, in der es auch Kultstätten geben mußte. Man begann nun, christliche Kirchen zu errichten und die alten heidnischen Tempel in Kirchen umzuwandeln.

Im 4. Jahrhundert befahl Kaiser Theodosius I., im zentralen Bezirk der Akropolis von Heliopolis eine Kirche zu erbauen. Sie sollte ein Zeichen des Sieges des christlichen Glaubens über das Heidentum sein. Das in Eile und mit geringem Aufwand errichtete Gotteshaus hatte nur einige Jahrzehnte lang Bestand und ist dann, kaum eine Spur hinterlassend, verschwunden. Der Fortunatempel wurde in eine Kirche umgewandelt und der heiligen Barbara geweiht.

Kaiser Justinian ließ die Porphyrsäulen vom Hof der Akropolis nach Konstantinopel überführen. Wiederum mußten sie über eine weite Wegstrecke transportiert werden, zuerst über Gebirgspässe zum Beiruter Hafen, dann als Schiffsfracht über das Mittelmeer zur neuen Metropole. Dort wurden die Säulen für den Bau der Hagia Sophia verwendet. Sie stehen noch heute neben anderen Säulen, die aus dem ganzen Orient hierher gebracht worden waren, inmitten weiterer Überreste zerstörter Monumente antiker Architektur.

Die unheilbringenden Naturkräfte hatten gleichsam den Niedergang von Heliopolis abgewartet. Ein Erdbeben folgte nun dem anderen, und jedesmal stürzten Häuser und Kirchen ein. Nur der Jupitertempel trotzte den Erdbeben.

Einige Jahrhunderte später verließen die Byzantiner die inzwischen verarmte Stadt, die ihre frühere Bedeutung völlig verloren hatte; sie mußten den vordringenden Arabern weichen. Damals wurde die Legende geboren, daß die Dschinn des Königs Salomo den gewaltigen Tempelunterbau errichtet hätten.

Von den Arabern wurde die Akropolis, genauer: das was von ihr noch übrig war, umgebaut und zerstückelt. Vor der Ankunft der Araber hatten die Bauten mehr als 500 Jahre überdauert, doch nun begann ihr wirklicher Verfall. Mehrere Säulen des Jupitertempels stürzten um, ihre prächtigen Kapitelle rollten über den Hofplatz. Ein starkes Erdbeben beschädigte den größten Teil der Akropolismauern, der Vorbau wurde völlig zerstört.

Die Araber verwandelten die Akropolis in eine Festung. Der hoch gelegene, auf gigantischen Steinplatten ruhende Jupitertempel schien für eine Befestigungsanlage wie geschaffen. Aus niedergestürzten Platten und Säulenteilen wurden Mauern und Basteien erbaut. Inmitten der Ruinen errichteten die Araber eine Moschee. Eine noch größere zweite Moschee entstand außerhalb des Akropolisbezirkes. Noch einmal hatte hier eine Göttervertreibung stattgefunden. Und wiederum waren die Anhänger des neuen Glaubens überzeugt, daß ihr Gott der einzig wahre sei und die Weltherrschaft zu beanspruchen habe.

Doch die Säulen des Jupitertempels wurden Zeugen weiterer Wechsel von Feldzeichen und Gottheiten. Die durch Bohemund von Antiochia und Raymond von Edessa angeführten Kreuzfahrer eroberten die Festung und verteidigten sie eine Zeitlang gegen damaszenische Truppen. Ohne lange zu zögern, zerstörten oder beschädigten sie die Moscheen und richteten die Herrschaft des christlichen Gottes wieder auf. Doch wenige Wochen später trat das Kreuzfahrerheer den Rückzug an, und in die Moscheen zogen erneut die Mullahs ein. Die wenigen noch übriggebliebenen Säulen des Jupitertempels ragten unberührt über diesen Wirren.

Die Götter, denen zu Ehren man sie einst errichtet hatte, waren schon so lange tot, daß selbst die Erinnerung an sie erlosch. Die Jupiter- und Marsstatuen wurden von den Christen und Arabern je nach Phantasie und Laune entweder als Teufel oder als Heroen aus alter Zeit angesehen.

In Vergessenheit geriet auch der Name Heliopolis, der alte Name Baalbek war zurückgekehrt. Ein Engländer, der die Ruine von Baalbek im Jahre 1751 besichtigte, vermerkt in seinen Aufzeichnungen, er habe im Libanontal, in einer kleinen verfallenen Stadt, neun mächtige Säulen inmitten vieler Steinblöcke und -platten gesehen. Dreißig Jahre später fand ein französischer Reisender jedoch nur noch sechs Säulen vor; bei einem Erdbeben im Jahre 1759 waren wieder drei Säulen eingestürzt. Neben den Säulen entdeckte der Franzose die Ruine eines Wehrturmes. Er wußte nicht, daß Schah Bahr, ein Herrscher von Damaskus, den Turm im 12. Jahrhundert erbaut hatte.

Doch als die ersten Reisenden aus Europa hierher kamen, hatte Baalbek schon lange keine militärische Bedeutung mehr.

Zu Beginn unseres Jahrhunderts geruhte der deutsche Kaiser sich für Heliopolis zu interessieren. Deutsche Archäologen nahmen nun in Baalbek planmäßige Grabungen vor. Sie legten unter anderem den kleinen Fortunarundtempel frei. Halbverschüttet war er jahrhundertelang zwischen Häusern und Mauern unbemerkt geblieben und hatte die Zeit beinahe heil überstanden. Später kamen auch französische Forscher ins Libanontal. Schließlich wurden die Ausgrabungen von der libanesischen archäologischen Verwaltung übernommen.

Bleibt zu fragen, was Baalbek heute ist. Es grenzt an ein Wunder, daß die Stadt samt der Akropolis trotz ihrer unruhvollen und glücklosen Vergangenheit nicht völlig vom Erdboden verschwunden ist. Die römischen und libanesischen Baumeister haben solide Arbeit geleistet, so daß in Baalbek gerade aus der Römerzeit und nicht aus der christlichen oder arabischen Periode einiges erhalten blieb.

Von den Bauwerken der Römer blieb zwar nicht sehr viel übrig, wenn man jedoch berücksichtigt, daß hier fast keine Spuren von Byzanz, von den Kreuzfahrern und vom Kalifenreich zu finden sind, so muß man zugeben, daß die heidnischen Götter mächtiger waren.

Sechs kolossale Säulen, die Freitreppe und das Podium des Jupitertempels beeindrucken noch heute jeden Baalbekbesucher. Die gelblichen, warm getönten Steine leuchten im Glanz der untergehenden Sonne, und die weithin sichtbaren Säulen wirken wie ein Triumphbogen, wie ein riesiges Tor, das nirgendwo hinführt.

Der Altar in der Mitte des Akropolishaupthofes, den man von den Ruinenresten der christlichen Basilika befreite, überragt jetzt die Steinquader und herabgestürzten Bruchstücke von Tempelsäulen. Auch ein Teil der Porphyrsäulen, die einst den Haupthof umgaben, ist erhalten. Sie verdecken Durchgänge und Nischen, in denen einmal Statuen von Göttern und Heroen aufgestellt waren. Christliche Eiferer zerschlugen sie in den ersten Jahrhunderten byzantinischer Herrschaft; was übrigblieb, wurde von mohammedanischen Derwischen zerstört.

Von den großen Tempeln der Stadt Heliopolis ist der sogenannte Bacchustempel am besten erhalten. Aus der Ferne erscheint er beinahe unversehrt. Doch der erste Eindruck trügt. Nur noch an zwei Seiten stehen die Tempelwände und -säulen. Der Tempel ist so fest gefügt und zugleich imposant — nicht im Sinne einer malerischen Ruine, sondern als architektonisches Kunstwerk —, daß dort bis zum Bürgerkrieg in Libanon internationale Theater- und Musikfestspiele veranstaltet wurden. Alljährlich kamen nach Baalbek die besten Theaterensembles und Orchester der Welt; in einem römischen Tempel, der größer ist als die meisten modernen Konzertsäle, versammelten sich die Zuschauer. Einmal im Jahr herrschte Leben in Baalbek. In alter Zeit huldigte man hier den heiteren und wetterwendischen Göttern der Antike, danach der Gottesmutter, schließlich dem Propheten Mohammed, doch nun war die Zeit der heidnischen Venus und des Jupiter wiedergekehrt.

# PALMYRA

## Die Erhebung einer Oase

Aus meiner Kindheit blieb mir die Zigarettenmarke »Sewernaja Palmira« (Palmyra des Nordens) in Erinnerung. Auf der weißen Zigarettenschachtel waren erhabene Säulen mit schnabelförmigen Verzierungen vor dem Gebäude der Börse zu sehen. Das erschien mir rätselhaft. Ich wußte, daß man Leningrad das zweite Venedig nannte, das ließ sich leicht erklären: In Venedig gibt es ebenfalls Kanäle, die Stadt liegt auch am Meer und auf Inseln wie Leningrad. Aber Palmyra? Falls eine Stadt mit diesem Namen wirklich existiert, so mußten dort wohl Palmen wachsen, in Leningrad aber gab es keine Palmen.

Das Schicksal Palmyras, einer der schönsten Städte im Alten Orient, einer Fabelstadt, die flüchtig, gleich einer Sternschnuppe, in der Geschichte auftauchte und wieder verschwand, weist einige Ähnlichkeit mit dem Schicksal von Petra und dem von Baalbek auf. Alle drei Städte entstanden lange vor Beginn unserer Zeitrechnung, erlebten jedoch ihre Hochblüte (eine Art Wiedergeburt) erst zur Zeit der römischen Weltherrschaft. Auch durch ihre geographische Lage sind diese Städte miteinander verbunden. In den Straßen von Baalbek und durch die Säulenhallen des Forums von Palmyra wehen dieselben trockenen Winde.

Dem Namen nach ist Palmyra wohl bekannter als die beiden anderen, wenngleich nur wenige Genaueres über die Stadt, ihre Lage und Geschichte zu sagen wissen. Die Geschichte Palmyras endet tragisch. Dieser Stadt war kein Jahrhunderte währender Verfall, kein langsamer Tod beschieden wie vielen ihrer Nachbarstädte. Sie ging in einer Nacht unter.

Wir kehren erneut in die römische Provinz Syrien zurück. Dort weilten wir bereits während unseres Besuches in Baalbek. Jetzt müssen wir eine andere Route wählen und uns von Damaskus nach Nordosten in die Wüste begeben.

Noch heute lebt in dieser Region die Erinnerung an die Zeit der alten Römer. Pompeius eroberte Teile von Syrien im Jahre 64 v. u. Z. Zum ersten Male schlugen römische Legionen ihre Standlager an den trockenen Hängen der hiesigen Gebirge auf. Und sie blieben lange, denn die Römer strebten nach Dauerherrschaft über Syrien. Hier befand sich das Tor zu einer der bedeutendsten Handelsstraßen des Altertums. Sie führte von der atlantischen Küste — von den Niederungen Britanniens und von den Gebirgen Spaniens — über Rom nach Griechenland. Zudem trafen sich hier, an der östlichen Mittelmeerküste, auch die westlichen Seewege — aus Italien, Griechenland, Ägypten, Tunis — mit den östlichen, die von Arabien, von Indien und aus China herführten. Aus dem Osten kamen Seidengewebe, Gewürze, Duftstoffe, Porzellan und Edelsteine. Der römische Import aus Indien erreichte einen Wert von 150 Millionen Sesterzien jährlich. »So viel verschwenden wir für Luxus und für die Frauen«, klagte Plinius. Und die neue römische Provinz Syrien lieferte ihrerseits Weizen, Olivenöl, Wein, Feigen, Datteln und andere Früchte. In Sidon wurde ausgezeichnetes Glas hergestellt, und in Tyrus fertigte man purpurfarbene Wolltuniken für die Römer.

Für die schrittweise Einverleibung der an Syrien angrenzenden kleinen Königreiche und Fürstentümer brauchten die Römer über hundert Jahre. Das Nabatäerreich samt seiner Hauptstadt Petra anerkannte Roms Oberhoheit. Seit dem 1. Jahrhundert wurde auch das Königreich Palmyra von den Römern verwaltet.

Palmyras vortreffliche Bogenschützen nahmen an Kaiser Trajans Feldzug nach Dakien teil. Die Truppen der Nabatäer beschützten die Südgrenze des Imperiums. Altgedienten Soldaten, den Veteranen, wurden vom Kaiser — neben Sklaven — Ländereien in Syrien zugewiesen. Man lebte gut und billig in diesem fruchtbaren trockenen Land. Mit 150 syrischen Denaren konnte der jährliche Lebensunterhalt einer Familie bestritten werden.

Syrien entwickelte sich zur reichsten Provinz des Römischen Imperiums. In den syrischen Städten und Dörfern lebten Araber, Judäer, Aramäer, Nabatäer, Perser, Armenier, Ägypter, Römer und Griechen. Antiochia, die Hauptstadt der Provinz, zählte mehr Einwohner als Damaskus, Aleppo oder Beirut heute. In Syrien gab es damals doppelt soviel große Städte. Allein für Apamea, eine Stadt, von der nur ein Berg bislang beinahe unerforschter Ruinen übrigblieb, haben die Archäologen eine Einwohnerzahl von ungefähr einer halben Million ausgerechnet. Im Umkreis von 30 Kilometern um das heutige Aleppo stellte der englische Archäologe Thomas Edward Lawrence rund 120 Ruinenstädte fest.

Kaiser Diokletian (284—305) ließ einen befestigten Grenzweg (die sogenannte strata Diocletiana) von Bosra unweit Jerusalem bis Mosul am Tigris erbauen. Der Limes war ungefähr 1000 Kilometer lang und sollte den Schutz der Provinz vor den Persern sichern. In den dreißiger Jahren unseres Jahrhunderts wurden Luftbilder von der Straße aufgenommen; sie zeigen einen Gürtel von Wehranlagen und Befestigungen. In jeder Festung gab es Wasserreservoire, Kasernen und Unterkünfte für vorbeiziehende Karawanen. Jeder befestigte Punkt lag in Sichtweite des nächsten, sie waren durch niedrige Mauern miteinander verbunden. Die Perser und Parther trainierten mit ihren Pferden nicht das Überspringen von Hindernissen.

Auf gepflasterten Straßen, die zum großen Teil noch heute benutzt werden, gelangte man aus einer Stadt in die andere. Für den ordentlichen Zustand der Straßen wurde gesorgt. Man stellte Meilensteine auf und schützte tiefer gelegene Abschnitte durch Mauern vor Überflutung.

Auf den erwähnten Luftbildern erkennt man, daß die gegenwärtig beinahe unbewohnten Steppen und Wüsten Syriens einst zum großen Teil bewässert wurden. Auf der Strecke zwischen Damaskus und Palmyra gab es zahlreiche — heute leere und halbversandete — Becken, Kanäle und Wasserleitungen. Auch in alter Zeit mußte der Wüste Wasser zugeführt werden; doch können die heutigen Bewohner dieser Gegend von dem Wasserreichtum, den es hier vor 2000 Jahren gab, nur träumen. Die römischen Aquädukte führten über Dörfer, in denen jetzt das Wasser aus weit entfernten Orten herangeholt werden muß. Man schöpft es aus tiefen Brunnen und behandelt es wie ein kostbares Gut.

Ein Beispiel für die hochentwickelte Wasserbautechnik jener Zeit bietet die ehemalige Stauanlage von El Harbak. Sie wurde im Wadi, in einem im Sommer austrocknenden Tal, durch das nach Regenfällen Wasser in Strömen fließt, erbaut. Die Mauer des gut erhaltenen Bauwerkes ist am Fuße 20 Meter breit, ebenso hoch und 70 Meter lang. Der Speicher faßte 140 000 Kubikmeter Wasser. Nach fast 2000 Jahren sind nur wenige Platten der äußeren Verkleidung heruntergefallen. Heute führt eine Straße über den im oberen Abschluß noch 7 Meter breiten Staudamm.

Es war nicht leicht, die große Provinz, deren Grenzen sich über Wüsten und Gebirge hinzogen, zu schützen. Immer richtete sich der begehrliche Blick der Nachbarn und Gegner — zuerst waren es die Parther, dann die Perser — auf die fruchtbaren Felder und reichen Städte Syriens.

Die Römer wendeten hier eine Politik an, die sich über viele Jahrzehnte bewährte. Sie beließen den früher unabhängigen Reichen eine begrenzte Souveränität. Die dortigen Throninhaber entstammten den örtlichen Dynastien, mußten aber Rom den Treueid leisten. Das von der Herodesdynastie regierte Judäa, das Nabatäerreich mit Petra, die Dekapolis-Städte im Süden Syriens sowie Palmyra bildeten Pufferstaaten. Sie alle waren verpflichtet, Tribut an Rom zu zahlen und die Karawanenstraßen zu beschützen. Dagegen behielten ihre Herrscher die Einkünfte aus dem Zwischenhandel. Kam es zu Unbotmäßigkeiten, so waren römische Legionäre zur Stelle und bekräftigten den Anspruch der Römer auf Weltherrschaft.

... Die Oase lag 150 Kilometer nordöstlich vom heutigen Damaskus an einem Schnittpunkt mehrerer Karawanenstraßen und war schon lange vor Beginn unserer Zeitrechnung besiedelt. Hier befand sich die kleine Stadt Tadmor, deren Bewohner den Himmelsgott Baal und den Sonnengott Bel verehrten. In der Stadt gab es Karawansereien, einen Marktplatz, den Beltempel und einige hundert Häuser aus Lehm und Stein.

In der Oase war Wasser im Überfluß vorhanden. Zehntausende Menschen konnten hier ernährt und vor allem mit Wasser versorgt werden. Deshalb wuchs die Stadt Tadmor und wurde immer reicher. Hier kreuzten sich die Karawanenwege aus dem Süden, von Arabien und Ägypten, mit der nach Osten führenden Straße. In Tadmor hatten daher der Karawanenvorsteher und der Marktvorsteher, wie sie auf Inschriften genannt werden, besonders großen Einfluß.

Die Legionen des Pompeius erreichten die Oase nicht. Das gelang erst Marcus Antonius ein Vierteljahrhundert später. Doch auch er mußte sich von Tadmor wieder zurückziehen. Noch einmal vergingen zwanzig Jahre, bis die Stadt die römische Oberhoheit anerkannte. Dem übermächtigen Rom, das zu jener Zeit bereits alle Länder des Ostens unterworfen hatte, konnten die auf sich allein gestellten Könige von Tadmor nicht als ebenbürtige Kontrahenten entgegentreten. Unter Kaiser Hadrian (Anfang des 2. Jh.) war Tadmor bereits von Rom abhängig, und niemand mehr nannte die Stadt mit dem alten Namen. Zu Ehren eines kaiserlichen Besuches im Jahre 130 wurde sie umbenannt und hieß fortan Hadriana Palmyra. Septimius Severus machte Palmyra zum kaiserlichen Hauptquartier. Nur wenige Jahre später erhielt die Stadt den Status einer römischen Kolonie.

Während der Partherkriege blieb Palmyra neutral. Wie schlecht sich die Beziehungen zwischen den Großreichen auch gestalten mochten, welche Drohbriefe von den Herrschern dabei immer ausgetauscht wurden und wie grausam die Kriege der Römer mit den Parthern auch waren — die römischen Patrizier benötigten doch stets Seidenstoffe, Gewürze und Parfüme, und die Würdenträger der Parther brauchten römische Erzeugnisse. Hier in Palmyra trafen sich die Karawanen, und auf den Märkten der Stadt herrschte Waffenruhe, die für beide Seiten vorteilhaft war.

In der Stadt wurden große Tempel, Theater, Sportstätten, Bäder und Paläste erbaut. Man begann hier, römische Kleidung und römische Namen zu tragen. Doch Palmyras Haupttempel blieb nach wie vor Bel geweiht, einem örtlichen, nicht einem römischen Gott. Neben den römischen gab man den Kindern stets auch einen arabischen Namen. Und der großartigste, prächtigste Platz von Palmyra war nicht ein Forum, wie es die römischen Städte hatten, auch keine Akropolis, sondern der Marktplatz. Der riesige Platz war von Säulen umgeben, und die Markthallen sahen dort aus wie Paläste. Das Theater dieser Stadt (das erhalten ist) stand den größten Theatern anderer Städte der Antike nicht nach. Der Tempel des Bel mit dem 200 Quadratmeter großen Hauptraum wurde wohl nur vom Tempel des Jupiter Heliopolitanus übertroffen. Zum Tempel führte eine großartige Säulenstraße; ursprünglich standen dort mehrere hundert hohe Säulen, dazwischen waren Statuen aufgestellt. Von diesen Säulen blieben über 150 erhalten, doch alljährlich kommen einige hinzu, denn die umgestürzten Säulen werden von syrischen Archäologen aufgerichtet und rekonstruiert. Leider ersetzt man die fehlenden Teile durch Beton.

Weniger bekannt sind die Grabmale von Palmyra, die sich nicht in der Stadt, sondern in den umliegenden Tälern befinden. Manche der Grabbauten, wie das Drei-Brüder-Grabmal, sind geräumige unterirdische Kammern; andere ragen turmähnlich inmitten der trockenen Steppe auf, sind bis 30 Meter hoch. Die Grabstätten wurden bereits im Altertum geplündert, zum Glück ging es den Dieben nur um materielle und nicht um geistige Werte. So blieben in der palmyrenischen Nekropole Bildnisse erhalten, die nicht nur als Kunstwerke bewundernswert, sondern auch in psychologischer Hinsicht interessant sind.

Wohlhabende Palmyrener ließen von sich in der Jugend Porträtstatuen anfertigen, die danach vermutlich in irgendwelchen Hausschreinen aufbewahrt wurden. Die Person wurde alt und hinfällig, doch das war kein Grund zur Besorgnis. Würden dereinst die Götter erfahren wollen, wie der ins Jenseits Abberufene aussah, so soll sie nicht der Anblick von Alter und Krankheit betrüben. Ein Kenner schrieb über die Porträtfiguren von Palmyra, mit denen er sich eingehend beschäftigte: »Ihre fast unwirklich großen Augen strahlen Leben aus. Ihre Funktion besteht darin, die starren Bildnisse zu beleben. Für den palmyrenischen Künstler war am Menschen nur das Unvergängliche von Bedeutung.«

Die Palmyrener waren keine Krieger. Ihre nicht sehr zahlreichen berühmten Bogenschützen wurden vorwiegend im Wachdienst eingesetzt. Manchmal zogen sie zusammen mit den Römern ins Feld, wenn sie jedoch nicht dringend gebraucht wurden, kehrten sie wieder nach Hause zurück. Auch sie waren eine Art von Tribut, den Palmyra für das Privileg, reich zu werden, zahlte. Das wußten sowohl die Römer als auch die Parther. Doch das, was später geschah, belehrte die Nachbarn der Oasenbewohner eines Besseren.

Im Jahre 260 schlug der Perserkönig Schapur I. die römischen Legionen, nahm Kaiser Valerianus gefangen und besetzte einen großen Teil Syriens. Die Perserheere näherten sich Palmyra, und die Römer baten den Herrscher des Oasenreiches, Odenathus, um Hilfe. Getreu der Verpflichtung versammelte Odenathus seine Soldaten, zog gegen die Perser ins Feld, schlug sie vernichtend und setzte ihnen bis zur persischen Hauptstadt Ktesiphon nach. Mit reicher Kriegsbeute kehrte das palmyrenische Heer nach Hause zurück. Odenathus lag nichts an einer Fortsetzung des Krieges mit Persien, davon würden nur die Römer Vorteile haben. Ein neuer Krieg konnte jedoch nicht vermieden werden. Nachdem sich die Perser von ihrer Niederlage erholt hatten, traten sie erneut gegen die Römer an; und wiederum hatte die palmyrenische Armee großen Anteil an den römischen Siegen.

In Anerkennung seiner Verdienste wurde Odenathus vom neuen römischen Kaiser zum »dux orientis« (Oberbefehlshaber des Ostens) ernannt. Damit war er zum zweithöchsten Würdenträger des Römischen Imperiums erhoben. Doch die Dankbarkeit der Römer kam unfreiwillig. Ihre asiatischen Besitzungen konnten nur mit Unterstützung der palmyrenischen Armee gehalten werden. Kaiser Gallienus gestand Odenathus sogar das Recht zu, sich nicht König, sondern Kaiser zu nennen, was seine Gleichstellung mit Gallienus bedeutete. Als Odenathus zum Oberkommandierenden aller römischen Legionen in Asien berufen wurde, erlangte er damit die Alleinherrschaft über Syrien, Arabien und sogar über Armenien. Palmyra war nunmehr die bedeutendste Stadt in Vorderasien, die Hauptstadt des Nahen Ostens.

Odenathus und die Römer blieben nicht lange Freunde. In Rom hatte man begriffen, welche Gefahr die Gleichstellung des asiatischen

Machthabers mit dem römischen Kaiser in sich barg. Doch es bot sich kein Anlaß, Odenathus den Titel und das Oberkommando wieder abzuerkennen. Odenathus verhielt sich loyal. Seine Autorität und Macht wuchsen von Jahr zu Jahr. Rom wagte nicht mehr, ihn zum Feind zu erklären. So blieb nur ein bewährtes und vielfach erprobtes Mittel übrig: der Mord.

Im Jahre 266 wurden Odenathus und sein ältester Sohn nach Emesa eingeladen und hinterhältig ermordet. Nicht die Römer selbst waren die Ausführenden, und aus Rom kam sogleich eine Bekundung aufrichtigen Beileids. Der römische Kaiser bedauere den Tod seines besten Feldherrn im Osten, hieß es. Nun war die Gefahr für Rom scheinbar beseitigt. Odenathus' jüngeren Sohn, einen minderjährigen Knaben, brauchte man nicht zu fürchten. Palmyra würde sich mit der Degradierung zu einem Fürstentum zweiten Ranges abfinden müssen.

Doch einen Umstand hatten die Römer nicht ins Kalkül gezogen. Odenathus' schöne Witwe Zenobia — ihr arabischer Name war Bath-sabbai — erwies sich als eine der klügsten und tatkräftigsten Frauen in der Geschichte des Altertums. Sie ließ ihren jüngeren Sohn krönen und proklamierte sich selbst zur Königin.

Die Römer erkannten die Gefahr nicht sofort. Die Königin war noch jung, und Odenathus' Armee würde sich wohl kaum von einer Frau befehligen lassen. Man mußte abwarten, wie sich die beiden palmyrenischen Heerführer, Zabbai und Zabda, verhalten würden. Doch die Heerführer schworen der schönen Königin den Treueid, und die Armee schloß sich ihnen an.

Die römischen Kohorten flohen aus den syrischen Städten, denn das palmyrenische Heer hatte sich aufgemacht, den verräterisch gemeuchelten König zu rächen.

Drei Jahre lang währte die Erhebung der Palmyrener und ihrer Verbündeten gegen die gesamte gewaltige Kriegsmaschinerie des Römischen Imperiums. Die von Zenobia geführten Heere eroberten nicht nur ganz Syrien und Palästina, sondern auch Ägypten und große Teile Vorderasiens. Im Jahre 270 hatten sich die römischen Truppen in das Gebiet um die heutige Stadt Ankara zurückgezogen. Zenobias Sohn wurde zum König von Ägypten gekrönt. Aus jener Zeit sind Münzen erhalten, die sich von den bekannten römischen unterscheiden: Sie zeigen nicht das Profilbild des Kaisers.

Zenobias Kampf gegen Rom wurde dadurch begünstigt, daß viele Bewohner der von den Römern unterworfenen Länder in den palmyrenischen Truppen ihre Befreier sahen und sich ihnen anschlossen.

*Das Baalsheiligtum ist das größte Denkmal Palmyras.*
*Unten: Grabrelief. Die Grabbauten sind die ältesten Bauwerke Palmyras.*

Trotz Zenobias Tapferkeit war der Ausgang dieses Krieges vorbestimmt. Zu allen Zeiten werden Kriege letztlich durch ökonomische Faktoren und nicht durch den Mut von Heerführern entschieden. Die Schätze Palmyras reichten nicht aus, den Unterhalt der zahlreichen verbündeten Heere zu sichern. Im übrigen erwiesen sich diese Verbündeten nicht in jedem Falle als treu und zuverlässig. Manche wurden von den Römern bestochen, andere bedroht, einige besiegt. Das von Zenobia eroberte riesige Territorium stellte ein Konglomerat sehr verschiedener, teils einander feindlich gesinnter staatlicher Gebilde dar; die der Königin ergebenen Truppen waren über Tausende von Kilometern zerstreut.

Nach mehreren Schlachten erlitt das unter Zabdas Kommando stehende Heer der Königin eine Niederlage bei Antiochia, und im folgenden Jahr, 272, wurde der Rest der Truppen bei Emesa, wo sechs Jahre zuvor Odenathus getötet worden war, endgültig zerschlagen. Im gleichen Jahr fiel Palmyra in die Hand der Römer.

Die stolze arabische Königin floh in die Wüste. Schließlich wurde sie doch von den Verfolgern ergriffen. Als Kaiser Aurelianus nach Rom zurückkehrte, wurde die mit goldenen Ketten gefesselte Zenobia im Triumphzug vor dem Wagen des Kaisers mitgeführt. Doch vor seiner Rückkehr nach Rom war Kaiser Aurelianus gezwungen, sich noch einmal nach Palmyra zu begeben. Noch hatten seine Heere mit der gefangengenommenen Zenobia nicht die Küste erreicht, als die Römer die Nachricht ereilte, Palmyra habe sich erhoben, und die Anhänger der Königin seien erneut an der Macht. Aurelianus kehrte zurück, eroberte die Stadt zum zweiten Mal, machte die Stadtmauern dem Erdboden gleich, zerstörte einen Teil der Tempel und ließ die Oasenhauptstadt plündern. Alle Schätze des Beltempels wurden nach Rom gebracht und an den Jupitertempel übergeben.

Palmyra starb während einer einzigen Nacht, als die Häuser und Tempel der Stadt zerstört, die Bewohner erschlagen oder als Sklaven entführt wurden. Da die Römer jedoch nicht über Sprengmittel verfügten, mußten sie die großen Tempel, Theater, Markthallen, Triumphbogen und Säulen stehenlassen. Die große Zeit kehrte für Palmyra niemals wieder. Doch hat sich die Stadt in den 1600 Jahren, die seither vergingen, kaum verändert. Der trockene Wüstenwind trug dazu bei, daß sie beinahe in demselben Zustand erhalten blieb, in dem einst der letzte römische Legionär die Ruinen verließ. Der Name der Stadt, deren Bewohner nicht zurückkehrten, wurde zum Synonym für Schönheit, und für den Besucher, der sich heute in die ausgestorbenen Straßen von Palmyra verirrt, bleibt die Faszination der wunderbaren Erscheinung in der syrischen Wüste unvergeßlich.

# NEMRUD-DAGH

## Vier Götter und Antiochos

Im Frühling des Jahres 1097 näherten sich 60 000 Kreuzfahrer aus ganz Europa der Stadt Heraklea. Dort erwartete sie die Armee der Türken. Beherzt stürmte Bohemund, der die normannischen Ritter anführte, den heidnischen Sarazenen entgegen. Vor den geschlossenen Reihen der Kreuzritter erschraken die Türken und verließen das Schlachtfeld. Der Weg nach Syrien und gen Jerusalem war frei.

Am Abend nach der Schlacht versammelten sich die Führer der Ritter im Zelt Hademars, des Bischofs von Le Puy und persönlichen Beauftragten des Papstes, um über den weiteren Vormarsch zu beraten. Die Zelttür war geöffnet, damit frische Abendluft hereinströmen konnte. In der Nähe erklangen die leisen Gesänge der Normannen. Das Heer gönnte sich eine Ruhepause; zum ersten Mal seit Beginn des Zuges durch Kleinasien befanden sich die Kreuzfahrer unter Gläubigen, bei den Armeniern. Lebensmittel und Wein waren hier im Überfluß vorhanden.

Der kürzeste Weg führte durch die Pforte von Kilikien, über das Taurusgebirge. Wählt man ihn, so können einige Tage gewonnen werden, doch mußte man dort mit Verlusten rechnen, denn die Türken hatten sich gerade in diese Richtung zurückgezogen. In einer engen Schlucht konnte selbst eine kleine türkische Abteilung die Ritter zur Umkehr zwingen.

Bischof Hademar riet den Kreuzfahrern zum Weg nach Norden, über Cäsarea und die befreundeten armenischen Ortschaften Kappadokiens, zu den Christen im Göremetal, dann zum Oberlauf des Euphrat und nach Edessa. Die Kundschafter des Kaisers von Byzanz hatten wissen lassen, daß sich in dieser Region keine größeren türkischen Heeresteile aufhielten.

Überraschend widersprach diesem Vorschlag Tankred, ein Neffe Bohemunds, der die süditalienischen Normannen anführte.

»Wir haben kein Recht, uns vor den Sarazenen zu fürchten«, sagte er aufbrausend. »Zeigen wir uns einmal ängstlich, so verraten wir das Werk des Herrn. Jerusalem kann nicht länger warten!«

»Das Grab des Herrn hat tausend Jahre gewartet«, bemerkte gelassen der besonnene Raymond von Toulouse, ein Freund des byzantinischen Kaisers. Raymond war reicher als die anderen Führer, seine Grafschaft in Südfrankreich brachte größere Einkünfte als die Besitzungen aller übrigen Ritter zusammen. Raymond benötigte kein Reich im Orient.

Aber Tankred brauchte ein Reich, sei es noch so klein. Der Neffe des Normannenherrschers, mochte er sich auch durch Tapferkeit auszeichnen, konnte nicht auf einen eigenen Besitz in Europa hoffen. Tankred wollte den Gefährten vorauseilen, um zuerst in die syrischen Städte einzudringen.

Als Tankred einige Tage später das Hauptheer nach Norden begleitete, bog er ab, vernichtete unterwegs eine türkische Schutzabteilung und führte seine Normannen über die Kilkische Pforte, die er glücklich überwand, nach Süden.

Bald darauf überwarf sich auch Balduin mit den übrigen Führern der Kreuzfahrer und zog ebenfalls zur Pforte von Kappadokien.

Balduin, der Bruder Gottfrieds von Bouillon, ein Nachkomme Karls des Großen, war blond und schön, ein Abenteurer und der Liebling der Ritter. Er nahm die von ihm befehligten Flamen und Lothringer nach dem Süden mit.

Die Hauptarmee marschierte lange durch Gebirgstäler, hielt sich in den Siedlungen der gastfreundlichen Armenier auf und saugte sie aus. Als die Kundschafter des Kaisers die Nachricht vom unbeschwerlichen und günstigen Weg übermittelten, hatten sie irgendwie vergessen, etwas zur Beschaffenheit der Gebirgspässe des Armenischen Taurus zu sagen.

»Wir kamen in teuflische Berge«, schrieb ein Chronist über den letzten Paß vor der Ebene. »Sie waren so hoch und steil, daß keiner es wagte, den Pfad vor den anderen zu betreten, ... die Pferde stürzten in den Abgrund. Die edlen Ritter schlugen sich voll Heimweh und großer Trauer an die Brust, denn sie wußten nicht, welche Prüfungen ihrer noch harrten. Um einen Teil der Last loszuwerden, verkauften sie ihre Schilder, Schwerter, Helme und Rüstungen für ein Spottgeld. Wer aber nichts verkaufen konnte, warf die schweren Sachen einfach fort.«

In diesen Bergen kamen mehr Kreuzfahrer um als bei der Belagerung von Antiochia und bei der Erstürmung Jerusalems. Endlich weitete sich die Schlucht; das wie nach einer Schlacht zerschundene Kreuzfahrerheer hatte die Ausläufer des Armenischen Taurus erreicht und betrat nun ein Tal, das einmal fruchtbar, jetzt aber verödet und ausgetrocknet war — das Gebiet des einstigen Königreiches Kommagene. Über einem niedrigen Gebirgszug erhob sich im Osten ein silbrig schimmernder kegelförmiger Gipfel.

»Das ist der Nemrud-Dagh«, sagten die Bergführer, »der Berg Nemrud, eine heilige Stätte.«

»Eine heilige Stätte der Sarazenen?«

»Nein. Die Götter dort sind unbekannt. Es sind fremde Götter.«
Raymond befahl, den Berg zu besteigen.

Die Ritter hatten es eilig, sie wollten das Lager noch bei Tageslicht erreichen. Bis zum heiligen Berg mit dem hellen Gipfel war es ziemlich weit. Sie ritten lange auf einem verwilderten Pfad, der sich dann plötzlich verbreiterte und in einen offenbar alten gepflasterten Weg einmündete. Die Straße führte über eine große Steinbrücke. Der Eremit Peter von Amiens, ein General ohne Armee (die von ihm in Europa versammelten Scharen armer Bauern waren von den Türken am Bosporus vernichtet worden), der die Ritter begleitete, stellte fest, daß es eine römische Brücke sei.

Hinter der Brücke hörte die Straße wieder auf. Der Weg zum Nemrud führte nun an unbebauten Feldern, ausgetrockneten Kanälen und einigen ärmlichen Dörfern vorbei.

Die Ritter kamen nicht bis zu den Göttern. Den schmalen Pfad versperrten Felsbrocken; es wurde bereits dunkel, und man fürchtete, jetzt von den türkischen Spähtrupps überrascht zu werden. Von weitem erkannten die Ritter im Licht der untergehenden Sonne auf einer Terrasse unterhalb der silbernen Bergkuppe mehrere Figuren in Sitzstellung, die aus dieser Entfernung klein wirkten.

Einige Jahre später hatte der blonde Ritter Balduin Gelegenheit, den Berg Nemrud zu sehen. Seinen Staat im Orient hatte er mittlerweile auch bekommen. Vom Heer der übrigen Kreuzfahrer getrennt, war der spätere König von Jerusalem mit den flämischen Rittern nach Osten gezogen, hatte Edessa erobert und dort einen christlichen Staat gegründet.

Edessa liegt am Euphrat nahe des Nemrud-Dagh. Auf einem seiner Ritte gelangte Balduin zu dem Berg und fand auf seinem Gipfel fünf in einer Reihe hockende Idole. Die Köpfe von drei Figuren lagen inmitten von Steinblöcken unterhalb der Terrasse. Die Figuren konnten keine Darstellungen von Sarazenen sein, denn der Koran verbietet den Mohammedanern, Bildnisse von Menschen zu machen. Christlich waren die Statuen auch nicht. Ihre Gesichter drückten Ruhe, Erhabenheit und Schönheit aus. Balduin befahl, die Kultstätte der Idole zu zerstören, doch seine Untergebenen schafften es nicht. Ihnen gelang nur, einer Figur, die einen schönen jungen Mann darstellte, den Kopf abzuschlagen. Der mit einer hohen konisch zulaufenden Kappe bedeckte Kopf war 3 Meter hoch. Die Kreuzritter verließen den Nemrud-Dagh.

Acht Jahrhunderte gingen dahin. Längst war der Kreuzfahrerstaat Balduins verschwunden, die Kreuzritterburgen an der Mittelmeerküste waren verfallen. Erst 1882 wurde der Nemrud-Dagh wiederentdeckt, dieses Mal von Gelehrten. Deutsche und türkische Archäologen hatten mit der Erforschung des Denkmals begonnen, doch die Grabungen wurden bald wieder abgebrochen. Die Unzugänglichkeit des Berges, Wasserknappheit, vor allem aber die geringe Ausbeute schreckten von dem Vorhaben ab.

In den folgenden siebzig Jahren geschah nichts an dem verlassenen Ort. Doch im Jahre 1953 kam eine gründlich vorbereitete amerikanische Expedition hierher, geleitet von der Geologin Theresa Goell. Fünf Jahre benötigte sie für die Grabungen und die Wiederherstellung des erstaunlichen Denkmals. Nunmehr sind alle Geheimnisse des alten Heiligtums gelüftet — außer einem, dem vielleicht interessantesten, das noch der Klärung harrt.

... Als die Expedition 1953 von der am Fuße des Nemrud-Dagh liegenden kleinen türkischen Stadt Samsat aufbrach, wußte Theresa Goell schon sehr genau, was sie erforschen wollte. Sie konnte sich 14 Jahre lang auf das wissenschaftliche Unternehmen vorbereiten und hatte bereits alle verfügbaren Erkenntnisse über das Denkmal, den Staat und den Herrscher, dem man dieses Wunder verdankte, zusammengetragen.

Samsat war nicht immer eine so stille, unscheinbare Stadt. Um die Zeitwende hieß sie Samosata und war Hauptstadt des kleinen, aber reichen, da Handel treibenden Staates Kommagene, der wie Palmyra und Petra dank seiner Lage an der von Rom nach Indien führenden Ostweststraße aufblühte.

Kommagene lag am Euphratufer und kontrollierte einen der Flußübergänge. Hier rasteten die aus Griechenland, Syrien und Persien kommenden Karawanen, die den weiten Weg über die Gebirge zurückgelegt hatten. Hier ließen sich Kaufleute und Zwischenhändler, Fährleute und Beamte des persischen Hofes nieder. Die Stadt wuchs und wurde wohlhabend; ihre Kaufleute waren bald selbst in der Lage, Karawanen auszurüsten, die in alle Himmelsrichtungen zogen.

Als das persische Großreich von Alexander dem Großen zerschlagen und Alexanders kurzlebiges Imperium zerbröckelt war, verwandelten sich der Nahe Osten und Mittelasien in ein Knäuel kleiner und größerer Staaten.

Einer davon war das unabhängige Kommagene, wo eine Herrscherdynastie griechisch-persischer Abstammung regierte.

Später ist Kommagene ein Pufferstaat zwischen dem Imperium der Römer und dem Königreich der Parther. Die einen wie die anderen begehrten es als Beute, dennoch bewahrte Kommagene seine Autonomie lange, indem es die Gegnerschaft der beiden starken Nachbarn geschickt ausnutzte, mit dem einen wie dem anderen Handel trieb und beiden entgegenkam.

Der Euphrat ermöglichte die Bewässerung des Landes, zahlreiche Kanäle durchzogen das im Norden vom Taurusgebirge begrenzte Tal; dahinter lagen die Reiche der Armenier. Nach Süden und Osten erstreckten sich die unüberschaubaren Gebiete des Partherreiches, und im Westen, entlang der Mittelmeerküste, zogen sich die syrischen Provinzen der Römer hin.

Die Herrscher von Kommagene, stolze und listenreiche Nachfahren großer Geschlechter, führten einige Jahrhunderte lang ihr Balancespiel zwischen den verfeindeten Giganten erfolgreich fort. Antiochos I. erwirkte im Jahre 64 v. u. Z. sogar einen Vertrag, in dem sich die Römer zur Respektierung der Souveränität Kommagenes verpflichteten. Danach vergingen noch einmal über hundert Jahre, bis es im Jahre 72 u. Z. schließlich doch als Provinzteil in das Römische Imperium eingegliedert wurde. Die Blütezeit Kommagenes war damit noch nicht vorüber, die Karawanen seiner Kaufleute begaben sich wie zuvor nach Indien und Armenien.

Erst nach dem Niedergang von Rom und dem Verfall des Ostwesthandels verlor Samosata an Bedeutung. Nur einmal noch lebte diese Gegend wieder auf, als sich der Normanne Balduin mit seinen Rittern im benachbarten Edessa festsetzte. Es heißt, daß man hier noch heute blonden und blauäugigen Kindern begegnet, die vielleicht Nachkommen der Kreuzfahrer sind.

Kommagenes Geschichte ist noch wenig erforscht, doch eines scheint sicher: Dieses Land hatte viel Glück. Ein Kreuzungspunkt des Handels war im Altertum stets zugleich ein Ort des Zusammentreffens von Kulturen. Kommagene bildete einen solchen Punkt, an dem sich die Kulturen des Westens, die griechische und römische, und des Ostens, die persische, parthische und mesopotamische, begegneten und miteinander vermischten.

Vermutlich kam es nicht zur eigenständigen Ausbildung der Künste in dem kleinen Königreich, dessen Bevölkerung überwiegend aus Bauern und Händlern bestand. Doch eines Tages, als die Bedingungen dafür günstig waren, brachte Kommagene ein großes Kunstwerk hervor, das in zweierlei Hinsicht besonders bemerkenswert ist: Zum einen entstand es in einem winzigen Land, zum anderen existieren nirgendwo in der Welt Vorbilder oder Analogien des wirklich unikalen Denkmals.

Alles hatte mit der grenzenlosen Eitelkeit des Herrschers von Kommagene, Antiochos, begonnen. Seitens der Mutter war der junge König ein Nachfahre Alexanders des Großen, die väterliche Linie ging auf die berühmte persische Achämenidendynastie zurück.

Der stolze junge König glaubte in seiner Person Züge von Darius und von Alexander zu vereinen, hielt sich für eine außergewöhnliche Persönlichkeit und war zutiefst überzeugt, zu großen, unvergänglichen Taten berufen zu sein.

Doch wie sollen hochfliegende Träume verwirklicht werden, wenn man nur über ein paar tausend Untertanen — Händler und Bauern —

verfügt? Zu Heldentaten sind sie nicht fähig, mit ihnen kann man keinen der großen Nachbarn bezwingen; eine einzige römische Legion würde genügen, das ganze Königreich des Antiochos vom Erdboden verschwinden zu lassen.

Der König fuhr durch die lärmerfüllten engen Straßen seiner Residenz, und die Händler fielen vor ihm nieder ... So vergingen Tage, Jahre.

Da erklärte Antiochos, ein Gott zu sein.

Vermutlich nahmen die Untertanen die Neuigkeit zurückhaltend, aber ohne Widerspruch auf. Einem einfachen König zu gehorchen oder einem unsterblichen, was macht das für einen Unterschied?

Das Götterpantheon von Kommagene ist nicht leicht überschaubar. Die Griechen hatten den Kult des Apollon, des Zeus und der Tyche mitgebracht, doch die Bevölkerung verehrte auch die persischen Götter Mithra und Ahura. Zudem wurden diese Gottheiten miteinander identifiziert und erhielten dann zusätzliche Namen; jeder Gott repräsentierte zugleich andere. Das war für die Händler, die sich nicht in theologische Fragen vertiefen mochten, ebenso bequem wie für die wenigen Priester, denen jede Gottheit Einkünfte sicherte, denn jeder Gott eines bestimmten Namens hatte eine eigene Anbetergemeinde.

Nachdem es Antiochos gelungen war, von den Römern eine Nichtangriffszusicherung zu erhalten, zählte er sich zu den Hauptgöttern. Diese Erhebung mußte nun verewigt werden.

Kein Opfer war dem König zu hoch. Er verpfändete einen Teil seiner Besitzungen, verkaufte Familienkleinodien, auferlegte den Bürgern eine Extrasteuer und befahl, ein allen Göttern geweihtes Heiligtum auf dem Gipfel des Nemrud-Dagh in der Nähe von Samosata zu errichten. Der König legte auch beizeiten die Weihinschrift für sein Heiligtum fest. Sie sollte künden: »Ich, Antiochos, errichtete diesen Tempel zu meinem und meiner Götter Ruhm.«

So begann der Bau des merkwürdigen Heiligtums, das den Göttern Europas und den Göttern des Orients geweiht war sowie einem noch jungen, energischen und ruhmsüchtigen Manne, der mit seiner Energie nichts anzufangen wußte.

Auf dem Gipfel des 2000 Meter hohen Berges Nemrud wurden drei Terrassen in den Fels gehauen, jede mehrere Meter breit. Auf die oberste Stufe setzte man in eine Reihe fünf Kolossalstatuen; jede von ihnen hatte die Höhe eines fünfstöckigen Hauses, allein die Köpfe waren 5 Meter hoch. Die Terrassen wurden mit schmückenden Reliefs versehen, die König Antiochos und seine Vorfahren sowie ihre wirklichen und erdachten Heldentaten darstellten. Zum Monument gehörten auch Horoskopfiguren; mit ihrer Hilfe konnten die Forscher das Jahr 62 v. u. Z. als Zeitpunkt des Baubeginns ermitteln.

Die Terrassen wurden mit Löwen- und Adlerskulpturen umgeben, den Beschützern des Heiligtums.

Als das Werk vollendet war, befahl der König, eine feste Straße zum Nemrud-Dagh zu erbauen, damit sich das ganze Volk »von jetzt an und in alle Ewigkeit« zweimal monatlich zu kultischen Feiern auf den Gipfel begeben könnte, und zwar am 10. Tag des Monats zu Ehren der Thronbesteigung des Gottes Antiochos und am 16. Tag, an seinem Geburtstag.

Eine Zeitlang mögen die Einwohner von Samosata, sicherlich längst nicht alle, den Berg gehorsam erklommen haben. Dabei wunderten sie sich vermutlich, weshalb es den Göttern gefallen hatte, ausgerechnet dieses kleine friedliche Land zu ihrem irdischen Wohnsitz zu erwählen und ihre hier lebenden Untertanen zum Besteigen des Gipfels zu zwingen. Und danach ... Wir wissen nicht, was später geschah, niemand weiß es. Es ist auch nicht bekannt, wann sich der von Priestern angeführte Prozessionszug zum letzten Mal hinaufbegab. Später bestatteten die Bürger von Kommagene die sterbliche Hülle des Königs auf dem Berggipfel und errichteten über der Grabstätte eine 50 Meter hohe glänzende Pyramide. (Allerdings ist nicht völlig gesichert, daß sich Antiochos' Grab wirklich unter der Pyramide befindet.) Antiochos und seine Wunderlichkeiten wurden dann allmählich vergessen.

... Der zum Monument hinaufführende Weg ist beschwerlich. Am frühen Morgen überquerten die Mitarbeiter von Theresa Goell die sehr gut erhaltene Brücke des Kaisers Septimius Severus neben dem Dorf Esikarfa und kamen am Karak vorbei, am Grabhügel der Königinnen aus der Antiochosdynastie. Die Grabstätte ist von Säulen umgeben, die aufgesetzten steinernen Adler sollten den Hügel beschützen. Achtzehn Königinnen wurden hier begraben. Nur zwei ihrer von Säulen getragenen Statuen blieben erhalten.

Hinter dem Hügel beginnt der Aufstieg zum Höhenrücken des Armenischen Taurus. Der Nemrud-Dagh hebt sich von anderen Gipfeln durch seine geometrisch gleichmäßigen Umrisse deutlich ab. Es ist schwierig und anstrengend, den Berg zu besteigen. Die Hitze raubt den Atem, vom schmalen Bergpfad rollt lockeres Gestein herab. Plötzlich taucht hinter einer der vielen Biegungen das Heiligtum auf, es bietet noch heute, 2000 Jahre nach seiner Entstehung, einen majestätischen Anblick. Unterhalb des glänzenden Pyramidenkegels, auf der höchsten Terrassenstufe, thronen fünf Statuen. Nur bei einer — sie zeigt die Glücksgöttin Tyche — verblieb der Kopf auf den Schultern. Im Laufe von 2000 Jahren haben Erdbeben den Berg nicht nur einmal erschüttert. Fremde Krieger versuchten die nicht verstandene und deshalb feindselig behandelte Kultstätte zu zerstören.

Die Hauptstatuen, Reliefs und Tierskulpturen des Monuments bezeugen die hohe Meisterschaft ihrer Schöpfer. König Antiochos scheute nicht die Ausgaben für die besten Bildhauer und Architekten aus Persien und Rom. Vielleicht hatte er die Künstler sogar unter den eigenen nicht sehr zahlreichen Untertanen gefunden. Wir werden es niemals erfahren. Die Inschriften des Königs enthalten Nachrichten über ihn selbst und über seine Vorfahren, doch die Namen der Künstler sucht man vergebens.

Die Archäologen arbeiteten auf dem Berggipfel unter ungewöhnlich schwierigen Bedingungen. Am Tage stieg die Temperatur bis auf 50 Grad, nachts fiel sie unter Null; es gab kein Wasser, und weit und breit spendete kein Baum Schatten. Nach der fünften Arbeitssaison war das halbzerstörte Denkmal von Schutt und Schmutz befreit; sechs riesige Häupter, die zuvor am Boden gelegen hatten und zu vier Göttern sowie zwei Beschützern des Heiligtums, einem Löwen und einem Adler, gehörten, waren aufgerichtet. Die Köpfe der Götter, die jetzt neben den Körpern auf der Terrasse stehen, erinnern ein wenig an den Wunderkopf aus Puschkins »Ruslan und Ludmila«, insbesondere das Haupt des Göttervaters Zeus-Ahura Mazda. Ein kurzer Bart verhüllt das Kinn, unter der hohen Perserkappe blicken die Augen entrückt in die Ferne. Daneben steht der Kopf des Gottes Antiochos, das Bildnis eines noch jungen, schönen Mannes, der ebenfalls eine persische Mütze — die Tiara — trägt. Antiochos' Gesicht erinnert an Porträts Alexanders des Großen, die Tiara weist auf die Abstammung des Königs vom Geschlecht der Achämeniden hin. Ein wenig weiter hat der Kopf des Sonnengottes Apollon-Mithra-Helios-Hermes Platz gefunden (das ist wohl der komplizierteste der Götter, da er vier Namen vereinigte) und schließlich der Kopf eines Halbgottes und Lieblingsheroen des Königs — des Herakles-Artagnes-Ares. Die Gesichter aller Statuen sind im Stil hellenistischer Kunst ausgeführt, doch tragen aller Götter Köpfe, von Zeus bis Antiochos, die persische Tiara.

Die amerikanische Expedition beendete ihre Arbeiten. Ein nahezu unbekanntes Weltwunder war nach fünfjährigen Mühen freigelegt und in einen ordentlichen Zustand gebracht. Doch als die Archäologen den Nemrud-Dagh verließen, blieb eines seiner Geheimnisse ungeklärt, das Rätsel der 50 Meter hohen Pyramide. Weshalb wurde sie errichtet? Befindet sich dort wirklich Antiochos' Grab, wie Theresa

*Auf der Ostterrasse von Nemrud-Dagh sind Reste von vier Kolossalstatuen, eines Löwen und eines Adlers erhalten.*

96

Goell annimmt? Eine von ihr entdeckte Inschrift kündet: »Den höchsten Gipfel bestieg, wer sich neben Zeus' himmlischem Thron aufhält.« Die Archäologen versuchten, in das Innere der Pyramide einzudringen, doch die Steinblöcke lösten sich, und der Einsturz verschloß den Tunnel. Man mußte aufgeben. Niemand weiß, was sich unter der Pyramide verbirgt.

In den letzten Jahren gelang es dem deutschen Archäologen F. K. Dörner, bei Grabungen, die er auf einem Berg in der Nähe des Nemrud-Dagh durchführte, einige Rätsel Kommagenes zu lösen. Ihm fiel auf, daß dieser Berg von den Einheimischen »Eski-Kale«, das heißt »Alte Burg«, genannt wird. Auf dem Gipfel gibt es jedoch keine Burg. Als Dörner ihn darauf näher erkundete, entdeckte er an einer steilen Felswand Spuren einer Inschrift.

Nachdem man den Felsen gereinigt hatte, kam eine der größten griechischen Inschriften, möglicherweise die absolut größte, die man kennt, zum Vorschein. Über 7 Meter ist sie lang und 3 Meter hoch. Und sie stammt von Antiochos. Mit großer Akribie und viel Aufmerksamkeit für Detailfragen teilte Antiochos darin mit, sein Vater Mithradates habe diesen Gipfel als persönliches Heiligtum erwählt; deshalb seien alle Bewohner Kommagenes verpflichtet, ihm dort kultische Verehrung zu erweisen. Weiter folgen genaue Angaben, in welcher Form das geschehen müsse, zum Beispiel, welche Art Weihrauch bei Brandopfern zu verwenden sei und was die Pilger zu essen haben.

Unweit der Inschrift legte Dörner, der jetzt mit Theresa Goell zusammenarbeitete, ein 4 Meter langes Relief frei, das ausgezeichnet erhalten war und hohe künstlerische Meisterschaft dokumentiert. Es stellt zwei Recken dar, deren einer unbekleidet ist und eine knorrige Keule in der Linken schwingt, während der andere prächtige Gewänder sowie eine persische Tiara trägt und ein Zepter in der Hand hält. In seiner Kleidung sind griechische und persische Elemente auf sonderbare Weise vermischt. Die Männer wechseln einen freundschaftlichen Händedruck. Das Relief zeigt offenbar eine Begegnung des Mithradates mit Herakles. Sie sind einander sehr ähnlich.

Bei weiteren Grabungen entdeckten die Archäologen ein Gewölbe, das im Jahre 72 u. Z. völlig ausgeraubt worden war, als die römischen Legionäre der Autonomie Kommagenes ein Ende setzten. Vermutlich befand sich hier ein Mithradatestempel.

Und noch einen Fund konnten die Archäologen im Bezirk der Alten Burg bergen: den Kopf einer Statue, das Porträt einer wunderschönen Frau. Ihr hoher Nasenrücken und der ausdrucksvolle Mund hatten sich wohl auf den Sohn vererbt. Die Ähnlichkeit mit Antiochos stützt Dörners Annahme, daß diese Statue die Mutter des Königs, Laodike, darstellt.

Eine der jüngsten mit Kommagene zusammenhängenden Entdekkungen kam außerhalb des Gebirges zustande. Beim Betrachten einer Fotografie des Wächterlöwen vom Antiochosmonument fiel dem amerikanischen Forscher Otto Neugebauer auf, daß Abbildungen von Sternen und Planeten die Skulptur zieren. Darunter konnte man griechische Aufschriften erkennen. Das Nebeneinander von Jupiter, Merkur und Mars gestattete die Berechnung des Entstehungsdatums der Löwenfigur. Damit stand auch fest, wann das Antiochosheiligtum erbaut wurde. Aus der Gestirnkonstellation, die dem Juli 62 v. u. Z. entspricht, ließ sich der Zeitpunkt ermitteln.

## PETRA

### Hat Mose die rosarote Felsenstadt erbaut?

Anfang des vorigen Jahrhunderts hielten die Herrscher des Ottomanenreiches den Nahen Osten noch fest in der Hand. Europäische Reisende, die sich weit in die türkischen Besitzungen vorwagten, riskierten dabei Kopf und Kragen. Doch in Europa hatte Napoleons militärische Ägyptenexpedition ein so großes Interesse an den östlichen Ländern geweckt, daß sich immer wieder Reisende, Emissäre und Missionare von den Hafenstädten Libanons und Syriens aufmachten, um zusammen mit Karawanen, als mohammedanische Kaufleute, Derwische und Pilger getarnt, Mekka, Medina oder längst vergessene legendäre Wüstenstädte aufzusuchen, die in der Bibel genannt werden, jedoch seit dem Untergang des Römischen Reiches kaum je von einem Europäer gesehen worden waren.

Auch der Schweizer Johann Ludwig Burckhardt brach 1812 auf, um als schwarzbärtiger Pilger im schäbigen Gewand mit einer Karawane von Damaskus nach Kairo zu reisen. Er beherrschte die arabische Sprache, vollzog untadelig das moslemische Gebetsritual und konnte dank seiner Gelehrsamkeit mit jedem Mullah disputieren. Freilich blieben ihm während seiner langen Reise alle möglichen fatalen Abenteuer nicht erspart, und sein Leben hing mehrmals an einem seidenen Faden. Hätten die fanatischen Moslems erfahren, daß sich unter ihnen ein »Ungläubiger« befand, würden sie ihn wohl kaum bis zur nächsten Stadt mitgenommen haben, um ihn dort den Gerichten zu übergeben. Der Tod ist kein seltener Weggefährte der Karawane, und es wäre kaum jemandem aufgefallen, daß ein Pilger abhanden gekommen war.

Das von der Sonne verbrannte Sinaigebirge ist eintönig und endlos;

die Brunnen, die nur bitteres Wasser spenden, sind hier so weit voneinander entfernt, daß es nicht möglich ist, den nächsten unbeschadet zu erreichen, falls einer davon austrocknet. Der Schweizer hatte die Bibel gründlich studiert: Dies war der Weg, auf dem Mose die Hebräer aus Ägypten führte. Hier, inmitten von Felsen und Steingeröll, wurden die ermatteten Flüchtlinge von Durst und Hunger gequält, viele von ihnen starben.

War es wirklich hier? Konnten Menschen in dieser Steinwüste überhaupt überlebt haben?

»Morgen kommen wir zum Wadi Musa«, sagte der Karawanenführer.

»Werden wir dort Rast halten?«

»Nein. Wir wollen unser Lager in jenem Tal aufschlagen, dort gibt es eine Quelle.«

Der grüne Fleck am Fuße eines Berges bestätigte die Worte des Karawanenbaschi.

Burckhardt wußte, daß die Karawane das Tal Moses durchqueren würde. Vielleicht finden sich dort Spuren des Propheten. Doch wie könnte man die Karawane verlassen, ohne Verdacht zu erregen?

Was für ein Berg, höher und steiler als die anderen, erhebt sich dort vorn? Der Schweizer erkannte ihn, hatte schon öfter, in Damaskus und unterwegs, von ihm gehört. Es ist der heilige Berg der Moslems, der Harunsberg. Niemand außer den gläubigen Moslems wagt ihn zu besteigen.

Als sich die von der Traglast befreiten Kamele im spärlichen Baumschatten hingelegt hatten und die Karawanenbegleiter am Lagerfeuer saßen, trat der Pilger zum Karawanenführer.

»Ich möchte den Harunsberg besteigen«, sagte er.

»Das ist schwierig.«

»Ich möchte dort eine Ziege opfern. Noch in Damaskus gelobte ich das.«

»Tu, was du willst«, antwortete der Karawanenbaschi. »Doch zur Nacht sei zurück. Bei Morgengrauen brechen wir auf.«

Die Stille der düsteren Felsen ängstigte die Ziege, sie meckerte laut und zog heftig am Strick. Burckhardt konnte es kaum erwarten, bis das Lager aus seinem Blick entschwand. Endlich bog der Pfad hinter einem großen Felsblock ab. »Komm nur, du Unglückliche, es ist doch egal, wie du stirbst, ob als Harunsopfer oder als Beute der Schakale. Ich glaube, hier kann man uns nicht mehr sehen.« Der Schweizer tötete das Tier, schob es in eine kleine Höhle und beschleunigte den Schritt. Die Sonne stand bereits hoch am Himmel. Die lange Pilgerkutte und die mit Wasser gefüllte große Feldflasche machten das Gehen nicht leichter.

Bald verließ der Wanderer den zum grauen Gipfel führenden Pfad und eilte hinab zur Schlucht, die sich zwischen den Felsen dunkel abhob. Dahinter lag irgendwo der biblische Ort Sinai. Diese Schlucht, Sik genannt, war doch wohl jener Felsen, den Mose einst mit seinem Stab gespaltet hatte, worauf aus dem Fels Wasser quoll. Daß dies der Fels Moses sei, hatte Burckhardt von den Karawanenbegleitern gehört, die ja nicht zum ersten Mal durch diese Gegend zogen. Freilich hatte kaum einer von ihnen die unheimliche Schlucht gesehen.

Sicherlich benutzte Mose einen knorrigen Stab, überlegte Burckhardt, denn die finstere Schlucht zwischen den steilen, 20 Meter hohen Felswänden war eng und zerklüftet. An schattigen Stellen zeigte sich der Felsen feucht, sickerte Quellwasser hervor, dort hingen auch ein paar kleine Sträucher. Der eingeebnete, mit einer Schicht teilweise rundgeschliffener Steine bedeckte Boden verriet, daß hier wirklich einmal Wasser floß.

Plötzlich öffnete sich die Schlucht und gab den Blick auf eine Märchenstadt frei. Sie leuchtete rosa, gelb, ockerfarben und blau. Unmerklich verwandelten sich die vielfarbigen Felsen in säulenumsäumte Häuser mit prächtigen Toreingängen. Hohe Felswände, die sich über die Stadt neigten, waren von dunklen Tür- und Fensterrechtecken durchbrochen. Die Bewohner schienen ihre Behausungen soeben verlassen zu haben, sie vergaßen nur, Türen und Fenster zu schließen.

Doch der erste Eindruck erwies sich bald als Täuschung. Die Stadt war seit langem und unwiderruflich tot. Auf den Straßen häufte sich Steinschutt, die leeren Springbrunnen und Becken waren von einer dicken Staubschicht bedeckt, Kapitelle und Häuserwände hatte der scharfe und heiße Wind zernagt.

Burckhardt blieb vor einem zweistöckigen Gebäude stehen. Es war beinahe vollständig erhalten, nur eine Säule lag am Boden. Schon auf den ersten Blick konnte man einen starken Einfluß römischer Architektur erkennen, vielleicht hatten die Römer das Gebäude sogar selbst erbaut. Die römischen Paläste sehen ganz ähnlich aus, dachte Burckhardt. Jedoch stach eine Besonderheit aller Gebäude dieser Stadt hervor. Alle Paläste, Tempel und sogar die Grabstätten waren in Felsen hineingehauen, stellten jeweils ein Ganzes, eine Einheit mit dem Felsen dar.

Die Gebäude reichten nicht sonderlich tief in den Felsen hinein, in manchen Fällen entstand der Anschein eines Palastes nur dank der äußerst sorgfältig bearbeiteten Fassade, hinter der sich lediglich eine flache Nische befand. Die Stadt wirkte wie eine Theaterbühne, wie eine Dekoration, für die irgendwelche Spaßmacher viele Jahre mühevoller Arbeit nur zum eigenen Vergnügen aufgewendet hatten. Nicht alle Fassaden erinnerten an römische Bauten. Burckhardt stieß auf eine Straße, in der sämtliche Gebäude ägyptischen Tempeln ähnelten. Noch andere zeigten einen gänzlich unbekannten Baustil, der Burckhardt noch nirgends begegnet war.

Schließlich fand er gewöhnliche, jedoch ebenso in den Felsen gehauene Wohnhäuser. Alle hatten ein Obergeschoß, in das man offenbar über eine Treppe gelangte. Die Treppen waren aber nicht mehr da.

In der ganzen Stadt fand Burckhardt nur zwei einzeln dastehende Bauten: einen kleinen Tempel und einen Triumphbogen aus römischer Zeit. Aus dem Steinschutt, in den der Tempel zur Hälfte versunken war, erhoben sich runde Kuppeldächer. Sollte er aus der Zeit der Römerherrschaft stammen, so müßte es sich um einen der ältesten Kuppelbauten überhaupt handeln.

Da die Sonne sich schon neigte, mußte unser Reisender an die Rückkehr denken. Zu gern wäre er noch auf eine der umliegenden Felsengruppen gestiegen, vielleicht gab es dort Spuren vom Aufenthalt Moses an diesem Ort. Freilich war Burckhardt nicht mehr sicher, daß die Hebräer die Stadt erbaut und hier gewohnt hatten.

Burckhardt blieb vor dem Amphitheater stehen. Die vorderen Sitzplätze und die Bühne waren zwar verschüttet, doch konnte man sich das in alter Zeit mit vielen Zuschauern gefüllte Theater gut vorstellen. Dem Reisenden wurde ein wenig unheimlich zumute. Er befand sich in einer seit Jahrhunderten verlassenen toten Stadt und hatte doch plötzlich das Gefühl, von den Schatten der rechtmäßigen Hausherren dieser geheimnisvollen Stätte umgeben zu sein. Der dunkelbärtige Mann im langen Pilgergewand beeilte sich, aus der Stadt hinaus und zur engen Schlucht zu gelangen. Die untergehende Sonne färbte die Märchenpaläste blutrot, und der Ring der Steinwände schien sich um den ungebetenen Gast zu schließen. Burckhardt legte den Rückweg durch die Windungen der Schlucht im Eilmarsch zurück und hatte das seltsame Empfinden, von schweren Schritten verfolgt zu werden.

Im Karawanenlager empfing man ihn mit Scherzen. Allzu müde und blaß sah der Pilger aus, als wäre er eine Woche lang ohne Wasser durch die Wüste geirrt.

Burckhardts Bericht über die vermeintliche Stadt Moses wurde

*Der über 40 Meter hohe, aus dem Felsen gehauene Felsentempel ed-Der in der antiken Stadt Petra.*
*Unten: Gedenkmünze Trajans aus Bronze zur Einverleibung Arabiens in das Römische Imperium 106 u. Z.: Eine Frauengestalt mit einem Ölzweig in der Hand und einem Dromedar zur Seite stellt das eroberte Arabien dar.*

erst zehn Jahre später, bereits nach seinem Tode, veröffentlicht. Obwohl die Mitteilung über die geheimnisvolle Stadt in der Wüste Sinai nur kurz war, rief sie sogleich lebhaftes Interesse hervor. Man sprach und schrieb darüber, äußerte die verschiedensten Vermutungen. Nach Johann Burckhardt suchten weitere Orientreisende die Stadt auf; die Historiker holten alte Handschriften hervor; es entbrannte ein heftiger Meinungsstreit.

Die Verfechter einer biblischen Version versicherten, daß die von den Römern Petra genannte Stadt mit dem Sinai der Bibel identisch sei. »Petra« bedeutet nämlich im Griechischen »Fels«, und gerade in dieser Gegend mußten sich die Hebräer während ihres Zuges aus Ägypten aufgehalten haben; sie waren es, die die geheimnisvolle Stadt erbauten. In alten Urkunden fand man die Nachricht, daß der Kaplan und Chronist König Balduins I. von Jerusalem, Fulcher von Chartres, die Stadt im Jahre 1101 gesehen und sie ebenfalls für das biblische Sinai gehalten hatte.

Je mehr Reisende jedoch die von Burckhardt entdeckte Stadt besuchten, je mehr Urkunden zur Geschichte Petras gefunden wurden, desto anfechtbarer wurde die Position jener, die Petra für eine alttestamentliche Stadt hielten. Nach den ersten Grabungen zu Beginn unseres Jahrhunderts brach diese Version vollends zusammen. Petra hatte nichts mit Moses und mit dem Auszug der Kinder Israel aus Ägypten zu tun. Anfang des 6. Jahrhunderts v. u. Z. wanderte der arabische Nomadenstamm der Nabatäer in das Sinaigebirge ein. Sie kamen aus dem Süden und vertrieben den Stamm der Edomiter. Die wichtigste Stadt der Edomiter, Sela, lag in einer Oase. Diese von Bergen abgeschirmte, abseits von Handels- und Heeresstraßen gelegene und an Quellen reiche Oase erwies sich als ideale Fluchtburg, denn der einzige hierher führende Weg, die 2 Kilometer lange Felsenschlucht Sik, konnte von wenigen Soldaten verteidigt werden. In der Folgezeit unterwarfen die Nabatäer mehrere Nachbarstämme und dehnten ihre Herrschaft über das gesamte Gebiet des Sinaigebirges aus. Sela wurde zum wichtigen Handelsplatz an der von Südarabien nach Syrien und dem Libanon führenden Straße. Um 312 v. u. Z. waren die Nabatäer bereits so stark, daß sie zwei den Reichtümern ihres Landes geltende Angriffe des Königs von Syrien, Antigonos, eines Nachfolgers Alexanders von Makedonien, abzuwehren vermochten. Die Nabatäer waren mit den ägyptischen Ptolemäern und später mit Rom verbündet; ihre Heere nahmen am Feldzug des römischen Präfekten Gallus gegen Arabien teil. Julius Cäsar bat den Nabatäerkönig Maliku, ihm eine Reiterabteilung für seinen Krieg mit Ägypten zu schicken. Die Hauptstadt des Nabatäerreiches wurde damals in der Welt unter dem Namen Petra bekannt.

Den Gipfel seiner Macht erreichte der Nabatäerstaat um die Zeitwende, als die Nordgrenze des Königreiches nahe Damaskus verlief. Doch den Römern Widerstand zu leisten war unmöglich. Nachdem sie Syrien und Palästina erobert hatten, war auch Petras Schicksal besiegelt. Die letzten unabhängigen Nabatäerkönige verteidigten die Stadt noch über einige Jahrzehnte, wobei sie die umliegenden Berge als Festungen nutzten. Schließlich mußten sie aber doch kapitulieren. Kaiser Trajan eroberte Petra im Jahre 105, das Königreich der Nabatäer wurde in das Römische Imperium einverleibt.

Für Petra bedeutete das noch nicht den totalen Autonomieverlust. Die Römer zogen Nutzen daraus, kleinen Königreichen, wie Petra, Palmyra, Kommagene, eine bestimmte Autonomie zu belassen, wobei man sie verpflichtete, die östlichen Besitzungen Roms von den kriegerischen Nachbarn abzuschirmen. Petra sicherte vor allem Schutz vor den Parthern und vor den nomadisierenden Beduinen, von denen stets Gefahr für die Karawanen und damit für den ausgedehnten Osthandel Roms drohte.

Die Nabatäer waren ein arabischer Stammesverband, der die aramäische Schriftsprache verwendete, welche gleichsam das Latein jener Region darstellte. Das heutige graphische System des Arabischen ist von der aramäischen Schrift abgeleitet.

Petra erreichte die höchste Blüte zur Zeit der Römerherrschaft. Beinahe jede nach Südarabien ziehende Karawane machte Halt in der Stadt, wo es so viel Wasser gab; denn alle von den umliegenden Bergen fließenden Quellen und Bäche wurden mit Bedacht in die Wasserversorgung Petras einbezogen, und kein Tropfen Naß wurde verschwendet. In zahlreichen Zisternen und Behältern bewahrte man frisches und sauberes Wasser das ganze Jahr über auf, einen Schatz, der kostbarer war als Gold.

Offenbar lebten die ersten Siedler von Sela in Höhlen. Der weiche Sandstein ließ sich leicht bearbeiten, und Holz war in dieser Gegend äußerst rar. Die Stadt konnte sich später nicht mehr ausdehnen, da die schützenden Felsenwände das enge Tal begrenzten. So blieb den Selabewohnern nur übrig, sich in die Felsen einzugraben.

Die mit Viehzucht beschäftigten Edomiter hatten wohl kaum Zeit, darüber nachzudenken, ob ihre Höhlenwohnungen schön sind oder nicht. Während des heißen Sommers boten sie ihnen jedenfalls Kühle, und im Winter war es dort warm, zumal eine Feuerstelle in der Unterkunft nicht fehlte. Durch die Höhlenöffnung zog der Rauch hinaus und bemalte die Felsen mit breiten Rußzungen.

Die Nabatäer wünschten ihre Hauptstadt zu verschönern. Zuerst schmückten sie die Gräber mit assyrischen und ägyptischen Pylonen, begradigten und glätteten die Fassaden. Dann meißelte vielleicht irgend jemand ein Ornament um den Höhleneingang. Ein erster Felsentempel entstand ...

Zu den schönsten Bauten Petras gehören neben den Tempeln die prächtigen Grabstätten von Königen, römischen Statthaltern und reichen Kaufleuten.

Hierher kamen Kaufleute aus aller Welt, doch auch die Nabatäer blieben nicht gern daheim und kannten sich deshalb in der Architektur vieler Länder bestens aus. So nimmt es nicht wunder, daß sich der Stil der peträischen Felsbauten im Laufe der Jahrhunderte beträchtlich wandelte, wobei man anfänglich die strenge assyrische und ägyptische Bauweise bevorzugte, zuletzt aber den verfeinerten und prunkvollen spätrömischen und byzantinischen Vorbildern folgte.

Nach dem Niedergang des Römischen Reiches ebbte der Verkehr auf den ehemals so belebten Handelsstraßen ab, und Petra büßte an Bedeutung ein. Noch blieb die Stadt 200 bis 300 Jahre bewohnt, wurde sogar Sitz eines oströmischen Bischofs. Doch bereits zur Zeit der ersten Kreuzzüge war Petra ein verlassener und vergessener Ort. Die Quellen und Bäche, um die sich nun niemand mehr kümmerte, versiegten allmählich und trockneten aus; die Oase wurde von der Wüste verschlungen. Unter den Nomaden, die sich, selten genug, hierher verirrten, hielt sich die Legende von Mose, der den Felsen mit dem Stab gespalten und an diesem Ort mit seinem Volk nach einem weiten Weg gerastet habe.

Heute ist Petra nicht mehr so fern und unzugänglich wie zur Zeit des Schweizers Johann Burckhardt. Von Amman nach Petra wurde eine Straße erbaut, und ab und zu zieht eine Schar begeisterter Touristen in die Stadt ein; man läßt sich vor den Königsgräbern und auf den Stufen des Theaters fotografieren. In den letzten Jahren wurde der Schutt von den wichtigsten Straßen der Stadt weggeräumt, man legte Altäre und Tempel auf den Felsenhöhen um Petra frei, richtete Säulen auf und rekonstruierte den Triumphbogen. Dennoch bleibt hier noch für Generationen von Archäologen und Restauratoren viel zu tun.

Touristen, die sich heute zur Sikschlucht begeben, werden zur Vorsicht gemahnt. Petra zeigt sich nicht immer gastfreundlich. Nicht die Geister gefallener Nabatäersoldaten sind es, die den Zugang zur Stadt versperren. Es ist die Natur, die, einst den Talbewohnern untertan, sich jetzt zuweilen gegen die Menschen wendet. Bei starken Regengüssen, die im Gebirge zwar selten sind, aber doch vorkommen, strömt das Wasser nach Petra hinunter. Einst gab es dort Becken und Zisternen, die auch große Wassermengen aufnehmen und verteilen konnten. Heute füllt das Steine und Schlamm mitreißende Sturzwasser die Sikschlucht, den einzigen Weg, der zum Talkessel hin- und aus

Petra herausführt. Dem Wanderer droht hier tödliche Gefahr, wenn eine 5 Meter hohe Wasserwand ohne Vorwarnung binnen weniger Augenblicke in die Schlucht eindringt. Es gibt kein Entrinnen, denn die hohen Felswände sind steil. Unlängst verunglückte hier auf dem Weg nach Petra eine große Gruppe von Touristen.

Doch es regnet äußerst selten in dieser Gegend. »Die rosarote Stadt ist so alt wie die Zeit selbst«, schrieb vor hundert Jahren ein englischer Dichter über Petra. Die Stadt steht fest wie die Felsen, in die sie gemeißelt wurde. Ein kleines, aber mit Liebe und Sinn für das Schöne begabtes Volk schuf sich mit ihr ein bleibendes Denkmal.

## HADRAMAUT
### Städte mit Wolkenkratzern

Einige Linguisten versichern, man könne »Hadramaut« mit »Land des Brandes« übersetzen. Vielleicht stimmt das nicht, dennoch wird man kaum irgendwo auf der Erde eine ähnlich öde und karge Landschaft finden, eine Gegend, die so wenig Voraussetzungen für menschliches Leben bietet wie die steinigen Täler Südarabiens. Doch die alten Römer nannten die Region »Arabia felix«, das heißt »Glückliches (fruchtbares) Arabien«. Sie kannten das Land, denn von dort brachten die Karawanen der Kaufleute Weihrauch und exotisches Gewebe nach Rom.

Ein Tourist, der sich von Aden nach Hadramaut begibt, sollte gut auf die strapaziöse Reise vorbereitet sein. Heute findet man dort zwar schon ein paar Straßen vor, und manche Stadtsiedlungen von Hadramaut können mit dem Auto erreicht werden. Doch noch vor wenigen Jahren mußten sich die nach Hadramaut aufbrechenden Karawanen gut ausrüsten, für einen soliden Wegschutz sowie für Trinkwasser- und Nahrungsmittelvorräte sorgen. In der Wüste konnte man auf Räuberbanden irgendwelcher Scheiche stoßen, für die sich ein Raubüberfall durchaus mit der Ehre des echten Kriegers vereinbaren ließ.

Von Zeit zu Zeit ziehen Karawanen durch die unwirtliche, beinahe feindselige Landschaft; sie ziehen von einer Quelle zur anderen — die Wasserstellen sind durch ein paar Bäume und die geduckten Zelte der Beduinen gekennzeichnet —, vorbei an Friedhöfen, die man aus der Ferne für Steinfelder hält, an ausgedörrten rostbraunen Steilhängen entlang, durch ausgetrocknete Täler, wo nur episodisch Bäche fließen, vorüber an den Türmen selten genug auftauchender Dörfer.

In der sandigen, steinigen Ebene erlebt der Reisende zuweilen eine Fata Morgana: er sieht die schwankenden Umrisse von himmelblauen Seen und palmenumrandeten Dörfern.

Doch wie kommt es, daß dort, am Rande der Ebene, am Fuße steil aufragender Berge, eine Fata Morgana weißer und rosiger Wolkenkratzer erscheint und nicht wieder verschwindet? Es sind wirkliche Hochhäuser, die vom Schwung und Talent ihrer Erbauer zeugen. Auch die die gewohnten Miragen der Wüste gelassen hinnehmenden Karawanenbegleiter werden nun munter, beschleunigen den Schritt und treiben die Kamele zur Eile an.

»Schibwa«, ergeht der Ruf durch die Karawane, »vor uns liegt Schibwa.«

... Am Rande der Welt, in einer wilden Gebirgszone Südarabiens, im unzugänglichen Wüstengebiet, 200 Kilometer vom Persischen Golf entfernt, befindet sich eine Wolkenkratzerstadt, eine unglaubliche und dennoch echte, viele Jahrhunderte alte Stadt mit Basaren und Dattelpalmenhainen, in der ein Sultan regiert. Es ist die wunderbarste, da wirklich existierende Fata Morgana der Welt.

Die Vergangenheit der Arabia felix harrt noch ihrer umfassenden Erforschung. Derzeit versucht eine Expedition von Archäologen, die alte und verwickelte Geschichte der zahlreichen kleinen Staaten zu erhellen, die im Südteil der Arabischen Halbinsel lange vor Beginn unserer Zeitrechnung existierten. Von hier reiste einst die Königin der Sabäer mit reichen Geschenken zu König Salomo. Lange suchten die Geographen ihr sagenhaftes, unauffindbares Reich in allen möglichen Gegenden der Erde, unter anderem in Südafrika.

Heute steht fest, daß Südarabien seit ältester Zeit von einer semitischen Gruppe arabischer Stämme bewohnt war, die sich relativ stark von den Nordarabern unterschied, wobei sich auch die Sprache der Südstämme vom klassischen Arabisch abhob und dem Äthiopischen nahestand.

Die erste Erwähnung südarabischer Länder in der antiken Literatur stammt aus dem Jahre 288 v. u. Z. und ist im Werk des griechischen Philosophen Theophrastos enthalten, der den ältesten südarabischen Staat, Saba, nennt.

Die am äußersten südlichen Rand der Arabischen Halbinsel, in der Küstenregion ansässigen Sabäer darf man als die Phöniker der südlichen Meere betrachten. Dank der günstigen geographischen Bedingungen bildeten die Sabäer ihren ältesten Staat bedeutend früher heraus als die übrigen arabischen Stämme. Die Sabäersiedlungen entstanden an der von Ägypten und Europa nach Indien führenden Straße. Auf den Handelswegen, die das Königreich Saba durchquerten, wurden Perlen vom Persischen Golf, Gewebe aus Indien, Seiden aus China, Elfenbein, Gold, Straußenfedern und Affen aus Äthiopien befördert. Doch auch das Sabäerland selbst lieferte wertvolle Erzeugnisse für den Handel. Hier gab es Gewürze, Myrrhe und Weihrauch — Waren, die im Altertum hoch geschätzt wurden.

Im kapitalen geographischen Nachschlagewerk der Antike »Periplus des Erythräischen Meeres« (1. Jh. u. Z.) werden die sabäischen Häfen als reiche Niederlassungen erwähnt. In den Gewässern um den Persischen Golf verfügten die Sabäer über das Schiffahrtsmonopol. Darüber findet sich im genannten Werk die Mitteilung: »Entlang der Küsten Arabiens ist die Schiffahrt gefährlich. Es gibt dort keine Hafenanlagen und Ankerplätze, und die Anlegestellen sind furchtbar wegen der Felsen und Riffe.« Doch die Sabäer kannten das Meer, und als Seefahrer wurden sie in ganz Südasien von niemandem übertroffen.

Nicht immer konnten die Waren auf dem Seewege befördert werden. Oft entlud man sie in den Häfen von Saba und brachte sie auf Landwegen zum Bestimmungsort. Die ebenfalls von den Sabäern zuerst erkundeten Karawanenwege führten gen Norden — nach Petra und nach Syrien —, nach Westen — über den Sinai nach Ägypten — sowie in nordöstliche Richtung — nach Mesopotamien und nach Indien.

In Südarabien entstanden noch weitere kleine Staaten, die ebenfalls Handel trieben; davon sind Ma'in, Quataban und Hadramaut am bekanntesten. Die letzten beiden besaßen anscheinend keinen Zugang zum Meer, ihre Zentren bildeten Oasen, die im wüstenartigen Hochland der südlichen Halbinsel lagen.

Die südarabischen Staaten zeichneten sich nicht durch militärische Stärke aus. Wie bei Petra, Palmyra und Kommagene handelte es sich auch bei ihnen um Städte, deren Bewohner vor allem Kaufleute, Bauern und Handwerker waren. Hinter den von Dattelpalmenhainen umgebenen Stadtsiedlungen erstreckte sich wasserarmes Gebirge, das Reich der unabhängigen und bedürfnislosen Beduinen.

Anfänglich wurden die südarabischen Stadtstaaten theokratisch regiert, ihre Herrscher nannten sich »Mukarrib«, was etwa »oberster Priester« bedeutet. Die Götter der Araber waren den mesopotamischen verwandt. Zu den höchsten arabischen Gottheiten zählten die Himmelsgöttin Astarte (Athtar), die den Abend- und Morgenstern symbolisierte und mit der babylonischen Ischtar gleichgesetzt werden kann, und der Mondgott, dessen Name variierte (in Saba hieß er Ilumquh, in Hadramaut — wie in Babylon — Sin und in Quataban Amm). Neben den Hauptgöttern umfaßte das Pantheon der Südaraber noch eine Anzahl zweitrangiger Gottheiten, von denen manche nicht einmal einen eigenen Namen hatten. Für die Götter wurden Heiligtümer errichtet.

Ein großer ovaler Tempelsteinbau ist in Marib, in der einstigen Hauptstadt von Saba, freigelegt worden.

Das Hauptproblem der arabischen Staaten stellte damals wie heute die Wasserversorgung dar. Die Araber erbauten Kanäle, Dämme und Wasserspeicher. Der Staudamm von Marib war so groß und berühmt, daß er in der antiken Literatur mehrfach Erwähnung findet.

Lange vor Beginn unserer Zeitrechnung entwickelten die Araber eine eigene Schrift, von der man in Europa erst im 18. Jahrhundert Kenntnis nahm. Europäische Reisende brachten Kopien von Inschriften mit, und im Jahre 1837 versuchte Erwin Rödiger ihre Entzifferung.

In der südarabischen Schrift entsprach jedem Zeichen ein Laut, und das gesamte Alphabet umfaßte 29 Buchstaben. Von den Wissenschaftlern wird angenommen, daß das südarabische Alphabet aus dem sogenannten sinaitischen hervorging, das als ein Zwischenglied die ägyptischen Hieroglyphen mit der phönikischen Lautschrift verbindet. Die südarabische Schrift entwickelte sich jedoch völlig eigenständig, zwischen ihr und dem phönikischen Alphabet besteht trotz der Ähnlichkeit mancher Zeichen ein beträchtlicher Unterschied, den man mit dem Unterschied zwischen dem lateinischen und dem kyrillischen Alphabet vergleichen könnte.

Wenn die ersten Sabäerstädte, wie angenommen wird, im 2. Jahrtausend v. u. Z. gegründet wurden, so bestand das Königreich Saba etwa 1600 Jahre. Ungefähr um 500 v. u. Z. ging die Staatsmacht in Arabien aus den Händen der Priester an weltliche Herrscher über, seither wurden die Staaten von einigen reichen und vornehmen Sippen regiert.

Allmählich begann eines der Reiche, und zwar das im Zentrum der sabäischen Region gelegene, die Nachbarstaaten zu unterwerfen und die Grenzen der eigenen Herrschaft auszudehnen. Zuerst büßte das nördliche Ma'in seine Autonomie ein. Im 1. Jahrhundert v. u. Z. wurde Quataban in das Königreich Saba eingegliedert. Schließlich, bereits zu Beginn unserer Zeitrechnung, verlor auch das abgelegene, tief im Gebirge und in der Wüste versteckte Hadramaut seine staatliche Selbständigkeit. Anfang des 3. Jahrhunderts war ganz Südarabien unter der Herrschaft der Sabäer geeint.

Zu dieser Zeit beginnt Äthiopien eine immer größere Rolle in der südarabischen Region zu spielen. Seit jeher bestanden enge Bindungen zwischen den nach Sprache und Kultur verwandten Völkern und Staaten Äthiopiens und Südarabiens. In der Entwicklung ihrer Architektur und gesamten Kultur läßt sich ein wechselseitiger Einfluß verfolgen. Unter dem Vorwand der Hilfeleistung für das eine oder andere Land mischte sich Äthiopien bei inneren südarabischen Konflikten ein. Danach zogen es die Äthiopier vor, die reichen Gebiete nicht wieder zu verlassen, und versuchten, die arabischen Reiche unter ihrer Kontrolle zu halten.

Äthiopiens Absichten wurden durch Religionsstreitigkeiten der Südaraber begünstigt. Deren alte Götter hatten an Wertschätzung verloren, zumal auch die Macht der Priester längst untergraben war. Der jüdische und der christliche Glaube gewannen hier an Boden, und die Anhänger beider Religionen bekämpften einander gnadenlos. Schließlich erlangte der Judaismus die Oberhand, und der letzte Sabäerkönig wollte ihn als Staatsreligion einführen. Dem christlichen Äthiopien bot dies einen willkommenen Anlaß, Südarabien zu erobern. Mitte des 6. Jahrhunderts fand die staatliche Existenz des Königreiches Saba ein Ende.

Damals ging auch die ökonomische Bedeutung der südarabischen Städte zurück. Nach dem Zerfall des Römischen Imperiums schrumpfte der Verkehr auf den Karawanenstraßen und auf den Seewegen: in Europa waren Seide und Weihrauch nicht mehr gefragt. Nach dem Dammbruch von Marib — dieser Staudamm war ein Wunder der Ingenieurtechnik des Altertums — verödeten die einst so fruchtbaren Felder. Immer mehr lockerte sich der Zusammenhalt der südarabischen Städte, die vernachlässigten Straßen versandeten und wurden von dornigem Gestrüpp überwuchert.

Im Jahre 575 erfolgte die Ablösung der Äthiopier durch die Perser, und nach weiteren hundert Jahren erreichte die Woge des Islams dieses Gebiet. Aus Südarabien war ein Grenzraum des arabischen Imperiums geworden.

Als einige Jahrzehnte später die ersten Werke arabischer Geschichtsschreiber entstanden, die selbst aus dem Norden stammten, fehlte darin jegliche Erwähnung der Königreiche Hadramaut oder Quataban, die doch einst reich und berühmt waren, von denen Inschriften im Raum zwischen Äthiopien und Syrien zeugten, deren Kaufleute ehemals bis nach China reisten. Vergessen waren die Länder, in denen es Staudämme und Kanäle gab, wie man sie nicht einmal bei den Römern kannte.

Doch in einer entlegenen Wüstenlandschaft, im Tal des einstigen Königreiches Hadramaut, waren einige der alten Städte erhalten geblieben. Das verdankten sie vor allem dem sich seit dem 8. Jahrhundert wieder belebenden Karawanenhandel, auch dem Anbau von Datteln und der Aufzucht von Kamelen.

Jetzt regierten hier Scheiche und Sultane, die bei zunehmender Schwächung des arabischen Kalifats immer unabhängiger wurden. Jedoch vermochte keiner von ihnen, sich über die anderen zu erheben; zu arm waren die Wüstenstädte, zu gering auch die Bevölkerungszahl. An deren Wachstum war nicht zu denken. In einem Land, in dem jeder Tropfen Wasser mit Gold aufgewogen werden muß, reguliert sich der Bevölkerungszuwachs durch die für eine bestimmte Anzahl von Menschen benötigte Wassermenge. Und so hat es sich eingebürgert, daß die »überzähligen« jungen Araber nach Indien und Singapur auswandern, zumal in ihren Adern noch immer das Blut von Seefahrern und Händlern fließt. Daher kommt es, daß der Wohlstand der Hadramautbewohner heute nicht nur von den Wasservorräten in den Brunnen des Landes abhängt, sondern auch von den Ernteaussichten und vom Handelsumsatz in Kalkutta oder in Singapur. Gehen dort die Geschäfte gut, ist der Kapitän eines singapurischen Schiffes oder der Ladenbesitzer in Kalkutta eher bereit, ein Rupienpaket nach der niemandem bekannten, in der Wüste verlorenen Stadt Schibwa zu überweisen. Und vielleicht kehren sie, der Kapitän und der Ladenbesitzer, im Alter in die Heimat zurück ...

Man darf wohl annehmen, daß die Häuser der Sabäer in Schibwa einmal nicht besonders hoch waren und nicht so dicht aneinandergedrängt. Je mehr jedoch das Land verarmte, je schwieriger das Überleben wurde, desto zahlreicher wurden auch die zum Schutze der Dörfer und Häuser errichteten unzugänglichen Türme. Den seßhaften Bewohnern drohten Überfälle der Beduinen; zuweilen wurde auch der eigene Nachbar zum Feind, da weder der Boden noch das Wasser für alle ausreichten.

In Hadramaut brauchte man die Städte nicht mit Mauern zu umgeben. Die Hinterseiten der lückenlos nebeneinander stehenden Häuser erfüllten bereits den Zweck einer Mauer. Die Stadt konnte jeweils nur durch ein einziges Tor betreten werden.

Jeder baute sich eine eigene Festung. In den untersten Stockwerken, deren Wände einige Meter dick sind, befinden sich Lager, Scheunen und Ställe. In das Haus führt eine einzige kleine, auf beiden Seiten mit Schießscharten versehene Tür. Auch im zweiten und dritten Stock sind Schießscharten vorhanden. Und erst in der vierten Etage, die der Feind kaum noch erreichen würde, entdeckt man eine Fensterreihe, erst dort wohnen Menschen. Die Großfamilie, der das Haus gehört, bewohnt alle oberen Stockwerke, deren es im Hochhaus gewöhnlich sieben bis neun gibt.

Das Wohnen im oberen Teil der Privatfestung bietet auch hygienische Vorteile. Die engen Gassen, durch die sich kaum ein Fahrzeug hindurchzwängen kann und in deren Mitte Schmutzwässer abfließen, sind stickig und voll üblen Geruchs. Dagegen ist die Luft hoch oben reiner und kühler.«

*Die Häuser von Schibwa sind durchschnittlich sechs Stockwerke hoch, jeder Stock hat über den Fenstern noch eine Reihe von Lüftungsöffnungen.*

Über Schibwa, der größten Stadt in der Landschaft Hadramaut, ragt der vielstöckige Palast des Sultans. Von den übrigen Wohnhäusern unterscheidet er sich auch durch die roten Streifen, die seine weißgetünchten Wände zieren.

Die Zeit der Stammesfehden gehört der Vergangenheit an, doch die tief verwurzelten Traditionen bleiben. Wird ein Wolkenkratzer baufällig, stürzt er ein, so muß an seiner Stelle ein gleicher oder noch höherer erbaut werden. Die Stadt dehnt sich nicht aus, denn der Boden wird in der kleinen Oase für die Dattelpalmen benötigt. Und auch die Bevölkerungszahl wächst kaum; es gibt zwar Wasser im Überfluß, jedoch erst in großer Tiefe. Vorläufig mangelt es noch an Technik und Energie für die Wassergewinnung.

... Die Hauptstraße von Schibwa ist ein Trockental und zerteilt die Stadt in zwei Hälften. Hier wurden Brunnen in den Sand gegraben, bei denen sich frühmorgens Scharen von Frauen mit ihren Gefäßen einfinden. Sie sind verschleiert und tragen lange blaue Kleider. In anderen Städten sind die Kleider der Frauen grün, rot oder schwarz.

Auf dem Marktplatz treffen am Morgen Karawanen ein; hier zeigen sich auch die Beduinen der Wüste. Dorfbewohner erkennt man an ihren hohen breitrandigen Strohhüten. Die Beduinen kommen mit einem Kopftuch aus, ihre Frauen sind unverschleiert. Die Beduinenfrauen zieren ihr Gesicht mit eintätowierten blauen Punkten. Und die Städterinnen von Hadramaut malen grüne und braune Striche neben die Nase und über die Brauen, auf ihren Wangen glänzt kräftig gelbes Make-up. Sieht man sie ohne Schleier, so könnte man sie für lebende Götzenfiguren halten. Es heißt, diese Sitte führe auf die Zeit der Königin von Saba zurück. Als sich eine europäische Journalistin vom Anblick der Hadramitenfrauen schockiert zeigte, wurde ihr in Schibwa eine 2000 Jahre alte Alabasterplastik vorgeführt. Der Frauenkopf war ebenso bemalt, wie es noch heute bei den Damen der Wolkenkratzerstadt üblich ist.

Aus alter Zeit stammt auch die Art der Häuserverzierung. Die kleinen Türen der hochgestreckten Häuser wie auch die Fensterrahmen und -läden sind mit reicher Holzschnitzerei versehen. Die oberen Stockwerke schmücken zahlreiche geschnitzte Säulen, und die Wände sind mit Ornamenten verziert.

Kein Wunder — die südarabischen Skulpturen waren einst berühmt, man findet sie noch heute in einigen Museen der Welt. In den schönen Moscheen und Mausoleen von Hadramaut treten aus den traditionellen islamischen Grundformen die geraden Linien der abessinischen Obelisken hervor. Tausend Jahre Islam vermochten die alten Bindungen dieser Landschaft nicht völlig zu zerstören.

...Am späten Abend verlassen die Karawanen die Stadt, um über Nacht die Gebirgspässe zu überqueren. Obwohl die Kaufleute heute nicht mehr von Beduinen überfallen werden, versuchen sie dennoch, die Küste wie gewohnt des Nachts zu erreichen. So wird es wohl immer bleiben, solange noch Karawanen durch die Wüsten von Hadramaut ziehen; stets werden sie die Stadt in der Nacht verlassen, wenn auch niemand begreift, weshalb sie an der alten Gewohnheit festhalten.

## DAS GÖREMETAL

### Die Höhlen von Kappadokien

Mitunter geraten wichtige Kulturzentren, bedeutende Städte, hervorragende Monumente ins Hinterland, weil große Straßen weitab von ihnen entstehen. Irgendwann werden sie von den Bewohnern verlassen, die Wege verschwinden, von Gras und Gestrüpp überwuchert ... Wenn viele Jahre später wieder Menschen an diese Orte zurückkehren, wissen sie oft überhaupt nichts von den Erbauern eines bestimmten Tempels, von der Herkunft einer vorgefundenen Höhle. Leicht kann dann deren Entstehung irgendwelchen Geistern, vielleicht dem König Salomo oder gar Besuchern aus dem Kosmos angedichtet werden.

So geschah es, als man Petra oder Baalbek wiederentdeckte, ähnlich wurde bei der Wiederauffindung des Göremetales reagiert. Dabei war dieses Tal keineswegs im Dschungel verschwunden oder vom Wüstensand verschüttet. Dort befinden sich kleine türkische Dörfer, und die Dorfbewohner steigen über enge Treppen zu verlassenen Domen hinauf, in denen sie Korn und gedörrtes Obst aufbewahren. Die türkischen Bewohner des Tales wußten natürlich nicht, wer das Wunder von Göreme, ein ganz ungewöhnliches und doch kaum bekanntes Wunder, geschaffen hatte, in welcher Zeit und zu welchem Zweck es entstanden war.

Das Göremetal wurde erst vor fünfzig Jahren von einem belgischen Jesuitenpater (wieder)entdeckt, und die Wissenschaftler glaubten zunächst, die seltsame Nachricht des Missionars sei ein Scherz oder beruhe auf einem Irrtum.

Im Herzen der Türkei, in der Provinz Anatolien, erhebt sich der 4 Kilometer breite erloschene Vulkan Erdschijas-Dagh (Erciyas-Dağ). Sein Gipfel zeichnet sich scharf am klaren, tiefblauen Himmel Anatoliens ab. Bei diesem Vulkan stoßen drei türkische Provinzen zusammen: Kayseri, Nevsehir und Nigde.

115

In vorgeschichtlicher Zeit spie der Vulkan große Mengen Lava aus, die das umliegende weite Tal mit einer viele Meter mächtigen Tuffdecke überzog. Allmählich wurde die Lavaschicht durch Wind und Regen zerklüftet, sie formten ein Relief aus unzähligen Horsten, Türmen, Kegeln und Steilwänden. Als sich im Tal vor einigen tausend Jahren die ersten Menschen niederließen, erkannten sie schnell, daß es günstiger war, sich Unterkünfte in den Lavatürmen einzurichten als Häuser zur ebenen Erde zu erbauen, zumal hier jede Handbreit Boden Getreide, Weinreben und Früchte hervorbrachte und also kostbar war.

Auf diese Weise entstand im Vulkantal eine Ansiedlung, eigentlich eine besondere phantastische Welt, die einer Mondlandschaft oder einem gigantischen Termitenhügel gleicht, vielleicht auch dem eigenwilligen Werk eines Avantgardekünstlers oder dem mit Nägeln gespickten Riesenbett eines Fakirs. Die Häuser dort haben die Form von Pilzen, Pyramiden, Obelisken, Kuppeln, von Mauern, Zuckerhüten und Raketen. Sie stehen einzeln da und in Gruppen, niemand kennt die Zahl der Höhlenwohnungen, es sind Tausende.

Die Besiedlungsgeschichte des Göremetales — im Altertum nannte man es Corama — beginnt vor einigen Jahrtausenden. Am Rande des Tales lag zur Römerzeit die Stadt Cäsarea (das heutige Kayseri), ein belebter Handelsplatz, wo die vom Schwarzen Meer nach Syrien und von Armenien nach Beirut ziehenden Karawanen haltmachten. Hierher kamen Menschen aus vielen Stämmen und Völkern. Unter ihnen fand die neue christliche Religion zahlreiche Anhänger. Im 3. Jahrhundert entstand hier eine überwiegend aus Griechen bestehende große Christengemeinde. Durch die Kaufleute wurde die Kunde von diesen Christen überall verbreitet, was einen weiteren Zustrom von Eremiten und Mönchen aus dem ganzen Oströmischen Reich bewirkte.

Den Glaubensfanatikern und Anachoreten des frühen Christentums boten die Höhlen von Corama ideale Bedingungen für ein weltabgeschiedenes Einsiedlerdasein. Die trockenen Höhlen blieben selbst bei großer Hitze kühl, und im Winter fror man nicht darin. Das Tal lieferte Wasser und Früchte, und seine einheimischen Bewohner duldeten die bärtigen, ärmlich gekleideten, größtenteils gutmütigen Asketen, die ihre Zeit hauptsächlich mit Beten verbrachten.

*Einer der durchhöhlten Pyramidenfelsen im Göremetal mit den kleinen Felshauben. Die dünnen Wände der in Etagen übereinander angeordneten Kammern sind zum Teil weggebrochen, so daß das Innere der Räume freiliegt.*
*Unten: Ausschnitt aus »Geburt Christi« im Innern der Kreuzkuppelkirche. Die Fresken in den Kuppeln sind verhältnismäßig gut erhalten.*

Es gab viele freie Pyramiden und Türme, Platz genug für Tausende Einsiedler.

Im 4. Jahrhundert entstanden hier die ersten Klöster. Auf Kosten der nicht zahlreichen kappadokischen Bevölkerung brachten sie einen bedeutenden Teil des großen Tales in ihren Besitz.

Die Zahl der Klöster vermehrte sich, sie erlebten hier eine 200 Jahre während Blüteperiode, bis im 6. Jahrhundert die Perser in dieses Gebiet eindrangen und viele Christengemeinschaften auseinandertrieben. Später erschienen hier die Araber, und die Stadt Cäsarea hörte auf, Zufluchtsort der Christen zu sein.

Doch die Höhlenklöster blieben von den Christenverfolgungen nahezu völlig verschont. Weder die Perser noch die Araber versuchten, sich in diesem Labyrinth, in dem man auch am hellichten Tage die Orientierung verlieren konnte, auf Dauer einzurichten, obwohl das Tal immerhin fast 200 Quadratkilometer groß ist. Aus Cäsarea und aus anderen Städten flohen die Vertriebenen hierher und fanden Unterschlupf in den Höhlen. Es wird angenommen, daß das Göremetal gegen Ende des 1. Jahrtausends von etwa 30 000 Christen bewohnt war.

Die Türme und Kegel boten jetzt nicht mehr nur einzelnen Asketen, sondern jeweils einigen Familien Unterkunft. Viele neue Stockwerke wurden in die Felsen gehauen, man verband die Höhlenwohnungen durch Treppen, Gänge, Schächte und Brücken. Waren die Zeiten schwierig, so wohnte niemand unten, und die Leiter wurde bei Gefahr hochgezogen. Darüber aber waren fünf, zehn, mitunter fünfzehn Etagen bewohnt; es blieb sogar ein richtiger Turm mit zwanzig Stockwerken samt den darin hergerichteten Zimmern, Sälen und Gängen erhalten — ein wahrer Termitenbau.

Einstige Eremitenzellen wurden erweitert und in große, mit Säulen und Wandmalerei verzierte Dome verwandelt. Unter den Verfolgten gab es mehrere Sekten, jede war bemüht, die Kirchen und Klöster der anderen an Schmuck und Reichtum zu übertreffen.

Von außen entdeckte das Auge eines Fremden gewiß nicht viel Auffälliges. Hier und da waren die Wände der Pyramiden und Kegel von den dunklen Rechtecken der Fenster und Türen durchbrochen, doch niemand konnte ahnen, daß sich dahinter, in der Tiefe und im Halbdunkel, Zimmer und Säle, Kirchen und Lagerräume verbargen. Es war eine Welt vorgetäuschter Armut mit winzigen Fenstern, zu der Außenstehenden kaum Zutritt gewährt wurde, und so konnte auch niemand erraten, welche wirkliche Lebenskraft sich hinter dieser Fassade entfaltete.

Auch die Felder, die zwischen die Felsen hingestreuten kleinen Erdflecken, ließen nicht auf den ersten Blick ihre tatsächliche

Ertragfähigkeit erkennen. Die größte frühchristliche Siedlung in Asien war in der Lage, sich selbst zu versorgen, und die Klöster wurden immer reicher, obwohl im Lande die »Ungläubigen« herrschten.

Die Glaubenskriege des Islam, die Kreuzzüge, der Niedergang und Fall von Byzanz — alle diese Ereignisse gingen am Göremetal vorüber und ließen es unberührt. Wie eh und je ereiferte man sich hier bei gelehrten theologischen Streitgesprächen, lieferten die Bauern den Zehnten von den Klosterfeldern, wurden volle Fässer guten Weines, der in den Felsenkellern lagerte, zur Stadt gebracht, wo man ihn hoch schätzte.

Doch neue Glaubensgenossen kamen nicht mehr hinzu, und die Zahl der noch verbliebenen verringerte sich allmählich. Manche verließen die vertrauten Höhlen, andere wechselten gar den Glauben. In den kleinen Städten rings um das Tal wurden Türken ansässig, sie begannen die leerstehenden Wohnungen als Lagerhäuser zu nutzen. In zwei oder drei Kirchen fanden noch einige Jahrhunderte lang Gottesdienste statt, doch als 1923 im Vertrag von Lausanne die Umsiedlung von Griechen und Türken vereinbart wurde, verließen die griechischen Christen Göreme. In einige Höhlenwohnungen zogen türkische Bauern ein, doch die meisten blieben leer. Dort nisteten und vermehrten sich zahllose Tauben, die den Bauern Dünger für ihre Felder lieferten.

...Noch waren einige Kirchen für die Gläubigen geöffnet, noch immer werkten ein paar Mönche in den Weinbergen, doch in Europa hatte man das Göremetal längst vergessen. Infolge der seit Jahrhunderten währenden Religionsfeindschaft waren die türkischen Zentralprovinzen von Europa völlig abgeschnitten. Als ein belgischer Priester im Herzen der Türkei überraschend auf eine christliche Gemeinde stieß, deren Tage freilich bereits gezählt waren, erschütterte ihn diese Entdeckung zutiefst. Nicht so sehr die Felsendome beeindruckten ihn, sondern vielmehr die Tatsache, daß Christen inmitten der islamischen Welt so lange zu überleben vermocht hatten, und das, ohne sich einer großen Schar von Märtyrern und Heiligen rühmen zu können. Über tausend Jahre kümmerte sich fast niemand um dieses Tal, und kein einziger »grausamer« Mohammedanerherrscher hatte hier je ein Blutbad unter den Nachfolgern Christi angerichtet.

Die Erkundung des Höhlenrefugiums der Christen (an der sich bislang nicht allzu viele Forscher beteiligen) schreitet langsam voran. So bleibt Göreme vorerst eine Höhle Aladins, deren Schätze über viele Verstecke verteilt sind.

Die Gesteinstürme von Göreme verbergen hinter unscheinbaren Eingängen drei verhältnismäßig große Kuppeldome. Ihre Felswände sind ringsum mit Fresken bedeckt, die zu den ältesten erhaltenen

Zeugnissen frühbyzantinischer Kunst gehören. Am reichsten und interessantesten ist die Ausstattung des Finsteren Domes. Seine Wandmalerei erinnert mit ihren kräftigen, hellen Farbtönen, mit den weichen, feinen Konturen an die Fresken russischer Kathedralen. Diese Kirchen entstanden weitab von den Erschütterungen und Nöten der großen Welt. Man empfindet es so beim Betrachten eines Gemäldes, das einen eleganten Jüngling mit zierlichem Stab und im wehenden Mantel darstellt, der gleichwohl nicht spazierengeht, denn es ist St. Georg der Drachentöter (der Legende nach ein kappadokischer Prinz), der gerade mit dem ganz friedlich dreinschauenden Fabeltier kämpft.

Friedfertigkeit vermittelt auch das große wundervolle Fresko der Kuppelschale, das den Allmächtigen zeigt. Die Gestalten der Propheten sind langgestreckt und gebeugt, denn auch die in den Tuffstein fein gemeißelten Säulen und Pilaster weisen Krümmungen auf.

Ähnlich ist der Apfeldom ausgestattet. Die Mönche zerbrachen sich wohl nicht lange den Kopf, als sie ihre Kirchen benannten. Die Kirchenbehörden von Byzanz waren weit, deren Tadel brauchte man nicht zu fürchten. Deshalb wurde die große Kirche, in der es sehr dunkel war, einfach Finsterer Dom genannt, und die andere, vor deren Eingang Apfelbäume wuchsen, nannte man den Apfeldom. Vielleicht gab es auch noch andere Namen, die bei feierlichen Anlässen gebraucht wurden, doch die merkte sich niemand.

Nicht alle Fresken blieben so gut erhalten, wie man es angesichts der gleichbleibenden Temperatur und Trockenheit der Höhlenluft erwarten dürfte. Schuld daran sind nicht die Ungläubigen. Niemand hat jemals diese Kirchen vorsätzlich entweiht. Jedoch wurden sie seit dem 17. Jahrhundert, seitdem die Kirchen und Klöster bereits größtenteils leerstanden, gelegentlich von Gästen aufgesucht. Einmal schaute ein Bauer hinein, dann wieder ein Durchreisender. Alle Touristen vereint seit Anbeginn das Bestreben, der Nachwelt eine Spur von sich zu hinterlassen. Säuberlich oder auch weniger akkurat malt der Tourist seinen Namen an die auffälligste Stelle. Wer kennt nicht diese Namenszüge, wunderte sich nicht über ihre geradezu erschütternde Vielzahl und Einförmigkeit! Im Laufe von fünfhundert Jahren kamen nicht wenige Touristen nach Göreme, so selten sie sich hier auch zu zeigen pflegten. Sie kamen vor allem in den letzten Jahren, nachdem man das Tal von Ankara her binnen weniger Stunden erreichen konnte und nachdem die Presse in aller Welt verkündet hatte, daß die Höhlen von Göreme ein lohnendes Ausflugsziel sind. Alle Fresken im unteren Bereich, sozusagen in Reichweite der Touristen, sind nun zerstört, wurden durch Autogramme zerkratzt und verwandelten sich in weiße Flecke.

Heute ist das Göremetal von türkischen Bauern bewohnt und nicht mehr so dicht bevölkert wie vor tausend Jahren, so daß es viele leerstehende Höhlenwohnungen gibt. Wie es vor ihnen die christlichen Eremiten taten, pflanzen die Bauern hier auch jetzt die besten Weinsorten sowie Oliven und Aprikosen an. Die Türen und Fenster mancher Höhlenbehausungen, besonders der von den Millionen Tauben bevorzugten, wurden zugemauert, damit die Tauben dort den wertvollen Dünger in aller Ruhe produzieren können. Wo in den Felswänden die dunklen Rechtecke fehlen, wirken die Türme wie Monolithe, doch sie sind ausgehöhlt wie von Termiten zerfressene Baumstämme, die nach der Oberfläche heil zu sein scheinen.

Neue Höhlen entstehen gegenwärtig nicht mehr, doch die wohlhabenderen Familien verbreitern ihre Fenster und Türen, versehen die Höhlenwohnungen mit Fassaden und sogar mit Balkonen, so daß sie wie echte Häuser wirken. Die hinteren Räume, in die niemals Sonnenlicht fällt, werden als Vorratskammern genutzt. Arme Bauern setzen vielleicht nur einen Türrahmen ein, hängen eine Tür vor die Öffnung und tünchen einmal jährlich die Wohnstube, damit sie heller und größer aussieht; doch der Rauch des offenen Herdes wird sie bald wieder schwärzen.

Wie einst besteigen die Höhlenbewohner ihre oberen Etagen über Treppen, die sich im Felseninneren befinden. In den vielstöckigen Wolkenkratzerhöhlen führen in den Tuff gehauene kleine Stufen viele, viele Meter durch dunkle Schächte hinauf.

Auf den begrenzten ebenen Flächen des Göremetales entstanden in den letzten Jahren mehrere kleine Städte, denn das Wohnen in Höhlen behagt doch nicht jedermann. Manchmal erhebt sich in der Stadtmitte ein Wolkenkratzer, ein Felsenturm, der ein unwirkliches, an Märchenbilder erinnerndes Panorama schafft. Auf schmaler Serpentinenstraße kam soeben ein Bus aus Kayseri in eine dieser Städte, schreckt mit seinem Gehupe ganze Wolken von grauen und graublauen Tauben auf. Er hält vor einem Café, wo auf der offenen Steinterrasse Stühle stehen. Der Schatten des zwanzigstöckigen Wolkenkratzers fällt über die Schatten einiger weniger Feigenbäume und schirmt das Café von den Strahlen der Abendsonne ab ...

# SCHAH-I-SINDEH
»Wahrlich, unsere Werke weisen auf uns«

Ritter Ruiz Gonzales de Clavijo kam zu spät. Er verspätete sich um 200 Jahre — Afrasiab fand er nicht mehr vor, weder die Mauern

121

noch die Moscheen der Stadt, nicht ihre Mausoleen und nicht die Paläste. Und dennoch war der Ritter, der sich mit den spanischen Gesandten an den Hof des großen Timur begab, überwältigt, als er am Abend eines langen, heißen und beschwerlichen Tages von fern Samarkand erblickte. »Es gibt hier so viele Obst- und Weingärten«, schrieb er, »daß man, nähert man sich der Stadt, einen Wald von hohen Bäumen zu sehen glaubt, in dessen Mitte die Stadt liegt.«

Die Botschafter wurden in einer bewunderungswürdigen Stadt empfangen, die keiner anderen mittelalterlichen Stadt ähnelte. In Europa schrieb man das Jahr 1404. Der eiserne Timur Lenk, »Timur der Lahme«, hatte die halbe Welt erobert und viele Sklaven in seine neue Hauptstadt getrieben, darunter Architekten, Maurer, Holzschnitzer und Juweliere ... Timurs Macht war ungeheuer groß, seine Gewalt schrankenlos, sein Hochmut zügellos. In der Nähe von Samarkand wurden die Dörfer umbenannt und hießen jetzt Bagdad, Kairo, Damaskus. Das bedeutete: Die größten Städte der Welt sind, verglichen mit Samarkand, der Residenz Timurs, nur kleine Dörfer.

Über Samarkand schwebten Staubwolken, aufgewirbelt durch Bauarbeiten. Gerüste umspannten die Mausoleen von Schah-i-Sindeh; lange Reihen von Sklaven schleppten Ziegelsteine zur Moschee Bibi-Chanym hin; geschickte Meister aus Choresm belegten den Hauptplatz Registan mit kleinen Platten. Die Stadt war im ganzen ockerfarben, und auf ihrem Hintergrund nahmen sich die hell- und tiefblau gefliesten Moscheen und die quadratischen Chauzteiche wie auf braune Erde gestreute Stücke des Himmels aus. Ein breiter grüner Ring von 13 Gärten umschloß die Stadt. Im größten Garten, Bagi-Dshehan, verlief sich einmal — wie Chronisten versichern — das Pferd eines Architekten, und erst nach einem Monat fand man es wieder.

Doch Timur starb, und nachdem einige Jahrzehnte vergangen waren, verlegten seine Nachkommen die Residenz des Reiches nach Buchara. Nur die von namenlosen Meistern errichteten Bauwerke blieben zurück. Doch der Historiker von Samarkand hat recht mit seinem auf die Timurmoschee bezogenen Ausspruch: »Wahrlich, unsere Werke weisen auf uns.« Die Werke überdauerten die Menschen, von denen sie geschaffen wurden, das mächtige Reich und die Erinnerung an Schlachten und Eroberungen.

Sollten Sie irgendwann einmal mit dem Flugzeug oder Autobus nach Samarkand kommen, so werden Sie sich vielleicht an die Worte des spanischen Ritters erinnern: »Es gibt hier so viele Obst- und Weingärten ...«

Samarkand ist heute eine große moderne Stadt mit Universitäten, Schulen, Theatern; schon lange säumen Grünanlagen ihre ganz gewöhnlichen Asphaltstraßen. Doch das Samarkand Timurs lebt darin weiter, und die Silhouetten der märchenhaften Moscheen fügen sich erstaunlich gut in das heutige Panorama der Stadt ein.

Wie vor 500 Jahren umgibt Samarkand ein grüner Gürtel von Gärten. Natürlich sind es nicht mehr jene, die einst der Ritter Ruiz Gonzales de Clavijo gesehen hatte. Während ihrer Jahrtausende zurückreichenden Geschichte wuchsen immer wieder neue Gärten rings um die Stadt, und viele Male verwandelte sie sich in ein Ödland.

Ein mächtiger kahler Hügel nördlich von Samarkand ist alles, was von Afrasiab, der Vorgängerin von Samarkand, übrigblieb. 15 Meter hoch türmen sich die Kulturschichten aus Scherben und Ziegeln — ein wahres Paradies für Archäologen, aber auch eine viele Jahrhunderte alte Daseinsspur von Afrasiab. Vor den Toren dieser Stadt stand einst das Heer Alexanders des Großen, hierher kamen die Könige der Kuschanen und die Kriegerscharen der Kalifen. Bereits im Altertum erhielt Afrasiab eine Wasserleitung, die jahrhundertelang Wasser zur Zitadelle heranführte. Ausgrabungen brachten prunkvolle Paläste und Grabstätten zum Vorschein.

Im Jahre 1220 wurde die Stadt von einer furchtbaren Katastrophe heimgesucht, vom Überfall der Mongolen. Afrasiab leistete Widerstand und wurde vernichtet, so daß von der Stadt buchstäblich nichts übrigblieb. Die Mauern waren geschleift, die Wasserleitung zerstört, Häuser und Paläste niedergebrannt. Die Stadt vegetierte 150 Jahre lang dahin; wo einst blühende Gärten lagen, wurde nun Flugsand von einem Hügel zum anderen getrieben.

Ende des 14. Jahrhunderts wendete sich alles. Der Tag, an dem Timur der Lahme beschloß, die Stadt zu seiner Hauptstadt zu machen, wurde zum Tag ihrer Wiedergeburt. Zwanzig Jahre oder vielleicht dreißig benötigte Samarkand, um zu einem Zentrum des Handels und Handwerks zu werden, mehr noch — zur Hauptstadt Asiens, in der sich das Schicksal vieler Völker entschied. Das Grün seiner Gärten breitete sich wieder aus.

Timurs Tod brachte noch nicht den Niedergang von Samarkand. Während der Regierungszeit von Timurs Enkel Ulug Beg wurde hier wohl nicht weniger gebaut als zur Zeit des großen Ahnherrn. Ulug Beg, ein erstaunlicher Monarch, Gelehrter, Astronom und Humanist zugleich, ließ viele Medresen (islamische Lehranstalten) errichten. Samarkand wurde zum Kulturzentrum Asiens.

Erst unlängst gelang es, das bedeutendste Bauwerk Ulug Begs, sein Observatorium, aufzufinden. Darüber ist ziemlich viel bekannt, zum Beispiel, daß dort die gelehrtesten Männer jener Zeit tätig waren, daß in der Sternwarte, obwohl es damals noch keine Teleskope gab, das »Buch der Sterntafeln« entstanden ist, an dem Ulug Beg wohl führend mitarbeitete und das bis heute seine Bedeutung nicht verlor. Doch das ist eine besondere Geschichte, auf die wir noch zurückkommen werden.

Nachdem die Residenz nach Buchara verlegt worden war, setzte man die Bautätigkeit in Samarkand fort, wenn auch nicht mehr im gleichen Umfange. Es gibt hier Moscheen und Mausoleen, die in das 16. und 17. Jahrhundert gehören, doch die bedeutendsten Bauwerke von Samarkand sind mit der Zeit Timurs und der Timuriden verbunden.

Jeder, der einmal in dieser Stadt weilte, neigt später dazu, eines der Monumente hervorzuheben. Von einem Samarkandbesucher wird die Ruine der grandiosen Bibi-Chanym-Moschee zum Traumdenkmal erkoren, ein anderer behielt das Registanquadrat mit seinen drei Medresen in besonderer Erinnerung, der dritte vergißt niemals die stolze Schlichtheit des Gur-i-Emir-Mausoleums. Man kann in keinem Falle widersprechen und sollte es auch nicht tun.

Dennoch möchte ich es wagen, mich zum Objekt meiner besonderen Bewunderung zu bekennen. Ich bin bereit, immer wieder nach Samarkand zu reisen, nur, um in die Stille von Schah-i-Sindeh, in die verzauberte Gräberstraße, zurückzukehren. Schah-i-Sindeh kann sich nicht ungewöhnlicher Größe oder einer glänzenden Gesamtkonzeption rühmen. Niemand hatte diese Straße geplant, das große Ensemble entstand im Selbstlauf, man erbaute es in Jahrhunderten, ein Mausoleum nach dem anderen.

Schah-i-Sindeh bedeutet »der lebende Herrscher«.

Der Gräberkult reicht weit in die vorislamische Vergangenheit zurück, in die Zeit der Hochblüte von Afrasiab, und war so stark verwurzelt, daß die Verkünder des Islam es für zweckmäßiger hielten, nicht dagegen anzukämpfen, sondern die Tradition zur Förderung der neuen Religion zu nutzen. So schuf man die Legende von Mohammed Kussam ibn Abbas, einem Vetter des Propheten.

In der Legende heißt es, Mohammed Kussams Heer sei von den »Ungläubigen« zur heiligen Stunde überrascht worden, als alle Krieger gerade auf den Knien lagen, um das Gebet zu verrichten. Die »Ungläubigen« machten sich die zeitweilige Kampfunfähigkeit des Gegners zunutze und erschlugen alle Muslime. Auch Mohammed Kussam ibn Abbas wurde enthauptet. Doch selbst da wurde er nicht kopflos. Er nahm sein Haupt in beide Hände, stieg in einen tiefen Brunnen und begab sich von dort ins Paradies, wo er sich noch immer aufhält. Viele Mutige versuchten später, in den Brunnen hinabzusteigen, um das Geheimnis des seines Kopfes beraubten Führers zu ergründen.

Das Grabmal des Mohammed Kussam, das eigentlich nur ein Kenotaph, ein Ehrengrabmal, ist (der echte Mohammed Kussam war niemals in Samarkand), bildete den Anfang des späteren Mausoleum-komplexes der Gräberstraße. Die Beisetzung neben dem Grab eines Heiligen sollte im Jenseits zusätzliche Vorteile sichern, deshalb bemühten sich die Würdenträger und Mullahs um ein solches Privileg. Nur sehr wenigen wurde es zuteil, doch diese wenigen waren vornehm und reich, für sie wurden die schönsten Mausoleen Mittelasiens erbaut.

Schah-i-Sindeh ist zweimal entstanden, zum ersten Mal vor dem Mongoleneinfall. Vom Masar des heiligen Mohammed Kussam führte die Gräberstraße steil abwärts, und der Verfasser des »Zuckerbuches der Geschichte von Samarkand« beschreibt detailliert, welche Gebete und Rituale zu verrichten waren, wenn man sich von einem Grabmal zum anderen begab. Die Archäologen fanden nur Reste des älteren Schah-i-Sindeh-Komplexes, nicht eines der früheren Mausoleen blieb vollständig erhalten.

Die mongolischen Eroberer ließen das Scheinmausoleum des »lebenden Herrschers« unberührt, der unbekannte, vielleicht mächtige Heilige flößte ihnen wohl Furcht ein. Dagegen wurden die anderen Grabmale total zerstört. Der Wiederaufbau von Schah-i-Sindeh erfolgte im wesentlichen während der Regierungszeit Timurs und Ulug Begs.

Hier wurden die Angehörigen Timurs und hohe Geistliche beigesetzt. Jedes Mausoleum stellt ein kleines Denkmal islamischer Kunst dar. Neu hinzukommende Grabbauten sollten vermutlich nicht größer sein als die Grabstätte Mohammed Kussams, für die Maße des Mausoleums gab es somit strenge Vorschriften. Das veranlaßte die Erbauer, ihre Grabstätten durch Vervollkommnung der Formen und durch Verzierungen auszuzeichnen. Man könnte glauben, das Ensemble sei nach einem einheitlichen Plan erbaut worden.

In der Regel haben die Mausoleen von Schah-i-Sindeh einen quadratischen Grundriß und verschiedenförmige Kuppeldächer. Die Kuppeln, Portale, Säulen, teilweise auch die Wände sind mit blauen oder mehrfarbigen Glasurfliesen belegt.

Im ganzen gibt es hier 25 Mausoleen. Am höchsten liegt das Mohammed-Kussam-Grabmal, über das Ibn Battuta, ein berühmter arabischer Reisender und Geograph, der Herodot der Araber, bereits im 14. Jahrhundert berichtete: »Das Grab ist heilig. Über ihm wurde ein viereckiger Bau mit Kuppeldach errichtet, an jeder Ecke stehen je zwei Säulen aus grünem, schwarzem, weißem oder rotem Marmor. Auch die Wände des Grabmals sind aus farbigem Marmor und mit Goldornamenten verziert. Für das Dach wurde Bleiblech verwendet.«

Seit jener Zeit wurde das Denkmal mehrfach umgebaut. Man versah die Oberfläche mit blauen und vielfarbigen Fliesen und mit Mosaiken.

Das Mausoleum des Mohammed Kussam ist von anderen Grabbauten eingeschlossen, so daß es hier eng wird. Jeder wünschte sich ein Grab so nahe wie möglich am Grabe des Heiligen. Drei Mausoleen hatten besonderes Glück: das Grabdenkmal der Tuman-aqa, der Frau Timurs, das Mausoleum des bedeutenden Religionslehrers Hodscha Ahmad und das Grab eines »unberührten Mädchens«, das 1360 starb, mehr scheint über dieses Mädchen nicht bekannt zu sein.

Besonders schön ist das Tuman-aqa-Mausoleum. Seine Glasurkeramik und sein Mosaik zeigen die Hochblüte des Architekturdekors der Timuridenepoche. Das Portal wirkt wie ein aus reinsten Farben gewebter Teppich, in dem Blüten, Zweige und Inschriften zu einem Muster verflochten sind. Als Grundfarbe dominiert hier nicht das sonst vorherrschende Blau, sondern Violett; dadurch hebt sich das Bauwerk auf dem Hintergrund von Ocker und Blau, den Farben des Sandes und des Himmels, besonders ab.

Bescheidener wirkt das Mausoleum des Emirs Burunduk, eines Feldherrn Timurs, der von seinen Kriegszügen große Reichtümer mitgebracht hatte. Vielleicht wagten seine Nachkommen nicht, die Grabstätte prächtiger als die von Angehörigen des Herrscherhauses zu gestalten, vielleicht sollte das Geld auch den Lebenden zugute kommen.

Je tiefer uns die Treppenstufen der Gräberstraße — einer Straße, die niemals von lebenden Menschen bewohnt war — hinunterführen, desto mehr verfeinern sich die Formen der Mausoleen und die Muster der Glasurziegeldekors, was mitunter einen Verlust an Klarheit, Schlichtheit und Erlesenheit der Linienführung zur Folge hat. Mit der Zeit wandeln sich Geschmack und Gewohnheiten. Die Mausoleen im unteren Abschnitt der Gräberstraße wurden bereits nach Timurs Tode, im folgenden Jahrhundert, erbaut.

Architekten und Kunstwissenschaftler werden die Mausoleen dieser oder jener Schule und Richtung zurechnen, mögen sich über Details, wie elegante Gurtbögen oder schildförmige Segel, äußern. Mich bewegten in Samarkand völlig andere Gedanken: Eine Laune des Schicksals vereinte hier die Grabstätten ganz verschiedener Menschen — der Königin und des Heerführers, des Mullahs und des unberührten Mädchens. Und über allen anderen erhebt sich im

*Oben: Grabmal des Astronomen Kady-Sade-Rumi, eines der beeindruckendsten Mausoleen des Schah-i-Sindeh. Obwohl das Gebäude an einem Abhang steht, sind seine Bauelemente so schlank, daß die große Kuppel ebenso weit in den Himmel hinaufragt wie die Kuppel aller höher gelegenen Mausoleen des weltlichen und geistlichen Adels.*
*Unten: Kerbschnitzereien im Mausoleum Burchan-ed-din.*

unteren Teil der Gräberstraße, fast am Ende, das Mausoleum des Astronomen Rumi.

Kady-Sade-Rumi war ein Freund und Berater Ulug Begs. Er erwarb im Leben weder Reichtümer noch Ländereien, gehörte keinem vornehmen Geschlecht an. Doch er war einer der größten Mathematiker und Astronomen seiner Zeit, deshalb errichtete ihm Ulug Beg ein Denkmal neben den Grabstätten von Chanen und Königinnen, höher als die übrigen Mausoleen, zwar ein wenig nur, aber doch höher.

Das erhabenste Mausoleum gehört also einem Gelehrten, einem tätigen Manne, der jenen viel näher stand, die die Pläne der Grabdenkmale und Moscheen entwarfen, als den in den übrigen Mausoleen beigesetzten vornehmen Toten.

Schah-i-Sindeh ist gleichermaßen schön, ob man die Straße nun von oben, von der Anhöhe aus, betrachtet und zwei Reihen blauer Kuppeln sieht, oder von unten, wo sich hinter dem Bogen des Eingangs eine schmale farbige Gasse von Portalen zeigt. Aus der Ferne, von der Stadt her, erscheint Schah-i-Sindeh wie eine Buchseite aus den Märchen der Scheherezade, und aus der Nähe begeistern uns die Phantasie und der Reichtum der Farben. Schah-i-Sindeh ist nicht sehr groß, dennoch beeindruckt die Gräberstraße mehr als manche hohen Moscheen und grandiosen Minarette anderer östlicher Hauptstädte.

# DIE STERNWARTE ULUG BEGS
## Von Henkern und Gelehrten

Auf Kupferstichen der Renaissance wurde Ulug Beg rechts von der allegorischen Figur der Wissenschaft, im Kreise der größten Gelehrten der Welt dargestellt, denn kein anderer Astronom konnte sich in jenen Jahrhunderten mit dem Großen aus Samarkand messen, zieht man die Genauigkeit der Berechnungen und Beobachtungen in Betracht, die er in seinem Observatorium vorgenommen hatte.

Als jedoch der russische Archäologe W. Wjatkin 1908 beschloß, die Überreste dieser Sternwarte aufzufinden, konnte ihm in Samarkand niemand sagen, wo sie einst stand. Es schien, als sei ihre Spur nach

*Im Jahre 1430 wurde auf Anordnung Ulug Begs ein Observatorium geschaffen, das einzigartig war und dessen wissenschaftliche Zuverlässigkeit auch in der heutigen Zeit präziser optischer Instrumente noch bewundert wird.*
*Unten: das unterste und ein oberstes Sternzeichen.*

jenem tragischen Monat Ramadan des Jahres 853 nach der Hedschra unwiederbringlich verlorengegangen.

Am siebten Tage des Ramadan im Jahre 853 nach der Hedschra oder, übersetzt in unsere Zeitrechnung, am 24. Oktober 1449 näherte sich der Herrscher von Samarkand und Timurenkel Ulug Beg seinem Palast, stieg vom Pferd und wartete demütig vor dem Tor.

Die Wachen machten sich am Eingang zu schaffen, und der Karaulvorsteher begab sich zu Abd al-Latif, des Herrschers ungeliebtem Sohn, um ihm die schon seit Tagen erwartete Nachricht zu überbringen: Ulug Beg verzichtet auf die Weiterführung des Kampfes und ergibt sich dem Sieger auf Gnade und Ungnade.

Am selben Tage wurde Ulug Beg vor das Gericht der Scheiche gestellt. Abd al-Latif war grob und hart, wie es sich für einen Sieger gehört, der weder seine Untergebenen noch sich selbst glauben machen kann, daß er des Sieges würdig ist. Er bezichtigte den Vater der Grausamkeit und Ungerechtigkeit, schrie den Greis an und drohte ihm mit der Todesstrafe.

Ulug Beg bittet nur darum, in Samarkand bleiben zu dürfen, wo er sich der Wissenschaft widmen möchte.

Der Gerichtsbeschluß lautete: Um seine Vergehen zu sühnen, habe der ehemalige Chan eine Haddsch, eine Pilgerreise nach Mekka, zu vollziehen. Der Sohn versprach, das Leben des Vaters zu schonen.

In der folgenden Nacht, als Ulug Beg, erschöpft nach der Flucht, erschüttert über Verrat und Gleichgültigkeit, erniedrigt durch ein Gericht von Männern, die noch einen Monat zuvor sklavisch zu seinen Füßen lagen, endlich eingeschlafen war, fand ein geheimes zweites Gericht statt.

Die fanatischen Islamverfechter und schlimmsten Feinde Ulug Begs, die Scheiche, beschlossen, den Chan zu ermorden. Ein toter Chan sei besser als ein lebender Gelehrter, hieß es, selbst wenn er ein Hadschi, ein Mekkapilger, werden würde. Das Geheimgericht verurteilte Ulug Beg zum Tode.

Drei Tage später verließ Ulug Beg zusammen mit dem Hadschi Husroi das ruhmreiche Samarkand. Bereits im nächsten Kischlak wurden die Pilger von einem Eilboten eingeholt. »Im Namen des neuen Chans wird dir, Mirza Ulug Beg, befohlen, vom Pferd zu steigen«, lautete die Botschaft. »Für einen Enkel Timurs schickt es sich nicht, die Haddsch in so bescheidener Begleitung vorzunehmen. Du darfst diesen Ort nicht verlassen, bevor nicht die Vorbereitungen für die Reise beendet sind, welche die Billigung aller Gläubigen finden.«

Ulug Beg saß ab. An eine Flucht war nicht zu denken.

Unterdessen näherte sich Abbas vom Geschlecht der Sulduzen dem Kischlak in eiligem Ritt. Vor einigen Jahren war sein Vater auf Ulug Begs Befehl hingerichtet worden. Hinter Abbas' Gürtel steckte ein Fetwa, ein Rechtsgutachten, das die Tötung Ulug Begs erlaubte. Wegen Verstoßes gegen die Gesetze des Islam wurde er zum Tode verurteilt.

Abbas' Gefolgsleute erblickten von fern den im Schatten einer Platane sitzenden alten Mann. Sie erkannten ihn, führten ihn gefesselt zum Rande eines Aryks, eines Bewässerungsgrabens, und befahlen ihm niederzuknien. Abbas trat vor Ulug Beg, er hoffte Angst in seinen Augen zu sehen, dann erhob er das Schwert. Das Haupt des früheren Weltherrschers rollte, eine dunkle Spur in den staubigen Sand zeichnend, zum trüben Wassergraben hin. Ein Gefolgsmann wandte sich geschickt, ergriff den Kopf und warf ihn vor die Füße des Henkers ...

Nach einer Stunde hatte die Kunde vom Tode des entthronten Herrschers bereits Samarkand erreicht. Am Abend erfuhr davon auch Ali Kustschi, ein vertrauter Gehilfe, Schüler und Freund Ulug Begs. In seiner Jugend hatte er dem Chan als Falkner gedient. Wegen Alis Klugheit und Wißbegier hatte Ulug Beg Gefallen an ihm gefunden, ihn zu sich genommen und später seine Entscheidung nicht bereut.

Mit Entsetzen nahm Ali Kustschi die Nachricht vom Tode des Chans auf. Ihm war klar, daß das an Ulug Beg vollstreckte Todesurteil auch die Aburteilung der Schüler, aller Werke und Schriften des Gelehrten bedeutete.

Ali Kustschi zog einen einfachen Mantel über das Kettenhemd und verbarg den Dolch unter dem breiten Gürtel. Sein Pferd trug ihn durch verlassene Seitengassen zur Anhöhe, von der man ganz Samarkand überblicken konnte...

Vom Gipfel des Hügels konnte man ganz Samarkand sehen. Hoch über den Wohnhäusern aus gestampftem Lehm ragten die Nadeln der Minarette. Wjatkin beging noch einmal die abgeflachte Kuppe des Hügels, und seine Schritte weckten einen kaum hörbaren dumpfen Widerhall, als ob durch die verbrannte, rauhe Erdschicht das Echo einer verborgenen Höhle dringe. Der Archäologe hob ein Stück Glasurziegel auf, es lag in seiner Hand wie ein Spiegel, der die Farbe des Morgenhimmels reflektiert.

Wjatkin war nicht zufällig auf diesem Hügel. Als er monatelang nach Spuren der Sternwarte forschte, hatte er die Umgebung von Samarkand erkundet, in Archiven gewühlt, die ältesten Bewohner befragt. Schließlich entschloß er sich, auch die Archive der Grundstücksverwaltung durchzusehen.

Wenn der Arbeitstag beendet war, die von der Hitze und vom Staub ermüdeten Angestellten das Amt verlassen hatten, dann ließ sich Wjatkin im Archiv nieder und durchforstete systematisch die ältesten Urkundenbestände. Ihnen haftete der Geruch von Vogelkot und ätzendem Samarkander Staub an. Angezogen vom matten Lichtschein der Petroleumlampe, flatterten abends Fledermäuse herein und stießen hart gegen die abgeschabten Wände.

Nach Monaten fand Wjatkin eine Urkunde des 17. Jahrhunderts, die den Verkauf eines als »tal-i-rasad«, das heißt »Hügel der Sternwarte«, bezeichneten Grundstückes betraf. Das Grundstück lag auf dem Hügel Kuchak, nahe am Mausoleum der Vierzig Jungfrauen.

... Unterhalb des Hügels erwarteten Dechkane (Bauern in Mittelasien) den Archäologen. Sie standen dort bereits seit einer Stunde in der prallen Sonne und beobachteten den seltsamen Russen. Wjatkin sagte, er werde Erdarbeiter brauchen, würde sie gut entlohnen. Der Gouverneur persönlich habe die Genehmigung für die Grabungen erteilt. Das stimmte auch. Die Gouverneurskanzlei hatte 800 Rubel, eine unbedeutende Summe, für die Grabungen bewilligt. Doch Wjatkin glaubte nicht, daß er das Geld wirklich erhalten würde.

»Hier darf nicht gegraben werden«, sagte ein älterer Usbeke. »Es ist eine geweihte Stätte. Hier befand sich ein Masar ...«

»Der Masar konnte doch nicht den ganzen Hügel eingenommen haben.«

»Wer weiß, wer weiß ...«

»Noch früher befand sich hier die Sternwarte Ulug Begs, ein großes Observatorium, viel größer als ein Mausoleum. Ich möchte es finden.«

Die Alten schüttelten ungläubig die Köpfe. Sie dachten, der Russe wolle einen Schatz suchen.

... Ali Kustschi ritt eilig, dem Pferd die Sporen gebend, zum Sternwartenhügel. Das herbstliche Laub der dunklen Bäume, die den großen Rundbau des Observatoriums umstanden, raschelte im Wind wie Panzerschuppen.

In der Türöffnung zeigte sich der erschrockene Wächter. Er erkannte Ali Kustschi und half ihm aus dem Sattel.

»Schreckliche Träume habe ich«, sagte der Wächter. »Soeben war Jussuf aus dem Kischlak hier.«

»Es ist alles wahr«, antwortete Ali Kustschi, »der Herrscher lebt nicht mehr.«

Im grauen staubbedeckten Gesicht des Falkners schimmerten die Augen wie Eisklümpchen.

»Wo sind die Sterndeuter?« fragte er.

»Einige verstecken sich in den Häusern hinter dem Aryk, andere verschwanden schon in der Frühe.«

Ali Kustschi lief die breite Treppe hinauf. Die Öllampen brannten wie immer, der Wächter erfüllte seine Pflichten. An den Wänden hingen die wohlbekannten Darstellungen von Sternen und Sternbildern. Erst kürzlich hatte Ulug Beg mit dem Gehilfen über Pläne zur Verschönerung des Hauses der Wissenschaft beraten.

Auf den Marmorplatten hallte das unrhythmische Geklapper der eisernen Stiefelbeschläge. Ein jäher Windstoß trug aus der Arbeitszelle ein mit Zahlenornamenten bedecktes Zeichenblatt vor Alis Füße. Er hielt sich nicht auf und eilte nach oben, in den Arbeitsraum Ulug Begs. Nach einer halben Stunde kam Ali Kustschi wieder. Der Diener schleppte einen mit Papieren prall gefüllten Sack hinter ihm her.

»Gib mir ein paar Fladen für den Weg«, sagte der Falkner, während er den Sack am Sattel befestigte. »Ich vergaß es vor Eile«.

... Niemand sonst betrat das Gebäude, niemand mehr bestieg sein flaches Dach, um die Bahnen der Sterne zu verfolgen. Staub bedeckte die klug ersonnenen Geräte; leer blieben die Säle und Zellen, an deren Wänden Bilder und Schemata der Planeten und Sterne, auch der Erde mit ihren Klimazonen zu sehen waren. Ängstlich mieden die Menschen den von den Scheichen mit Bannfluch belegten Hügel. Noch wagten sie es nicht, sich ihm zu nähern ...

Doch eines Morgens verkündeten die Muezzins den Willen der Scheiche: Die Sternwarte, ein Hort des Unglaubens und Ärgernisses, muß zerstört werden. Die Erinnerung an Ulug Beg ist auszulöschen.

... Die Derwische waren als erste zur Stelle. Ihnen folgte eine Schar von Gläubigen und Neugierigen. Die blindwütigen Derwische hetzten die Masse auf. Mit schweren Hacken, mit Stöcken, sogar mit bloßen Händen brachen sie die Zierkeramiken aus den Wänden, zerschlugen die Instrumente. Auf Abd al-Latifs Befehl wurden bald Mauerbrecher herangefahren. Ihren Stößen hielten die dicken Mauern noch eine Weile stand, doch die Schmuckziegel und -platten fielen herunter, schließlich stürzten auch die Wände ein. Eine gelbe Staubwolke verdeckte den glühenden Himmel. Als der Abend kam, gab es die Sternwarte nicht mehr, und die Spur Ulug Begs war, wie es schien, ausgetilgt. Die Scheiche konnten endlich ruhig schlafen.

... In Herat (im Nordwesten von Afghanistan) wurde Ali Kustschi von Freunden empfangen. Man kannte ihn dort, denn im Auftrage Ulug Begs war er des öfteren in andere Länder gereist, um sich über die Arbeit der Astronomen und Mathematiker zu informieren. Selbst nach China hatten Ali Kustschis Reisen geführt. In Herat war er außer Gefahr.

Nach einigen Jahren begab sich Ali Kustschi, der sich im Osten mittlerweile bereits den Ruhm eines zweiten Ptolemäus erworben hatte, in das von den Türken eroberte Konstantinopel, das nun Istanbul hieß. Dort vollbrachte er die größte Tat seines Lebens: Er ließ die Werke Ulug Begs, das Buch der Sternpositionstabellen samt der Einführung in den Katalog, drucken.

Das Buch des ermordeten Chans wurde sofort in Damaskus und in Kairo nachgedruckt. Im 17. Jahrhundert erschien es dreimal in London, kam auch in Paris, Florenz, Genf heraus ... Die Genauigkeit der Sternpositionstabellen war so beeindruckend, daß viele Gelehrte an ihrer Echtheit zweifelten; es schien unglaublich, daß eine solche Exaktheit bereits im 15. Jahrhundert, noch vor der Erfindung des Teleskops, erreicht werden konnte.

Ulug Begs Werk wurde in aller Welt bekannt. Eines Tages gelangte es in die Hand des Maharadschas von Dschaipur, Dschaisinghs II. Der Fünfzehnjährige las gern und wurde deshalb vom Großmogul Aurangzeb als wunderlicher Knabe belächelt. Der Großmogul, ein strenger Glaubensfanatiker, war von Machthunger besessen und von der Furcht verzehrt, sein Reich zu verlieren. Dschaisingh erwies sich als mutiger Heerführer, seine Truppen waren ihm treu. Nach einer gewonnenen Schlacht wurde der junge Befehlshaber der dschaipurischen Reiterarmee von Aurangzeb umarmt und der Tapferste der Tapferen genannt.

Doch der Tapferste der Tapferen verließ heimlich die laute Siegesfeier und versteckte sich in seinem Zelt, um das Sternenbuch des Chans Ulug Beg zu lesen. Für ihn war das viel interessanter und wichtiger als die Festgelage und der Ruhm.

Jahre vergingen. Dschaisingh führte noch viele Kriege, doch wann immer es eine Ruhepause zwischen den endlosen Kriegen und Feldzügen gab, verließ der Maharadscha die Armee und kehrte nach Hause — in eines seiner Häuser nach Delhi oder nach Dschaipur — zurück. Dort studierte er zum wiederholten Male das zerlesene Buch Ulug Begs.

Am Hofe Dschaisinghs lebten und arbeiteten bedeutende indische Gelehrte, unter ihnen Uddambri Gudscharati, der die ersten Logarithmentafeln in Indien entwickelte und Ulug Begs Buch ins Indische übersetzte, und die großen Astronomen und Mathematiker Pundarik Ratnakar und Dschahannath. Da die Klugheit und Bildung des Maharadschas bekannt waren, versammelten sich an seinem Hofe die Gelehrten aus allen Teilen des verwüsteten Landes, und für jeden fanden sich hier ein Arbeitsraum, eine Schüssel Reis und vor allem die Gemeinschaft von seinesgleichen.

Im Jahre 1724 begann Dschaisingh mit dem Bau des ersten eigenen

Observatoriums. Insgesamt fünf Sternwarten ließ er erbauen, davon sind noch vier erhalten.

Ein über die Wunder Indiens handelndes Buch lag auf Wjatkins Tisch neben den Arbeiten von Ulug Beg und von Ali Kustschi. In diesem Buch standen unter Stichen, die eigenartige, gleichsam unindische Gebäude von geometrischer Regelhaftigkeit darstellten, die Worte »rätselhaft«, »geheimnisvoll«. Der Verfasser, ein deutscher Reisender, bemerkte zu diesen scheinbar sinnlosen Bauten — riesigen steinernen Ringen, Dreiecken, gewaltigen, zum Himmel führenden Treppen — sie seien Produkte mystischer Neigungen des Maharadschas Dschaisingh II. von Dschaipur.

Wjatkin interessierten die Ansichten des astronomisch ungebildeten Reisenden nicht. Er wußte, Dschaisingh war ein bedeutender Astronom, der sich in seinen Arbeiten mehrfach als ein Schüler Ulug Begs bezeichnete, von dem ihn freilich drei Jahrhunderte trennten.

Mehr noch, Dschaisingh hatte geschrieben, daß viele seiner eigenen Instrumente, mit deren Hilfe Ulug Begs Sterntabellen überprüft wurden, den Instrumenten des Großen aus Samarkand nachgebaut waren. Dschaisingh hatte zwar Kenntnis vom Teleskop und von anderen optischen Geräten, er lud sogar wissenschaftliche Berater aus Portugal und England zu sich ein, doch er mißtraute ihnen. Der Maharadscha zog es vor, sich der gewaltigen Steinbauten zu bedienen, die er für genauer und zuverlässiger hielt.

Als Wjatkin sich mit Dschaisinghs Instrumenten bekanntmachte, ging er davon aus, daß die Sternwarte Ulug Begs einst über die gleichen Geräte verfügt haben mußte. Falls das stimmte, konnten selbst die fanatischsten Mullahs oder Derwische das Samarkander Observatorium nicht völlig zerstört haben.

Kostbare Tage vergingen, doch es wurden keine Spuren der Sternwarte entdeckt. In allen drei Gräben, die vom Rande der Anhöhe zur Mitte hinführten, durchstieß man Schichten von Ziegelschutt, Fliesenscherben, zerbröckelndem Zement, die scheinbar kein Ende nahmen. Man konnte meinen, daß irgend jemand all das sorgfältig zermalmt und zermahlen hatte, was einmal ein Gebäude oder ein Gebäudekomplex gewesen war. Nicht einmal ein heil gebliebener Ziegel kam zum Vorschein.

Zwei Meter, drei Meter tief wurden die Gräben, die Köpfe der Erdarbeiter waren schon nicht mehr zu sehen, und immer noch das gleiche Bild. Nun waren es schon vier Meter, da stieß der Spaten eines Arbeiters auf Stein, auf die ursprüngliche Oberfläche des Hügels. Die Gräben hatten sich inzwischen einander genähert, liefen zur Mitte hin zusammen. Am Boden der Schuttschicht erreichte man in allen drei Gräben die Reste einer dünnen Wand. Dies war das

Fundament eines offenbar nicht sehr großen, leichten Gebäudes, die Wand hatte nur die Stärke eines Ziegels.

»War es etwa ein Rundbau?« überlegte Wjatkin. Schwer zu sagen, woher ihm dieser Gedanke kam. Schließlich waren die Sternwarten erst in neuerer Zeit rund geworden, um die Drehungen der Teleskope zu ermöglichen. Zur Zeit Ulug Begs gab es noch keine Teleskope, so bestand wohl auch keine Notwendigkeit, einen großen Rundbau zu errichten. Am wahrscheinlichsten war, daß es sich bei den Ziegeln um die Überreste eines sogenannten Horizontalkreises handelte, einer Vorrichtung zur Bestimmung des Azimuts von Sternen. In seinem Bericht teilte Wjatkin später mit, er habe sich zwecks Prüfung seiner Annahme entschlossen, zehn Gruben in einem Kreis auszuheben, der über drei Berührungspunkte der Gräben mit der Ziegelfläche verlief. Sämtliche Gruben stießen auf die Ziegelreihen.

Nunmehr konnte man ganz sicher sein, daß das Gebäude Teil einer Sternwarte war. Wofür sonst hätte man im 15. Jahrhundert einen Kreis mit einem Durchmesser von fast 50 Metern benötigt?

Eine der Gruben unterschied sich von den übrigen. Der Ziegelboden lag darin tiefer als bei den anderen. Als Wjatkin eine nach unten führende Stufe entdeckte, entschloß er sich, die Grabung gerade an dieser Stelle fortzusetzen. Vergessen wir nicht, es bestand nicht die Möglichkeit, den ganzen Hügel planmäßig aufzuschließen, die Gelder waren beinahe verbraucht.

In der neuen Grube kamen täglich weitere in die Tiefe führende Stufen zum Vorschein. Die Arbeiten wurden schwieriger. Offenbar hatte man hier über viele Jahre Schutt abgeladen, der nun hartgepreßt war; Hacken und Spaten zerbrachen an den Ziegeln und Steinen. Weiter unten wurden die Stufen zu beiden Seiten von einem mit Marmor verkleideten Geländer begleitet. Darauf waren in arabischer Schönschrift Zahlen und Gradbezeichnungen aufgetragen. Je weiter die Treppe nach unten führte, desto flacher wurden die Stufen. Wjatkin begriff, daß sich vor ihm der Teil eines Vertikalkreises, ein Sextant oder Quadrant zur Bestimmung der Sternhöhe, befand. Tatsächlich waren am unterirdischen Teil des Bogens Kennzeichnungen bis 80 Grad erhalten, und an der Oberfläche fanden sich im Schutt noch Marmorplatten mit den Zeichen für 20 und 19 Grad. Allmählich wurde die Vorstellung von der Größe der Sternwarte klarer. Der Quadrantbogen besaß eine Länge von 63 Metern, und der Radius des Kreises betrug 40 Meter. Es hatte sich gezeigt, daß ein Teil des Bogens in die Erde eingetieft worden war, während der andere Teil über die Oberfläche hinaufführte und an einem 40 Meter hohen viereckigen Turm befestigt war, dessen Fundamentreste man jetzt freilegte.

Das war alles, was Wjatkin fand. Die Grabungen mußten abgebrochen werden, die Arbeiter verließen den Hügel, wo eine zerfurchte Oberfläche und der schmale Schacht des Quadranten zurückblieben. Niemand schützte den Platz, und als hier fünf Jahre später der Astronom Sikora auftauchte, stellte er fest, daß die Sternwarte, das heißt ihre von Wjatkin wiederentdeckten Teile, völlig vernachlässigt war. Einige Marmorplatten waren verschwunden, und der Wind hatte begonnen, die Gräben mit Sand und Steinschutt wieder gleichzumachen.

Eine Veröffentlichung Sikoras über den Zustand der Sternwarte erregte Aufsehen und brachte den Gouverneur in Verlegenheit. Über der Grube des Quadranten wurde ein Schutzdach erbaut, das dort auch heute noch steht.

Sikora äußerte sich darüber, welchen Eindruck die Sternwarte auf einen Astronomen unserer Tage macht. »Von Ulug Begs Observatorium blieb sehr wenig erhalten«, schrieb er, »nur einige Grade der Bahn eines Quadranten. Dennoch wird ein jeder Astrononom, der die Ruine der Sternwarte besucht, vom Grundprinzip des Instruments dieses Observatoriums und von der Größe seines Schöpfers tief beeindruckt sein.«

Erst 1941, unmittelbar vor Kriegsbeginn, wurden auf dem Gelände des Observatoriums erneut Grabungen eingeleitet, die man am 22. Juni unterbrach. 1948 wurden sie wieder aufgenommen. Dieses Mal erhielten die Archäologen die notwendigen finanziellen Mittel, auch verfügten sie jetzt neben den von Wjatkin hinterlassenen Materialien über viele schrittweise zusammengetragene Informationen aus geschichtlichen und astronomischen Quellen des Mittelalters. Schließlich lag ein wissenschaftliches Gutachten des Architekten Sassypkin vor, wonach es sich bei dem von Wjatkin entdeckten horizontalen Kreis in Wirklichkeit um Teile der äußeren Verkleidung des Observatoriums handelte, das ein Rundbau von riesigen Ausmaßen war.

Die letzten Ausgrabungen gestatteten endlich, die Sternwarte Ulug Begs zeichnerisch vollständig zu rekonstruieren.

Auf einer in Samarkand überall sichtbaren Anhöhe erhob sich einsam und geheimnisvoll ein rundes Bauwerk. Darin gab es drei Geschosse, dabei erreichte das Gebäude eine Höhe von 40 Metern, was der Höhe eines modernen zehnstöckigen Hauses entspricht, und der Durchmesser betrug über 50 Meter. Auf dem Dach befanden sich kleinere Instrumente und im Gebäude selbst ·der von Wjatkin entdeckte Quadrant. Ein Teil des Quadranten war unterirdisch, er führte dann nach oben, wobei seine Krümmung steiler wurde, und reichte bis zum Dach. Der Quadrant war mit einer mächtigen Mauer verbunden. Zu beiden Seiten des Quadranten befanden sich Räume, wo man die Gestirne und die Sonne beobachtete und auch theoretisch arbeitete.

Der Sockel der Sternwarte war mit Marmor verkleidet. Das Portal und die Bögen, in jedem Geschoß 32 an der Zahl, waren mit Glasurziegeln verziert. Den oberen Teil des Bauwerkes schmückte ein Keramikstreifen, der eine Inschrift enthielt.

Bilder und Schemata bedeckten die Innenwände. Sie stellten sieben Himmelssphären, neun Himmel, sieben Planeten, Sterne und die in Klimabereiche unterteilte Erdkugel dar. In der Sternwarte gab es auch eine reich ausgestattete, große Bibliothek, denn das Observatorium war nicht nur ein Ort der Beobachtungen, sondern auch eine Stätte der Tätigkeit von ausgezeichneten Mathematikern und Philosophen jener Epoche, freilich auch von Astrologen, denn die Astrologie stand zu Ulug Begs Zeit in höherem Ansehen als die Astronomie und die Mathematik. Die letzteren galten als angewandte Wissenschaften, die der allmächtigen Astrologie ihre Dienste leisteten. Zwei Fünftel des Hauptwerkes von Ulug Beg sind der Astrologie gewidmet, der Vorhersage von Schicksalen aus den Sternkonstellationen.

Zu Ulug Begs Mitarbeitern gehörten der Mathematiker Dshemschid, der das später ins Lateinische übertragene »Buch mit Tabellen zur Größe fixer und wandernder Sterne« schrieb, der Mathematiker Muinnadin und dessen Sohn Mansur, ferner Astronomen und Lehrer der Astronomen, schließlich auch Ali Kustschi, der dann das Archiv der Sternwarte in Sicherheit brachte, und viele andere. Von ihnen allen war Rumi der Bedeutendste.

Aus Werken späterer Astronomen geht hervor, daß alle nachfolgend entstandenen Sternwarten Indiens und der arabischen Länder mit Instrumenten ausgestattet waren, die es auch in Samarkand gegeben hatte. Dschaisingh zählt unter den Geräten, die Ulug Beg verwendete, zum Beispiel die Armille auf, ein aus mehreren Kreisen zusammengesetztes Instrument zum Messen von Sternhöhen, ferner das Triquetrum und die Schanila — eine Verbindung von Astrolabium und Quadrant. Sicherlich verfügte man noch über andere Winkelmeßinstrumente, über Sonnenuhren, astronomische Wasseruhren u. ä. Auf jeden Fall wurden für die Zusammenstellung der Sternpositionstabellen und für andere astronomische Arbeiten, die in jener ersten astronomischen Universität entstanden sind, Instrumente benötigt, die zu jener Zeit einmalig waren.

... Die Scheiche haben den Krieg gegen die Gelehrten verloren. Die Sternwarte wurde vernichtet, Ulug Beg erschlagen, doch Ali Kustschi rettete die Sterntafeln und berichtete der Welt von seinem Lehrer. Ulug Beg lebte in seinen Werken weiter und wurde immer berühmter. Der Ruhm des Gelehrten und nicht des Timuriden führte den Archäologen Wjatkin nach Samarkand, wo er einige Lebensjahre opferte, um nachzuweisen, daß die Stadt im 15. Jahrhundert zu den bedeutendsten Zentren der Wissenschaft gehörte. Und ebendieser Ruhm führte auch im Juni 1941, fünf Tage vor Kriegsbeginn, Gelehrte, Ärzte, Kriminologen und Historiker zum Mausoleum Gur-i-Emir, das Timur als Grabdenkmal für sich und seine Nachkommen errichtet hatte.

Ein Grabstein trägt dort die Inschrift: »Dieses erleuchtete Grab ... ist die letzte Ruhestätte eines Herrschers, dessen Heimgang die Paradiesgärten versüßt und das Blumenbeet der Paradiesbewohner beglückt hat. Er war ein heiliger Sultan, ein weiser Kalif, der der Welt und dem Glauben half. Möge Allah Ulug Begs, des Sultans, Grab verklären ... Sein Sohn beging an ihm ein Verbrechen und traf den Vater mit dem scharfen Dolch, so daß dieser den Märtyrertod starb ... am 10ten Ramadan im 853sten Jahr nach der Hedschra des Propheten.«

Die Kommission näherte sich dem Grabstein. Transportable Scheinwerfer beleuchteten die düstere Krypta des Mausoleums. Über die Wände huschten lange schwarze Schatten. Die Arbeiter hoben die Platte auf und öffneten den Sarkophag. Vielleicht lagen darin die Überreste von Ulug Beg.

Die Kommission war beauftragt zu klären, ob Ulug Beg in diesem Sarkophag beigesetzt war und, sofern das zutraf, ob die Berichte der Historiker über die Ereignisse des Monats Ramadan, die Geschichte von Abbas, der den Chan mit einem Schwerthieb getötet haben soll, der Wahrheit entsprachen.

Auf den ersten Blick sah das Skelett unversehrt aus, die Lage des Kopfes war normal. Der zur Gruppe gehörende medizinische Experte neigte sich über das Skelett, berührte den Schädel vorsichtig und hob ihn hoch: der Halswirbel war durchgetrennt, ein Teil des Unterkiefers fehlte. Die Erzählung hatte sich als wahr erwiesen. Abbas aus dem Geschlecht der Sulduzen war wohl ein kräftiger, aber kein sehr geschickter Henker.

Nach dem Schädel formte der bekannte Anthropologe und Bildhauer Michail Gerassimow ein Porträt Ulug Begs. Es zeigt ein schmales Gesicht mit großer Nase und klar gezeichneten Lippen, mit großen Augen unter breiten, buschigen Brauen. So wird Ulug Beg nun auch in den Geschichtslehrbüchern abgebildet.

Ferner hat sich bestätigt, daß der Sohn des Astronomen, Abd al-Latif, ein Jahr nach Ulug Begs Tode entthront und getötet wurde. Damals befahl der an die Macht gelangte neue Chan, Ulug Beg im Mausoleum der Timuriden mit allen Ehren beizusetzen und den Vatermörder von allen Minaretten zu verfluchen. Doch den schlimmsten Feinden des Gelehrten, den Scheichen, die das Urteil gefällt und den Mord vorbereitet hatten, wurde kein Haar gekrümmt. Und sie spielten sogar eine nicht unwichtige Rolle bei der Überführung des rehabilitierten Ulug Beg in das Mausoleum Gur-i-Emir ...

# CHIWA
### Straßen und Türme eines Museums

Im Frühling werden die dicken Lehmziegelmauern der Zitadelle von den heftigen kurzen Regengüssen der Wüste zerwaschen. Es soll dann vorkommen, daß sich an einer ausgespülten Stelle ein menschlicher Schädel zeigt. Die abergläubischen Despoten ließen Sklaven und Kriegsgefangene einmauern, um die Festung unzerstörbar zu machen ...

Tief in den Wüsten Zentralasiens versteckt lag das Reich der grausamen Chane. Es schien, als ob nicht einmal die Zeit die unendlichen Sandflächen überwinden könnte. Wasser wurde hier mit Gold aufgewogen. Schmale, verschmutzte Kanäle führten es viele Kilometer weit vom wilden Strom Amu-Darja heran. Der Palast des Chans von Chiwa stand innerhalb einer Festung und ähnelte selbst einer Festung. Seine sandfarbenen fensterlosen Mauern schloß eine dichte Reihe von Zinnen ab. Der Chan herrschte mit schrankenloser Willkür über seine rückständigen, unwissenden Untertanen. Unzufriedenen wurde auf dem Marktplatz die Kehle durchgeschnitten, Sklaven nagelte man wegen eines geringen Vergehens an den Ohren am Tor fest, die Vorbeigehenden mußten sie anspucken.

Von dem Chanat in der Wüste erfuhr Zar Peter I., der Anfang des 18. Jahrhunderts für Rußland nach Zugängen zur Welt strebte. Schon wurde die neue Hauptstadt am Baltischen Meer erbaut, die russische Armee drang in Richtung des Schwarzen Meeres vor. Da überbrachten Reisende dem Zaren die Nachricht, daß der in den Aralsee mündende Amu-Darja früher zum Kaspisee geflossen sei. Peter beschloß, den Stromlauf wieder umzukehren und einen Handelsweg nach Indien und Chiwa zu eröffnen.

Der Zar entsandte den Fürsten Bekowitsch-Tscherkasski mit einer Kosakenabteilung nach Chiwa.

Im Prikas hieß es: »Zum Chan von Chiwa an jenem Fluß (gemeint ist Usboj, der alte Flußlauf, I. M.) entlang reiten ... Wenn möglich, jenes Gewässer nach dem früheren Lauf umkehren, außerdem alle anderen zum Aralsee hingehenden Flüsse absperren.«

Für den Ritt, der von einer Wasserstelle zur anderen führte, benötigte die Abteilung mehrere Wochen, bis sie endlich erschöpft zur Oase von Choresm, nach Chiwa, gelangte. Der Chan zeigte sich erfreut und entgegenkommend, er schlug den Russen vor, hier auszuruhen, und teilte die Kosaken unter dem Vorwand, nicht genügend Quartiere zu haben, auf. Den Fürsten, der keinen Verdacht hegte, und die Offiziere lud der Chan zu einem Gastmahl ein.

Während des Gelages begann ein Gemetzel. Nur der Dolmetscher, ein Turkmene, konnte sich retten. Der Amu-Darja hörte nicht auf, zum Aralsee zu fließen. Und die Chiwa-Chane, die sich später der Oberhoheit des Zaren von Rußland unterwerfen mußten, regierten weiter über die Oase und die umliegenden Wüstenstriche. Dabei blieb es bis 1918, als die aufständischen Bewohner Chiwas die Volksrepublik ausriefen. Das war eine sonderbare Republik. Dort wurde zum Beispiel Geld aus Seide hergestellt, weil Seide billiger war als Papier. Ein alter Mann erinnert sich an den Besuch einer Delegation aus der Choresmischen Republik 1920 in Moskau. Die in geblümte Mäntel gekleideten und mit Säbeln umgürteten Delegierten erregten so viel Aufsehen, daß sie eine Stunde lang nicht durch die Menschenmenge hindurchkamen, so etwas hatte man in der Hauptstadt noch nicht gesehen.

... Die Straße nach Chiwa führt durch die Baumwollfelder der Choresmischen Oase. Es war schon gegen Ende des Frühlings, im Mai, doch die Wüstenwinde hatten das Grün der Felder und Gärten noch nicht mit Staub bedeckt. Die Baumwollschößlinge sind auf akkurat vermessene Quadrate verteilt. Diese von niedrigen Erdwällen eingefaßten spielkartenähnlichen Felder sind völlig eben: Von den bewässerten Feldern darf das Wasser nicht abfließen, muß sich gleichmäßig über die ganze Fläche verteilen. Choresm ist heute eines der wichtigsten Baumwollanbaugebiete der Sowjetunion.

Im Frühling bietet die Oase ein malerisches Bild. Es scheint, als habe man sie mit Absicht geputzt, reingewaschen, als sei sogar der Himmel frisch gespült worden, damit er klarer werde. Neben der grauen Chaussee ziehen die Traktoren gleich großen Käfern ihre Bahnen, und die um Maulbeerbäume herumführenden Aryks murmeln geschäftig. Hinter den Bäumen werden beschattete Häuser sichtbar. Manche sind neu, blicken mit den Augen ihrer großen Fenster ins Land; andere, traditionelle, ähneln kleinen Festungen, sind kühl und dunkel und stammen aus einer Zeit, da der Bauer zugleich ein Krieger war.

Vorn tauchen wie ein schwankendes Luftbild die Umrisse von Chiwa auf. Zuerst sieht man die Stäben gleichenden Minarette, dann machen die Felder den immer dichter stehenden Häusern Platz, die höchsten ragen über die Baumkronen hinaus. Und schon empfängt uns die nicht sonderlich große, nicht sehr laute Stadt, die zunächst durch ihr modernes Aussehen überrascht, durch das Fehlen jeglicher Spuren der Vergangenheit, der langen Geschichte Chiwas.

Die einstöckigen neuen Häuser schauen durch Baumreihen hervor, die Bäume wachsen hier sehr schnell. Kleine Betonbrücken führen über die Aryks zu Blumenbeeten hin. Man sieht ganz normale Schilder an ganz gewöhnlichen Gebäuden — »Restaurant«, »Buchhandlung«, »Backwaren« —, alle in Usbekisch und in Russisch, sie unterstreichen das Gewöhnliche der Stadt.

Dieser Eindruck verstärkt sich beim Betreten des Hotels, dessen Direktor auf einer Bank neben dem Eingang sitzt und sich mit Bekannten unterhält. In dem kühlen Vorraum erscheint hin und wieder ein Gast, ein Erdölfachmann oder ein Künstler mit großer Mappe unter dem Arm ...

Wenn jedoch ein Windstoß den Blick durch das verhängte Fenster des Hotelzimmers freimacht, bemerkt man plötzlich, daß sich der Hof hinter dem Hotel an eine alte Stadtmauer anlehnt. Hier und dort sind die Zacken heruntergefallen, die Mauer hat sich geduckt, als käme es ihr selbst absonderlich vor, im Zentrum einer modernen Stadt noch heute zu stehen. Einst umschloß sie die Lehmhäuser, schützte sie vor der Wüste und vor kriegerischen Nachbarn, heute steht sie verloren zwischen den über sie hinausgewachsenen Häusern. Aber ihr Vorhandensein bringt uns die Geschichte sofort wieder nahe. Die Gewalttätigkeit der Chane, der Schmutz und die Rückständigkeit einer isolierten, abgekapselten Welt gehören der Vergangenheit an. Geblieben sind Mauern, Türme, Moscheen, Medresen, Paläste, Minarette, erbaut von vielen Generationen der Bewohner von Choresm.

In keiner Stadt sah ich je soviel Blumen wie in Chiwa in diesem Frühling. Sie blühen auf Rundbeeten, in den großen Parkanlagen, am Straßenrand. Es sind vor allem Rosen. Die Hauptstraße, die bis zum Filmtheater führt, wo gegenüber eine Tschaichaná, eine Teestube, über dem Aryk hängt, wirkt dank der Blumen prächtig und festlich.

Neben dem Teehaus, am Sommercafé unweit des Chauzteiches, verläuft auch die Grenze zwischen dem neuen Dischan-Kala, der äußeren Stadt, und Itschan-Kala, der Zitadelle. Diese Feststellung ist insofern nicht ganz richtig, als man bis zum Festungseingang noch ein ziemliches Stück laufen muß. Doch vermischen sich hier, erscheinen nebeneinander Elemente des alten und des neuen Chiwa. Vom Platz neben dem Kino sieht man sowohl neue Gebäude, gerade Straßen, den schon außerhalb der Festung erbauten Palast eines der letzten Chane als auch aus älterer Zeit erhalten gebliebene sehr enge Gassen sowie den Hügel, auf dem sich die Mauern von Itschan-Kala erheben.

Noch sind es einige zehn Meter, dann führt der Weg an der

Mauer entlang, in die der Regen im Laufe von Jahrhunderten tiefe Rinnen einschnitt, und die Straße biegt im geraden Winkel zur Festung ab. An dieser Stelle treten die neuen Häuser weiter zum Wasser zurück. Das Tor fehlt bereits seit langem, die Einfahrt zur Festung ist breit und leicht ansteigend.

Chiwa, besser gesagt: die Innenstadt Itschan-Kala, stellt ein einzigartiges Museum dar. Während in Samarkand die Moscheen und Medresen schon lange zwischen den Häusern und Straßen verschwinden und nur noch an wenigen Plätzen Gruppen bilden, während auch in Buchara die Denkmale der Vergangenheit nur hier und dort neben den zeitgenössischen Bauten hervortreten, ist das von einer Mauer umgebene Itschan-Kala ein einziges Schutzrevier der alten Architektur.

Im Altstadtbezirk blieben mehrere Paläste erhalten, ferner eine Anzahl von Medresen, Minaretten und Moscheen, auch Bäder, überdachte Basare, Gefängnisse und Wohnhäuser. Dennoch ist Itschan-Kala nicht nur Museum, dort wohnen auch heute noch Menschen. Zum Hügel führen Wasser- und Elektrizitätsleitungen hinauf, jeden Tag laufen Kinder den Hügel herunter, um in der Neustadt zur Schule zu gehen. Doch man braucht wohl nicht einmal viel Phantasie, um sich vorstellen zu können, wie durch diese engen, krummen Gassen, vorbei an Friedhöfen mit mehreren Gräberschichten, an den Lehmwänden mit türkisfarbenem Glasurziegelschmuck die Reiter des Chans galoppierten, wie zur Markthalle die Derwische und Bettler hinstrebten, wie tief verschleierte Frauen an der Mauer entlanghuschten, turbangeschmückte Mullahs würdigen Schritts daherkamen, und wie über all diesem Gewimmel frühmorgens die durchdringende Stimme des Gebetsrufers ertönte.

Die Straßen sind hier so eng, daß die Karosse, die der russische Zar dem Chan, seinem Vasallen, schenkte, im Palast bleiben mußte, sie hätte keine der Gassen passieren können. Beim Rundgang durch Itschan-Kala bleibt uns der Kontrast zwischen dem neuen Stadtteil, aus dem wir gerade gekommen sind, und der Museumsstadt fortwährend bewußt. Dort herrscht üppiges Grün vor, hinter dem selbst die Häuser verschwinden, hier gibt es nur in den Höfen ein paar Sträucher und Blumen; dort blicken die Fenster zur Straße, hier ist nicht ein einziges zu sehen, und nur die geschnitzten Türen beleben ein wenig die ockerfarbene Monotonie der schiefen Wände. Dort erfreut Farbenreichtum, hier begegnen nur zwei Farben: das Gelbbraun des Lehmes und das Blau der Glasurziegel. Dennoch ist Itschan-Kala einzigartig schön und vielgestaltig, wie auch die auf den ersten Blick einförmig wirkenden Glasurziegeldekors in Wirklichkeit abwechslungsreich, unwiederholbar und für Chiwa typisch sind.

... Die Abendsonne vergoldet die Mauern, die Straßen sind bereits in violette Schatten getaucht. Vom Park her ertönt ferne, von rhythmischem Trommelschlag begleitete Orchestermusik. Über der Festung breitet sich Stille aus, und die eng zusammengerückten Häuser scheinen sich vergangener Zeit zu erinnern.

Mit den dunklen Nischen ihrer Arkaden wendet sich die Schirgasi-Chan-Medrese der Stadt zu. Der Chan war von einem Chorassan-Feldzug aus dem Nordiran mit riesiger Beute und mehr als 5000 Sklaven zurückgekehrt. Diese Sklaven haben die Medrese erbaut. Um Gefallen vor Allah zu finden und eine gute Tat zu vollbringen, versprach der Chan, allen Sklaven nach Vollendung des Baus die Freiheit zu schenken. Sie erfüllten alle Befehle des Chans, und die Medrese wurde vorfristig fertig. Doch da tat es dem Chan leid, 5000 Sklaven zu entlassen. Er erfand neue Arbeiten für sie, ließ die Medrese erweitern, geriet wegen eines Ziegels oder einer Fliese in Wut. Die Sklaven murrten, doch sie befolgten die Befehle. Schließlich war ihre Geduld erschöpft. Als der Chan in der Medrese erschien, um einen neuen Auftrag zu erteilen, fielen sie über ihn her und rissen ihn in Stücke.

Dort flammen im Glanz der untergehenden Sonne die Glasurornamente des Kalta-Minar auf, eines Denkmals der Ruhm- und Prunksucht, das einer Riesentonne ähnelt. Es sollte das höchste Minarett der Welt werden. Alles, worüber man im Chanat verfügte, wurde für den Bau des Giganten geopfert. Doch der Chan starb, und seine Nachfolger zogen es vor, das Geld für andere Dinge auszugeben. So ragt nun dieses seltsame Bauwerk in der Mitte der Altstadt auf und beeindruckt auch im unfertigen Zustand durch seine Dimensionen und die Kühnheit der Idee.

Doch am schönsten ist das Pahlawan-Mahmud-Mausoleum, das Grabdenkmal der Chane aus der Kungratdynastie. Die blaue Kuppel scheint eine Nachbildung des mit weißen Wolken behängten Himmelsgewölbes zu sein. Pahlawan Mahmud — der Held Mahmud —, dem das Mausoleum gewidmet ist, lebte in Choresm vor mehr als 600 Jahren und war eine höchst interessante Persönlichkeit. In seiner Biographie findet man schwerlich etwas von der grausamen Art der späteren Choresmbewohner. Mahmud wurde nicht durch Kriege und Eroberungen berühmt, sondern als Dichter und Ringkämpfer. In Choresm hatte er als Ringer seinesgleichen nicht, deshalb ging

*Das Pahlawan-Mahmud-Mausoleum in Chiwa ist einem Dichter des 14. Jh. gewidmet. Das Minarett Islam Chodscha ist wie andere Minarette Chiwas eine freistehende, stark konische Konstruktion. Unten: weiße Schriftzeichen auf blauen Kacheln in der Kunya Ark von Chiwa.*

er nach Indien, um dort zu kämpfen. Als Dichter hinterließ Pahlawan Mahmud einen Diwan, eine Gedichtsammlung, in persischer Sprache. Er schrieb:

> Leichter ist es,
> dreihundert Berge Kaukasiens im Mörser zu zerstampfen,
> neun Himmelsgewölbe mit Herzblut anzustreichen,
> zehn Jahre eingekerkert im Verlies zu verbringen,
> als eine Weile die Gesellschaft eines Toren zu ertragen.

Am liebsten fertigte dieser Poet und Ringkämpfer jedoch Pelze. In der Festung besaß er eine Kürschnerwerkstatt, und er wünschte, am gleichen Ort beigesetzt zu werden. Der Bau des Mausoleums dauerte viele Jahre. Neben dem Grabmal Pahlawan Mahmuds befinden sich noch einige kleinere Mausoleen, die eine Ähnlichkeit mit Zelten haben. In Chiwa wurden die Toten seit jeher wegen des hohen Grundwasserspiegels nicht in der Erde bestattet, sondern in Gruften über der Erde beigesetzt.

Mit ihren Kuppeln und Nischen bietet die große Markthalle von Itschan-Kala so viel Platz und Schatten, daß auch heute noch Läden darin untergebracht sind. Daneben gibt es einen zweiten Markt. Die dort erhobenen Abgaben flossen lange Zeit der Bibliothek des Chans zu, man kaufte dafür heilige Bücher.

Die Medresen, deren es in der Stadt viele gab, waren recht wohlhabend, die Chane geizten nicht mit Geschenken, die der Gottesgelehrsamkeit zugute kamen. So verfügte die Alla-Kuli-Chan-Medrese über 9000 Hektar bewässerten Bodens, die in der Wüste einen unvergleichlichen Reichtum darstellten.

Der Stadtrundgang führt uns zu einem schmalen Gang, dessen Wände oben zusammenzulaufen scheinen. Es ist die Verbindung zwischen zwei Palästen. Einen, den der Markthalle gegenüber stehenden, wollen wir besichtigen.

Der Palast ist eine Festung innerhalb der Festung. Als sich hinter uns die niedrige geschnitzte Eingangstür schließt, umgibt uns Dunkelheit. Nun kommt noch eine zweite Tür, und dahinter tut sich plötzlich eine ganz neue Welt auf. Fast glaubt man, auch die Luft sei hier anders, kühler und frischer, obwohl den Innenhof von allen Seiten Mauern umgeben.

Der Hof ist mit Platten belegt, die nur hier und dort Bäumen Platz machen. Rund um den Hof verläuft an den Palastmauern eine von alten, mit Schnitzerei verzierten Säulen gestützte Galerie. Dorthin führen die Türen vieler Räume des Palastes: der Schatzkammern, Haremsgemächer, des Thronsaales, der Zimmer des Chans. Überall sieht man blaue Fliesen. Ihre Glasur ist phantastisch, so schöne findet man nicht einmal in den durch ihren Keramikschmuck berühmten Städten Buchara und Samarkand. Ein Chronist schrieb darüber: »Die Schönheit dieser Ornamente könnte der Natur als Vorbild dienen.«

Der Haupthof ist nicht der einzige Hof des Palastes. Über einige halbdunkle Gänge und Säle gelangt man zu einem anderen, wo sich die Palastmoschee befindet und in der Mitte eine runde Erhöhung zu sehen ist, die einem Richtplatz ähnelt. Hier standen einst die Kibitkas, die Filzzelte turkmenischer und karakalpakischer Feudalherren, die herkamen, um dem Chan zu huldigen. Sie mochten keine geschlossenen Räume. Eine ähnliche Erhöhung gibt es auch im Haupthof neben dem Harem. Man sagt, dort habe im Filzzelt die Frau eines Chans, eine Nomadin, gewohnt.

Heute befindet sich im Palast ein Geschichtsmuseum, das viel Interessantes und Lehrreiches bietet. Neben Henkerswerkzeugen sieht man hier kostbare Vasen und schlankhalsige Krüge, herrlich bestickte Gewänder.

Im großen Saal des Palastmuseums sitzt an einem Tisch ein älterer fülliger Mann, eine bunte Tjubiteika auf dem Kopf, und zeichnet ohne Eile auf einem Blatt Papier. Es ist einer der besten Meister choresmischer Schnitzereikunst. Als man in Taschkent ein neues Opernhaus baute, kamen dorthin Künstler aus allen Teilen der Republik, um die Foyers zu gestalten. Einer der Säle wurde mit Chiwaschnitzerei verziert.

Die alte Handwerkskunst erfährt heute eine Wiederbelebung. Alte Meister vermitteln in Kunstgewerbeschulen die Kunst der Holzschnitzerei und der Metallarbeiten. Mitunter mutet es seltsam an, sieht man in einem Geschäft neben einem modernen Staubsauger einen mit Metallornamenten verzierten Krug, dessen Form über Jahrtausende von einer Meistergeneration zur anderen überliefert wurde.

Wenn sich die Sonne hinter den Mauern verbirgt, sollte man zum Schluß einen der Türme besteigen, um die Totalansicht von Chiwa zu genießen. Die fast tausendjährige Altstadt wurde bereits im 10. Jahrhundert von arabischen Geographen als Stadt Cheiva erwähnt. Ganz jung dagegen ist die Neustadt mit ihren geraden Straßen und in Grün getauchten Häusern. Vor dem Turm und unterhalb liegt Dischan-Kala, in üppiges Grün gebettet, hinter uns, im Schatten, ein Labyrinth von engen Gassen aus Lehmbauten. Nur noch über die Spitzen der Minarette und über das blaue Kuppeldach des Pahlawan-Mahmud-Mausoleums gleiten die letzten Sonnenstrahlen.

Von hier überschaut man auch die Felder rund um die Stadt und die Seen, die sich durch die fortwährende Bewässerung gebildet haben — darin werden Fische und Bisamratten gezüchtet —, sowie die Nadelstreifen der Bewässerungsgräben und die breiten Blenden der Hauptkanäle.

Steigt man über Chiwa mit dem Flugzeug auf, ist man überrascht, wie nahe sich die Wüste an die zum Fluß abgedrängte Oase heranschiebt. Und je höher man sich erhebt, desto kleiner wird die Oase, doch ins Blickfeld gelangen nun weitere grüne Punkte, Siedlungen und Kischlaks, zuweilen auch ein einsames Gehöft. Sie alle sind durch die dünnen Fäden der Straßen verbunden, die über das Grau oder Gelb der menschenleeren Wüste verlaufen. Von den Streifen der Kanäle und den Punkten der Brunnen erhalten die grünen Inseln das lebensnotwendige Wasser. Mit jedem Jahr nimmt die Anzahl der Inseln zu, dehnen sie sich weiter aus. Doch indem sie sich ausbreiten, ergreifen sie Besitz von den Ruinen der Grabdenkmale und Wehrtürme; auch die Hügel, die meterhohe Schichten von Schutt und Ziegeln bergen, verschwinden im Grün. Die jetzt wieder zurückweichende Wüste war einmal ein blühendes Land, und vor Chiwa gab es hier andere Städte; sie wurden in den letzten Jahrzehnten von Archäologen entdeckt. Jene uralten Siedlungen und die neuen Straßen des heutigen Chiwa verbindet eine Brücke: Itschan-Kala, die Stadt, die ein Museum ist.

Die Stadt aus »Tausendundeiner Nacht« begibt sich zur Ruhe. Immer seltener hört man das Geräusch eines den Hügel hinauffahrenden Autos, das Lachen der aus dem Park heimkommenden Kinder ...

Dann kommt wieder ein Morgen, die Fotoapparate der Besucher des Riesenmuseums klicken erneut, Künstler suchen sich einen schattigen Platz, holen Ockerbraun und Berliner Blau hervor, und die erste Besuchergruppe begibt sich zum niedrigen Eingang in der Palastmauer.

# DRITTES KAPITEL

# AFRIKA

## DIE FELSBILDER VON TASSILI
### Ein Sieg der Wüste

Man kann die Geschichte der Menschheit als einen fortgesetzten Versuch betrachten, vielleicht als eine Reihe von Versuchen, die häufig mißlangen, zur Unzeit erfolgten, teilweise tragisch endeten. Doch hätte es sie nicht gegeben, woher kämen dann der Reichtum unserer Erfahrungen, die Vielfalt unserer Kulturen? Diese banale Wahrheit wird hier deshalb bemüht, weil die Geschichte der Saharafelsbilder auch die Geschichte eines der von Menschen und Natur eingeleiteten Versuche ist — eines mißglückten und bereits vor Tausenden von Jahren vergessenen Experiments. Die Kühnheit und Größe jenes erst in unseren Tagen bekanntgewordenen Versuchs erfüllt uns jedoch mit Bewunderung, und wir verneigen uns vor den Menschen, die daran beteiligt waren.

Mehrere Jahrtausende vor dem Beginn unserer Zeitrechnung — jede Region der Erde besitzt eine eigene — traten die Menschen der Urgesellschaft, die Jäger, Fischer und Sammler, in eine Periode großer Entdeckungen ein. Sie fanden heraus, wie das Feuer gehütet, die Tiere gezähmt, Werkzeuge aus Knochen und Stein hergestellt werden können und schließlich auch, wie man die Erde bebaut ...

Nach den Worten des bekannten Historikers J. H. Braested bestanden in der Region des »fruchtbaren Halbmondes« die günstigsten Bedingungen für den Fortschritt der Urzeitmenschen. Zu Beginn unseres Jahrhunderts bezog Braested in den »Halbmond« die Täler des Nils, des Euphrats und Tigris sowie einige Gebiete des Nahen Ostens ein. Später, nach weiteren archäologischen Entdeckungen, wurde klar, daß dazu auch das Industal und die Täler der großen chinesischen Flüsse gerechnet werden müssen. Alle diese Gebiete besaßen ein warmes Klima, fruchtbaren Boden und vor allem Süßwasser, für sie war ein deutlicher Wechsel der Jahreszeiten charakteristisch.

Der »fruchtbare Halbmond« erstreckte sich von Ostasien bis zum Niltal, in diesen Räumen entstanden die ältesten großen Zivilisationen.

Aber westlich des Nils, so wurde noch vor kurzem angenommen, konnte es keine Zivilisation gegeben haben; denn die riesige Wüste zwang die Menschen, sich zur Mittelmeerküste zurückzuziehen. Karg war dort der Boden, dünn die Besiedlung ...

Man glaubte, in der Sahara sei es schon immer so gewesen. Im 5. Jahrhundert v. u. Z. schrieb Herodot über die Sanddünen und Salzhügel in der leeren, glühenden Wüstenwelt. Strabon, der vier Jahrhunderte später lebte, berichtete, wie die Saharabewohner mit dem Wasser umgingen: Die Nomaden befestigten die mit Wasser gefüllten Lederschläuche unter den Bäuchen der Pferde. Hundert Jahre nach Strabon beschrieb Plinius die Wüstenflüsse, die nur episodisch, nach den seltenen Regenfällen, fließen und die Brunnen der Wüste sind ... Die menschenfeindliche Sahara schien schon ewig zu existieren und unveränderlich zu sein.

Als die Entdeckungsreisenden jedoch immer weiter in die Sandgebiete vordrangen, fanden sie in der Tiefe der Sahara Felszeichnungen, die davon zeugten, daß in diesen Gegenden, in denen es überhaupt kein Wasser gab, einmal Menschen gelebt oder sich zumindest zeitweilig aufgehalten hatten.

Mitte des vorigen Jahrhunderts fand der Franzose Henri Duveyrier nahe der Oasen Ghat und In Salah in Libyen Petroglyphen; ein paar Jahre später entdeckte der deutsche Afrikareisende Gustav Nachtigal Zeichnungen von Büffeln und Kamelen. In unserem Jahrhundert wurden noch mehr Petroglyphen und Höhlenzeichnungen gefunden, doch schenkte man ihnen wenig Beachtung, niemand dachte über ihr Alter nach oder hielt sie gar für künstlerisch wertvoll. Dabei ging es zunächst nicht einmal um Afrika!

Als man die großartigen altsteinzeitlichen Malereien in der Höhle von Altamira in Spanien entdeckt hatte, bei denen heute jedes Lehrbuch der Kunstgeschichte beginnt, wurden sie von prominenten Vorgeschichtlern besichtigt. Die Herren lächelten verständnisvoll, speisten mit dem Grundbesitzer, dem die Höhle gehörte, fuhren nach Hause und erklärten einmütig, daß all das von ihrem freundlichen Gastgeber gemalt worden sei; denn so etwas überstieg doch wohl das Vermögen des urzeitlichen Menschen, und wozu auch hätte er, der sonst nichts besaß, Kunst gebrauchen können?

Doch in den dreißiger Jahren unseres Jahrhunderts änderte sich die Situation. Immer neue Funde vorgeschichtlicher Felsmalerei in Europa und in anderen Gegenden der Erde überzeugten die Wissenschaftler, daß unsere Vorfahren nicht nur gern, sondern auch ausgezeichnet gemalt haben. Von den Saharaexpeditionen wurden immer mehr Kopien von Fresken und Petroglyphen mitgebracht. Die entdeckten Gravierungen und Malereien warfen nicht nur die bisherigen

Vorstellungen von der prähistorischen Besiedlung der Wüste über den Haufen, sondern gaben auch manche schwierige Frage auf, zum Beispiel, wie es kommt, daß auf den Bildern Flußpferde, Strauße, Elefanten, Nashörner und Giraffen zu sehen sind. Wanderten die Menschen, von denen die Malereien stammten, etwa weit nach Süden, um exotischen Tieren zu begegnen? Wie kam man dazu, Pferde und Wagen auf den Felsbildern darzustellen? Und wieso taucht auf einem der Bilder eine ägyptische Barke auf?

Im Jahre 1933 befand sich der junge französische Offizier Brenans in Algerien, um im Hochland von Tassili-n-Ajjer, unweit von Fezzan, seinen langweiligen Kolonialdienst abzuleisten. Doch Brenans war nicht nur unternehmungsfreudig und energisch, sondern konnte auch gut zeichnen. Auf der Suche nach Felsbildern erkundete er große Teile des Plateaus und schickte seine Kopien dem bedeutenden Kenner prähistorischer Malerei Abbé Breuil. Dieser fand sie so ungewöhnlich, daß er sich für die Entsendung einer speziellen Expedition nach dem Zentrum der Sahara einsetzte. Doch da begann der Krieg, so daß sich die Verhandlungen über das Vorhaben zunächst erledigten. Erst zehn Jahre nach Kriegsende brach die Expedition zum Tassiligebirge in der Sahara auf. Sie wurde von dem Afrikaforscher und Historiker Henri Lhote geleitet.

Es war eine solide, modern ausgerüstete Expedition, und gerade dafür gebührt dem französischen Forscher Anerkennung. Er beabsichtigte, längere Zeit in der Sahara zu bleiben, um Kopien von möglichst vielen Felsbildern anzufertigen, und die sollten so genau wie möglich sein, keine Wiedergaben in beliebiger Größe, sondern exakt mit den Originalen übereinstimmende farbige Kopien. So gelang es der Expedition, zu der Maler, Fotografen und Filmfachleute gehörten, nach eineinhalb Jahren Schwerstarbeit, der Welt die Saharakunst im wahrsten Wortsinne zugänglich zu machen und eine Umwälzung unserer Vorstellungen von dieser Erdregion herbeizuführen.

Menschen wie Heyerdahl, Lhote, Bombard, Tazieff, Cousteau verbindet ihre Zugehörigkeit zu einer neuen, modernen Generation von Entdeckungsreisenden und Forschern. Sie nehmen nicht nur Schwierigkeiten und Risiken in Kauf und wählen zur Lösung von scheinbar unlösbaren Problemen mitunter nicht nur ungewöhnliche Methoden, sondern verstehen es darüber hinaus, so fesselnd über ihre Unternehmungen zu berichten, daß sie Millionen Anhänger gewinnen. Die Fachwissenschaftler hingegen anerkennen zwar die Expeditionsfreudigkeit, sind jedoch teilweise nicht geneigt, die unorthodoxen Methoden und die laute Popularität der genannten Forscher zu billigen.

So verhielt man sich auch gegenüber Henri Lhote. Obwohl wir gerade dank seiner Expedition um die Kunst der alten Sahara bereichert wurden, vernimmt man häufig kritische Stimmen, die Lhotes Arbeiten Ungenauigkeiten oder sogar Verfälschungen vorwerfen. Diese Bemerkung soll nicht etwa die Fehler und Irrtümer Heyerdahls oder Lhotes rechtfertigen, sie soll nur zu bedenken geben, daß unsere Zeit ohne ihre Unternehmungen um einiges langweiliger und ärmer wäre.

Tassili heißt in der Tuaregsprache »Hochland der Flüsse«. Von Flüssen ist hier freilich nichts zu sehen. »Die Struktur des achthundert Kilometer langen und fünfzig bis sechzig Kilometer breiten Massivs«, schreibt Henri Lhote, »ist in den einzelnen Teilen recht unterschiedlich. Der südliche Rand, der steil zur Hoggarebene abfällt, überragt sie um fünf- bis sechshundert Meter. Die bröckelnde Sandsteinmasse, aus der es besteht, neigt sich von Süden nach Norden und zwingt auch den Tälern diese Richtung auf. Zahlreiche Schluchten sind vom Wasser ausgewaschen worden, und je weiter sie sich von der Kammhöhe entfernen, desto tiefer sind sie. Aber das Wasser hat noch mehr getan. Es hat das ganze Massiv angegriffen und es buchstäblich zerhackt, zerwühlt, zerschnitten, ausgemeißelt, durchstoßen und stellenweise riesige Felsblöcke in zarte Spitzen verwandelt. Das Wasser? In einem Land, wo es fast nie regnet?

Gewiß, das Wasser. Allerdings in einer sehr fernen Vergangenheit, denn seit Millionen von Jahren sind diese Sandsteinmassen den Elementen ausgeliefert, und diese auffällige Form der Gesteine stammt nicht erst von gestern.

In dieser unwirklichen Landschaft bewegten wir uns. Die schwerfällige Karawane zog dahin zwischen den hohen Säulen, die an Ruinen einer mittelalterlichen Stadt erinnern, mit ihren geköpften Türmen, Kirchturmspitzen, Domportalen, seltsamen Schildern mit allegorischen Tierdarstellungen, bizarren Architekturformen ... Das Gelände selbst mit den zahlreichen Höhlen erinnert an einen öffentlichen Platz mit Wohnhäusern ringsherum, und man kann sich ohne weiteres vorstellen, daß die primitiven Stämme diese günstigen Bedingungen für ihre Zwecke ausnützten ...«*

Es gab nicht wenig Schwierigkeiten; schwer zu sagen, was Lhote und seinen Gefährten am meisten zu schaffen machte. Da war die Hitze. Mit ihr konnte man sich noch abfinden, sie gehört einfach zur Sahara, als ihr Markenzeichen sozusagen. Es gab aber auch Kälte. Sie peinigte ebensooft wie die Hitze: Auf dem Hochplateau

---

* Lhote, Henri: Die Felsbilder der Sahara, Würzburg — Wien 1958, S. 53—55.

gefror nachts das Wasser in den Schläuchen, und die Schlafsäcke bedeckten sich mit Reif. Und da waren die Winde. Eigentlich müßte man von Stürmen sprechen, die das Lager im Sand begruben, die Zelte forttrugen und das Papier zerfetzten. Auch Überschwemmungen kamen vor. Jawohl, Überschwemmungen. Nachdem es hier jahrelang nicht mehr geregnet hatte, gingen jetzt wahre Wolkenbrüche nieder, die das Gelände in eine Vielzahl von reißenden Bächen verwandelten. Schlangen und Skorpione fehlten natürlich nicht. Lhote versichert, daß sich die neben seinem Zelt nistende Hornviper friedlich und diskret verhielt, daß auch die Skorpione, die der Maler Guichard fast jeden Morgen aus seinem Schlafsack holte, harmlos waren, was freilich schwer zu glauben ist. Gebirgspässe mußten bewältigt werden. Dabei brachen die Kamele manchmal zusammen, einige starben vor Erschöpfung. Die Lasten mußten den Tieren abgenommen werden, die Männer trugen die Vorräte und Ausrüstung, zu der metallene Zeichentische und Leitern gehörten, auf ihren eigenen Schultern über endloses Geröll. Schließlich waren Hunger und Durst nicht selten die Wegbegleiter der Expeditionsteilnehmer, zuweilen mußten sie verunreinigtes, von Insekten wimmelndes, aus halb ausgetrockneten Tümpeln entnommenes Wasser trinken. Damit sind bestimmt nicht alle Erschwernisse genannt ...

Was veranlaßte Lhote und seine Gefährten, anderthalb Jahre lang, ohne sich Freizeit und Erholung zu gönnen, vielfach das Leben aufs Spiel setzend, von Krankheiten und Hunger geplagt, im Tassili zu arbeiten? Sie klebten wie Fliegen an den Decken und Wänden der Höhlen, brachten riesige Papierstreifen über den Fresken an, übertrugen die Konturen und kolorierten später die Bilder, um exakte Übereinstimmung mit den Originalen bemüht. Sie taten es, weil sie vom Talent der urzeitlichen Künstler ungeheuer beeindruckt waren, weil sie sich verpflichtet fühlten, die eigene Begeisterung anderen Menschen zu vermitteln. Da bewegte wohl kaum einen von ihnen der Gedanke an Ruhm. Über einen Mangel an freiwilligen Helfern konnte sich Lhote übrigens nicht beklagen, an der Expedition nahmen vorwiegend junge Leute teil. Nicht jeder kam mit den Bedingungen eines Straflagers in der Sahara zurecht, doch diejenigen, die bis zum Schluß dabeiblieben, hatten gelernt, sich zu freuen — über den Regen, der so selten fiel, über einen Baum am Wege, über den Sonnenaufgang oder über das unter dem Fels hervorquellende saubere Wasser; sie hörten vor allem nicht auf, sich an den Funden zu begeistern, und setzten ihre Suche nach den Schätzen der altertümlichen Kunst unentwegt fort.

Tausende von Fresken, die durch Lhotes Expedition im Tassili entdeckt wurden und deren Kopien einen Ehrenplatz im

Pariser Musée de l'Homme erhielten, sowie Tausende weitere Kopien und Fotografien, die andere Wissenschaftler, Lhotes Spuren folgend, anfertigten, gestatten uns heute nicht nur, das künstlerische Niveau und den Schwung jener Schöpfungen der alten Saharabewohner richtig zu bewerten, sie vermitteln auch neues Wissen über die Geschichte der Wüste, die sich jetzt in einem zuvor nicht vermuteten Lichte darstellt.

Die ältesten Tassilifresken sind vor mindestens 7000 Jahren entstanden. Sie wurden zuerst schematisch, dann immer gelungener ausgeführt und zeigen Jäger und gejagte Tiere — Elefanten, Mufflons, Antilopen, Nashörner.

Die Geschichts- und Kunstwissenschaftler waren erstaunt, als sie die Tierdarstellungen sahen und begriffen, daß die Sahara noch vor wenigen Jahrtausenden eine fruchtbare Landschaft war. Aber diese Verwunderung erklärt sich allein aus ihrer Unkenntnis der Erdgeschichte. Die letzte Eiszeit ging doch erst vor nicht einmal 10 000 Jahren zu Ende. Dabei ist »zu Ende gehen« eine ziemlich dehnbare Umschreibung. Als die ältesten Bilder von Tassili entstanden, bedeckte das Eis noch bedeutende Teile von Europa, in der sibirischen Tundra lebte damals das Mammut. Die Saharazivilisation ist älter als die Zivilisation des Niltales aus dem einfachen Grunde, weil sich der untere Abschnitt dieses Tales zu jener Zeit nicht für menschliche Besiedlung eignete; der Strom, der damals noch breiter und wasserreicher war als heute, floß durch ausgedehnte Sümpfe. Vor 8000 Jahren herrschte auf der ganzen Erde ein Klima, das kühler und feuchter war als heute, und der »fruchtbare Halbmond« verdiente wirklich diese Bezeichnung.

Der Fortschritt der Menscheit wird durch die objektiven Bedingungen bestimmt. Waren die Lebensbedingungen der Jäger und Sammler gut, so bestand für den Urzeitmenschen keine Notwendigkeit, Viehzucht und Ackerbau zu betreiben. Dazu war man erst gezwungen, als die Jagd die Menschen infolge Klimaveränderung oder starker Bevölkerungszunahme nicht mehr ernähren konnte.

Als die grüne Sahara auszutrocknen begann, wanderten die Giraffen nach dem Süden ab, es gab auch immer weniger Elefanten und Antilopen. Nun bot das Zähmen von Tieren mehr praktische Vorteile als die Jagd. Etwa um 4000 v. u. Z. begann in der Sahara die Periode der Rinderzucht.

Die Viehzucht veränderte den Charakter der Produktion: Während sich der Jäger buchstäblich auf seine Beine verließ, machte die Haltung von Viehherden besondere Ordnungen und Regeln des Stammeslebens erforderlich. Die Kunst der Sahara spiegelt sie wider. Sie wird in dieser Periode monumentaler und differenzierter. Der Mensch tritt als soziales Wesen in Erscheinung, das verschiedenen Tätigkeiten nachgeht. Die Höhlenmalereien zeigen das Hüten der Tiere, das Wasserschöpfen, die wandernden Nomaden, ihr Alltagsleben und ihre Feste, sogar eine Gerichtsverhandlung. Auf manchen Bildern entfernt sich indessen der Künstler von der Wirklichkeit, zeichnet Götter und Fabelwesen, zum Teil in kolossaler Größe. Es scheint, als habe der Maler nun begonnen, über den Sinn der Dinge nachzudenken, als sei er von der Welt erschüttert und versuche in seinen Werken, ihren inneren Zusammenhang zu zeigen.

Gespenstisch recken sich einige Figuren, die Lhote »Marsgötter« nennt, bis zu 5 Metern hoch — umringt von Betenden, die irgendwelche Gaben erflehen. Von einer Felswand blickt ein 4 Meter langer Löwe, stellenweise begegnen hybride Tiergestalten — eine Antilope mit Elefantenkörper, ein Strauß mit Löwenkopf. Der Periode, aus der die Bilder der großen Götter stammen, rechnet Lhote auch ein wunderbares Fresko zu, das er die »Weiße Dame« nennt; es zeigt eine leichtfüßig laufende dunkelhäutige Frau mit eigenartigem Kopfschmuck.

Die Kunst der Urzeit war eng mit der Magie verbunden, und ihre Wirkung überschritt den Bezirk der Vernunft.

Die prähistorischen Maler wußten die Naturfarben ausgezeichnet zu nutzen. Sie verwendeten weißen Ton, Ocker und farbige Schiefer, die im Tassilihochland häufig vorkommen. Sie mischten Ocker mit pflanzlichen Bindemitteln oder mit Milch und malten die Bilder an die Wände von Felsüberhängen und Höhlen, häufig auch an die Decke oder einige Meter über dem Boden, wählten mit Bedacht die am besten sichtbaren Stellen (und dachten natürlich nicht daran, es künftigen Kopierern leicht zu machen). Im Laufe der Zeit wandelte sich der Geschmack der Künstler, die Palette der Farben wurde reicher.

Zweieinhalb Jahrtausende währte in der Sahara die Periode der Viehzüchter und war ungefähr eineinhalb Jahrtausende vor Beginn unserer Zeitrechnung abgeschlossen. Ihr folgte die Periode des Reitpferdes, die etwa 600 Jahre vor unserer Zeitrechnung durch die Periode des Kamels abgelöst wurde.

Am Ausgang der Rinderzuchtperiode begann der Verfall der Tassilimalerei. Um diese Zeit verwandelte sich die Sahara bereits in eine Wüste. Vielleicht war sie damals noch nicht so furchtbar und endlos wie heute, aber sicherlich schon recht

*Bogenschützen (Rinderzeit) und Schwimmer*
*aus Ti-n-Tazarift.*

156

unwirtlich. Allmählich trockneten die großen Flüsse Tafassaset und Soro, die zum Paläo-Tschad hinführten, aus, und die Quellen des Gebirges versiegten. Der Ackerbau konnte sich nicht mehr entwickeln. Die Saharazivilisation war bereits weit hinter der vom Wasserreichtum des Nils gespeisten ägyptischen Zivilisation zurückgeblieben. Je mehr die Widerstandskraft der Saharasiedler nachließ, um so druckvoller rückten vom Norden her die Stämme der Berber vor. Auf den späten Tassilifresken sind Kriegsszenen dargestellt. In diese Periode gehört auch das beeindruckend dramatische »Gemälde«, auf dem ein verwundeter oder sterbender Krieger, der wohl soeben heimgekehrt ist und in der Hand noch den Bogen hält, vor seiner Frau niedersinkt.

Die Felsbilder von Tassili, die anfänglich naive und expressive Malereien der Jäger und Rinderzüchter waren, erreichten schließlich die Vollkommenheit von Meisterwerken. Als jedoch die Sahara im Verbund mit feindlichen Stämmen den Verfall dieser großartigen, im Kampf mit der Natur freilich unterliegenden Zivilisation herbeiführte, degenerierte auch die Tassilikunst. Eines der jüngsten Fresken — es zeigt einen Krieger auf einem Kamel — wirkt wie die Zeichnung eines zweijährigen Kindes: Punkt, Punkt, Komma, Strich ...

Allmählich hörte das Leben in der Sahara auf. Nur selten trifft man heute Zelte der Tuareg in der Wüste. Doch die Tuaregberber wissen nicht, wer diese Bildergalerie schuf, kennen weder die dargestellten Tiere noch die Rassen der auf den Fresken abgebildeten Menschen, die teils negroid aussehen, teils den Ägyptern und Libyern ähnlich sind.

Die größte Bildergalerie der Welt zieht sich über Hunderte von Kilometern hin und bezeugt, daß sich hier einst eine von der Sonne und vom Wasserreichtum der Flüsse begünstigte Zivilisation herausbildete, deren Träger uns unbekannte, später mit anderen Kulturen sich vermischende Völker waren. Die Fresken liefern detaillierte und realistische Auskünfte über die Entfaltung der Saharakultur, die am westlichen Horn des »fruchtbaren Halbmondes« entstand und sich zunächst ähnlich wie die Kulturen am Nil, Indus oder am Huanghe weiterentwickelte. Doch der Versuch endete mit einem Mißerfolg. Die Natur war stärker als die Menschen und brachte sie um die Früchte ihrer Arbeit.

So konnte die Entwicklung der Saharazivilisation keine Fortsetzung finden, zum Bau von Städten und Tempeln kam es nicht ...

Trotzdem verdient das, was diese Kultur hervorbrachte, unsere Bewunderung. Wir verneigen uns vor dem künstlerischen Genie jener Nomaden, die ihre Nachbarn in vieler Hinsicht übertroffen haben und eine Großtat der Kunst vollbrachten. Man sollte die hunderttausend Felsbilder keineswegs ausschließlich mit religiösen Motiven deuten. Die vorgeschichtlichen Künstler äußerten darauf ihre Freude an den Dingen, die sie umgaben. Sie waren die ersten, die es verstanden, die Schönheit des menschlichen Körpers, die Grazie der Tiere, die Ausdruckskraft des Tanzes auf ihren Bildern zu gestalten, realistisch und farbenprächtig über eine Welt zu berichten, der die Wüste später den Untergang bereitete.

# KARNAK
## Die tausendjährige Zwiebel

Theben, die Residenz der Pharaonen von der 18. Dynastie, liegt 700 Kilometer südlich von Kairo am Nilufer, im vierten Nomos Oberägyptens. Von hier ist es nicht mehr weit bis zu den ersten Nilkatarakten, bis zur Landschaft Nubien, die während des Pyramidenbaus nicht zu diesem Nomos gehörte, jedoch Mitte des 2. Jahrtausends v. u. Z. erobert wurde.

Die Epoche der 18. Dynastie ist wohl die bekannteste in der Geschichte des alten Ägypten, die Namen ihrer Pharaonen lernten wir in der Schule, mit ihnen verbindet sich für uns die alte Geschichte dieses Landes schlechthin. Da waren Thutmosis III. und seine stolze Gegenspielerin Hatschepsut, Amenophis IV., der Reformator, bekannt unter dem Namen Echnaton, und seine schöne Gemahlin Nofretete, der jugendliche Tut-anch-Amun, der die Macht der Amunpriester wiederherstellte ...

Nahe der Ruinenstadt Theben, das zur Zeit der Pharaonen Waset hieß, liegt heute die Stadt Luksor. Dieser schöne Name hat nichts mit dem alten Ägypten zu tun. Als die Römer einst hierherkamen, nannten sie ein am selben Ort errichtetes Lager »castra«, daraus ging der arabische Name al-Uqsur hervor, den die Europäer zu Luksor (Luxor) abwandelten.

Im Mittelalter gerieten die am Rande der Wüste gelegenen Tempel und übrigen Bauten von Theben in Vergessenheit, und die Fellachen der benachbarten Dörfer hielten sie für Werke der Dschinn.

Als Napoleon am Vorabend des 19. Jahrhunderts die Mamelucken bei den Pyramiden geschlagen hatte, ließ er sie von der Armee des Generals Desaix verfolgen. Die vom endlosen Marsch nach Süden, den großen Strom entlang, ermüdeten Soldaten erblickten eines Tages aus dem Sand ragende gigantische Säulen. Spontan, ohne Kommando, salutierten die von der Sonne versengten und vom Wind gegerbten Soldaten der französischen Revolution vor dem

Monument, ein so großartiges hatten sie, die Eroberer der Pyramiden und Unterägyptens, noch nie gesehen.

Anscheinend erblickten die Soldaten zuerst die Säulenhallen des Tempels von Luksor, des Gottes Amun südliches Haus. Vielleicht war es auch der Haupttempel von Theben, der jetzt den Namen eines in der Nähe gelegenen arabischen Dorfes trägt und als Tempel von Karnak berühmt ist.

Nach Napoleons Ägyptenexpedition wurde Europa von einer Woge der Begeisterung erfaßt. Sie galt nicht nur der ägyptischen Kunst, sondern auch dem Geheimnisvollen, Mystischen, in dessen Dunst man, da es an Wissen mangelte, alsbald die dunklen Säulen der Tempel, die geometrisch exakten Pyramiden, die Mumien und Gräber hüllte. Die Begeisterung galt in besonderem Maße Luksor und Karnak, den ausnehmend theatralisch, ungewöhnlich, verwirrend und rätselhaft erscheinenden altägyptischen Tempeln. Im Empirestil vom Beginn des vorigen Jahrhunderts zeigen sich von ägyptischen Lotoskapitellen und strengen Pylonen hergeleitete Elemente, die sich zum Beispiel an Kaminuhren und am kaiserlichen Porzellan finden. Unzählige Sphinxe und Pyramiden zierten damals die Paläste von Petersburg und Paris.

Während die altägyptischen Denkmale im allgemeinen einfach und sachlich wirken und keineswegs Assoziationen etwa mit einem Theater oder einem Irrgarten auslösen, stellt Karnak in dieser Hinsicht tatsächlich eine Ausnahme dar. Eine derart komplizierte Anlage, in der man die Orientierung wie im Gewirr enger Gassen einer mittelalterlichen Stadt verlieren kann, findet sich sonst in ganz Ägypten nicht. Hier irrt man durch unzählige Gänge, durch einen Wald von Säulen, vorbei an schmalen Nischen und dunklen Kammern, hier umgeben uns Hunderte von Götterstatuen, ganze Galerien von Sphinxen, reliefgeschmückte Steinblöcke und ruhig schimmernde heilige Seen.

Die Ursache dieser Besonderheit ist durch die Grabungen von A. Mariette, H. Chevrier, G. Legrain und anderen namhaften Archäologen des vorigen Jahrhunderts aufgedeckt worden. Es stellte sich heraus, daß der Tempel Amuns von Karnak einer Zwiebel glich: Das Hauptheiligtum des höchsten ägyptischen Gottes haben im Laufe von 2000 Jahren Hunderte von Pharaonen und Herrschern erbaut, erweitert und ergänzt, da jeder sich verpflichtet fühlte, eine Spur zu hinterlassen, sei es auch nur in Gestalt eines Anbaus, einer Statue oder eines Reliefs. Die großen Pharaonen begnügten sich natürlich nicht mit einer Säule oder einem Standbild, sie veranstalteten geradezu

*Im Hintergrund: die Prozessionskolonnade Amenophis III.*
*Vorn: oberer Teil eines Bildnisses Amenophis III.*

160

einen grandiosen Wettbewerb, in dem man sich über Jahrhunderte bemühte, Amun besser zu dienen als andere.

Die Anfänge von Karnak scheinen in die Zeit der 11. Dynastie zurückzureichen, als Theben sich aus einer unbedeutenden Siedlung in eine große aufblühende Stadt verwandelte. Sie lag am mittleren Stromlauf des Nils, wo sich die Straßen aus Nubien, aus dem Weihrauchland Punt, vom Roten Meer und von den Oasen im Westteil der Wüste kreuzten. In den Anfängen der 12. Dynastie (um 2000 v. u. Z.) hatte sich der Amunkult in Theben bereits einen dominierenden Rang erobert. In diese Periode fällt die Errichtung der ältesten bedeutenden Bauwerke der Anlage.

Im zentralen Teil des Tempelkomplexes von heute wurden bei Grabungen Spuren eines Tempels aus der Zeit Sesostris I. entdeckt. Sesostris erbaute einen der kleineren Tempel, die von den Archäologen als »Kioske« bezeichnet werden. Er blieb zwar nicht erhalten, doch konnte ihn der französische Architekt Chevrier aus aufgefundenen Blöcken, die zum Bau von jüngeren Heiligtümern verwendet worden waren, wiedererrichten. Mit den Werken ihrer Vorgänger gingen die Pharaonen nicht sonderlich pietätvoll um, zugunsten des eignen Ruhmes waren sie stets bereit, die Tempel anderer Pharaonen zu zerstören — selbst dann, wenn man keine persönlichen Ressentiments gegenüber dem Vorgänger hegte. Wehe aber, wenn Rachegefühle oder Feindschaft mit im Spiel waren. Karnak bezeugt ein Drama solcher Art, es ist nicht nur ein Monument der ägyptischen Architektur, sondern auch Denkmal eines Dramas der ägyptischen Geschichte.

Als es den Pharaonen der 18. Dynastie gelungen war, die Hyksos aus dem Lande zu vertreiben, vereinigten sie Ägypten erneut und erweiterten seine Grenzen durch eine Reihe von Eroberungen weit über das Niltal hinaus. Ägypten wurde mächtig und reich, was seinen Niederschlag auch im Bau des Amuntempels fand.

Bereits Amenophis I. erbaute in Theben einen Marmortempel, von dem jetzt auch nur noch Blöcke gefunden wurden; die Archäologen haben ihn rekonstruiert. Thutmosis I. errichtete drei großartige zum Tempel hinführende Pylonen und einen Hypostylsaal (Säulensaal). Königin Hatschepsut ließ für Amuns heiliges Boot einen Barkenraum aus Quarzblöcken und andere zum Tempelkomplex gehörende Gebäude sowie vier hohe Obelisken errichten.

Hatschepsuts Mitregent und Nachfolger, Thutmosis III., war vor allem damit beschäftigt, die Spuren der Königin, seiner Tante, zu beseitigen. Thutmosis hatte Grund, sie zu hassen.

Als der große Pharao Thutmosis I. starb, hinterließ er das Reich dem Sohn seiner Nebenfrau, Thutmosis II. Um seinen Thronanspruch zu sichern, heiratete dieser sogleich seine Halbschwester, die junge und schöne Prinzessin Hatschepsut, Tochter der Hauptfrau seines Vaters. Die Geschwister regierten 18 Jahre lang gemeinsam, und als Thutmosis II. 1501 v. u. Z. starb, hätte sein zehnjähriger Sohn Thutmosis III. das Thronerbe antreten müssen. Dessen Abstammung ließ freilich ebenfalls zu wünschen übrig, seine Mutter war eine Konkubine Thutmosis' II. von niederer Herkunft.

In den ersten beiden Jahren der Regierungszeit des jugendlichen Thutmosis III. änderte sich im Staate nichts, Hatschepsut führte die Regierungsgeschäfte für den Neffen. Doch dann hatte sie es wohl satt, im Hintergrund zu stehen, und nach einem unblutigen Staatsstreich ließ sie sich zur Königin proklamieren. Dabei wurde Hatschepsut von hohen Würdenträgern unterstützt, die befürchteten, daß mit dem Regierungsantritt des jungen Pharaos machtgierige, längst ihrer Stunde harrende Männer die Regierungsgewalt an sich reißen könnten.

Beinahe zwanzig Jahre lang vermochte Thutmosis nichts gegen seine Tante auszurichten. Das Leben ging dahin, doch die energische Königin zeigte sich ungewöhnlich zählebig und dachte nicht daran, dem Neffen den Thron zu überlassen. Erst als Thutmosis III. dreißig Jahre alt war, konnte er sich der Vormundschaft entledigen. Es ist nicht geklärt, ob Hatschepsut eines natürlichen Todes starb.

In den ihm verbliebenen Regierungsjahren fahndete Thutmosis III. im ganzen Reich nach Reliefs, Statuen und Inschriften, die an Hatschepsut erinnerten, und zerstörte sie, um die Erinnerung an die Königin auszutilgen.

In Karnak richteten sich die zerstörerischen Absichten Thutmosis' gegen die gewaltigen, 30 Meter hohen Obelisken der Hatschepsut. Man sollte annehmen, daß sie einfach abgerissen und durch Obelisken des Pharaos hätten ersetzt werden können. Doch aus irgendwelchen Gründen — vielleicht widersetzten sich die mächtigen Amunpriester — hat Thutmosis III. das doch nicht gewagt und statt dessen ein ganz unrationelles Verfahren gewählt: Er ließ die Obelisken einmauern, damit sie von niemandem gesehen werden konnten. Um 30 Meter hohe Obelisken verschwinden zu lassen, muß man entsprechend hohe Mauern errichten. Sie erreichten aber nur die Höhe von 20 Metern, dann wurde der Bau des Obeliskengefängnisses aus unbekannten Gründen beendet. Die Spitzen der Obelisken recken sich nun wie Giraffenhälse über die sie einschließenden Mauern.

Gegen die Reliefs und Inschriften Hatschepsuts ging Thutmosis radikal vor. Das Gesicht der Königin wurde abgeschlagen, Inschriften mit ihrem Namen wurden beseitigt. Das gelang freilich nicht überall; vielleicht waren manche Steinmetzen nachlässig, oder es gab

Widerstand bei den Priestern. Thutmosis schaffte es jedenfalls nicht, sämtliche Spuren der Herrschaft Hatschepsuts zu vernichten.

Nachdem der Pharao mit dem Erbe seiner Vorgängerin aufgeräumt hatte, ging er daran, einen eigenen Beitrag zum Tempelbau beizusteuern. Er ließ zwei Obelisken und einige Statuen errichten, fügte später zum »Sed« dem königlichen Regierungsjubiläum, einen prunkvollen Saal hinzu und ließ die vorhandenen Anlagen größtenteils umbauen. Es entstanden zahlreiche die Kriegstaten Thutmosis' verherrlichende Reliefs. Schließlich schuf er einen Raum, den man, da seine Wände mit Pflanzen- und Tierornamenten geschmückt sind, den »botanischen Garten« nennt.

Von den beiden folgenden Pharaonen wurden keine wesentlichen Veränderungen am Tempelkomplex vorgenommen, dagegen widmete sich Amenophis III. (1411—1375 v. u. Z.) dem Tempelumbau mit großem Eifer. Er errichtete auch einen neuen Tempel, den im Halbkreis ein heiliger See umgab, worin 600 Granitstatuen der Göttin Sechmet, je 2 Meter hoch, aufgestellt wurden. Diesen Statuen war in unserer Zeit ein rechtes Wanderleben beschieden, in allen größeren Museen der Welt begegnet man Vertreterinnen der umfangreichen Kollektion, darunter auch in der Staatlichen Ermitage von Leningrad. Am heiligen See stellte Amenophis eine Riesenskulptur des Skarabäus, des von den Ägyptern heiliggehaltenen Käfers, auf. Schließlich errichtete er die zentrale Kolonnade der großen Halle, deren Säulen Kapitelle in Form geöffneter Lotosblüten schmücken. Die Kapitelle der mächtigen, 20 Meter hohen Säulen könnten jeweils hundert Menschen Platz bieten.

Die Bautätigkeit Amenophis' III. beschränkte sich jedoch nicht auf den Amuntempel. Berühmt ist auch sein auf dem anderen Nilufer gelegener Grabtempel, vor dem zwei als Memnonkolosse bezeichnete Riesenstatuen des Pharaos stehen. Zu seiner Zeit wurde in Karnak der grandiose dritte Pylon und ein Tempel des Gottes Month errichtet.

Wenn man heute die Taten Amenophis' III. rühmt, sollten vor allem die Verdienste eines anderen Amenophis, des Sohnes von Hapu, gewürdigt werden, eines Mannes mit flachem Gesicht, starken Backenknochen, aufgeworfenen Lippen, energischem Kinn und schmalen vorstehenden Augen. Die Statue dieses unschönen, untersetzten Mannes blieb in einem Tempel des Karnakkomplexes erhalten.

Wir betrachten Imhotep als das erste Genie in der Geschichte schlechthin, als Erfinder der Pyramide und der Steinarchitektur Ägyptens. Den Namensvetter des Pharaos darf man als Schöpfer eines neuen Typs des klassischen ägyptischen Tempels bezeichnen.

*Amuntempel. Obelisk der Königin Hatschepsut.*

Amenophis, Sohn des Hapu, wurde vom Pharao so sehr geschätzt, daß dieser ihm gestattete, in Thebens Nekropole für sich selbst einen Grabtempel zu erbauen. Der Tempel repräsentiert in einfacher und klarer Form all das, was die klassische ägyptische Architektur ausmacht.

Ineni, der Baumeister Thutmosis' I., hatte den Kanon des ägyptischen Tempels erdacht, von Amenophis, dem Sohn des Hapu, wurde er präzisiert und zur Vollendung geführt. Dieser Kanon bestand in folgendem:

Der Tempel mußte am Nil erbaut werden. Dort war eine Mole einzurichten, wo die Barken anlegten, die die Gottheiten an Festtagen mitführten. Vom Wasser zum Tempel verlief eine Sphinxallee, die vor einem hohen Pylon (Torbau mit Flankentürmen) endete. Der Pylon war mit Reliefs und Inschriften verziert. Davor standen gewöhnlich Kolossalstatuen des Pharaos. Vom Pylon gelangte man in einen geräumigen, von drei Seiten mit Säulenhallen umgebenen Hof, von hier in den Hypostylsaal mit zwei mittleren Säulenreihen, die das erhöhte Hauptschiff des Saales umrahmten, und mit mehreren seitlich angeordneten Reihen von Säulen. Dahinter folgte der Saal zur Aufbewahrung der heiligen Götterbarke und am Ende das Sanktuar, der Raum mit der Statue der Gottheit. Im hinteren Tempelteil befanden sich viele weitere Räumlichkeiten — Schatzkammern, Lager, Archive. Zur Tempelanlage gehörte gewöhnlich ein Park mit einem See.

Dieses Schema konnte abgewandelt werden. Einmal gab es mehr, ein anderes Mal weniger Hallen. Im Einzelfall, wie ihn zum Beispiel Karnak darstellt, waren bedeutend mehr Pylonen und Standbilder der Pharaonen vorhanden als sonst. Beinahe klein und bescheiden wirken die wenigen Räume im Grabtempel des Architekten Amenophis.

Alles in diesem System erscheint durchdacht und durch die Erfahrung von Generationen bestätigt. Als die Baumeister die großen Tempel von Theben nach dem beschriebenen Grundtyp schufen, hatten sie vor allem deren Wirkung auf die Massen der Gläubigen im Auge.

Wenn der Prozessionszug durch die Reihen der furchteinflößenden Sphinxe zum Pylon schritt, schienen die Figuren gleichsam zu wachsen und bereiteten die Menschen auf das geheimnisvolle Ritual vor. Die starren Kolosse der Königsstatuen mußten jedem, der sich ins Heiligtum begab, das Gefühl eigener Nichtigkeit vermitteln. Aus dem hellen, geräumigen Vorhof trat man in das Halbdunkel der Säulenhalle, war hier von den zu unwahrscheinlicher Höhe emporstrebenden Säulen umgeben, deren prächtige grüne Kapitelle sich

166

gleich Baumkronen ausbreiteten und mit der von golden glänzenden Sternen übersäten blauen Decke zusammenflossen.

Niedriger und noch dunkler waren die übrigen Räume. In manchen Tempeln fiel durch eine Öffnung in der Wand oder in der Decke ein Lichtstrahl auf die Götterstatue.

Die spätere Geschichte Karnaks führt uns wieder zum Kampf der Ideologien und Parteien zurück. Amenophis IV. (Echnaton), der Ketzer, verkündete den Kult Atons, der Sonne, und verlegte seine Residenz nach Tell el-Amarna, wo ein eigenartiger anmutiger Kunststil entstand, der, realistisch und zugleich irgendwie dekadent, Ausdruck neuer, humanistischer, im Leben jedoch nicht zu verwirklichender Ideen war. Echnaton liebte den Amuntempel nicht, für ihn war er ein Symbol der Macht der Priesterkaste. Östlich von Karnak ließ er einen Tempel Atons erbauen. Nachdem das mutige, jedoch zum Scheitern verurteilte Experiment Echnatons beendet war, wurde der Atontempel von den Priestern und den nachfolgenden Pharaonen dem Erdboden gleichgemacht. Doch in Karnak ging — wie übrigens überall — nichts unter, ohne eine Spur zu hinterlassen. Die späteren Bauherren Ägyptens handelten praktisch. Bei archäologischen Grabungen kamen Statuen des Häretikers Echnaton sowie Blöcke im Stil der Amarnakunst zum Vorschein, man hatte sie für jüngere, Amun geweihte Bauwerke wiederverwendet.

Um Echnatons Schuld zu tilgen, zeigten sich seine Nachfolger, Tut-anch-Amun und Eje, besonders bemüht, zu Ehren Amuns, dessen Kult restauriert worden war, in Karnak Stelen und Obelisken zu errichten. Auch die Pharaonen Sethos I. und Ramses II. aus der folgenden Dynastie mehrten Karnaks Ruhm, indem sie einen neuen Hypostylsaal erbauen ließen. An Ramses II. erinnern in Karnak außerdem zwei Kolossalstatuen des thronenden Herrschers, zu deren Füßen winzige Statuetten von Ramses' Frau Nefertari aufgestellt wurden.

Ein Pharao folgte dem anderen, es wechselten die Dynastien, und in Karnak kamen immer wieder neue Stelen, Obelisken, Pylonen, Tempel und »Kioske« hinzu. Am eifrigsten waren die Pharaonen, deren Anspruch auf den heiligen Thron nicht ganz sicher war. So veranlaßte der Nubier Taharka den Bau einer Kolonnade im großen Tempelhof; davon blieb nur eine einzige, nicht sehr schöne, 20 Meter hohe Säule erhalten. Auch Alexander der Große, der fremde Götter aus machtpolitischen Überlegungen anerkannte, stattete Karnak einen Besuch ab. Er befahl, einen der Räume hinter dem von Thutmosis III. erbauten Saal umzugestalten; das Sanktuar trug später Alexanders Namen.

Die Ptolemäer, die nach der Aufteilung des Imperiums Alexanders des Großen in Ägypten regierten, haben ebenfalls viel zur Erweiterung von Karnak beigetragen. Mit ihrer Tätigkeit hängt ein seltsamer Fund zusammen, den der französische Archäologe Legrain 1903 auf dem Gelände der Anlage machte.

Neben einem Pylon entdeckte er eine Grube mit Bruchstücken von Stelen und Statuen. Darin sah man zunächst nichts Ungewöhnliches, denn im Laufe der Jahrtausende wurden manche Tempel baufällig, andere von Feinden zerstört (so hatte der assyrische König Assurbanipal Theben 663 v. u. Z. total ausgeraubt und niedergebrannt). Dabei konnten schwere und unnütze Bruchstücke vielleicht durch Vergraben beseitigt worden sein. Verwunderung riefen jedoch die Ausmaße der Fundstelle hervor. Als Legrain die Bruchstücke herausgeholt hatte, zeigte sich, daß darunter weitere Statuen und Reliefs lagen. Monatelang waren die Arbeiter damit beschäftigt, unzählige wundervolle Erzeugnisse altägyptischer Kunst aus der riesigen Grube, die schon einem Abgrund glich, ans Tageslicht zu befördern. Als eine Tiefe von 14 Metern erreicht war, mußten die Arbeiten abgebrochen werden, weil sich die Grube mit Grundwasser füllte. Allein 75 Statuen hatte man geborgen, die vielen Reliefs und Stelen nicht mitgerechnet.

Diese »Abfallgrube« wird jetzt den Ptolemäern zugeschrieben, die wohl Ordnung in die von ihnen ererbten Bestände bringen wollten ... Ihnen mangelte gewiß das rechte Verhältnis zu den Werken der längst dahingegangenen Pharaonen.

Seit Beginn unseres Jahrhunderts ist Karnak ein beliebtes Reiseziel vieler Touristen. Bekanntlich ändern Touristen ihre Gewohnheiten nicht: Ihre »Berufskrankheit« ist heute ebenso verbreitete wie vor 2000 Jahren. An den Mauern von Karnak findet man antike Aufschriften in der Art von »Hier waren Nina und Sascha«. Freilich zeigen die Archäologen in diesem Falle Nachsicht, während sie kein Verständnis für die Autogramme haben, die unsere Zeitgenossen an den Tempelwänden hinterlassen und an denen in Karnak auch kein Mangel besteht.

# ABU SIMBEL

## Ein zweifaches Wunder

Die Schriftsteller der Antike, die die Pyramiden den Weltwundern zurechneten, dem Leuchtturm auf der Insel Pharos bei Alexandria große Beachtung schenkten und eine Menge über die Alexandrinische Bibliothek geschrieben haben, erwähnen Abu Simbel mit keinem Wort. Zu ihrer Zeit war der Ort wohl bereits vergessen. Auch Napoleons

Begleiter berichteten nicht über den Tempel, die französischen Bataillone waren nicht so weit vorgedrungen. Als der Schweizer Johann Burckhardt 1813 im Gewand eines arabischen Pilgers den Nil entlangreiste und stromaufwärts bis zum dritten Katarakt gelangt war, hörte er dort von einem Tempel Ebsambala und bat, daß man ihn hinführe. Burckhardt sah den Tempel und fand ihn schön, ohne übermäßig beeindruckt zu sein. In Unterägypten hatte der Orientreisende weit großartigere Tempel zu sehen bekommen.

Burckhardt befand sich am Nilufer zwischen dem ersten und zweiten Katarakt nahe der Südgrenze des Sudan und blickte auf die Pylonen, die in den steil zum Ufer abfallenden Fels gehauen waren. Zwischen den Pylonen hüteten sechs hohe Statuen den Tempeleingang, vier männliche und zwei weibliche. Sie waren ebenfalls in den Fels gemeißelt und bis zu den Knien im Sand versunken.

Burckhardt betrat den Tempel. Ein geräumiger niedriger Saal verlor sich im Dunkel, und der Lichtschein der von den Führern angezündeten Fackeln erfaßte reizvolle Reliefs, die einmal bunt bemalt waren. Unter den Sandalen knirschten Kohlenreste, raschelten trockene Lumpen. Der Begleiter erklärte, daß sich hier manchmal Fellachen aus den umliegenden Dörfern vor den Beduinen versteckten.

Es war schwül in dem Saal, wo wunderschöne Königinnen ihre zarten schmalen Hände zu den Göttern ausstreckten. In die hinteren Räume des Tempels, zu denen dunkle Gänge hinführten, begab sich Burckhardt nicht. Erleichtert wandte er sich zurück, stieg über einen Sandberg hinweg, erreichte den Ausgang und schloß die von der Sonne geblendeten Augen.

Als Burckhardt wieder zum Ufer hinabsteigen wollte, wo ihn das Boot erwartete, wandte er sich noch einmal um zu den Statuen, den Felshängen und den Sandbergen, die der Wind über Jahrtausende von der Wüste hergeweht hatte. Plötzlich erblickte er auf der linken Seite, wo der Hang des Plateaus vom Ufer zurücktrat, etwas ganz Ungewöhnliches.

Die Sandzunge glich an dieser Stelle einem zum Tal herabstürzenden Wasserfall und war nahe dem Ufer viele Meter hoch. Aus dem Sand schaute Burckhardt ein riesengroßer, mit der Doppelkrone der Pharaonen geschmückter Kopf an, und ein Stück vom Ufer entfernt waren noch zwei weitere im Sande versinkende Kronen zu sehen.

»Was ist das?« fragte Burckhardt seinen Begleiter. Der zuckte die Schultern. Seit Menschengedenken waren die Dschinnstatuen hier in der Wüste begraben. »Gibt es dort noch einen zweiten Tempel?«

Der Wegführer antwortete nicht. Er hielt sich am hohen Bug des Bootes fest und wartete, daß der neugierige Hadschi einsteigen möge.

169

Burckhardt lief jedoch bereits, im Sande versinkend, auf die begrabenen Kolosse zu ...

Er konnte aber weiter nichts finden und auch nicht klären, ob die Statuen etwa vor einem unsichtbar gewordenen Tempeleingang aufgestellt oder vielleicht Sitzfiguren waren wie die Memnonkolosse von Theben ...

Vier Jahre später kam der italienische Reisende Giovanni Belzoni bei der Klärung des Geheimnisses der unweit der kleinen Stadt Abu Simbel entdeckten Kolosse ein Stück weiter als Burckhardt. Der italienische Abenteurer war freilich in günstigerer Lage, da im Besitz eines vom britischen Generalkonsul ausgestellten und von den türkischen Behörden bestätigten Dokuments, in dem man ihm bescheinigte, nach Altertümern für das Britische Museum zu forschen.

Belzoni wußte von Burckhardts Entdeckung und hoffte, daß die Statuen von Abu Simbel einen Tempel hüteten, in dem sich Schätze verbargen. Dank der Wüstenlage des Tempels konnten sie vor Räubern bewahrt worden sein.

In Abu Simbel angekommen, besorgte sich Belzoni Arbeiter und ließ sie den Sand von den Statuen wegschaufeln. Nach wenigen Tagen wurde der Eingang zu einem kolossalen Höhlentempel sichtbar. Darin gab es mehrere geräumige Säle, in denen 10 Meter hohe Statuen standen. Es war, wie Belzoni schrieb, »einer der großartigsten Tempel der Welt, reich an herrlichen Reliefs, Bildern und gigantischen Figuren«. Belzoni ging hinein, um die vorgefundenen Kunstwerke nachzuzeichnen. Doch die im Tempel herrschende Hitze zwang ihn, sich schleunigst zu entfernen, er fürchtete, ohnmächtig zu werden.

Sarkophage, Mumien, Schmuck und dergleichen Schätze fand Belzoni im Tempel nicht.

Einige Jahre später wurde eine der vor dem Tempeleingang thronenden Figuren gereinigt, und zwar die dem Nilufer am nächsten stehende. Sie war 25 Meter hoch und wie der ganze Tempel in den Fels gehauen. Ihre Masse betrug über 1200 Tonnen (das erfuhr man bedeutend später, erst Mitte des 20. Jahrhunderts wird die Masse der Statue eine nicht geringe Rolle spielen). Nunmehr war klar, daß die Statue Ramses II. darstellte, einen der letzten großen Bauherren des Neuen Reiches. Dreizehn Jahrhunderte vor Beginn unserer Zeitrechnung wurde dieser Tempel auf Geheiß des Pharaos geschaffen.

*Vorn: linker nördlicher Koloß an der Fassade des großen Tempels*
*von Abu Simbel.*
*Oben: Saalhof des großen Tempels, Südmauer. Ramses, über einen*
*Feind schreitend, steht im Begriff, einen libyschen*
*Krieger zu durchbohren.*

Seit dem Ende des 19. Jahrhunderts pilgerten unzählige Touristen zum sehr populär gewordenen Abu Simbel — zum südlichsten Touristenziel in Ägypten.

Zu ihnen gehörte auch Amelia Edwards, die in den Oktobertagen des Jahres 1870 hier eintraf. Sie begab sich zum Tempel, als die herbstliche Sonne über dem Nil aufging und die Tempelfassade allmählich erhellte. Während Amelia Edwards durch die hohen Pylonen schritt, fielen die ersten Sonnenstrahlen auf die Gesichter von drei Statuen, drei völlig gleiche gigantische Gesichter. Der Kopf des vierten Kolosses lag zu Füßen der Statue.

Amelia Edwards beeilte sich nicht. Ungeachtet der Hitze und Schwüle ging sie langsam durch die Tempelräume, blieb vor den Reliefs stehen, und der Reiseleiter ließ das Fackellicht über die Wände und die sich verzerrenden Gesichter der Statuen gleiten. Schließlich erreichte man den letzten Raum, das Sanktuar. Amelia hatte plötzlich das Gefühl, von einer Flamme erfaßt zu werden. Ein Sonnenstrahl traf die Sitzfiguren Ramses' II. und Amuns an der Rückwand des Heiligtums. Einige Minuten lang blieben die Statuen vom Sonnenlicht überflutet, danach verschwand der Strahl, und die heilige Stätte versank erneut im Dunkel.

Lady Edwards hatte etwas entdeckt.

Es zeigte sich, daß die Lage des Tempels so ausgerichtet war, daß das Licht der aufgehenden Sonne zweimal im Jahr die gesamte Flucht der unterirdischen Räume durchdrang und auf die Götterstatuen fiel. Wie Berechnungen ergaben, hatte das Sonnenlicht die Statuen im Sanktuar des Tempels zum ersten Mal am 20. Oktober 1274 v. u. Z., am Fest des 30. Regierungsjubiläums von Ramses II., erreicht.

An dieser Stelle könnte man den Bericht über Abu Simbel beschließen und allenfalls noch einige Ergänzungen zur Entstehung und Ausschmückung des Tempels hinzufügen oder Überlegungen darüber anstellen, aus welchem Grunde Ramses ausgerechnet diesen im Grenzgebiet seines Reiches, in einer öden, verlassenen Gegend gelegenen Ort für den Bau des gigantischen Tempels wählte.

Doch die Geschichte von Abu Simbel ist noch nicht zu Ende. Der Zufall wollte es, daß sich mit diesem Tempel ein dramatisches Ereignis unserer Tage verband.

Als der Staudamm von Assuan projektiert wurde, war von vornherein klar, daß der geplante künstliche Stausee das Nilufer über die ersten Katarakte hinaus überfluten und somit eine Reihe von Denkmalen Oberägyptens und Nubiens gefährden würde. Sehr wahrscheinlich würden davon die beiden Tempel von Abu Simbel, der Ramses' Gemahlin Nefertari geweihte kleine Tempel, den

Burckhardt gesehen hatte, und auch der Ramses und Amun zu Ehren errichtete große Felsentempel betroffen sein.

In der Folge entstanden viele Projekte zur Rettung von Abu Simbel. Aus zahlreichen Ländern gingen bei der UNESCO, die die Schirmherrschaft über die Rettungsaktion übernommen hatte, entsprechende Vorschläge ein. Neben einer Anzahl phantastischer oder phantastisch teurer wurden auch realistische Pläne vorgelegt. Der französische Plan sah zum Beispiel die Errichtung eines mit Sand aufgefüllten hohen Steindammes rund um die Tempelanlagen vor. Doch es stellte sich schnell heraus, daß der Bau eines solchen Dammes zwar durchaus realisierbar wäre, die Kosten der Ableitung des Wassers, das durch den Damm durchsickern würde, indessen die Kosten des Dammbaues übersteigen würden, wobei noch nicht einmal absolute Sicherheit für den Tempel gewährleistet wäre. Italienische Ingenieure schlugen vor, beide Tempel im ganzen aus dem Felsen herauszusägen und mit Hebevorrichtungen anzuheben. Doch dafür hätte man Winden mit einer Hebekraft von 300 000 und 60 000 Tonnen benötigt. Es gab ein Projekt, gewaltige Pontons vorzubereiten und abzuwarten, bis das ansteigende Wasser die Tempel selbsttätig anhebt. Aus Polen kam der Vorschlag, die Tempel am Ort zu belassen, sie jedoch mit Helmen aus Eisenbeton zu überbauen. Englische Fachleute empfahlen, die Anlagen zwar überfluten zu lassen, das schlammige Nilwasser jedoch mittels einer dünnen Trennwand zurückzuhalten, so daß die Tempel wie in einem Aquarium stehen würden und die Touristen sich vom Schiff aus am Anblick der versunkenen Heiligtümer erfreuen könnten.

Nach langwierigen Verhandlungen und gründlicher Prüfung Hunderter von Vorschlägen zeigten sich die UNESCO und die Regierung der Vereinigten Arabischen Republik bereit, dem italienischen Projekt, das eine Anhebung der Tempel vorsah, den Vorzug zu geben. Doch die definitive Entscheidung hatten nicht die Ingenieure, sondern die Finanzfachleute zu treffen. Neunzig Millionen Dollar hätte die Durchführung des italienischen Planes gekostet — diese Summe konnte nicht aufgebracht werden.

Die Zeit drängte, bald würde sich das Staubecken mit Wasser füllen. So blieb nur übrig, sich auf eine Kompromißlösung, das Schwedenprojekt, zu einigen — die Tempel in Blöcke zu zerlegen, diese nacheinander auf ein Hochplateau zu transportieren und sie dort wieder zu Tempeln zusammenzufügen.

Doch auch dieses Projekt erwies sich bei der Ausführung als äußerst schwierig. Ohne Übertreibung darf man sagen, daß die Rettung der Tempel von Abu Simbel eine der hervorragendsten ingenieurtechnischen Leistungen des 20. Jahrhunderts darstellt.

173

Die Arbeiten begannen damit, daß — zeitlich gleichauf mit dem Bau von Unterkünften für die Ingenieure und Arbeiter, mit dem Antransport von technischem Gerät und Baumaterial — Sandleitungen gelegt wurden, breite Rohre, durch die Sand zu den Tempeln befördert werden sollte. So seltsam es erscheinen mag — die Tempel sollten zunächst in den Zustand zurückversetzt werden, in dem sie Burckhardt vor 150 Jahren vorgefunden hatte. Erst nachdem die Statuen und Tempel unter Tausenden Tonnen Sand begraben waren, begann die eigentliche Arbeit: Der Felsvorsprung über den Kolossen und das Felsmassiv oberhalb der Tempel wurden abgesprengt.

Nachdem die Felsüberhänge beseitigt und die Steinbrocken über den Sandhang zum anstiegenden Nil herabgerollt waren, konnten die Grabungsarbeiten beginnen: Man mußte von oben her durch eine viele Meter dicke Gesteinsschicht zum Höhlentempel vordringen. Gleichzeitig wurde eilig ein Zaun aus Eisenpfählen eingerammt; der Pegel des Nils stand bereits so hoch, daß im nahenden Frühling eine Überflutung des Tempels drohte. Neben dem Zaun wurde ein Damm aufgeschüttet, so daß die Tempel von Abu Simbel im Frühjahr 1965 hinter dem Damm und unter den Sandmassen total verschwunden waren.

Nachdem alle vorbereitenden Maßnahmen getroffen waren, begann die allerwichtigste Arbeit: das Zersägen der Tempel.

Der Sandstein, in den man die Tempel einst gehauen hatte, ist relativ weich, was die Arbeit einerseits erleichterte, andererseits zu besonderer Vorsicht zwang. Das weiche und empfindliche Gestein mußte behutsam behandelt werden; nicht zufällig war der Kopf eines Kolosses bereits zu Lebzeiten Ramses' II. heruntergefallen. Bevor man die Tempel zu zerlegen begann, wurde jeder Quadratzentimeter von Fachleuten abgeklopft und geprüft. Sie fertigten genaueste Zeichnungen an, in die sie jeden Spalt und jeden Hohlraum eintrugen, und verkitteten dann alle verdächtigen Stellen mit polymeren Bindemitteln. Um das exakte und glatte Zersägen zu sichern, engagierte man aus italienischen Marmorbrüchen die besten Steinschneider, Meister ihres Faches. Gemeinsam mit ihren Helfern, den ägyptischen Steinmetzen, zersägten die italienischen Arbeiter, feinste Sägen verwendend, den Felsentempel mit großer Vorsicht. Oft mußten sie in unbequemer Stellung unter den Decken der Tempelräume arbeiten, eingeklemmt zwischen Stahlgerüsten, die man innen aufgebaut hatte.

Dann war der denkwürdige 10. Oktober 1965 gekommen. In diesem Jahr sollte für den Tempel der Tag nicht mehr anbrechen, an dem sonst der erste Sonnenstrahl in sein Sanktuar eindrang. Die Tempeldecke war schon entfernt und in Blöcken auf eine bereitgestellte Rampe gehoben worden. Dort standen aufgereiht bereits weitere Blöcke: das Relief mit den menschengroßen Affen, das noch vor kurzem die Tempelfassade geziert hatte, numerierte und gleich Mumien eingewickelte Säulen und Pilaster aus den Tempelräumen ...

Am 10. Oktober schob sich der Haken des Hebekrans zum Kopf der am äußeren Rand stehenden Statue hin ... Einer der anwesenden Journalisten schrieb in sein Tagebuch: »Im Morgengrauen fanden sich alle an dem Ereignis Beteiligten auf dem Platz ein ... Die Sonne ging soeben über dem Horizont auf, als der Kranführer das Zeichen erhielt, mit der Aktion zu beginnen ... Langsam, ganz langsam löste sich das Gesicht des Gottkönigs von den Ohren ... es war ein Schauspiel, das ich niemals vergessen werde. Einen Augenblick lang bemächtigte sich meiner der furchtbare Gedanke, die Barbaren von heute wollten den großen Pharao vernichten. Das am Seil schwebende riesengroße Gesicht drehte sich langsam um seine Achse, es schien, als wandele sich im Licht- und Schattenspiel der Sonnenstrahlen der Gesichtsausdruck ... Dann wurde das Gesicht des Pharaos sorgfältig auf eine Unterlage des bereitstehenden Trailers gebettet und zur Rampe befördert, wo sich bereits andere Tempelteile befanden...«

Für die Bau- und Transportarbeiter war der Kopf des Pharaos nur der Block Nummer N, einer von tausend Blöcken, die alle heil und unversehrt zum neuen Standort gebracht werden mußten. Das soll nicht heißen, die Ingenieure und Arbeiter wären nicht fähig gewesen, die Schönheit und Größe der Kolossalstatuen ebenso zu empfinden wie der zugereiste Reporter, doch sie hatten dafür einfach keine Zeit. Die gesamte Operation zur Rettung von Abu Simbel wurde unter unerhörtem Zeitdruck durchgeführt, es war ein Wettlauf mit dem Nil. Im August 1966 mußten die Arbeiten beendet sein, sonst würde der Stausee den provisorischen Damm überfluten, und alle bis dahin nicht geborgenen Tempelteile würden ein Raub des Wassers werden.

Zum ersten Mal seit Jahrtausenden wurde der Sonne und dem Wind Zutritt zu den Tempelräumen gewährt. Nun war man überwältigt, zu sehen, mit welchem Aufwand an Kraft und Können die ägyptischen Meister die Tempelhallen gestaltet und verziert hatten. Hunderte von Reliefs und Fresken waren in den schwülen, mit Fackeln und Öllampen nur schwach beleuchteten Räumen geschaffen worden, in denen es manch einer später kaum eine halbe Stunde lang aushielt. Alle Wände waren über und über mit Malereien bedeckt, man vollbrachte ein Titanenwerk zum Ruhme des göttlichen Pharaos. Der entlegene Ort wurde nur selten von Priestern und königlichen Beamten aufgesucht. Manchmal betrat ein Priester die Säle, schritt an den Ramsesstatuen vorüber. Das Licht der Fackel huschte über die Fresken. Und wieder wurde es dunkel in den Tempelräumen.

Der Felsentempel war einst zu Ehren des Sedfestes, des dreißigjährigen Regierungsjubiläums des Pharaos, entstanden. Im »Sed« erblickten die Ägyptologen eine Spur uralter Stammesbräuche: Der alt gewordene Führer wurde getötet, und seine Aufgaben übernahm ein jüngerer Herrscher. Im alten Ägypten symbolisierte das Sed eine Machterneuerung und den Beginn einer zweiten Regierungsperiode. Damit diese nicht weniger erfolgreich verlaufe als die vorangegangene, sollten sich die Götter von der Macht und Größe des Pharaos überzeugen. Deshalb mußten die Statuen am Tempeleingang so kolossal sein, deshalb kündeten die Reliefs feierlich von Ramses' großen Siegen über die Hethiter, die in Wahrheit nur Abwehrschlachten waren. Bei all dem dachte niemand an irgendwelche Besucher, allein die Götter, die auch im Dunkeln sahen, sollten erkennen, daß der Pharao seines Amtes weiterhin würdig ist.

Bei der Verlegung des Tempels nutzte man die Möglichkeit, ihn genau zu studieren, wofür die ägyptischen Archäologen zuständig waren. So etwas geschieht gewiß äußerst selten: Vor den Augen der Wissenschaftler wird ein ganzer Tempel Stück für Stück ans Tageslicht befördert, so daß nicht nur ein jedes Zeichen der Inschriften entziffert, sondern auch jeder Fehler der Künstler und jede vor den Sterblichen verheimlichte Laune des Herrschers aufgedeckt werden konnte. Zum Beispiel zeigte sich, daß der Pharao auf einem der Reliefs zunächst in stehender Pose vor den thronenden Göttern Amun und Mut dargestellt worden war. Doch dann erfolgte wohl der Befehl, die Rangordnung zu berichtigen. Das Bildwerk wurde verändert, Ramses war am Ende als ein ebenbürtig neben den Göttern Sitzender zu sehen. Um für den Gottkönig Platz zu schaffen, mußte die Göttin Mut etwas zur Seite rücken und kleiner werden.

Man erfuhr, daß die Lieblingsfrau Ramses' II., Iset-Neferti, während der Entstehung und Ausschmückung der Tempelräume gestorben war. Auf einem Relief des Hauptsaales ist ihre Tochter noch zusammen mit den Eltern als Prinzessin zu sehen. In den dahinter gelegenen Räumen fand man jedoch Fresken, die die Tochter bereits als Königin zeigen. Erst nach dem Tode der Mutter konnte sie es geworden sein. Es gab gewisse ethische Schranken der Sitte, die den Pharaonen gestattete, ihre Schwestern und Töchter zu heiraten.

Bald nach der Vollendung des Tempels, offenbar noch zu Lebzeiten des Pharaos, fiel der Kopf einer Kolossalstatue herunter. Die Steinmetzen hatten einen Riß oder einen Hohlraum im Sandstein übersehen. Der Kopf konnte nicht wieder angebracht werden. Es ist unbekannt, wie Ramses das aufgenommen hat, ob er es als ein böses Omen betrachtete oder als Gott über solche Kleinigkeiten erhaben war. Nach allem, was man dem zerlegten Tempel entnehmen konnte, wurden bestimmte Konstruktionsmängel und die in den ersten Jahrzehnten seines Bestehens aufgetretenen Schäden nicht beseitigt.

Ungefähr 300 Jahre noch diente der Tempel als Kultstätte, wohnten dort Priester, wurde die heilige Barke mit den Statuen der Gottheiten, darunter die von Ramses II., einmal im Jahr zum Nil getragen. Doch dann ging Niedernubien den Ägyptern verloren, der Tempel wurde vernachlässigt und verlassen. Vom Hochplateau rieselten ganze Bäche von Wüstensand, rings um die Kolossalstatuen wuchs allmählich ein Sandberg empor.

Noch ein aufschlußreiches Detail wurde bei den Verlegungsarbeiten entdeckt: Es stellte sich heraus, daß der Sand bereits um 600 v. u. Z. die Hüften der Kolosse erreicht hatte. Damals zogen griechische und phönikische Söldner durch diese Gegend. Sie waren ausgesandt, Nubien erneut zu erobern. Offensichtlich hatten es die Truppen nicht eilig, denn zwei der Söldner kletterten den Sandberg hinauf zur Hüfte von Ramses und ritzten in das Bein des Gottkönigs das folgende »Kommuniqué«: »König Psammetich kam nach Elephantine, und die mit Psammetich waren und den Strom aufwärts fuhren, solange es möglich war, haben dieses geschrieben. Potasimto führte die Ausländer und Amasis die Ägypter. Dies schrieben wir: Archon, Sohn des Amoibichos, und Pelkos, Sohn des Udamos.« Es ist eine der ältesten griechischen Inschriften.

... Die Bauleute wurden rechtzeitig fertig. Als das Wasser des Stausees schon beinahe das Plateau erreichte, auf dem noch vor kurzem der Tempel stand, begann man bereits mit dem Zusammenfügen der Blöcke und später auch der Kolosse auf der höchsten Terrasse des Plateaus, wo zuvor eine Riesennische, die Platz für den großen Tempel bot, in den Fels gehauen worden war. Schon stand die Lösung neuer Probleme auf der Tagesordnung: Was soll mit dem Kopf geschehen, der einst heruntergefallen war? Wie müssen die Fugen zwischen den Blöcken behandelt werden?

Zur zweiten Frage traf der Direktor des Amtes für Ägyptische Archäologie folgende Entscheidung: »Die Verletzungen, die dem Pharao zugefügt wurden, müssen geheilt werden. Die Fugen sind mit Mörtel bis zu einigen Millimetern von der Oberfläche auszufüllen. Wir könnten noch mehr tun und nicht nur die Wunden heilen, sondern auch die Narben unsichtbar machen. Aber wären wir damit im Recht vor unseren Vorfahren und vor uns selbst, auch gegenüber denen, die nach uns kommen werden?«

# TIMGAD
## Eine römische Musterstadt

In Nordafrika entwickelten sich im Altertum mehrere Zivilisationen, von denen eine die andere ablöste, integrierte und dadurch selbstverständlich auch bereichert wurde, ob man es wünschte oder nicht.

Ägypten hatte seine Herrschaft nicht über Libyen hinaus ausgedehnt, doch das Ideengut und die Botschafter des Landes drangen bis zur Küste des Atlantischen Ozeans vor. Es ist kein Zufall, daß die Tassilifelsbilder Spuren ägyptischen Einflusses aufweisen.

Wenig später als die Ägypter erschienen in dieser Region die Phöniker, die tüchtigsten Kaufleute und Seefahrer des Altertums. Ihre Städte entstanden vor 5000 Jahren an der Küste des heutigen Libanon und Syrien.

Das Wort »Bibel« bedeutete ursprünglich »Buch« und geht auf den Namen der phönikischen Stadt Byblos (phönikisch: Gebal, heute: Dschebel) zurück. Aus Byblos stammen die ältesten Funde der südphönikischen Lautschrift (Buchstabenschrift). Im Unterschied zu anderen Erfindern von Lautschriftsystemen führten die Phöniker ihre Schrift nicht nur bei sich selbst ein, sondern verbreiteten sie über den gesamten Mittelmeerraum.

Die Phöniker umsegelten Afrika 2000 Jahre vor Vasco da Gama. Sie fuhren von Osten nach Westen im Auftrag von Pharao Necho (um 610—595), der einen den östlichen Nilarm mit dem Roten Meer verbindenden alten Kanal wieder schiffbar gemacht hatte. Auf ihren halbmondförmigen, spitzbugigen Schiffen durchquerten die Phöniker den Kanal, hißten die rechteckigen Segel und fuhren entlang der afrikanischen Küste nach Süden. Als nach ihren Berechnungen der Herbst gekommen war, gingen sie an Land, säten Weizen und warteten ab, bis er reif wurde, ernteten das Getreide und verluden es in die Kielräume der Schiffe, danach fuhren sie weiter. So brauchten sie den Hunger auf See nicht zu fürchten, und die weite Seereise bereitete ihnen keine Sorgen. Als die Phöniker ein zweites Jahr auf dem Meer verbracht hatten, gingen sie erneut an Land, und wieder wurden die Seefahrer zu Ackerbauern. Erst im dritten Jahr kehrten sie durch die Enge bei den Herkulessäulen ins Mittelmeer zurück.

Von dieser Umseglung Afrikas hatte Herodot gehört, doch er hielt die Erzählung für unwahr. Der weise Grieche schrieb darüber folgendes: »Als sie zurückgekehrt waren, sagten sie (einige glaubten ihnen, ich aber nicht), daß die Sonne rechts stand, als sie Libyen umschifften.«

Natürlich ging die Sonne dort von rechts auf, wie es sich für die südliche Halbkugel gehört. Da Herodot jedoch annahm, daß die Erde eine Scheibe sei, betrachtete er den besten und unanfechtbaren Wahrheitsbeweis des Phönikerberichtes als eine phantastische Erfindung.

Wohin immer die unternehmungsfreudigen und geschäftstüchtigen Phöniker gelangten, überall gründeten sie Kolonien oder Handelsniederlassungen, gewöhnten sich rasch an die neue Umgebung, brachten neue Handwerkskunst mit und die Lust zur Ortsveränderung. Ihre Handelsfaktoreien verwandelten sich in Städte, und eine Kette phönikischer Siedlungen zog sich um das gesamte Mittelmeer.

Als die Phöniker von der Afrikaumseglung ins Mittelmeer zurückkamen, konnten sie sich hier überall zu Hause fühlen; denn ihre Stämme siedelten auf Rhodos, Zypern, Kreta, Malta, Sardinien, bis hin nach Spanien und Tunis. Auf der Rückreise machten die mutigen Seefahrer wahrscheinlich auch einen Abstecher nach Karthago, das von Phönikern 300 Jahre vor der Umseglung Afrikas gegründet worden war.

Die Phöniker wagten sich auf den Atlantischen Ozean hinaus, und niemand kann sagen, wie weit sie gekommen sind. Verbürgt ist jedenfalls, daß sie in England waren, wo sie Zinn und Blei einkauften, und auch auf den Azoren, von denen die Griechen und Römer damals noch keine Vorstellung hatten. Es wird angenommen, daß die Phöniker bis nach Amerika gelangt sind.

Karthago, eine der bedeutendsten Städte der antiken Welt, dehnte seine Herrschaft allmählich über die gesamte nördliche Küstenregion Afrikas aus und wurde zum Hauptrivalen Roms. Die von einigen reichen Geschlechtern regierte Handelsrepublik läßt sich in mancher Hinsicht mit dem mittelalterlichen Venedig vergleichen. Die karthagischen Schiffe beherrschten das Mittelmeer, und von Karthago zogen Karawanen weit ins afrikanische Hinterland, erreichten die Savannen, aus denen sie Elefanten, schwarze Sklaven, Gold und Eisen mitbrachten.

Jedem Schüler sind die Punischen Kriege, die Namen der berühmten karthagischen Feldherren Hasdrubal und Hannibal und die Schlachten vor den Toren Roms und vor den Küsten Afrikas bekannt. Der Titanenkampf der beiden Großmächte jener Zeit führte zum Untergang von Karthago. Am Beginn einer neuen Ära unterlag Karthago und wurde zerstört. Doch die Phönikerkolonien Nordafrikas verschwanden nicht. Unter ihren Bewohnern stellten die Phöniker nur eine Minderheit dar, es gab dort auch Libyer und Berber, Araber und Neger, Einwanderer aus Asien und Italien.

179

Im Küstenland von Afrika schufen sich die Phöniker ihre eigene Welt, gingen jedoch zugleich geschickte Verbindungen ein, eroberten allmählich die führende Position und machten sich die einheimischen Dynastien untertan.

Ähnlich verhielten sich die Römer, die als dritte Großmacht in Nordafrika die Karthager ablösten. Es erwies sich, daß die römische Ordnung noch effektiver und dauerhafter war als die Herrschaft Karthagos. Wie man im Reich der Kuschiten, von dem später die Rede sein wird, äußerlich das ägyptische Pantheon, die ägyptische Kunst und die Herrschaftskonzeption der Ägypter übernahm, so unterschieden sich auch die an der Stelle der alten karthagischen Siedlungszentren gegründeten Städte der Römer nicht von den römischen Städten Europas oder Asiens. Die Römer verstanden es ausgezeichnet, ihr Imperium zu organisieren.

Ungeachtet der Tatsache, daß die Bevölkerung der Städte von Magrib gemischt war und die Römer dort niemals die Mehrheit bildeten, waren die Merkmale der römischen Stadt hier so offenkundig, daß man, wäre eine dieser Städte von den Feinden und der Zeit verschont geblieben, wohl kaum sofort entscheiden könnte, in welchem Teil des Römischen Reiches sie erbaut wurde.

Als Beispiel einer typisch römischen Stadt in Nordafrika kann Timgad genannt werden. Sie wurde im Jahre 100 u. Z. von Kaiser Trajan nahe einer karthagischen Siedlung gegründet. Schon bald erhielt sie römische Privilegien, das heißt, ihre Bürger waren nahezu gleichberechtigt mit den übrigen Bürgern des Imperiums. Als das Römische Reich seine äußerste Ausdehnung und den Gipfel der Macht erreicht hatte, galt die Sorge des Staates der Loyalität der Randgebiete.

Timgad hatte Glück in einem besonderen Sinne: Als die Stadt an Bedeutung verlor, wurde sie verhältnismäßig rasch aufgegeben. Nach dem Ende des Römischen Imperiums gelangte sie unter byzantinische Herrschaft, und als dann ein Teil der Stadt durch ein Erdbeben zerstört wurde, war sie bereits weitgehend verfallen und menschenleer.

Das ökonomische Gefüge des Römischen Imperiums war längst erschüttert, der Weizenexport, auf den sich Nordafrikas Wohlstand zuvor gründete, war zurückgegangen; das Klima wurde hier trockener, die Quellen, die der Stadt Timgad Wasser gespendet hatten, waren versiegt, so wurde das komplizierte System von Aquädukten, die das Wasser über eine Entfernung von 13 Kilometern von den Gebirgsquel-

*Traianustriumphbogen.*
*Unten: Steintisch auf dem Marktplatz von Timgad. Die Ornamente*
*hatten nicht nur schmückende Funktion, sondern dienten als*
*Ladenschilder.*

len zu den Zisternen und Reservoiren Timgads herangeführt hatten, nutzlos. Was zur Zeit Roms noch eine ziemlich einfache technische Aufgabe gewesen wäre, nämlich neue Quellen zu finden und die Wasserleitung um einige Kilometer zu verlängern, konnte zu Beginn des Mittelalters nicht mehr bewältigt werden. Die Sahara trug den Sieg davon, die Menschen verließen die Stadt und vergaßen sie. Da aber kein Wasser im Umkreis vorhanden war, ließen sich auch keine Bauern nahe der Stadt nieder, entwendeten somit nicht, wie es andernorts geschah, die wertvollen Platten zum Bau eigener Behausungen. Die Sahara hatte die Stadt vernichtet, doch sie erhielt sie zugleich, ähnlich der Lava, die Pompeji konservierte.

Timgad, eine römische Musterstadt, war mit Lineal und Zirkel entworfen worden. Zwei breite Straßen gliederten sie auf und kreuzten sich im Zentrum. Dahinter lagen die Schachfelder der Wohnviertel bis hin zu den Stadtmauern, die daran erinnerten, daß Timgad wie viele andere in den Provinzen gegründeten Städte anfänglich ein militärisches Lager war. Später, als sich die Stadt zum Zentrum einer Region entwickelte, wurde das Lager nach Lambaesis verlegt, wo ein beeindruckender, an eine mittelalterliche Burg erinnernder Triumphbogen erhalten blieb.

Zwischen den eintönigen Wohnvierteln, inmitten der kleinen Wohnhäuser der Bürger ragen große öffentliche Gebäude; die römischen Städte waren beauflagt, davon ein ganzes Ensemble zu besitzen. Dazu gehörten die Stadtthermen, die öffentlichen Badeanstalten, von denen in Timgad die Gewölbe mit den Heizanlagen erhalten sind. Man kann dort noch heute die Warm- und Heißwasserbecken ausmachen und den Raum der Salbungen, erkennt den Platz, wo die »echten« römischen Bürger, die Rom freilich nie gesehen hatten, ihre bedächtigen Gespräche führten. Eine der Hauptstraßen, Decumanus, deren Pflaster tiefe Furchen aufweist, hundertjährige Räderspuren, führt zum großartigen Traianustriumphbogen. Welche römische Stadt hatte wohl keinen solchen Ehrenbogen? Die Statuen, die ihn einst zierten, sind verschwunden, doch die Säulen stehen noch, und die Straße besitzt drei Fahrbahnen: eine mittlere für die Wagen und zwei seitliche für Fußgänger. Fällt Ihnen etwas auf? Alles ist bei uns wie im alten Rom! Im Zentrum von Timgad befand sich selbstverständlich das Forum. Vom Hauptgebäude blieb nur der Boden der Kurie erhalten, in der der Munizipalrat tagte, und gegenüber steht eine Basilika, wo das Gericht und die Börse untergebracht waren. Timgad war vor allem eine Stadt des Handels. Man handelte mit Getreide. Von den Statuen der Kaiser sowie anderer hoher Würdenträger und Aristokraten sind nur noch die Sockel vorhanden, doch deren beträchtliche Zahl beweist, daß die römischen Bürger von Timgad, gleich, welcher Volkszugehörigkeit, den Bürgern von Rom in nichts nachstehen wollten. Zwei gigantische Säulen krönen den Hügel, auf dem einst das Kapitol stand, ein den Göttern Jupiter, Juno und Minerva geweihter Tempel. Seine Fassade wies ursprünglich sechs Säulen auf. Im Tempelinneren war jedes der drei Schiffe je einer Gottheit vorbehalten.

Interessant und ungewöhnlich ist der Marktplatz von Timgad, der hier besser erhalten blieb als in anderen römischen Städten. In den Läden sind große und kleinere Steintische zu sehen. Ornamente und Stuckfiguren, die die Läden zieren, hatten zugleich die Funktion von Schildern. Man kann sich gut das auf dem Marktplatz herrschende Treiben vorstellen, wenn die Karawanen aus der Wüste und von der Küste hier anlangten.

Die römischen Bürger von Timgad gaben sich Mühe, ihren europäischen Partnern auch in der Kunst nachzueifern. Das riesige Stadttheater hatte einen Durchmesser von 63 Metern und bot etwa 4000 Zuschauern Platz. Diese Größe darf man wohl nicht allein dem Ehrgeiz zuschreiben, die Stadt war das Kulturzentrum des gesamten Umkreises. Zu den Denkmalen timgadischer Kultur gehört auch die Bibliothek, ein halbrunder einstöckiger Bau mit vielen Nischen und Schränken für die Buchrollen und mit einem Lagerhaus im Hof. Wie man aus einer Inschrift erfuhr, kosteten Bau und Einrichtung der Bibliothek 400 000 Sesterzien, die Summe war von einem Bürger namens Marcus Iulius Quintanus gespendet worden. Selbst wenn heutige Maßstäbe angelegt werden, muß man den Bestand von 25 000 Werken, über den die Bibliothek verfügte, als bedeutend ansehen.

Man sollte meinen, diese Stadt hätte, als sie starb, keine Spuren hinterlassen dürfen, keine Erinnerung an das Forum, an das Markttreiben, das Plätschern der Fontänen, an die klugen Gespräche auf den Terrassen der Bäder. Denn die Römer waren hier längst vergessen, als die Eroberer kamen, die nicht nach den Büchern, den Göttern und dem Theater der Römer fragten.

Dennoch war es anders. Es handelte sich ja um eine afrikanische Stadt, wie »echt römisch« das Gewand auch gewesen sein mag, das sie sich zeitweilig überstreifte. Als die letzten römischen Bürger sie verließen, die Libyer, Phöniker, Berber, Neger — anders bezeichnet: die Kaufleute, Handwerker und Sklaven —, nahmen sie die Erinnerung an die Statuen, Bücher, Theatermasken mit. Sie wurde durch viele spätere Generationen transformiert und in andere Gegenden des Schwarzen Kontinents hineingetragen. Als einer seiner Zuflüsse mündete sie in den breiten Strom afrikanischer Kultur ein. Man darf wohl annehmen, daß sich in den Nokskulpturen, in den Porträts von Ife und in den Mauern von Simbabwe — wenn auch indirekt und

unbewußt — einiges davon reflektiert, was hier im Norden vor eineinhalbtausend Jahren existierte. Ebenso hatten einst die Nachkommen
der Schöpfer der Tassilifelsbilder ihre große Kunsterfahrung wohl
in andere Gebiete verpflanzt, was keineswegs die Errungenschaften
anderer Epochen und Völker schmälert und den Skulpturen von Ife
und Benin ihre Einzigartigkeit nimmt.

# MEROË
## Die Schlacke der Schmelzöfen

Die ungewöhnliche Berühmtheit des Landes der Pyramiden, der
Kunstreichtum Ägyptens und die Größe seiner Denkmale ließen die
Erinnerung an weiter südlich, etwa auf dem Gebiet des heutigen
Sudan gelegene Länder verblassen. Davon war vor allem das Land
Kusch betroffen ...

Phiops II., ein Pharao der 6. Dynastie, der fast zweieinhalb
Jahrtausende vor Beginn unserer Zeitrechnung lebte, erhielt eine
Botschaft vom Statthalter des Südens Chuefhor, der von einem Feldzug an die Nilkatarakte zurückgekehrt war. Der Statthalter zählte die
reiche Beute auf: Ebenholz, Elfenbein, Weihrauch, Straußenfedern
und ein schwarzer Zwergpygmäe. Nachdem der Pharao die Botschaft
vernommen hatte, diktierte er sogleich die Antwort. Es ist der einzige
aus dem Alten Reich erhaltene Brief, er war in die Wand der erhaltenen Grabstätte Chuefhors gemeißelt worden.

»Brich auf gen Norden zu unserem Hof«, lautete die Aufforde-
rung des Pharaos. »Und bring diesen Zwerg mit ... Wenn er mit
dir flußabwärts fahren wird, laß ihn von ausgezeichneten Männern
behüten, die sollen am Schiffsrand neben ihm stehen, damit er nicht
ins Wasser fällt. Wenn er des Nachts schläft, so bestimme ausgewählte
Männer, die neben ihm schlafen sollen, kontrolliere sie über Nacht
zehnmal. Wir wünschen diesen Zwerg zu sehen, mehr als alle Geschenke aus dem Sinai und von Punt.«

Man hat mehr Verständnis für den Inhalt dieses Briefes, wenn
man weiß, daß der Pharao erst acht Jahre alt war. Auch Pharaonen
blieben in ihrer Kindheit gleichgültig gegenüber Geschenken aus
Punt, wenn sie einen richtigen schwarzen Zwerg sehen durften.

In den Anfängen des Mittleren Reiches, beinahe 500 Jahre nach

*Die nur wenige Meter hohen, zum Teil oben abgestumpften*
*Pyramiden von Meroë erinnern an einen Spielplatz von Riesen.*
*Unten: Relief aus einer Pyramidenkapelle.*

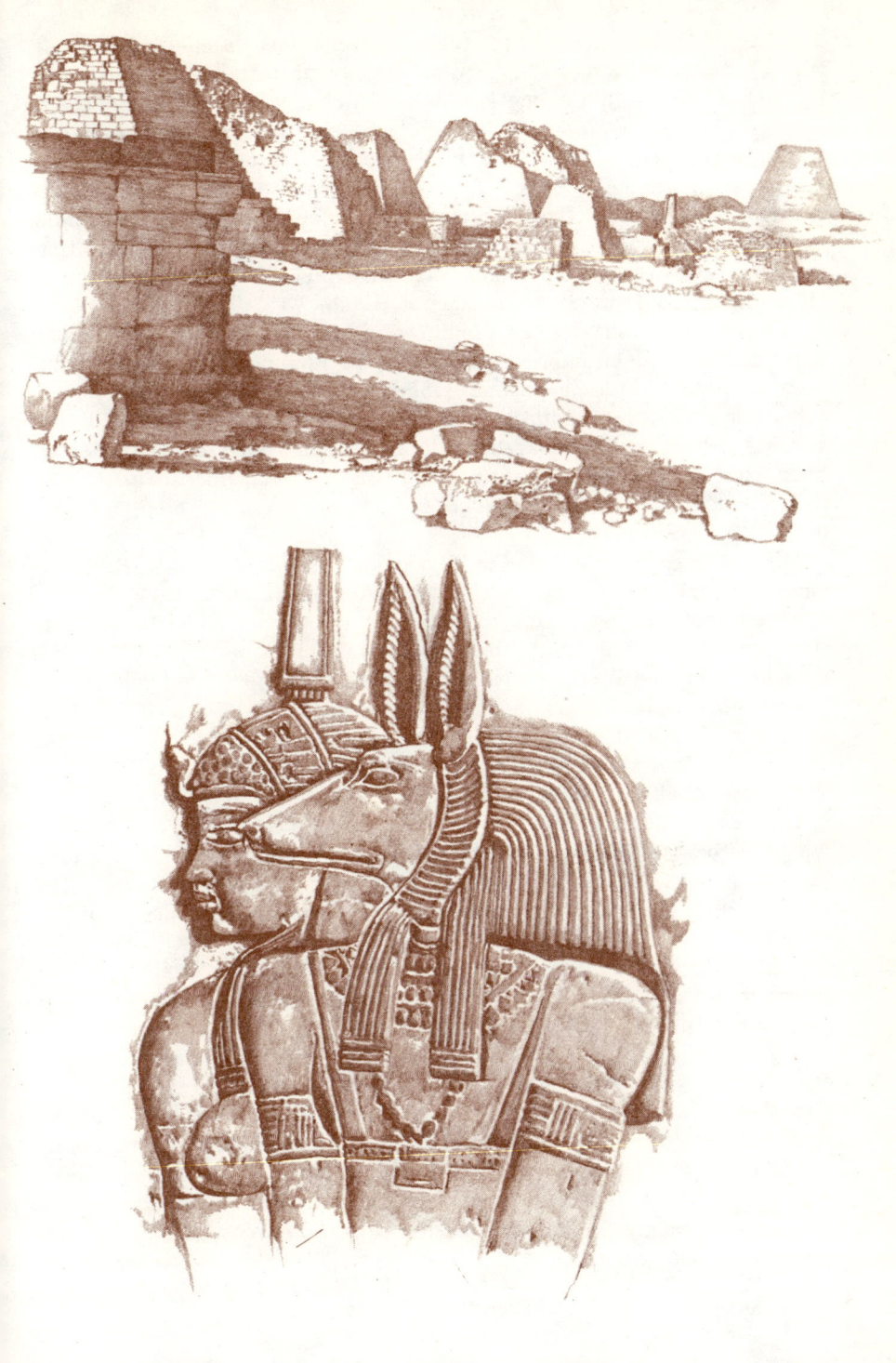

der Zeit, als Pharao Phiops (der übrigens fast hundert Jahre alt wurde) den Zwerg schließlich zu sehen bekam, festigte Ägypten seine Herrschaft über die Länder Nubiens südlich der ersten Nilschwellen. Noch einmal vergingen 500 Jahre — in jenen Zeiten drehte sich das Rad der Geschichte bedeutend langsamer als heute —, und Thutmosis I. stieß bei einem Feldzug über den vierten Katarakt vor. Er stellte Grenzposten in den Gebieten auf, in denen die Kuschitenstämme siedelten. Wiederum vergingen 500 Jahre, in einer Periode der Mißerfolge Ägyptens befreiten sich die Kuschiten von der ägyptischen Herrschaft und gründeten ein eigenes Reich.

... Reist man mit der Eisenbahn von der Hauptstadt des Sudan Khartum am Nil entlang stromabwärts, so kommt einem südlich der Stadt Schendi eine eigenartige Hügellandschaft entgegen. Irgendwo führt dann die Strecke durch zwei dieser Hügel: Beiderseits des Bahnkörpers erhebt sich schwärzlich glänzendes Erdreich etwa 10 Meter hoch. Die Hügel sind zu hundert Prozent durch menschliche Tätigkeit entstanden. Es ist Schlacke von Schmelzöfen, die hier jahrhundertelang brannten.

Hinter den Hügeln werden Pyramiden sichtbar und die Ruine eines Tempels, der an ägyptische Heiligtümer. erinnert. Auch die Pyramiden scheinen ägyptisch zu sein und unterscheiden sich dennoch stark von den nördlichen Grabdenkmalen der Pharaonen, die Tausende Kilometer von hier entfernt sind. Diese Pyramiden sind nur einige Meter hoch, viel steiler als die ägyptischen und zum Teil oben abgestumpft. Man könnte an einen Kinderspielplatz von Riesen denken. Hier tummelten sie sich vielleicht und bauten Spielzeug aus Würfeln auf — aus Kalksteinquadern, die etwa einen Meter im Kubik messen.

Der englische Historiker Basil Davidson beschreibt die bislang wenig erforschte Ruinenstadt Meroë, einstige Hauptstadt des Landes Kusch, so: »In Meroë und dessen Umgebung stellen die Ruinen der Paläste und Tempel Überreste einer Zivilisation dar, deren Blüte vor mehr als 2000 Jahren bestand. Und rings um die Ruinen, die immer noch ihre einstige Größe bewahren, liegen die Grabhügel der Erbauer dieser Tempel und Paläste. Selbst einige wenige Stunden, die man inmitten der Ruinenstätte von Meroë verbringt, erlauben einen flüchtigen Blick in jene weit zurückliegende Epoche. Stelen aus rotem Basalt, mit geheimnisvollen Schriftzeichen übersät, Fragmente von Basreliefs aus weißen Alabaster, die einmal die großartigen Burgen und Tempel schmückten, Scherben bemalter Tongefäße, Steine, deren leuchtende Ornamente noch nicht verblaßten, sind Spuren einer Hochkultur. Hier und da stehen verwitterte Granitstatuen des Amun-Re, des Sonnengottes, und der Wüstenwind treibt Wolken braungelben Sandes darüber hinweg ...«

Wiederholt wurden in Meroë Grabungen in Angriff genommen, doch bis heute bleibt die Hauptstadt von Kusch wie auch andere Städte des einst an der Südgrenze von Ägypten entstandenen Staates unzureichend erforscht. Als der Leiter der Sudanesischen Generaldirektion für Altertümer seiner Regierung im Jahre 1958 einen Bericht über die Denkmäler Meroës vorlegte, die zu erforschen und zu rekonstruieren wären, umfaßte die Liste mehr als 200 Objekte. Unlängst wurde dieses Verzeichnis von Achäologen aus der DDR noch erweitert.*

Dennoch ist in Meroë bisher von den Archäologen, die heute nicht mehr Schatzsuche betreiben, sondern im Dienste der Menschheitsgeschichte tätig sind, bereits viel geleistet worden. Aus Schutt und Sand wurde ein gigantischer Tempel des Sonnengottes freigelegt; vor undenklichen Zeiten geplünderte Pyramiden der Herrscher von Kusch wurden erforscht und verzweigte unterirdische Gänge entdeckt, die zu den Grabstätten der Königinnen hinführten. Man fand ein Verzeichnis der Könige von Kusch, aus dem hervorgeht, daß die einheimischen Dynastien von 1200 v. u. Z. bis 200 u. Z. im Lande regierten. Keramiken, Stelen, Reliefs wurden untersucht, Inschriften entziffert ... Heute darf man endlich sagen, daß die Ruinen der Tempel und Städte von Kusch nicht mehr völlig stumm sind, sie haben zu reden begonnen ... Die erste afrikanische Hochkultur südlich der Sahara beginnt sich uns zu erschließen. Sie hatte viel von Ägypten übernommen, entwickelte sich unter ägyptischem Einfluß, fand jedoch schließlich den eigenen Weg und übertraf in mancher Hinsicht den Lehrmeister.

Die ersten Jahrhunderte der Geschichte von Kusch sind mit der Herrschaft der Ägypter verbunden. Die örtliche Oberschicht, die Priesterschaft und das Königshaus übernahmen ägyptische Gepflogenheiten und Sitten. Doch die Strömungen von Norden werden kaum bis zu den unteren Bevölkerungsschichten durchgedrungen sein. Die Bewohner von Kusch unterschieden sich von den Ägyptern nicht nur ethnisch, sondern auch nach den ausgeübten Tätigkeiten: Die Kuschiten waren nicht so total vom Strom, dem großen Lebensspender, abhängig, die Savannen begünstigten die Viehzucht, viele der in Kusch lebenden Stämme blieben Nomaden.

Offenbar waren die schwachen Pharaonen der 22. Dynastie um

---

* Die im Pyramidenfeld von Meroë laufenden jährlichen Einsätze der Sudanesischen Generaldirektion für Altertümer und nationale Museen leitet Dr. Friedrich W. Hinkel, Architekt am Zentralinstitut für Alte Geschichte und Archäologie der Akademie der Wissenschaften der DDR. Anm. d. dt. Red.

800 v. u. Z. gezwungen, Kusch die Unabhängigkeit zu gewähren. Zuerst wurde Napata Hauptstadt des Königreiches; es lag am vierten Nilkatarakt und war ein Zentrum des Kultes von Amun, den die Kuschiten als Widder darstellten.

Nur wenig später drangen die kuschitischen Könige bereits selbst nach Norden vor. Der erste »große« König von Kusch, Kaschta, fiel in die südlichen Gaue Ägyptens ein. Sein Sohn Pianchi unternahm eine Reihe von Kriegszügen gegen ägyptische Machthaber. Einiges deutet darauf hin, daß er von den Amunpriestern unterstützt wurde, die wünschten, daß in Ägypten ein starker Herrscher und getreuer Amunverehrer regiere. Der Amunkult stand in Kusch höher als in Ägypten, das geht aus Inschriften und späteren Nachrichten hervor. Viele Aufgaben der Herrscher wurden in Kusch durch Vorschriften der Amunpriester geregelt, die über große Erfahrung nicht nur im Verwalten von Tempeln, sondern auch im Lenken der Regierenden verfügten.

Bald eroberte Pianchi Theben und später nach Belagerung auch Memphis. Er zeigte sich als talentierter Heerführer, der nicht nur die Schwachstellen seiner Gegner erkannte, sondern auch seine Truppen geschickt einzusetzen verstand, Bündnisse mit den einander befehdenden Fürsten und Kleinkönigen einging und bei all dem nicht vergaß, den ägyptischen Priestern gebührende Ehrerbietung zu bezeigen.

Ägyptens Niederlage war unausweichlich geworden. Der Krieg gegen die Kuschiten verlief im allgemeinen so: Die Ägypter schlossen sich in den mächtigen Festungen und hinter Stadtmauern ein, doch uneinnehmbare Festungen gibt es bekanntlich nicht. Früher oder später fällt jede Festung, sofern nicht von außen Hilfe kommt. Pianchi wußte das sehr wohl.

Nachdem der letzte ägyptische Pharao besiegt war, begründete der König von Kusch die 25. Dynastie, die die nubische oder äthiopische genannt wird (die Bezeichnung »Äthiopien« geht auf die Griechen zurück). Die Afrikaner herrschten etwa hundert Jahre in Ägypten.

Freilich wurde diese nach den Relationen der ägyptischen Geschichte relativ kurze Herrschaftsperiode jäh und dramatisch beendet, als in den Niederungen des Nildeltas ein neuer gefährlicher und mächtiger Feind auftauchte, mit dem sich weder die Kuschiten noch die Ägypter messen konnten.

Die Assyrer, die Ägypten überfallen hatten, waren mit Speeren und Schwertern aus Eisen bewaffnet. Mit ihren Bronze- und Steinwaffen konnten die Kuschiten und Ägypter nichts gegen das Eisen der Assyrer ausrichten. In ähnlicher Lage befanden sich viele Jahrhunderte später die Völker des Ostens, als sie einen aussichtslosen

Kampf gegen europäische Truppen führten, in dem die Ungleichheit der Waffen den Ausschlag gab. Zum Glück versuchten die Assyrer nicht, die Kuschiten bis an den Oberlauf des Nils zu verfolgen, so blieb der unabhängige Staat Kusch erhalten.

Für die gesellschaftliche Entwicklung der Kuschiten brachte dieser verlorene Krieg auch etwas Positives, denn seit jener Zeit begannen die Schlackenhalden vor den Schmelzöfen Meroës und in anderen Städten zu wachsen. Das war freilich ein Jahrhunderte währender Prozeß, in dem sich Meroë nach den Worten eines englischen Archäologen allmählich in ein »afrikanisches Birmingham« verwandelte. Um den Beginn unserer Zeitrechnung wurde das Land Kusch zum Ausgangspunkt für die Verbreitung der Eisenproduktion in ganz Afrika. In Kusch war das Eisen zum gewöhnlichen Material geworden, so daß man daraus sogar Hocker anfertigte.

Die Isolierung des Königreiches Kusch von anderen großen Staaten des Ostens (um die kuschitischen Städte zu erreichen, mußten feindliche Truppen viele hundert Kilometer durch ungastliche Gegenden marschieren) trug dazu bei, daß die staatliche Eigenständigkeit von Kusch auch dann erhalten blieb, als im Norden die Weltreiche einander ablösten und Staaten untergingen.

Kurz vor Beginn unserer Zeitrechnung überfielen die Kuschiten das von Rom abhängig gewordene Ägypten, schlugen die römischen Kohorten und schalteten sich so erneut in die große Politik des Nahen Ostens ein. Darauf zerstörte eine römische Strafexpedition Napata. Geschichtsschreiber berichten über diesen Feldzug, daß die Römer Kusch zwar nicht besiegen und unterwerfen konnten, aber die gefangengenommenen Römer befreiten und eine von den Kuschiten geraubte Statue des Kaisers Augustus zurückbrachten. Anscheinend befand sich nicht nur diese eine Statue im Besitz der Kuschiten, denn in einem Palast von Meroë wurde bei Ausgrabungen ein Bronzekopf desselben Kaisers gefunden.

Um 200 v. u. Z. war die Residenz der kuschitischen Herrscher von Napata nach Meroë verlegt worden. Seit jener Zeit wurden die Grabstätten der »göttlichen« Königinnen vorwiegend in Meroë und nur noch selten in Napata errichtet. Vielleicht hatte das Vordringen der Wüste die Kuschiten zur Verlegung ihrer Hauptstadt veranlaßt.

In Kusch gab es damals noch weitere bedeutende Zentren. Dreißig Kilometer von Meroë entfernt steht in der Wüste eine imposante Palastruine, dort residierte einst ein Herrscher von Kusch. Am gleichen Ort befinden sich mehrere bislang nicht erforschte Hügel, neben denen Reste gewaltiger Mauern und nicht sehr hoher, aber mächtiger Säulen zu sehen sind. Aus all dem, was erhalten blieb, läßt sich insgesamt eine Vorstellung von der Endzeit jener altöstlichen Kultur gewinnen, die nahezu 2000 Jahre existierte. Zuletzt überfeinert und anfällig geworden, bedurfte sie nur eines Stoßes von außen, um unterzugehen. Überreste von Bewässerungsanlagen weisen darauf hin, daß bebaute Felder die Paläste umgaben, daß grüne Haine ihren Steinterrassen und Gemächern Schatten spendeten. Aus Indien und auch aus China kamen Kaufleute nach Kusch und brachten exotische Waren mit. Davon zeugt beispielsweise eine chinesische Schale, die man in Meroë fand.

Dreißig Kilometer von diesen Palästen entfernt liegen die Ruinen der Tempel von Naga. Sie entstanden um den Beginn unserer Zeitrechnung. Damals hatte die Entwicklung der altägyptischen Kultur bereits ein Ende gefunden, während die kuschitische noch lebendig blieb. Am größten und am besten erhalten ist in Naga der Löwentempel. Einheimische Götter hatten den allmächtigen Amun verdrängt. Auf Pylonen sind vergessene Heldentaten kuschitischer Könige dargestellt. An der Rückwand des Tempels befindet sich ein eigenartiges Relief, das den dreiköpfigen, vierarmigen Löwengott Apedemaaka zeigt (die Wissenschaftler können jetzt die kuschitischen Inschriften entziffern, sind jedoch nicht in der Lage, sie zu verstehen), der auf den ersten Blick an indische Götterdarstellungen erinnert. Vielleicht ist die Ähnlichkeit zufällig, doch vermutlich handelt es sich nicht um Zufälligkeiten. Nach Kusch gelangten indische Waren, so konnten auch ein Austausch von Ideen und die Übernahme von Kunstformen nicht ausbleiben.

Nach dem Krieg mit den Römern waren 100 bis 200 Jahre vergangen, da erscheint neben Kusch ein gefährlicher Nachbar — das äthiopische Königreich Aksum (Axum). Das erstarkende Aksum blokkierte die Handelswege, die von Kusch zum Indischen Ozean führten, und untergrub damit endgültig die Macht des ältesten der damals bestehenden Reiche. Noch verteidigte sich Kusch, doch im 4. Jahrhundert u. Z. verschwinden die Inschriften seiner Könige, und das Land wird in den Werken der alten Autoren nicht mehr erwähnt. Hilfe konnte Kusch von niemandem erwarten, denn die Alte Welt zerbrach damals gerade unter dem Ansturm der Barbaren. Der Untergang des kuschitischen Reiches wurde von der übrigen Welt kaum zur Kenntnis genommen. Da die Europäer wenig über Afrika wußten, machten sie keinen großen Unterschied zwischen Aksum und dem früheren Kusch: Die Bewohner beider Länder wurden Äthiopier genannt.

*Der Römische Kiosk von Naga.*
*Unten: der Löwengott Apedemaaka an der Südwand des Löwentempels*
*von Naga.*

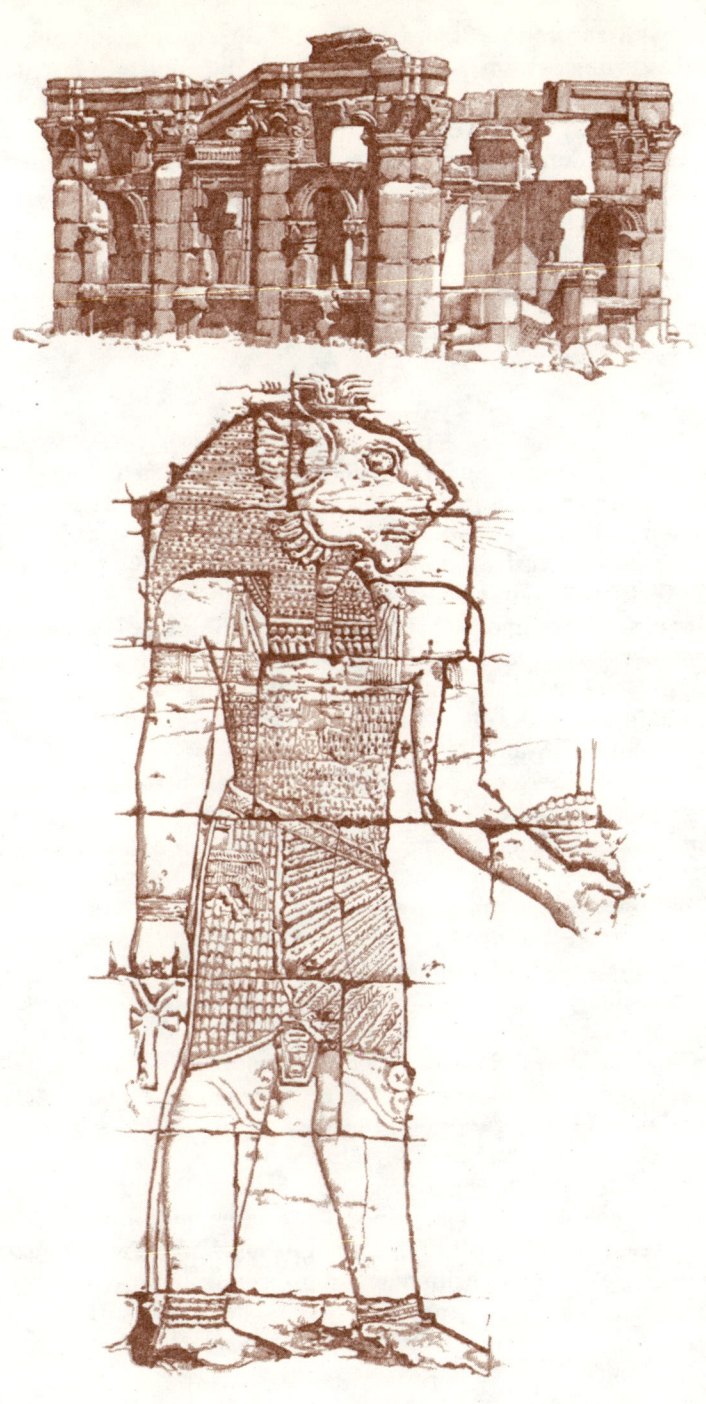

Als die kuschitischen Städte verfielen, verschwand mit ihnen auch das Bewässerungssystem des Landes, und die Wüste verschlang die Paläste und Tempel. Die Hirten, die nach den Ackerbauern gekommen waren, benötigten keine Tempel, kannten deren Götter und Inschriften nicht. Nun werden die Historiker und Archäologen noch über viele Jahre zu tun haben, um uns die Bedeutung des Reiches Kusch, das ein Mittler zwischen Ägypten und dem übrigen Afrika war, in vollem Umfange zu erschließen.

## AKSUM
### Türme der Toten

Europas Beziehungen zu Äthiopien gestalteten sich ungewöhnlich: Man verlor dieses Land, vergaß es jedoch nicht und fand es wieder, um es dann zu vergessen.

Vor eineinhalbtausend Jahren galt Äthiopien als eines der vier großen Weltreiche — vielen dürfte das heute unbekannt sein. Der große persische Religionslehrer Mani schrieb im 3. Jahrhundert, es gebe in der Welt vier mächtige Reiche: Persien-Babylonien, das Römische Reich, das Reich Aksum und China. An den geographischen Kenntnissen des Propheten ist nicht zu zweifeln, er war ein gut unterrichteter Mann.

Nach dem Niedergang von Rom gerät der Staat Aksum in völlige Vergessenheit. Beinahe bis zu den Kreuzzügen wird er nicht mehr erwähnt. Dann gelangen nach Europa unsichere Nachrichten über ein christliches Reich des Presbyters Johannes, das sich irgendwo im Osten befindet und durch die »Ungläubigen« in Not geraten sei. Also wollte man nicht nur Jerusalem befreien, sondern auch den Glaubensgenossen Hilfe bringen.

Das christliche Land wurde irgendwo im Osten vermutet, Afrika war damals praktisch völlig unbekannt. Ende des 15. Jahrhunderts werden daher die Portugiesen einiges entdecken müssen, was für die alexandrinischen Lotsen und bereits für die Steuerleute der Königin Hatschepsut, gar nicht zu reden von den indischen Kaufleuten und den südarabischen Seefahrern, ganz außer Zweifel stand. Falls man also mit dem Reich des Heiligen Johannes Äthiopien meinte, so suchte man das Land nicht unbedingt dort, wo es sich wirklich befand. Die Eroberung Jerusalems hatte den Kreuzfahrern die christliche Kirche Äthiopiens nur wenig nähergebracht. Dabei war das Christentum zu jener Zeit nicht allein in Äthiopien lebendig und aktiv, sondern ebenso am Mittellauf des Nils, in den nubischen und koptischen Landen, die erst im 14. Jahrhundert von der islamischen Expansion überrollt wurden.

Äthiopien war christlich geblieben. Davon konnten sich erst die Portugiesen überzeugen, als der weitsichtigste ihrer Könige, Heinrich der Seefahrer, Gesandte und Kundschafter in alle Himmelsrichtungen ausschickte, um eine Expedition nach dem durch die Türken von Europa isolierten Osten vorzubereiten. Portugiesische Missionare, die nun bereits von der Existenz des christlichen Äthiopien wußten, brachen bald dorthin auf. Sie hatten es eilig, in Äthiopien (das sich als nicht so christlich erwies, wie es die Katholiken wünschten) die christliche Lehre zu festigen. Mit ihrem Übereifer riefen sie den Zorn der Äthiopier hervor und wurden aus dem Land vertrieben. Der Katholizismus hinterließ in Äthiopien keine Spuren. Doch die portugiesischen Missionare hinterließen Aufzeichnungen über Äthiopien, sie waren selbst in ganz entlegene Gegenden des Landes vorgedrungen.

Die Missionare gelangten auch nach Aksum.

... Die nach Aksum führende Straße kommt von der Küste her, vom alten Hafen Adulis, der weit älter ist als das Aksumitische Reich. Vermutlich wurde er viele Jahrhunderte vor Beginn unserer Zeitrechnung erbaut, als die in Äthiopien siedelnden Stämme den Ägyptern bereits als Habeschen (Abessinier) bekannt waren. Über Adulis, dessen Ruinen, darunter schwarze Basaltsäulen und Obelisken, bis heute erhalten sind, gelangten nach Äthiopien nicht nur Kaufleute, sondern manchmal auch Eroberer. Unter den Kaufleuten und Seefahrern waren nicht wenige Sabäer und andere Bewohner Südarabiens. Manche von ihnen ließen sich hier nieder; sie haben möglicherweise zur Herausbildung des besonderen ethnischen Typs beigetragen, den man im heutigen Äthiopien antrifft. Die Südaraber brachten ihre Handwerke, Bautraditionen, religiösen Vorstellungen mit, und als sich all dies mit der einheimischen kuschitischen Kultur, mit den Sitten, Bräuchen, der Kunst und Religion der abessinischen Stämme verband, bildete sich die Grundlage der aksumitischen Zivilisation heraus.

Äthiopien bietet ein Beispiel für erstaunliche Stabilität eines Staates. Aus welchen Quellen die äthiopische Kultur auch immer Zuströme erhielt, welche Eroberer auch hierher kamen (ihrer gab es nicht viele, die isolierte Lage Äthiopiens hielt sie fern) — in den Weiten des kühlen Hochlandes und in der heißen Steppe sind sie alle miteinander verschmolzen.

... Als die Missionare die Schiffe verlassen hatten, begaben sie sich ins Landesinnere. Die von der Küste dorthin führende Straße mußte die Portugiesen stark beeindruckt haben. An der Straße nach Aksum sahen sie Stelen, Steinsäulen, Reste von Festungsmauern und Tempeln. Vielleicht freuten sich die Missionare in der Annahme, daß dies alles von frommen Christen geschaffen worden war. Sollten sie das wirklich geglaubt haben, so irrten sie sich gründlich. Das trockene Klima Äthiopiens hatte Bauwerke aus einer Zeit bewahrt, in der vom Christentum noch nicht die Rede war.

In den Ruinen der alten Stadt Koloë, eines der Zentren des Aksumitischen Reiches, entdeckten die Missionare, ein mit Kalksteinplatten belegtes Staubecken. Es bestand aus zwei Teilen: Oben befand sich ein ovaler Behälter von 50 Metern Durchmesser, der das Wasser eines Gebirgsbaches auffing; darauf floß das Wasser nach unten in ein 5000 Quadratmeter großes rechteckiges Becken, das durch einen 70 Meter langen, mit einem komplizierten Schleusensystem versehenen Steindamm unterteilt war. Die mörtellos miteinander verbundenen Steinquader waren so vorzüglich zusammengefügt, daß kein Wasser durchsickern konnte.

Nahe der Stadt Jeche sah der Missionar Alvarez einen Palast aus Stein, der ihn außerordentlich beeindruckte. Später erinnerte er sich an einen »großen, schönen Turm, dessen Höhe und solide Ausführung in Erstaunen versetzen. Er ist von geräumigen Häusern mit Terrassen umgeben, die den Palästen der reichen Señores ähneln.« Gegenwärtig ist jener Palast samt den »Häusern der Señores« verfallen; über dem Fundament und den Marmortreppen ragt nur noch ein 15 Meter hoher Turmstumpf. Der Missionar glaubte, ein Denkmal christlicher Baukunst gesehen zu haben, doch unlängst entzifferte der Archäologe Müller an diesem Palast eine Inschrift, die sich als sabäisch erwies und aus dem 6. oder 5. Jahrhundert v. u. Z., somit aus den Anfängen von Aksum stammt.

Aksum selbst, die Hauptstadt eines noch nahezu unerforschten Teiles der Alten Welt, verdankt seinen heutigen Ruhm nicht den Ruinen von Bauwerken und nicht einmal den gigantischen steinernen Thronen, die man für Postamente von Statuen hält oder auch — der Legende folgend — für »Sessel« der aksumitischen Richter, die an diesem Ort getagt haben sollen. Aksum ist nicht wegen des unterirdischen Mausoleums berühmt und auch nicht durch den verfallenen viertürmigen Palast, sondern dank seiner Obelisken.

... Das waren schon erstaunlich erfolgreiche Jahre, die Regierungs-

*Der einzige noch stehende Obelisk in Aksum, Äthiopien.*
*Rechts: Fensterfüllung.*

jahre des großen Herrschers Ezana, in denen es zu einer für jene Zeit ungewöhnlichen Konzentration bedeutsamer Ereignisse in der Geschichte des jungen und aufstrebenden Aksum kam. Alle folgenden Jahrhunderte stellten gleichsam nur die Fortsetzung und Ausleuchtung der Geschehnisse jener zwanzig bis dreißig Jahre dar.

Während dieses Zeitabschnitts vollzieht sich der Aufstieg Aksums, verwandelt es sich in ein mächtiges Reich. Im Jahre 330 überfiel der junge äthiopische König Ezana das Land Kusch, das seine frühere Bedeutung schon eingebüßt hatte. Der Niedergang von Kusch wird nicht nur durch historische Dokumente bezeugt, er ist auch daran erkennbar, daß man dem letzten, dem 72. kuschitischen König Malekerebara als Grabstätte eine »Pyramide« aus einem kleinen Ziegelhaufen errichtete. Es gab niemanden, der dem König hätte ein würdigeres Grab bereiten können, denn die Kuschiten waren in die Knechtschaft von Nomaden geraten, die aus der Wüste kamen.

Eine Inschrift berichtet über den Feldzug des äthiopischen Königs Ezana, der angeblich gar nicht Kusch erobern, sondern nur das Land von den Nomaden, die Ezana »Noba« nannte, befreien wollte. Aus der Inschrift geht hervor, daß äthiopische Gesandte von den Noba überfallen und mißhandelt worden waren. »Doppelt und dreifach haben sie ihren Eid gebrochen.« Das veranlaßte Ezana, ihnen eine gehörige Lektion zu erteilen. Es kam zur Schlacht, in der Ezana die Nomaden vernichtend schlug, worauf er sie 23 Tage lang verfolgte und dabei zu den »Ziegelstädten«, das heißt nach Kusch, gelangte. Ezana nahm diese Städte ein wie auch die »Städte aus Stroh«, die Siedlungen der Noba. Nachdem die Nomaden vertrieben waren, gab Ezana den kuschitischen Thron nicht an die Verwandten Malekerebaras zurück. Kusch wurde in das Königreich Aksum einverleibt. Die Bevölkerung von Kusch vermischte sich mit den besiegten Nomaden und entwickelte eine neue Kultur, die der christlichen Staaten Nubiens, die bis zum 15. Jahrhundert fortbestand.

Ezanas Truppen drangen bis nach Südarabien vor: Äthiopien hatte sich einen Zugang zum Indischen Ozean eröffnet. Die Stadt Adulis entwickelte sich zu einem der größten Häfen der Welt. Die internationalen Beziehungen Aksums sind belegt: 1940 fand man zum Beispiel in einem Kloster bei Aksum einen kleinen Behälter mit hundert Goldmünzen. Doch die waren nicht aksumitischer, sondern kuschanischer Herkunft. Die Kuschanen herrschten damals über Zentralasien und Nordindien.

In diesen Jahren wandelte sich auffällig die Form der Stelen und anderer zuvor relativ einfach gestalteter aksumitischer Bauwerke, und es entstanden originelle, außergewöhnliche Monumente, die noch heute das Erstaunen der Besucher hervorrufen.

Doch dann veränderte sich alles binnen weniger Jahre. Es werden überhaupt keine Stelen mehr errichtet. Anstelle von Mond und Sternen erscheinen auf den Münzen Kreuze. Die Inschriften des stolzen Königs Ezana preisen nicht mehr die alten Götter, sondern den einzigen allwissenden und allmächtigen Gott. Man kann darüber streiten — die Wissenschaftler tun es noch heute —, was das bedeutet, ob der König den vom heiligen Frumentius verkündeten Worten gefolgt war und sofort ein Christ wurde oder vielleicht selbst einen neuen Glauben erfand, der noch nicht christlich war; denn zum Christentum traten die Abessinier erst einige Jahrzehnte später über. Doch es geht hier nicht vorrangig um diese Frage. Wichtig ist etwas anderes: Die Hochblüte der heidnischen Kunst von Aksum fällt mit der Endzeit des dortigen Heidentums und zugleich mit der Aufstiegsperiode des Aksumitischen Reiches zusammen. Niemand zerstörte später die Heiligtümer der Götter, doch sie wurden nicht mehr besucht, die Anziehungskraft des neuen Glaubens war stärker.

Aber die aus jener Blüteperiode des Aksumitischen Reiches stammenden Obelisken blieben erhalten. Freilich steht davon nur noch einer am alten Platz, die anderen stürzten um oder zerbrachen.

Wie es scheint, herrscht die Auffassung vor, daß die Obelisken von Aksum mit dem Totenkult zusammenhängen, daß es Grabmale sind. Der einzige noch stehende Obelisk, eine 21 Meter hohe, vierkantige, abgeflachte Säule, erinnert an ein nach oben zu schlanker werdendes Brett, das mit seinem breiteren Ende in die Erde vertieft ist. Die Spitze des Obelisken ähnelt einem geöffneten Fächer. Es zeigte sich, daß die »Fächer« einst mit Goldblech verkleidet waren, die Spuren der Nägel, mit denen man die Goldplatten befestigt hatte, sind noch erkennbar.

Die Obelisken sind mit bemerkenswerten Darstellungen verziert. Sie gleichen sich: es ist darauf immer ein Haus, eine Art Hochhaus, zu sehen. Auf dem Großen Obelisken von Aksum zählt man neun Stockwerke. Ganz unten befindet sich das konkave Relief einer Tür, die natürlich nicht geöffnet werden kann, darüber sieht man Reihen von jeweils zwei Fensterreliefs mit Rahmen und Kreuzen. Wäre der Obelisk hohl, würde er einem neunstöckigen Turm entsprechen.

Es handelt sich wohl in der Tat um Häuser, jedoch nicht um Wohnstätten von Lebenden, sondern von Toten. Ein am Boden liegender, archaischer, in seiner Art unikaler Obelisk, der 9 Meter lang und 2,5 Meter breit ist, bestätigt diese Annahme. Man erkennt darauf ein ziemlich grob ausgeführtes Pflanzenornament, das an eine Lotosblüte erinnert, und darüber ein kleines »Haus«, worin ein Schrein steht. Höchstwahrscheinlich zeigt das Relief eine Grabkammer mit Sarkophag. Von dem »kleinen Haus« ist das »Hochhaus«

nicht so weit entfernt, wie es scheinen mag, man braucht nur ein wenig Phantasie. Und wenn die Entstehung dieser Symbolik — Häuser und Türme für Tote — auf König Ezana zurückführen sollte, der vielleicht versuchte, für die Bewohner seines jungen Staates einen ihm gemäßen neuen Glauben zu erfinden, so müßte man das als einen zwar nicht gelungenen, jedoch großartigen Versuch werten.

Der Große Obelisk reicht einige Meter tief in den Boden, so daß seine Gesamthöhe ·etwa 30 Meter beträgt. Somit ist er höher und massiver als die mächtigsten Obelisken Ägyptens.

In den die Obelisken umgebenden Plattformen befinden sich Vertiefungen. Nach Ansicht der Archäologen floß dorthin das Blut der Tiere, die während der Totenfeiern geopfert wurden.

Falls die Forscher recht haben, so waren die Türme von Aksum Wohnstätten der Toten. (Alles scheint daran den wirklichen Dingen ähnlich, und dennoch sind es nur Symbole; symbolisch bleibt die Tür, denn man glaubte doch, die Seele des Toten dringe durch den Stein; symbolisch sind auch die Fenster, durch die der unsterbliche Geist hinausblicken darf.) Die Häuser der Toten wurden, wie sich ein phantasiebegabter Zeitgenosse ausdrücken könnte, in einer besonderen Dimension erbaut.

Der englische Orientreisende und Maler Henry Salt, der Aksum zu Beginn des vorigen Jahrhunderts aufsuchte, schrieb damals, der Obelisk von Aksum sei das bewundernswerteste und vollkommenste Monument, das er je gesehen habe.

Die mit dem heidnischen Glauben verbundenen Obelisken blieben auch im christlich gewordenen Äthiopien erhalten. Weit über die Grenzen des Landes war die religiöse Toleranz der äthiopischen Könige bekannt, wie durch Nachrichten bezeugt ist. Als die Verwandten und Anhänger Mohammeds in den Anfängen des Islam verfolgt wurden, empfahl ihnen der Prophet, sich nach Süden zu begeben. »Flieht nach Äthiopien«, sagte er, »der König dieses Landes unterdrückt niemanden.« Der Prophet sagte wie immer die Wahrheit. Vom König des mächtigen Aksum wurde den Flüchtlingen Asyl gewährt, und in den folgenden Jahren schickte Mohammed, bevor der Islam im Nahen Osten siegte, immer wieder Asylsuchende dorthin.

Um der Wahrheit willen muß hinzugefügt werden, daß die Mohammedaner später, als sie die Herren im Lande geworden waren, den Dank vergaßen. Bereits im Jahre 702 brach der erste Krieg zwischen Aksum und den Arabern aus. In diesem Krieg eroberte das äthiopische Heer zunächst Dschidda, und in Mekka, dessen Einnahme ebenfalls bevorzustehen schien, brach Panik aus. Doch bald darauf wandte sich Fortuna von Aksum ab, die Araber gewannen die Oberhand und zerstörten den Hafen Adulis.

# LALIBELA UND KAILASANATHA
## Getrennte Zwillinge

Ahmed Granj, der Imam von Zeila (im heutigen Somalia), führte
Krieg gegen Äthiopien, gegen die letzten »Ungläubigen« in Nordafrika, die hart bestraft werden sollten, weil sie sich weigerten, die
Lehre des Propheten anzunehmen. Der kühne Imam Granj erinnerte
sich nicht mehr der Worte des Propheten, der seine Angehörigen
einst dem Schutz des äthiopischen Königs anvertraut hatte, dessen
Toleranz gegenüber Andersgläubigen er schätzte.

Mit gezücktem Schwert stürmte der Imam durch die Lande der
Äthiopier, und auch andere islamische Herrscher beeilten sich, dem
mit letzter Kraft Widerstand leistenden Königreich den Todesstoß
zu versetzen.

Eines Tages erreichten die Krieger einen kleinen Fluß, der, wie
der Wegführer erklärte, Jordan hieß. Der Imam lächelte, als er den
bekannten Flußnamen hörte.

»Ein heiliger Fluß«, bemerkte er spöttisch, doch seine Worte
verwunderten den Wegführer nicht.

»Dies ist ein heiliger Ort«, sagte er. »Hier gibt es Gotteshäuser,
die ihresgleichen in der Welt nicht haben.«

Der Imam nickte nur, die Antwort erübrigte sich. In diesem wider-
spenstigen Land hatte er schon alles mögliche gesehen und war
überzeugt, daß ihn hier nichts Neues überraschen würde ...

Neben dem Städtchen Lalibela erhebt sich der Berg Abuna Joseph,
dessen dunkelrote Tuffhänge durch das Grün der Bewaldung hin-
durchschimmern. Von Wundern war hier nichts zu sehen. Der Wegführer bat, ihm den Hang hinauf zu folgen. Eine Vorhut eilte voraus,
um festzustellen, ob kein Hinterhalt drohte. Während der Araber-
führer dem angekündeten Wunder entgegenstrebte, trieben seine
Krieger eine Schar von Mönchen, alten Männern und von Frauen
mit Kindern auf einen in die Felsen gehauenen geräumigen Klosterhof.
Die Menschen hatten sich im Kloster versteckt.

Der Imam blickte auf eine Kirche, ein Heiligtum des Christengottes.
Sie war nicht besonders groß, der Bau schien etwas lässig ausgeführt,
und sie hatte die rote Farbe des Berges.

»Wo bleibt nun dein Wunder?« fragte der Imam den Wegführer.

Die Mönche und Frauen zogen sich ängstlich zur Mauer zurück.
Die Kinder weinten.

»Geruhet abzusitzen, Herr.«

»Wozu?«

»Tretet hinein.«

Erst als der Imam die Kirche durch das Portal betreten hatte, begriff er das Ungewöhnliche. Er verweilte lange, schritt von Statue zu Statue, besichtigte die Reliefs und berührte die Säulen und Wände. Dann befahl er, alle Mönche, Männer und Frauen in die Kirche zu treiben.

Der Imam war erbittert und empört, daß die Menschen so viel Mühe und Kunstverstand vergeudet hatten, um einen falschen Gott zu ehren.

»Wir haben hier elf Kirchen«, sagte der Wegführer. »Sie sind durch unterirdische Gänge und durch Galerien miteinander verbunden und wenn Sie befehlen ...«

Der Imam winkte ab. Er wollte keine weiteren Kirchen sehen, hatte genug an dieser, die samt den Bögen, Säulen, Statuen, Reliefs als Monolith in den Felsen gehauen war — ein unvergängliches Denkmal Gottes und der Erbauer des Heiligtums.

Ahmed Granj befahl, Reisig in die Kirche zu tragen und ein Feuer anzuzünden. Das trockene Reisig wurde rasch von der Flamme erfaßt; in ihrem flackernden Licht schienen sich die Gesichter der Heiligen zu beleben und zu lächeln.

»Ihr versteht es, Steine zu Ehren eures Gottes zu behauen«, sagte Emir Granj. »Doch wer von euch liebt diesen Gott so sehr, daß er bereit wäre, freiwillig durch das Feuer zu gehen?«

Die Mönche schwiegen.

»Los!«

Da sprang eine der Frauen in das lodernde Feuer.

Der Imam wandte sich ab und schrie, die Krieger mögen die Frau aus den Flammen reißen.

»Leider war eine Gesichtshälfte der Frau bereits verbrannt«, berichtet der arabische Chronist. »Da beschloß der Imam, diese Heiligtümer nicht ganz zu zerstören, sondern nur die Dächer abzureißen, die Schätze der Kirchen mitzunehmen und die Gesichter der Götzenbilder zu verderben.«

So rettete eine unbekannte Frau die Kirchen von Lalibela. Man darf die Geschichte glauben, denn ein arabischer Chronist hat sie aufgezeichnet, dem nicht daran liegen konnte, die Taten von Christen zu rühmen. Sein eigentliches Thema waren die Heldentaten des großen Imam Ahmed.

Das arabische Heer näherte sich der Hauptstadt Äthiopiens. Das bereits geschwächte Land war nicht imstande, dem Ansturm der Feinde Einhalt zu gebieten. Da erschien vom Ozean her unerwartet Hilfe. Sie kam von Glaubensgenossen der Äthiopier.

Mit dem Eindringen der Portugiesen in die Region des Indischen Ozeans ist eines der blutigsten und tragischsten Kapitel in der Geschichte des Ostens verbunden. Die in den Ozean einfahrenden Schiffe

Vasco da Gamas und die dem Entdecker folgenden Flottenverbände beraubten und versenkten die Schiffe, plünderten und verbrannten die Städte der Inder und Araber, sie vernichteten alles, was sie unterwegs vorfanden, denn sie wollten die früheren Herren dieses Meeres einschüchtern und ihren Widerstand lähmen.

Nur in einem Fall machten die Portugiesen eine Ausnahme: Äthiopien wurde zum Verbündeten erklärt. Kleine Glaubensdifferenzen sollten später bereinigt werden. Als der Negus von Äthiopien sich mit der Bitte um Hilfe an Portugal wandte, landete an der Küste eine Abteilung portugiesischer Soldaten — 500 Seeleute und wohlgeborene Hidalgos. Ihr Anführer Don Cristóbal, der fünfte Sohn Vasco da Gamas, erschien in einem Anzug aus rotem Samt und Goldbrokat, im schwarzen französischen Mantel aus teurem goldbesticktem Tuch und im reich mit Edelsteinen besetzten schwarzen Hut. Darin war es Don Cristóbal natürlich furchtbar heiß, doch er repräsentierte hier den christlichsten aller Könige und ertrug deshalb die Qualen. Die islamischen Imams wurden zurückgeschlagen.

Wie ein Heuschreckenschwarm fielen die Portugiesen über Äthiopien her. Wegbereiter der Soldaten und Händler waren die Missionare. Die Portugiesen versuchten, Äthiopien in eine freiwillige Kolonie zu verwandeln, und trieben es dabei auf die Spitze. Die Abneigung der äthiopischen Bevölkerung gegen die hochmütigen und habgierigen Verbündeten wuchs von Jahr zu Jahr, und als es den Jesuiten gelang, einen König von Äthiopien zum Katholizismus zu bekehren, war die Geduld erschöpft. Es kam zur Erhebung, bei der viele Missionare erschlagen wurden. Die am Leben gebliebenen 7000 Portugiesen mußten das Land verlassen.

Die portugiesischen Missionare hatten sich in Äthiopien — und übrigens keineswegs nur hier — nicht von der besten Seite gezeigt und erhielten dafür die Vergeltung. Man muß jedoch einräumen, daß ihnen die heutige Geschichtswissenschaft zu Dank verpflichtet ist. Als Kundschafter haben sie Meisterliches geleistet. Bereits im 16. Jahrhundert suchten die Missionare selbst die entlegensten Winkel von Äthiopien auf, erreichten Gegenden, in die ihnen bis zum Beginn unseres Jahrhunderts kaum noch ein Europäer gefolgt ist. Und sie hinterließen detaillierte Beschreibungen von allem, was sie gesehen hatten.

Einer der Missionare, Alvarez, war bis nach Lalibela gekommen, zu den Kirchen, die Ahmed Granj einst verschonte. Alvarez widmete den Kirchen mehrere Seiten seines Werkes und beschloß die enthusiastische Beschreibung mit folgenden Worten: »Ich breche hier ab, da ich von meinem Werk ermüdet und weil ich überzeugt bin, daß mir niemand glauben würde, wollte ich noch mehr schreiben, denn auch dafür, was ich schrieb, wird man mich einen Lügner schelten. Doch ich schwöre beim Namen des Herrn, daß alles hier Niedergeschriebene wahr ist. Ich könnte noch viel mehr schreiben, fürchtete ich nicht, der Lüge bezichtigt zu werden.« Dann wurde ihm wohl klar, daß sein Ruf ohnehin verspielt war, und er fügte hinzu: »Nirgends in der Welt gibt es etwas, das mit den Kirchen verglichen werden könnte.«

Lalibela — ein seltsames, wie feines Geläut klingendes Wort — ist nicht nur ein geographischer Name. So hieß auch ein äthiopischer König der Zagwedynastie, der 1182 bis 1220 regierte. (Zum Teil findet man andere Angaben zur Regierungszeit Lalibelas, das liegt an Unterschieden zwischen dem äthiopischen und dem europäischen Kalender.)

König Lalibela zeichnete sich unter den äthiopischen Herrschern durch nichts Besonderes aus. Die Kirche sprach ihn zwar später heilig und schrieb ihm entsprechende Eigenschaften zu, doch das hing mit den Tempeln von Lalibela zusammen.

Häufig erscheint uns die Entstehung eines Monuments völlig verständlich und logisch, läßt sich aus realen Umständen erklären. Der Tempel von Karnak erhielt seine Gestalt aufgrund der Tatsache, daß er das Hauptheiligtum des Landes war. Der Tadsch Mahal mußte erbaut werden, weil er als Grabstätte der Frau eines Großmoguls benötigt wurde. Vielleicht hätten diese Denkmäler ein anderes Aussehen erhalten können, ihr Vorhandensein ist jedenfalls begründbar. Dagegen läßt sich die Entstehung der Kirchen von Lalibela nicht so leicht erklären, schon deshalb nicht, weil es dafür in Äthiopien keine Vorbilder gab. Ihr einziger Prototyp, ja Zwilling, befindet sich auf der anderen Seite des Indischen Ozeans und ist von den Kirchen Lalibelas nicht nur durch einige tausend Kilometer getrennt, sondern auch ein halbes Jahrtausend älter.

Leider lassen sich die Motive des Königs Lalibela heute nicht mehr ergründen, doch das Produkt seines Wirkens steht vor unseren Augen.

Um 1200 beschloß der König jedenfalls, am Ufer eines kleinen Flusses mit dem anspruchsvollen Namen Jordan ein Wunderwerk zu schaffen. Vermutlich gab es an dieser Stelle bereits Höhlen, in denen christliche Einsiedler hausten, unter ihnen vielleicht ein besonders frommer Asket, dessen Name nicht überliefert ist. Hier wendete man nun eine ungewöhnliche Bauweise an. Am Berghang wurde ein 10 bis 15 Meter tiefer Graben ausgehoben, der einen riesigen Felsblock

*Die St. Georgskirche mit den drei ineinander liegenden gleicharmigen Kreuzen als Dachschmuck. Unten: Fenster der zweiten Ordnung.*

im Quadrat umschloß. In diesen Block meißelte man die Kirche hinein. Damit wurde zweierlei erreicht: Zum einen entfielen alle Probleme, die sich sonst bei einem Bauvorhaben ergeben, da der Architekt hier ausnahmsweise die Möglichkeit besaß, den Dom im ganzen, gleich einer Statue, herzustellen. Zum anderen — und das war in jener Zeit keineswegs unwichtig — blieben die Kirchen verborgen, jede von ihnen steht in einem tiefen Grund. Zwischen den Kirchen wurden unterirdische Gewölbe und Gänge ausgeschachtet, durch die man schnell und unbemerkt auf einen benachbarten Hof gelangen konnte.

Von den elf Kirchen entstanden zehn zur Zeit Lalibelas, die elfte ließ die Witwe des Königs zu seinen Ehren errichten. Die Gestaltung der Kirchen wiederholt sich nicht, doch sie sind allesamt äthiopisch, keine könnte an einem anderen Ort erbaut worden sein. Die Schlichtheit und Strenge der äthiopischen Architektur, deren Wurzeln auf Aksum zurückgehen und die einige altertümliche Züge bis heute bewahrte, liefert den Archäologen Anhaltspunkte für die Rekonstruktion alter Bauwerke. Wenn zum Beispiel Unsicherheit besteht, wie ein Palast in Koloë oder Aksum ausgesehen haben mag, genügt es, die aus dem Mittelalter stammenden Burgen von Gondar zu Rate zu ziehen, deren zinnengekrönte Mauern, hervortretende Pilaster und vierkantige Säulen eine Vorstellung von den alten Bautraditionen vermitteln. Selbst ein mit Bögen, Säulen und Terrassen versehenes, aus Steinen erbautes Wohnhaus von heute bewahrt die Bauweise der Paläste von Aksum. Bei den Kirchen Lalibelas beeindruckt die Beibehaltung des rein äthiopischen Baustils um so mehr, wenn man erfährt, daß der König den einheimischen Meistern zur Ausführung seines grandiosen Vorhabens auch Ausländer zur Seite stellte.

In Chroniken wird berichtet, daß 500 Bauleute und Künstler aus Ägypten und aus Jerusalem zu Lalibela kamen. Aus den Aufzeichnungen geht eine weitere bemerkenswerte Tatsache hervor: Das ganze Land versorgte die Bauleute mit den benötigten Werkzeugen, daneben wurden neue Instrumente in speziellen Werkstätten angefertigt. Kein Wunder, die Arbeiten dauerten 24 Jahre.

Die Kirchen von Lalibela blieben nahezu unversehrt erhalten, sieht man von Beschädigungen der Statuen und Reliefs durch die Moslems ab. Ausgenommen die Episoden islamischer Besetzung verließen die christlichen Mönche Lalibela zu keiner Zeit und behüteten die Kirchen sorgsam.

Es ist nicht möglich, über alle elf Kirchen zu berichten, doch sollte man mindestens die beiden interessantesten hervorheben.

Die St. Georgskirche steht ein wenig abseits. Sie bleibt völlig unsichtbar, bis man unmittelbar herankommt.

Stellen Sie sich vor, Sie besteigen einen nicht sehr steilen, mit knorrigen Bäumen spärlich bewachsenen Berg und stehen plötzlich am Rande eines Abhanges, vor einer Schlucht. In der Mitte des zwölf Meter tiefen Schachtes erhebt sich eine Kirche, deren Dachhöhe dem oberen Rand des Berghanges entspricht. Die Erbauer bedachten, daß man die Kirche aus einer ungewöhnlichen Perspektive betrachten würde, und gaben ihr die Gestalt eines Kreuzes. Dieses zwölf Meter lange und ebenso breite Kreuz, das oben ein geometrisches Ornament schmückt, liegt uns zu Füßen. Außer den üblichen Fassaden eines jeden Gebäudes weist die Kirche noch eine weitere Ansichtsfläche auf — das dem Himmel zugewandte Dach.

Steigt man in den Schacht hinab, so steht man vor einem erhabenen roten Gebäude, dessen Außenwände durch Nischen, Pilaster und verschieden geformte Fenster belebt sind. (Die Baumeister brauchten nicht an solche Kleinigkeiten wie Fensterrahmen und Kreuze zu denken, denn sie meißelten die quadratischen, kreuzförmigen, ovalen Fenster in die Wände hinein.)

Der größte der Dome von Lalibela, Medane Alem, ist über 30 Meter lang und ringsherum von Säulen umgeben. Auch das mit schlichten Ornamenten verzierte Portal wird von 10 Meter hohen quadratischen Säulen getragen. Die hinter den Säulen verborgene Fassade ist so gestaltet, daß sie einen Bau aus dicken Holzbalken vortäuscht, deren Enden an den Ecken herausragen.

Auf den Seiten dieses Buches wiederholen sich häufig die Worte: Es gibt nichts Ähnliches in der ganzen Welt. Doch in bezug auf die Kirchen von Lalibela werden wir das nicht behaupten, denn es existiert ein ganz ähnlicher Tempel. Die Übereinstimmung ist so bemerkenswert, daß ich beschloß, die beiden durch Raum und Zeit getrennten Bauwerke in einem Kapitel zu vereinen, um die Eigenwilligkeit des schöpferischen Weges zu verdeutlichen, der in ganz verschiedenen Gegenden der Erde überraschend ähnliche Ergebnisse hervorzubringen vermag.

... Die Tradition der Höhlenbauten bildete sich in Indien viele Jahrhunderte vor Beginn unserer Zeitrechnung heraus, und als der Buddhismus dort Fuß faßte, wurden die Höhlentempel so gewöhnlich, daß es davon in Indien zu Beginn des Mittelalters einige tausend gab. Am berühmtesten sind die Höhlentempel von Adschanta und Eluru. Die in den bescheidenen Höhlenunterkünften buddhistischer Einsiedler ihren Ursprung habenden Tempel entwickelten sich allmählich zu bedeutenden Bauwerken. Eine Zeitlang stellten die Höhlentempel die Grundform der sakralen Bauten Indiens dar. Sie übten einen derartigen Einfluß auf die Entwicklung der indischen Architektur aus, daß man selbst in weitab von Felsen und Gebirgen errichteten Tempeln das Urbild der Höhle wiedererkennen kann. Der indische Tempel

205

ähnelt einer mit Statuen und Reliefs reich ausgestatteten steilen Pyramide, die an einen Berg erinnert, und die niedrigen Decken der Tempelräume rufen Assoziationen mit Höhlen hervor. Um die Mitte des 1. Jahrtausends u. Z. wurden die indischen Höhlentempel immer kunstvoller, üppiger und gewaltiger. Man braucht nur an den Tempel Thin Thal in Eluru zu erinnern, der drei je 800 Quadratmeter große Stockwerke besitzt. Die Höhle von Das Awatar hat eine Fläche von etwa 1000 Quadratmetern.

Zu Beginn des Mittelalters entstanden in Indien nicht mehr so viele Höhlentempel. Dafür gab es mehrere Ursachen, zu ihnen gehörten der Niedergang des Buddhismus, die Erschöpfung geeigneter Felsenvorkommen und der Wunsch mancher indischer Fürsten, einen Tempel in unmittelbarer Nähe, in der Residenz, zu haben und nicht in abgelegene, von der Natur vorbestimmte Orte reisen zu müssen.

Doch ausgerechnet am Ausgang der Höhlentempelära, im 8. Jahrhundert, entstand in Südindien auf Befehl des Radschas Krischna von der Raschtrakuta-Dynastie der Tempel Kailasanatha in Eluru. Er vereinigte zwei Richtungen der indischen Architektur: den Höhlentempel mit dem auf ebener Erde erbauten Tempel; die Tradition von Adschanta floß mit der Tradition von Kantschipuram zusammen.

Der Tempel Kailasanatha entstand nach dem gleichen Verfahren wie die Kirchen von Lalibela: Im sanft ansteigenden Berghang wurde ein breiter Graben ausgeschachtet, der einen Monolith einschloß. Danach verwandelten Steinmetzen den Riesenquader in einen Tempel mit zwei Hallen, zahlreichen Statuen und Reliefs.

Der Tempel Kailasanatha übertrifft die 500 Jahre später entstandenen Kirchen Lalibelas in mancher Hinsicht: er ist größer, seine Ausgestaltung komplizierter und kunstvoller. Doch das erklärt sich auch damit, daß die äthiopischen Meister wie Erfinder arbeiten mußten, jede Kirche war ohne Vorbild und ein Unikat. In Indien dagegen konnten sich die Architekten nicht nur auf große Erfahrung stützen (wenngleich noch niemals zuvor ein Tempel auf diese Weise entstanden war), sie benutzten auch Bücher, die genaue Angaben zu den Normen und Verfahren der indischen Baukunst enthielten. Das schränkte zwar die Kreativität der Baumeister ein, beließ wenig Spielraum für Experimente, verlieh jedoch Sicherheit. Beachten wir ferner, daß König Lalibela, der im verarmten Äthiopien regierte, gezwungen war, Werkzeuge aus dem ganzen Land zu beschaffen,

*Das größte monolithische Heiligtum Indiens ist der Tempel Kailasanatha im drawidischen Stil.*
*Unten: Reliefszenen aus den Epen »Ramayana« und »Mahabharata« an den Wänden des Untergeschosses.*

mit den Meistern zu verhandeln, Steinmetzen und Arbeiter aus dem Ausland zu gewinnen, während die Herrscher des Dekanimperiums über Zehntausende erfahrene Meister und einen Überfluß an Instrumenten verfügten.

Um vergleichen zu können, braucht man nur die Ausmaße des Tempels Kailasanatha anzuführen. Der ausgeschachtete Grund, in dessen Mitte er sich erhebt, ist beinahe 100 Meter lang und 50 Meter breit. Das Tempelfundament mißt 61 und 33 Meter, die Tempelhöhe beträgt 30 Meter. Folglich könnte man in diesem Tempel von Eluru fast alle Kirchen von Lalibela unterbringen. Auch nach der Anzahl der Skulpturen und Reliefs ist Kailasanatha reicher als alle Kirchen des Königs Lalibela zusammengenommen.

Zum Glück bedeuten solche arithmetischen Gleichungen nicht viel. Der Wert eines Kunstwerkes drückt sich nicht in Kubikmetern aus. Lalibela und Kailasanatha sind keine Rivalen. Vielleicht sollte man sie gar nicht miteinander vergleichen, doch es war verlockend, dem Leser zu zeigen, wie sich menschliche Ideen begegnen können, mögen ihre Wege auch noch so verschieden verlaufen.

## SIMBABWE
### König Salomos Bergwerke?

Wie so manche andere Afrika betreffende Geschichte beginnt auch die folgende mit den Aufzeichnungen eines Portugiesen.

»In der Mitte dieses Landes«, so berichtet der portugiesische Historiker des 16. Jahrhunderts de Góis über den Teil Afrikas, in dem das heutige Simbabwe, früher Südrhodesien, liegt, »ist eine Festung aus großen und schweren Steinen innen und außen erbaut ... ein seltsames und wohlkonstruiertes Gebäude, da man ... keinen Mörtel sehen kann, der die Steine verbindet ... In anderen Bezirken dieser Ebene gibt es noch andere Festungen, die auf die gleiche Art erbaut sind; in ihnen allen hält der König seine Hauptleute ... Der König Benamotapa hält einen großen Staat ...«*

Wahrscheinlich sind die Portugiesen selbst gar nicht so weit ins Innere des Kontinents vorgedrungen und schöpften ihr in den Werken jener Zeit niedergelegtes Wissen über Simbabwe von den Händlern der afrikanischen Ostküste, die sich häufig im Königreich des Monomotapa (so lautete der Titel des Königs im Munde der Portugiesen, manche nannten ihn auch Benamotapa) aufhielten, das ein mächtiger mittelalterlicher Staat im Süden Afrikas war.

* Davidson, Basil: Alt-Afrika wiederentdeckt, Berlin 1962, S. 237

In der Folgezeit interessierten sich die europäischen Afrikareisenden nicht mehr für Nachrichten über Könige und Festungen. Ihnen ging es nur noch um die Reichtümer Afrikas, vor allem um Sklaven. So kamen in Europa im Verlauf mehrerer Jahrhunderte keine neuen Erkenntnisse über die geheimnisvolle Festung hinzu.

Vor hundert Jahren verirrte sich der Engländer Adam Renders in das Tal des Limpopo und entdeckte 300 Kilometer vom Fluß entfernt die von Gebüsch überwucherten Ruinen gigantischer Steinmauern. Er war nicht einmal imstande, sie vernünftig zu beschreiben, da er Ähnliches nie zuvor gesehen hatte. Erst der deutsche Geologe Karl Mauch versuchte die Anlagen zu deuten. Einige Jahre nach Renders gelangte er in diese Gegend, besichtigte die Ruinen und erklärte, er habe ohne jeden Zweifel eine Kopie des Tempels Salomos gesehen und im Tal unterhalb der Festung eine Kopie des Palastes, in dem die Königin Saba während ihres Besuchs in Jerusalem einst gewohnt hatte.

Es fällt heute schwer nachzuvollziehen, wie der Geologe Mauch auf seine Theorie von einer Nachbildung des Tempels Salomos und des vorgeblichen Palastes der Königin Saba gekommen sein mag, doch in den damals von einer Afrikaeuphorie erfaßten Ländern Europas wirkte die Nachricht von Mauchs Entdeckung sensationell. Offensichtlich inspirierte sie auch den englischen Schriftsteller Rider H. Haggard zu seinem bekannten Roman »Die Bergwerke des Königs Salomo«.

Im Jahre 1890 begab sich eine Abteilung britischer Soldaten ins Tal des Limpopo, und der sachliche Teil des Mauchberichtes wurde bestätigt. Tatsächlich ragten in dieser Region gigantische Steinbauwerke, und die hier lebenden Eingeborenenstämme hatten keinerlei Vorstellung, wer die Anlagen errichtet haben könnte und zu welcher Zeit sie entstanden waren.

Den Soldaten folgten bald auch die ersten Siedler in das Land der Maschona und Matabele. Es gab hier fruchtbaren Boden, und das Klima war bei weitem erträglicher als in Westafrika. Die etwas einsamen Siedler tröstete der Gedanke, daß sie nicht die ersten waren, die dieses Gebiet kolonisierten. Bereits König Salomo hatte ja einst versucht, das Land für sich zu gewinnen. »Jetzt«, schrieb einer der Farmer, »lassen sich Engländer im Lande Ophir nieder, die dabei sind, die Schätze des Altertums wiederzuentdecken.«

Die Mär, daß gerade hier das biblische Goldland Ophir gelegen habe, stammt nicht von den Engländern. Vasco da Gama folterte die an der Küste von Moçambique gefangengenommenen Schwarzen, die die Araber Sandsch nannten; da bekannte einer, daß das von den Händlern aus Afrika über den Osthafen Sofala hinausbeförderte

Gold aus dem Inneren des Kontinents stammte. Er selbst habe alte Bücher und Rollen gesehen, aus denen hervorging, daß es sich dabei um jene Bergwerke handelte, von denen König Salomo alle drei Jahre einmal Gold erhalten hatte.

Als der portugiesische König Manoel »der Glückliche« davon erfuhr, beschloß er, unverzüglich alle Maßnahmen zu treffen, um allein in den Besitz des Goldes zu gelangen. In portugiesischen Urkunden wird Sofala 1489 offiziell als »Land, in dem Goldgruben liegen« bezeichnet.

Doch das Gold floß den portugiesischen Königen bei weitem nicht in den erwarteten Mengen zu, schuld daran war die Konkurrenz der örtlichen Händler. Davon gab es so viele verschiedene, daß man sie nicht alle aufzählen kann. Die Hauptrivalen des portugiesischen Königs waren jedoch seine eigenen Landsleute. Man hat errechnet, daß drei Viertel des aus Afrika kommenden Goldes in den Taschen von Beamten und Festungskommandanten verschwanden.

Zu Beginn unseres Jahrhunderts erfuhr die Ophirlegende eine Wiederbelebung. Das Goldfieber, das das Land der Maschona und Matabele erfaßt hatte, war nicht weniger mächtig als der Goldrausch von Kalifornien oder von Alaska, nur fand sich kein afrikanischer Francis Bret Harte oder Jack London, deshalb ist vom afrikanischen Goldfieber nicht so viel bekannt. Es genügt jedoch zu wissen, daß 1900 in diesen Gegenden 114 000 Goldgräberparzellen registriert waren. Sie lagen zumeist dort, wo es alte Bergwerke gab, die den Goldsuchern die sichersten Wegweiser zu den Reichtümern von Ophir zu sein schienen. Bereits nach wenigen Jahren war von den alten Gruben jede Spur beseitigt, aber nur unbedeutende Goldmengen waren gefunden worden, denn die Bergwerke hatten ihre Schätze längst hergegeben. Die Goldsucher haben es fertiggebracht, hier zugleich sämtliche alte Schmelzöfen zu zerstören, nebenbei auch die Werkstätten und Häuser der einheimischen Bergleute.

Nun waren wieder die alten Festungen und Paläste an der Reihe. Ein gewisser Posselt verfiel als erster auf die Idee, dort nach den Schätzen des Königs Salomo zu suchen. Er begann damit 1888, erkundete die Ruinen ringsherum, fand kein Gold, grub dafür einige Vogelfiguren aus Speckstein (Steatit) aus, die von den einheimischen Helfern mit abergläubischer Furcht betrachtet wurden.

... Der Goldsucher erblickte die Zitadelle von Simbabwe zuerst vom Gipfel eines Felskammes, der sich wie der Rücken eines Krokodils

*Die elliptische Befestigungsanlage von Simbabwe. Die Mauer blieb nahezu vollständig erhalten, so genau wurden die Quader aufeinandergeschichtet.*

über dem Tal erhob. Eine Befestigungsanlage, von den Archäologen später als »Akropolis« bezeichnet (Karl Mauch hielt sie für einen Tempel Salomos), lag auf dem höchsten Punkt des »Krokodilsrückens«, so daß die durch unbehauene Quader miteinander verbundenen Felsen in die Anlage einbezogen waren. Den Abhang schloß unten eine 10 Meter mächtige Mauer ab, die im Halboval einen großen Platz umfaße. Auf der Mauer waren noch Bruchstücke von Säulen erhalten. Zahlreiche Gewölbe im Inneren der Festung boten den Talbewohnern Zuflucht bei drohender Gefahr.

Von hier, aus der Höhe, sah man das von vielen zerfallenen Steinbauten umgebene eigentliche Simbabwe, ein großartiges ovales Bauwerk.

Mauch und nach ihm andere Afrikareisende waren überzeugt, daß Simbabwe von Zuwanderern aus dem Norden erbaut worden sei. Die Autosuggestion scheint mächtig zu sein, denn einfach ist es wirklich nicht, zwischen der klassischen Form des afrikanischen Kraals, dem Oval, das auf den Viehpferch und auf den mit Schilfrohr umzäunten Dorfplatz hinweist, und den regelmäßigen eckigen Formen der nahöstlichen Architektur eine Ähnlichkeit zu entdecken.

Die grandiose, wie mit dem Kurvenlineal gezeichnete steinerne Festung besitzt einen konischen Turm und wird von einer etwa 300 Meter langen, 10 Meter hohen Mauer eingefaßt, die am Fuße 5 Meter stark ist. Die Mauer blieb nahezu vollständig erhalten, so genau und sorgfältig wurden die Quader aufeinandergeschichtet. Berechnungen ergaben, daß zum Bau der Mauer von Simbabwe 15 000 Tonnen Steine verwendet wurden.

Das Tor der Zitadelle ist seit langem zerstört. Wenn man jedoch die nach innen geschwungene Öffnung passiert und die Stufen hinaufsteigt, bemerkt man einen verborgenen Durchgang am Turm, einen schmalen Zwischenraum zwischen der großen Mauer und einer schwächeren, die 60 Meter lang ist. Posselt hatte noch den heilen Turm gesehen sowie weitere zur Anlage gehörende Gebäude, die wir niemals mehr erblicken werden. Schuld daran sind wiederum König Salomo und der Geologe Mauch.

Auf der Suche nach den Schätzen des jüdischen Königs erschienen hier bald nach Posselt andere Abenteurer. Der Glaube an jene Schätze war so groß, daß immer neue Gruppen von Plünderern in den altertümlichen Bauwerken herumwühlten. Besonders üblen Ruhm erwarb sich der Goldsucher Neal, der eine Gesellschaft zur »Erforschung« von alten Ruinen gründete. Im Laufe von fünf Jahren hat allein diese Kompanie nach Neals Worten 43 Ruinenbezirke »erforscht« und dabei 500 Unzen Gold in Form verschiedener Gegenstände gefunden, die als »künstlerisch wertlos« eingeschmolzen und verkauft wurden. Basil Davidson meint jedoch, es »wird niemand jemals wissen, wieviel Stücke bearbeiteten Goldes von Neal wie auch von anderen gefunden und eingeschmolzen wurden und für immer verlorengingen; oder wieviel anderer Schaden angerichtet wurde«.* Keiner der Goldsucher war daran interessiert, die Zahl seiner Funde zu übertreiben und damit die Aufmerksamkeit von Behörden oder Konkurrenten auf sich zu lenken. Viel vorteilhafter war es, etwas tiefzustapeln. Und wenn Neal 500 Unzen zugab (immerhin waren das etwa 14 Kilogramm Golderzeugnisse), so kann man sich vorstellen, wie viele Werke schwarzafrikanischer Kunst von unschätzbarem Wert der Vernichtung anheimfielen.

Doch zu den »Verdiensten« der Liebhaber alter Ruinen zählte nicht nur die Vernichtung von Goldarbeiten: Auf der Suche nach ihnen zerstörten sie systematisch alle vorgefundenen Baudenkmäler. Von den Ruinen, die Neal plünderte, blieb nahezu nichts übrig. Sogar in der Festung Simbabwe, der weder die Zeit noch Feinde hatten etwas anhaben können, verwüstete Neal mehrere zur Zitadelle gehörende Gebäude und beschädigte den oberen Teil des Turmes.

Die Schatzsucher leisteten gründliche Arbeit und setzten sie — wenn auch weniger auffällig — selbst nach 1902 fort, nachdem eine Verordnung zum Schutze der Altertümer erlassen worden war. Man kann das mit der — freilich glücklich endenden — Geschichte von den Goldfunden auf dem Hügel Mapungubwe belegen.

Dieser Hügel befindet sich südlich von Simbabwe. Dort gab es, eingestreut zwischen die Ansiedlungen der Vendastämme, einige wenige Burenfarmen.

Im Jahre 1932 beschloß der Farmer van Graan, den heiligen Hügel zu besteigen, von dem er viel gehört hatte, und nachzusehen, ob dort vielleicht etwas zu holen sei. Es dauerte lange, bis er den von der Ebene über steile Hänge zum Gipfel hinaufführenden Weg fand. Die Einheimischen lehnten es ab, ihm dabei behilflich zu sein. »Wenn die Weißen auf den Hügel zu sprechen kamen, wandten sie ihm vorsichtig den Rücken zu. Man glaubte, daß einem, der den Hügel erstiege, der sichere Tod droht. Nur den Großen, die ihre Vorfahren einst anführten und ihre heimlichen Schätze dort vergraben hatten, war der Zutritt gestattet.«

Schließlich fand sich ein Mann, der bereit war, van Graan den geheimen Pfad zu zeigen — einen zwischen Felsen verborgenen, von Gebüsch überwucherten Kamin. Van Graan, sein Sohn und drei Begleiter bahnten sich den Weg durch dorniges Gestrüpp. In dem Spalt entdeckten sie in den Fels gehauene Stufen. Wenig später

---

* Davidson, Basil: Alt-Afrika wiederentdeckt, Berlin 1962, S. 247

erreichten die Schatzsucher eine hohe Steinwand, umgingen sie und gelangten auf den flachen Gipfel.

Vor kurzem erst hatte ein Wolkenbruch die Staubschicht fortgespült, und vor den Männern breitete sich ein mit Keramikscherben, Eisen- und Bronzebruch übersätes Gelände aus. Hier und da funkelte ein Körnchen Gold.

Unverzüglich begannen die Männer, mit ihren Messern im Boden zu scharren, und schon bald lagen die ersten Goldfunde vor ihnen: kleine Rhinozerosse, Goldblättchen, Draht ... Man stieß auf ein Skelett, das von der Berührung sofort zerfiel.

Zwei Kilogramm Gold hatte man erbeutet, und die Finder beschlossen selbstverständlich, das schöne Geheimnis niemandem zu verraten. Und so wäre auch dieser Goldfund im Strom des Vergessens untergegangen, wäre van Graans Sohn nicht Geschichtsstudent gewesen und hätte er sich nicht seinem Professor in Pretoria anvertraut. Der Professor machte eine Mitteilung an die Behörde, ein Beamter begab sich zum Ort des Geschehens, sprach mit den »Expeditionsteilnehmern« und erreichte, daß die Gegenstände nicht eingeschmolzen wurden.

Die Archäologen, die darauf Grabungen auf Mapungubwe vornahmen, stellten fest, daß der Gipfel eine alte Nekropole war, wo Stammeshäuptlinge und -adel bestattet wurden. Mehr als 10 000 Tonnen Erde waren von unten hierher befördert worden. In einem der Grabhügel entdeckte der Archäologe van Tonder 23 Skelette eines »königlichen« Begräbnisses. Zwei Skelette waren mit einer zwei Kilogramm schweren Goldkette zusammengeschmiedet, die Beine eines anderen mit Hunderten von Goldreifen versehen, man fand eine Vielzahl von Goldblättchen und rund 12 000 Goldperlen. Die Freilegung der Gräber von Mapungubwe ist noch immer nicht abgeschlossen.

... Den Ruinen von Simbabwe wurde die schwarzafrikanische Herkunft weiterhin abgesprochen. Die Hypothesen über ihre Erbauer häuften sich. Natürlich blieb König Salomo erster Anwärter, doch im Laufe der Zeit wurde er immer mehr durch die südarabischen Sabäer, durch die Phöniker und Ägypter zurückgedrängt. Man nahm an, daß die Anlage mindestens 2000 Jahre alt sei. Das war auf jeden Fall eine Rückverlegung des Entstehungszeitpunktes, denn die Portugiesen zweifelten im 16. Jahrhundert nicht daran, daß Simbabwe im Monomotapareich errichtet wurde.

Wie die Stimme eines Predigers in der Wüste verhallte die Mitteilung des Afrikanisten F. C. Selous, daß von manchen afrikanischen Stämmen auch gegenwärtig noch ähnliche Anlagen aus Steinen erbaut werden. 1905 beschloß die Londoner Geographische Gesellschaft, Licht ins Dunkel zu bringen, und entsandte den erfahrenen Archäologen

David Randall-MacIver zur Ruinenstätte von Simbabwe. Der Gelehrte erklärte, daß alle Hypothesen vom nichtautochthonen und ins Altertum zurückgehenden Ursprung Simbabwes kompletter Unsinn seien. Er nahm an, daß die Festung von Afrikanern im 14./15. Jahrhundert erbaut wurde.

Man sollte meinen, daß das Problem nunmehr gelöst war, doch davon konnte keine Rede sein. Viele Wissenschaftler, vor allem aber englische Geschichtsdilettanten aus Rhodesien und Südafrika liefen Sturm gegen MacIvers Theorie. Sie gaben nicht Ruhe, bis 1929 eine weitere Expedition nach Simbabwe entsandt wurde, die unter der Leitung von Gertrude Caton-Thompson stand. Sie legte ihre Forschungsergebnisse in dem später geradezu klassisch gewordenen Buch »Die Kultur Simbabwes« vor, in dem sie sich MacIver voll anschloß. Als die Zeit der Entstehung der Anlage bezeichnete sie das Mittelalter und als ihre Erbauer die Bantustämme. Nachfolgende Grabungen, bei denen bereits das Radiokarbonverfahren angewendet wurde, ergaben, daß die Bauten von Simbabwe im 6./7. Jahrhundert entstanden sind. Um 1750 wurden sie verlassen. Doch die Verfechter des »Goldlandes Ophir« streckten keineswegs die Waffen. Ich hatte Gelegenheit, eine vor zehn Jahren in der Republik Südafrika erschienene Monographie einzusehen, deren Verfasser unter großem Aufwand von Zeit und Mühe versucht, die Schatten der Phöniker und anderer »Weißer« edler Abkunft wiederzubeleben.

Eine der wichtigsten Fragen bleibt allerdings bis heute ungeklärt: Wir können nicht mit Sicherheit sagen, wer Simbabwe erbaute. Es gibt mehrere gut begründete Theorien, die die Entstehung des Simbabwekomplexes dem einen oder auch einem anderen afrikanischen Volk zuschreiben. Da jedoch im Mittelalter ständig bedeutende Migrationen afrikanischer Stämme und Völker stattfanden, deren Hauptrichtung der Süden war, und weil schriftliche Nachrichten fehlen, kann man gegenwärtig noch nicht sagen, welches jener Völker mit der Errichtung Simbabwes begonnen hat. Wahrscheinlich trifft die Annahme von Frau Caton-Thompson zu, daß die Vorfahren der Bantu zu den ersten Erbauern Simbabwes gehörten. Sie wurden wohl im 12. Jahrhundert von den Schonastämmen verdrängt oder unterworfen, deren Herrscher man Mwene-mutapa, »Herr der Minen«, nannte. Im Bereich des Mwene-mutapa (die Portugiesen machten daraus später Monomotapa, Manamotapa, Benamotapa und übertrugen den Namen auf das Reich) wurde hier wie auch in anderen Regionen des Landes weitergebaut. Steinerne Bauwerke entstanden in Naletali, Regine, Khami und in weiteren Orten — Hunderte von Siedlungen und Festungen liegen südlich des Limpopo. Zu derselben oder zu einer verwandten Kultur gehört auch die Nekropole von Mapungubwe.

Ein Ansturm des Volkes Rozwi brachte den Untergang des Reiches Monomotapa. In dieser Periode wurde die Zitadelle Simbabwe vom neuen Herrscher, der jetzt den Titel Mambo oder Tschangamire trug, umgebaut und erweitert. Danach kamen neue Eroberer, und Simbabwe wurde verlassen.

Selbst wenn sich dieses Bild künftig durch neue Grabungen und Forschungsergebnisse noch verändern sollte, so steht doch außer Zweifel: Simbabwe ist ein großartiges Denkmal afrikanischer Vergangenheit, das von afrikanischen Völkern geschaffen wurde und keine fremden Vorbilder besitzt.

# IFE UND BENIN

## Bronze und Terrakotta

Ende des vorigen Jahrhunderts nahmen die europäischen Großmächte die endgültige Aufteilung des afrikanischen Kontinents vor. Sie veranstalteten einen eiligen Wettlauf, rannten gegeneinander an, machten erst im Anblick von Kanonen des Gegners an den neuen Grenzen ihrer Imperien halt und trugen dabei in »edler« Entrüstung Pressekampagnen gegen die Kontrahenten aus. Zugleich verunglimpften sie die Sitten der Völker, die in den noch frei gebliebenen Regionen Afrikas lebten, forderten die unverzügliche Errettung der »Wilden« und Herstellung eines der christlichen Sonntagsschule gemäßen Zustandes in ganz Afrika.

Eine der letzten Eroberungen Großbritanniens war der Negerstaat Benin, Überrest eines einst mächtig gewesenen Waldimperiums. In einer unblutigen und rasch verlaufenden Expedition ins Landesinnere wurde Benin unterworfen und unter dem Beifall der Missionare, Journalisten und Geschäftsleute der Britischen Krone übereignet. Die Berichte der Expeditionsteilnehmer wurden zu Bestsellern. Die Beschreibungen der letzten Tage von Benin glichen Horrorgeschichten, bei ihrer Lektüre sträubten sich dem friedlichen Bürger die Haare.

»... Als wir uns der Stadt Benin näherten, sahen wir Menschenopfer, gekreuzigte Sklavinnen mit kreuzweise aufgeschlitzten Leibern ... die unglücklichen Frauen starben unter der glühenden Sonne. Auf der Erde krümmten sich Sklaven, deren Hände auf dem Rücken gefesselt waren ... Man kann sich vorstellen, welchen Eindruck diese schrecklichen Szenen auf unsere jungen weißen Soldaten machten, als sie vorbeimarschierten: einige empfanden ungeheure Empörung, andere überkam Übelkeit ... Auch auf dem Hof des Königspalastes lagen Tote. Es schien, als sei alles von verstümmelten Leichen bedeckt ... Möge

Gott mich künftig vor solchem Anblick bewahren. Unmittelbar bevor wir auf diese Schreckensbilder stießen, war ein alter Mann hinter einem Baum hervorgetreten. Er zielte mit dem Bogen auf uns, da er (wie man uns später erklärte) annahm, er selbst sei unverwundbar. Dennoch wurde er erschossen ...« So berichtete ein Militärarzt, der zur Strafexpedition der Royal Niger Company gehörte.

Es versteht sich, daß der Tod des alten Mannes wie auch der übrigen letzten Verteidiger Benins später auf dem Konto der Opfer von Benins »Wilden« verbucht wurde.

In den ersten Zeitungsberichten wurde Benin eine »blutige Stadt« genannt. Die Bezeichnung blieb und wurde beinahe offiziell. Ein zeitgenössischer englischer Historiker bemerkt hierzu: »Die Teilnehmer der Strafexpedition übertrafen sich gegenseitig, den Eindruck zu vermitteln, daß das Volk der Bini hauptsächlich damit beschäftigt war, Menschenopferungen in erschreckender Zahl zu veranstalten. In Wahrheit aber ist diese Meinung weit von der Wirklichkeit entfernt, wenngleich die Religion der Bini Menschenopfer vorsah, wie es sie auch in anderen Gegenden der Erde, darunter seinerzeit auf den Britischen Inseln, gegeben hat ...«

Zum besseren Verständnis wollen wir an dieser Stelle kurz auf die Geschichte des Staates Benin eingehen, zumal sie eng mit unserem Thema zusammenhängt.

Einst stellte Benin den mächtigsten afrikanischen Staat außerhalb der Sphäre arabischen und europäischen Einflusses dar. Als der erste Europäer, der Portugiese João Affonso d'Aveiro, Benin 1486 besuchte, fand er das Reich in seiner Hochblüte vor.

Legenden berichten, daß die ersten Könige von Benin, die man Oba nannte, aus der heiligen Stadt des Yorubavolkes Ife stammten. In der ersten Dynastie folgten einander zwölf Herrscher, danach gab es einen Umsturz und eine Zeit der Wirren, und wiederum wurde der Thron von Benin durch einen Oba aus Ife besetzt; die von ihm begründete Dynastie regiert in Benin bis heute. João Affonso d'Aveiro hielt sich dort während der Regierungszeit des 15. Oba dieser Dynastie auf, deren Anfänge wohl in das 12. Jahrhundert zurückreichen, während der Staat vermutlich im 10. Jahrhundert gegründet wurde.

Die Oba von Benin vereinigten in ihrer Person die weltliche und die geistliche Macht, der Herrscher war ein heiliger Mann, er durfte seinen Palast nur bei ganz ungewöhnlichen Anlässen verlassen.

Im Staate Benin bildete die gesellschaftliche Hierarchie ein festgefügtes System. Eine privilegierte Stellung nahmen die Berater des Königs ein, ferner die Priester, die Stadt- und Hofbeamten sowie die Statthalter in den abhängigen Provinzen.

Die Stadt Benin war durch einen hohen Wall und einen Graben gesichert und nahm eine Fläche von ungefähr 25 Quadratkilometern ein. Sie zeichnete sich durch regel- und planmäßige Bebauung aus, die Fassaden ihrer Lehmhäuser waren den abgeschirmten und mit Palmen bestandenen Hofplätzen zugewandt. In den Häusern befanden sich die unverzichtbaren Altäre der zahlreichen Gottheiten von Benin und die Ahnenschreine. An den mächtigsten Bau der Stadt, den Königspalast, schlossen sich viele von Mauern und Galerien umgebene Innenhöfe an. Hier standen auch die Wohnunterkünfte der Beamten, die Kasernen und Ställe, schließlich viele Altäre und Heiligtümer, die zugleich eine Art von Geschichtsmuseen darstellten. Benin war eines der ersten großen afrikanischen Reiche, in denen es zu Kontakten mit Europäern kam, die dem Lande in seiner späteren Geschichte zum Verhängnis wurden.

Während sich die Portugiesen in Südostasien und in Indien vor allem für Gewürze interessierten, ging es ihnen in Afrika um Gold und Sklaven. Die tief ins Innere des Kontinents vordringenden Expeditionen der Sklavenhändler verliefen gefahrvoll und brachten durchaus nicht immer den gewünschten Erfolg. Weit vorteilhafter war es, einen Mittelsmann zu finden, einen afrikanischen Häuptling, der sich auf einen Tausch von Sklaven gegen Waffen, Schießpulver und Stoffe einließ. Einen solchen Vermittler hatten die Portugiesen im Oba von Benin. Dadurch kam eine ganze Kette von Ursachen und Wirkungen zustande. Die Herrscher von Benin verkauften den Portugiesen Sklaven und wurden von ihnen mit Waffen versorgt, die die Führung von Kriegen und die Gewinnung weiterer Sklaven ermöglichten. Dadurch wurden jedoch die angrenzenden Gebiete entvölkert und Benins eigener Wohlstand untergraben. Als die Portugiesen später von den Holländern verdrängt wurden und diese schließlich den Engländern weichen mußten, setzte sich das verwerfliche, keineswegs immer friedliche und Benin letztlich Verderben bringende Bündnis fort. Allmählich verfiel das Negerimperium. Die eroberten Gebiete waren entvölkert und wirtschaftlich ruiniert. Benin selbst, die militarisierte Großmacht, stagnierte; nur noch die Clans des Feudaladels und die Priester, die sich durch Ausplünderung der Nachbarn bereichert hatten, lebten im Wohlstand. Da sie auch die eigene Bevölkerung ausbeuteten, verließen viele Bauern das Land. In Südnigeria wurden ganze Dörfer, ja Gebiete von Auswanderern aus Benin besiedelt. Schließlich gründete ein Prinz aus Benin sogar das »Emigrantenkönigreich« Warri.

In den letzten Jahrzehnten büßte der Staat Benin seine frühere Macht vollständig ein. Er zog sich gleichsam in die Wälder zurück und wurde zum Anachronismus: Die Machtposition des Oba und der Priester sowie der Glaube an die alten Götter wurden sorgsam gehütet,

Sklaverei und Rückständigkeit waren geblieben. Als die britische Strafexpedition in Benin einfiel, erzitterten die Häuptlinge und Priester im Angesicht des unausweichlichen Untergangs ihres Staates. Und so glaubt der englische Historiker Ian Brinkworths, daß »Massenopferungen in Benin nur in Zeiten höchster Not vollzogen wurden. Die Strafexpedition war die größte Katastrophe in der Geschichte Benins, vielleicht in den letzten tausend Jahren. Die von Panik ergriffenen und kopflos gewordenen Despoten suchten Hilfe bei den Göttern ...«

Zuvor waren doch bereits viele Reisende und Kaufleute nach Benin gekommen und hatten ˙Berichte über dieses Land hinterlassen, in denen von besonderer Grausamkeit ihrer Herrscher niemals die Rede war.

In den Schilderungen des blutigen Untergangs von Benin und in den Beschreibungen des Brandes seiner Hauptstadt wird nur am Rande erwähnt, welche Entdeckungen die Eroberer im Palast gemacht haben.

Der englische Militärarzt Roth berichtet: »Im Königspalast fanden wir auf einer hohen Plattform, die vielleicht ein Altar war, großartige Idole, die die gesamte Fläche füllten. Alle waren mit Blut befleckt ... Dazwischen lagen viele Bronzeköpfe mit Öffnungen, in denen unwahrscheinlich große geschnitzte Elefantenstoßzähne steckten. Der Eindruck, den sie auf uns machten, ist schwer beschreibbar.˙ Wir zerschlugen diese Altäre ...«

Man begann zu plündern. Bronzeköpfe, Platten und Elfenbeinarbeiten wurden nach England gebracht und verblieben in den Villen der Offiziere und Beamten. Nur ein geringer Teil der Kunstwerke gelangte in die Museen, einiges konnten die Bewohner von Benin retten ...

In den letzten Jahren bemüht sich die nigerianische Regierung um Rückgewinnung der geraubten Schätze. Unlängst wurde zum Beispiel bei einer Auktion in London eine Bronzeskulptur, das Porträt einer Königin aus dem 16. Jahrhundert, für 5000 Pfund Sterling von Nigeria erworben.

Die Kunst Benins darf als einmalig betrachtet werden, und zwar nicht nur aufgrund der Besonderheiten ihrer Darstellungsmittel. In dem mächtigen zentralisierten Staat mit weit zurückreichenden Traditionen und mit einem entwickelten religiösen Kult gab es kein Schrifttum. Die Kunst, vor allem der Bronzeguß und die Elfenbeinschnitzerei, mußte diesen Mangel kompensieren. Die Bronzeplastiken von Benin sind eine in die verallgemeinerte Symbolik von Bildern umgesetzte Chronik dieses Landes.

Die Kunstwerke Benins können bei aller Vielfalt der Figuren und Kompositionen in zwei Hauptgruppen unterteilt werden. Zur ersten

Gruppe gehören Darstellungen, die zu Ehren von Herrschern und Würdenträgern geschaffen wurden. Am häufigsten sind es erhabene Bronzereliefs mit statischen, starren Figuren, die sich gewöhnlich um den mit allen Insignien versehenen Haupthelden gruppieren, die Ränder werden von den Ratgebern und Frauen garniert. Die stilisierten Figuren weisen kaum individuelle Züge bestimmter Personen auf, sie charakterisieren nur das Typische des jeweiligen Standes. Auf diese Weise wurden auch die Porträts der Herrscher gestaltet, über deren Köpfen die Elefantenstoßzähne wie gewaltige Tiaren ragen. Auch diese Skulpturen zeigen die Tendenz zur Schematisierung, zur verallgemeinerten Darstellung: Das grob gezeichnete Gesicht verschwindet beinahe unter dem hohen Halsschmuck und dem kunstvollen Helm. Gänzlich schablonenhaft sind die in die Stoßzähne eingeritzten Abbildungen, hier fehlt nur noch ein Schritt bis zur Bilderschrift.

Von dieser schematisierten Darstellung weichen einige Figurengruppen ab. Im runden Altar des Ehenua bleibt die Figur des Haupthelden zwar ebenso statisch wie auf einer Bronzeplatte, auch die Gestalten seiner Gefährten wirken statisch, doch im oberen Teil der Szene wird überraschend Bewegung sichtbar. Krieger und einfaches Volk bilden gemeinsam einen Tanzreigen. Dieser Gruppe darf auch die bekannte Skulptur des eine Antilope tragenden Jägers mit Hund zugerechnet werden, hierher gehören ferner einige Leopardenfiguren.

Die zweite Hauptgruppe der Kunstwerke Benins umfaßt Bronzeporträts und vor allem Elfenbeinmasken. Sie unterscheiden sich auffällig von den übrigen Palastfunden, offenbar dienten sie einem völlig anderen Zweck: Die Meister waren nicht mehr der Geschichte verpflichtet, fühlten sich nicht an die Konvention der Verherrlichung gebunden, sie schufen ihre Kunstwerke um der Kunst willen.

Die Elfenbeinmasken sind bereits von mehreren Kunstkennergenerationen gerühmt worden. Zu Recht verglich man sie mit dem Kopf der Nofretete. Elfenbein gestattet die Wiedergabe von weichen Linien und zarter Haut. Beim Betrachter entsteht die Empfindung, diese Gesichter mit den weit geöffneten vorstehenden Augen seien von tiefer, traumhafter Ruhe beseelt.

Mit den Masken in gewisser Hinsicht vergleichbar sind einige Bronzeporträts von Königinnen, die offenbar dem 16. Jahrhundert zugehören. Der Künstler, der sie schuf, ignorierte gleichsam die königliche Würde: Wir sehen den Kopf einer schüchternen, nachdenklichen jungen Frau, den eine hohe Kappe, die Krone, bedeckt, darun-

*Oben: Terrakotta aus dem Olokun-Walode-Hain, Ife,*
*Stammesmarken auf den Wangen.*
*Unten: Bruchstück eines Tongefäßes, Ife.*

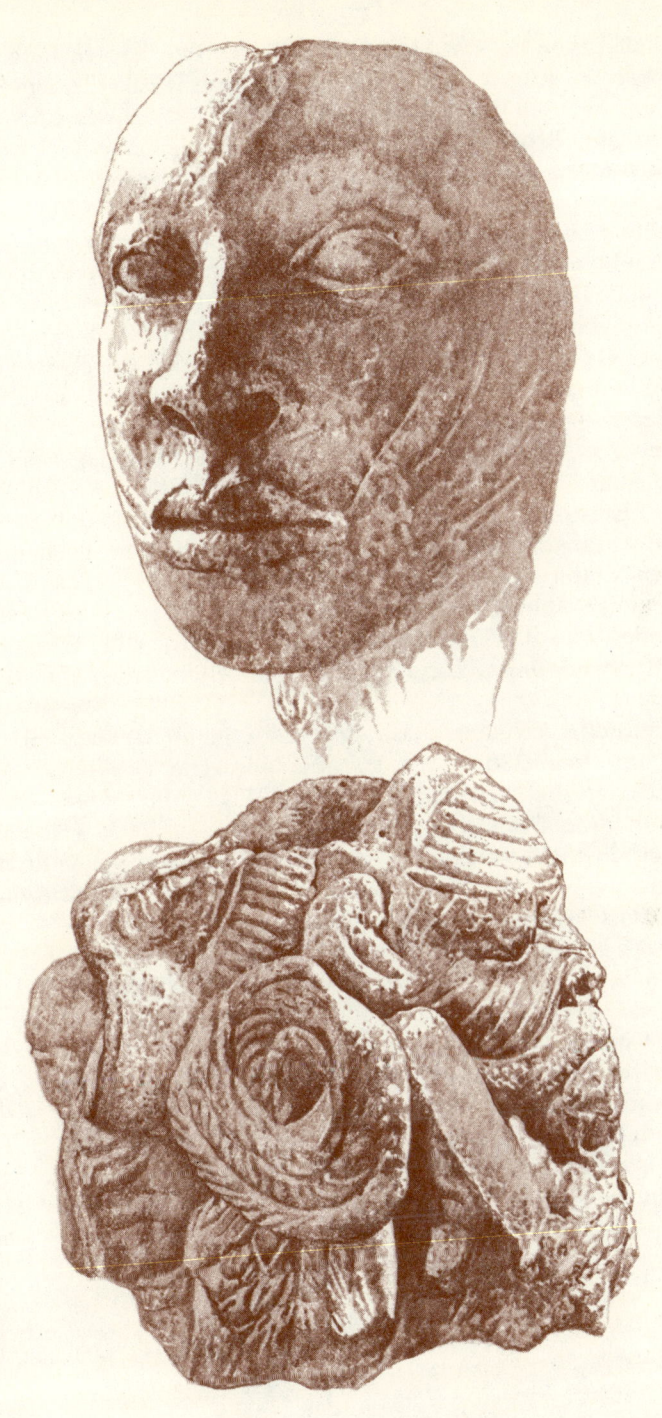

ter quellen Zöpfe hervor. Der Blick der von den Lidern halb verdeckten schwarzen Augen (die Pupillen sind aus Eisen) ist gesenkt und versonnen, auf den Lippen liegt ein kleines kapriziöses Lächeln. Eine Giaconda aus Bronze, könnte man meinen, beinahe gleichaltrig mit da Vincis Mona Lisa, ebenso wie jene in geheime Gedanken versunken.

Betrachtet man diesen Kopf, der so stark von der strengen höfischen Beninkunst abweicht, so erinnert man sich, daß die Könige dieses Landes einst aus Ife gekommen waren. Der Legende nach soll der König von Ife, der heiligen Stadt des Yorubavolkes, dem König von Benin Oguola Ende des 14. Jahrhunderts den ersten Bronzegießer geschickt haben. Das Reich der Yoruba grenzte an Benin, und zwischen Benin und Ife bestanden stets enge Beziehungen.

Zu der Zeit, als die Bronzekunst Benins schon aller Welt bekannt war und man über sie bereits die ersten Abhandlungen veröffentlichte, wußte in Europa noch niemand, die britischen Kolonialbeamten und Offiziere ausgenommen, etwas von Ife, das zu den Besitzungen des Britischen Empire gehörte.

Aber einige Jahre nach der Unterwerfung Benins verbreitete sich die Kunde von der Entdeckung der Atlantis. Die Erwähnung ist notwendig, weil diese Tatsache die Beurteilung der Kunst von Ife beeinflußte.

Der deutsche Afrikanist Leo Frobenius nahm Grabungen in Westnigeria, auf dem Gebiet der Yoruba, vor. Die Grabungen dauerten erst zwei oder drei Wochen, doch hatte Frobenius bereits Glasperlen, Keramiken, Glasschmelztiegel und andere Gegenstände gefunden sowie schließlich einen Bronzekopf, der so realistisch und vollendet war, daß Frobenius, der von der Neigung zur Schematisierung und Symbolik in der afrikanischen Kunst wußte, sofort die Schlußfolgerung zog, daß dieser Kopf nur außerhalb von Afrika entstanden sein konnte.

Im Jahre 1913 erschien Frobenius' Buch »Und Afrika sprach«, in dem er scheinbar überzeugend nachwies, daß in Ife eine griechische Kolonie entdeckt worden sei und daß es sich bei dieser von den antiken Autoren unbeachteten und vergessenen Kolonie um Atlantis handeln könnte. Der Kopf gehöre wohl zur Statue eines Gottes der Atlantiden.

So wurde erneut versucht, Afrika seiner kulturellen Leistungen zu berauben. Dabei darf man Frobenius, der ein großer Gelehrter war, keinesfalls als einen bewußten Feind des Schwarzen Kontinents

*Oba mit Diener,*
*Schmuckplatte eines Ahnenaltars, Benin.*
*Ring mit Masken, Benin, Messing.*

ansehen. Er teilte lediglich das in seiner Zeit herrschende Vorurteil, Afrika habe ausschließlich primitive Kunst hervorgebracht.

In den folgenden Jahren blieb die Auffassung von Frobenius unangefochten. Später kamen freilich noch andere Prätendenten auf die Urheberschaft der Ifekunst ins Gespräch: die Phöniker, Sabäer, Äthiopier, Kuschiten und sogar die Perser.

Doch die Hauptstadt der Yoruba lieferte den Entdeckern eine Anzahl neuer Funde, die allmählich das theoretische Gebäude von Frobenius erschütterten. Bei Bauarbeiten stieß man 1939 im heiligen Hain am Ort eines vor langer Zeit zerstörten Palastes auf einen aus 13 Bronzeköpfen bestehenden Fund. Archäologen eilten herbei und fanden weitere vier Köpfe sowie die Büste eines Herrschers in höfischem Aufputz.

Im Jahre 1947 entstand das Nigerianische Amt für Altertümer, und am Ort der alten Yoruba-Hauptstadt wurden planmäßige Grabungen eingeleitet. Die Zahl der Funde wuchs von Jahr zu Jahr, doch ihren größten Erfolg hatten die Forscher 1957, als Terrakotta- und Bronzeplastiken entdeckt wurden, die die bisherigen Erkenntnisse von der Kunst der Yoruba wesentlich erweiterten. Zu den Funden gehörten ein lebensgroßes Herrscherstandbild, das Doppelporträt eines Königspaares, ferner Endstücke von Ritualstäben, die jeweils mit zwei Seilen zusammengebundene Sklavenköpfe darstellten.

Nun war endgültig erwiesen, daß die Bildwerke von Ife in Nigeria und nirgendwo sonst entstanden waren und konkrete Personen darstellten. Eine Verbindung zwischen der Kunst von Ife und Benin konnte als gesichert gelten.

Dennoch blieben viele Fragen offen: Wann begannen die Künstler von Ife ihre realistischen, ausdrucksvollen Porträts, ihre lebensgroßen Skulpturen herzustellen, und was hat sie dazu veranlaßt? Wann entstanden die Plastiken aus Terrakotta und wann die aus Bronze gegossenen Bildwerke? Es scheint, als habe die Ifekunst unmittelbar auf einem hohen Niveau eingesetzt, obwohl es keine Vorbilder, Vorläufer und Lehrer gab.

Vor etwas mehr als tausend Jahren wanderte das Volk der Yoruba aus dem Osten ein. Seine Vorgeschichte ist praktisch unbekannt, folglich kann man auch nicht sagen, ob die Yoruba ihre Kunst mitgebracht hatten oder etwas von den Stämmen übernahmen, die hier zuvor siedelten.

Seit einiger Zeit besteht allerdings ein wenig Hoffnung, daß nach rückwärts führende Fäden aufgespürt werden können. In Zentralnigeria hat der englische Archäologe B. Fagg im Dorfe Nok bei der Freilegung von alten Zinngruben einige meisterlich gefertigte Figuren entdeckt. Die alte Nokkultur hängt mit dem Zinn- und Eisenbergbau zusammen. Einige der Skulpturen von Nok werden dem 1. Jahrtausend v. u. Z. zugeordnet, andere den ersten Jahrhunderten u. Z.

Da zwischen den Skulpturen von Nok und den Plastiken von Ife große Ähnlichkeit besteht, darf angenommen werden, daß die Yoruba in dem von ihnen vor tausend Jahren besiedelten Gebiet eine Bevölkerung vorfanden, von der sie vieles übernahmen.

Bei den Skulpturen von Ife können ebenfalls zwei Hauptgruppen unterschieden werden. Am bekanntesten sind die großartig ausgeführten Bronzeköpfe von Königen und Königinnen, die häufig reproduziert werden. Die Köpfe der Könige sind mit Kronen geschmückt, die Gesichter weisen vertikale Linien auf, die vielleicht auf Tätowierung hindeuten oder feine Perlenketten darstellen sollen, welche gleich einem Schleier von der Krone herabhingen.

Die zweite Gruppe bilden die Terrakottafiguren. Bei ihrer Herstellung fühlten sich die Künstler wohl bedeutend freier, so sind diese Kunstwerke auch natürlicher und vielgestaltiger. Die Gesichter der Ifeskulpturen erinnern in ihrer Vollendung an die antike griechische Kunst. Doch diese Tatsache spricht nur dafür, daß das menschliche Streben nach Schönheit und Vollkommenheit überall gleich ist, sie bezeugt die Übereinstimmung der Ideen von Künstlern, die verschiedenen Kulturen zugehören.

# VIERTES KAPITEL

# INDIEN UND SRI LANKA

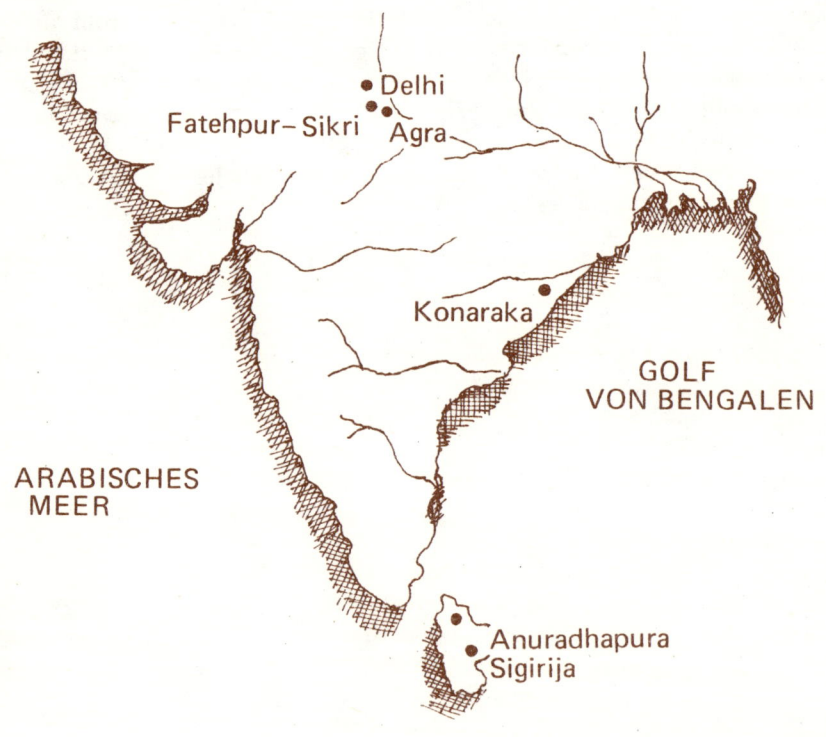

Delhi

Fatehpur–Sikri   Agra

Konaraka

GOLF
VON BENGALEN

ARABISCHES
MEER

Anuradhapura
Sigirija

INDISCHER
OZEAN

# DIE TSCHANDRAGUPTASÄULE

## Wiederum Außerirdische?

»In Delhi sah ich einen wunderschönen Eisenpfeiler«, schrieb Ilja Ehrenburg. »Er wurde im 5. Jahrhundert aufgestellt, stand im Regen und unter der Sonne des Südens, doch der Rost konnte dem Eisen nichts anhaben. Ich gestehe, daß ich erstaunt war — ich wußte nicht, daß die alten Inder die Kunst der Metallbearbeitung in solcher Vollkommenheit beherrschten ...«

Bisweilen neigen wir dazu, auf die Alten von der Höhe des heutigen Erkenntnisstandes und der in vielen Jahrhunderten gesammelten Erfahrung herabzublicken. Mit ungläubigem Staunen betrachten wir die Pyramiden der Maya und die Große Chinesische Mauer. Es ist ein Wunder, stellen wir fest, daß man etwas Derartiges in einer Zeit schaffen konnte, in der es noch keine Raupenschlepper und keine Rechenmaschinen gab. Wir neigen dazu, völlig zu übersehen, daß die Pyramiden und der Kalender und die Mauer keineswegs aus dem Nichts entsprungen sind, daß ihre Schöpfer bereits über die Erfahrungen vieler Generationen verfügten. Einige der älteren Zivilisationen erreichten auf bestimmten Wissensgebieten ein erstaunlich hohes Niveau und gingen unter, ohne den Nachkommen ihre Erkenntnisse weitergegeben zu haben, weil es diese Nachkommen mitunter überhaupt nicht mehr gab. Denn die Hunnen oder Mongolen kümmerten sich nicht um die Zukunft der von ihnen unterworfenen Völker. Um etwas Neues zu entdecken, mußten die Menschen nicht selten zu den Ausgangspunkten zurückkehren, mußten wieder ganz von vorn beginnen.

Es sind gerade die Zweifel am Können unserer Vorfahren, die zu jenen Theorien vom außerirdischen Ursprung der uns auf der Erde begegnenden Wunder führen. Da heißt es dann, gütige Marsmenschen oder auch Philanthropen aus der Siriusregion seien auf der Erde erschienen. Da sie hier eine Spur hinterlassen wollten, haben sie die Quader von Baalbek behauen, den Kalender für die

227

Maya zusammengestellt und den Saharamalern Modell gestanden. Auch der Eisenpfeiler von Delhi wurde von den Anhängern der »Kosmostheorien« nicht übergangen. Er rostet nicht, steht seit anderthalb Jahrtausenden wie neu da. Das ist doch bei Eisensäulen unmöglich, bei so uralten zumal. Wäre sie klein, dann vielleicht, doch sie ist ja sieben Meter hoch und hat einen Durchmesser von fast einem halben Meter. Das sind mehrere Tonnen nichtrostenden Eisens.

Vom Zentrum der Unionshauptstadt Delhi fährt man mit dem Auto eine halbe Stunde bis zur Säule, zunächst durch ein wohlgeplantes Stadtviertel mit hellen Villen, großen öffentlichen Gebäuden, mit Grünanlagen und Parks. Danach werden die Cottages rarer, und ins Bild gelangen zunehmend kleine, von Lehmmauern eingefaßte Häuser. Überraschend taucht rechts eine mit bunten Flugzeugen besetzte Rollbahn auf. Am Ende der Fahrt sind nur noch kleine, immer ärmlicher werdende Häuser zu sehen.

Und dort ragt über den Bäumen und Häusern das Kutb Minar auf, das durch seine Form und Höhe an heutige Fernsehtürme erinnert. Fürs erste lohnt es, die Spitze dieses Minaretts zu erklimmen, das zu den höchsten der Welt gehört. Besonders angenehm ist es freilich nicht, zumal an einem heißen Tag, die 70 Meter Höhe zu überwinden, die schmale und steile Wendeltreppe hinaufzusteigen. Ihre Windungen werden enger und enger, neben Schwindel überfällt uns das aus Alpträumen bekannte Gefühl, in einen Schlot ohne Ausgang geraten zu sein. Doch wenn man sich schon mit dem schrecklichen Gedanken abzufinden beginnt, daß es kein Ende geben wird, wenn man begriffen hat, daß dieser Turm ohne Hilfe der Dschinn nicht erbaut worden sein konnte — während die Arbeiter das Minarett bestiegen, ging doch der Tag vorüber, und es wurde Zeit, wieder hinabzusteigen —, stellt man plötzlich fest, daß die höchste Plattform erreicht ist.

Der Wind versucht uns hinunterzustoßen, hinab in die Tiefe, wo weit entfernt im bräunlichen Dunst die Erde liegt.

Beim Hinabschauen wird uns bewußt, wie alt dieses Land Indien ist. Da sieht man Häuflein kleiner Häuser, weißer und rotbrauner, ein wenig Grün der Bäume und, soweit das Auge reicht, Ruinen von toten Städten und ehemaligen Festungen.

*Das bedeutendste erhaltene Bauwerk in Delhi ist das Minarett Kutb Minar mit 379 Treppenstufen und einer Höhe von 70 Metern. Reliefbänder mit Inschriften, die Verse aus dem Koran wiedergeben, und Friese mit pflanzlichem oder geometrischem Dekor zieren die Außenfläche des riesigen Minaretts. Rechts: die Tschandraguptasäule im Hof der Kuwwatul-Islam-Moschee.*

In der Nähe des Minaretts, im Hof eines alten Tempels, steht ein schwarzes Streichholz — so wirkt die Säule aus 70 Meter Höhe. Sie wurde von den Vorfahren derer gegossen, die das zum Himmel aufragende Kutb Minar erbauten, die den Tadsch Mahal errichteten und die Höhlentempel von Eluru in die Felsen schlugen ...

Mitunter ist es vielleicht leichter, einen mächtigen Tempel zu errichten als den Geheimnissen der Metalle auf die Spur zu kommen, Feuer und Eisen dem menschlichen Willen gefügig zu machen.

Von hier oben wirkt die Säule doch recht bescheiden und klein. Gehen wir besser wieder hinunter, um uns mit ihr bekannt zu machen, sie anzufassen.

Die sonst dunkle Oberfläche der Säule glänzt unten hell: Pilger und Touristen haben sie mit ihren Händen poliert. Die Säule ist einfach: Sie verjüngt sich oben ein wenig und geht in ein anspruchsloses Kapitell über. Zwei sorgfältig ausgeführte Inschriften bedecken Teile der Oberfläche. Wessen Name wurde hier im Eisen verewigt? Wer ritzte die feinen Schriftzeichen ein?

»Vor 900 Jahren regierte in Delhi der weise König Anang Pal«, sagt Hassan, der aussieht, als wüßte er alles.

Hassan trägt ein elegantes schwarzes Jackett und ein weißes Dhoti. Wir haben uns oben auf dem Kutb Minar kennengelernt. Er möchte sich gastfreundlich zeigen und außerdem von mir Adressen russischer Studenten bekommen, um Briefmarken tauschen zu können.

»Anang Pal«, wiederholt Hassan mit Nachdruck, um keinen Zweifel aufkommen zu lassen. »Während seiner Regierungszeit erblühten die Wissenschaften und die Künste. Legenden künden, daß ihm sogar Tiere und Vögel gehorchten, ich glaube aber, daß das eine Übertreibung ist.«

»Das meine ich auch.«

»Anang Pal befahl, eine Säule aus reinem Eisen zu gießen, und ließ sie über dem Kopf einer Riesenschlange eingraben. Offenbar war das eine steinerne Schlange.«

»Hat man sie gefunden?«

»Nein. Auch das ist wohl eine Legende. Die Säule wurde also gegossen und aufgestellt. Viele Jahre später wurde ein Nachfolger Anang Pals von Zweifeln gepackt, er ließ die Säule wegrücken, um nachzusehen, ob die Schlange wirklich da ist. Sein Unglaube wurde bestraft: Anangs Dynastie ist gestürzt worden.«

»Die Säule stand also immer hier?«

»Das weiß ich nicht. Doch die kleinere Aufschrift nennt Anang Pal und seine Regierungszeit. Jedenfalls enthält die Legende wie immer ein Körnchen Wahrheit. Das heißt, die Säule ist 900 Jahre alt. Haben Sie einen Bleistift? Ich möchte Ihnen meine Adresse geben.«

»Und was ist mit der zweiten Inschrift?« frage ich weiter. Das Wahrheitskörnchen der Legende wollte ich nicht in Frage stellen, es ging mir nur um das Maximum im Körnchen. Um es zu finden, begab ich mich in die Bibliothek und sah dort mehrere Bände der »Mitteilungen der Archäologischen Gesellschaft von Indien« durch. Dort fand ich das Faksimile und die Übersetzung der zweiten Inschrift.

Diese Schriftzeichen hatte man im altindischen Staat der Guptas verwendet, daran zweifelten die Wissenschaftler nicht. Das bedeutete, daß die zweite Inschrift aus dem 5. Jahrhundert stammt. Der gescheite Hassan hatte sich ein wenig geirrt.

Die Inschrift ist ein Epitaph für König Tschandragupta II., der 413 starb. Die Säule wurde — so lautet der Text — zum Gedenken an diesen König auf einem »Fuß Wischnus« genannten Berg errichtet und war dem Hindugott Wischnu geweiht. Besonderheiten des Alphabets, die Formen der Schriftzeichen, weisen aus, daß sich die Säule ursprünglich in Allahabad befunden hatte, im östlichen Teil Indiens. Nun mußten die Wissenschaftler nur noch den Berg entdecken, der in der Inschrift »Fuß Wischnus« genannt wird.

Man hat ihn gefunden. Es stellte sich heraus, daß die Säule einst vor einem Wischnutempel stand und daß ihre Spitze eine Darstellung des heiligen Vogels Garuda zierte. In jener Region wurden weitere, ähnliche Säulen entdeckt, sie waren jedoch nicht aus Eisen, sondern aus Stein.

Den König Anang Pal hat es wirklich gegeben. Er veranlaßte die Überführung der Säule nach Delhi; an ihrer Entstehung war er jedoch nicht beteiligt.

Um die Entstehung der Säule besser zu verstehen, sollte man sich der Geschichte Indiens zuwenden und herausfinden, was dieses Land vor 1500 Jahren unter den Guptas darstellte.

Wir wollen auf Betrachtungen zum hohen Entwicklungsstand vieler Humanwissenschaften, zur hochinteressanten Literatur und Kunst Indiens jener Zeit verzichten, weil sie keinen unmittelbaren Bezug zur Tschandraguptasäule haben, und uns auf die Metallgewinnung und -bearbeitung beschränken.

In der Guptazeit kannten die Inder viele Metalle. Sie vergoldeten und versilberten Schmuckgegenstände, beherrschten den Edelmetallguß. Außer Gold und Silber verarbeiteten sie Eisen, Kupfer, Blei, Zinn und ein bislang nicht definiertes Metall, das sie »Vaikrinta« nannten. Schon in den ältesten Schriftdenkmälern der Inder, den Weden, wird Bronze erwähnt, und wie jüngst erfolgte archäologische Grabungen erwiesen, war ihnen Eisen bereits im 10. Jahrhundert v. u. Z. bekannt. Aus Metall stellten sie Waffen, Geräte und Schmuck her. Auch Quecksilber wurde verwendet, vor allem in der Medizin. In altindischen

Texten finden sich Beschreibungen verschiedener chemischer Prozesse zur Erzeugung von Säuren und Laugen. Den Metallen rechneten die Inder auch den Asphalt zu, der im Bauwesen breite Verwendung fand. Sie hielten ihn für eine Mischung aus vier Metallen, die bei Sonneneinwirkung einen »öligen Schmutz« absondert.

In Berichten über den Indienfeldzug Alexanders des Großen wird mitgeteilt, daß die Herrscher eines Pandschab-Fürstentums Alexander 100 Stahltalente übergaben (ein Talent entspricht etwa 25,9 Kilogramm). Nach unseren Maßstäben wären die zweieinhalb Tonnen Eisen ein bescheidenes Geschenk für einen Weltherrscher, doch hatte Stahl damals einen viel höheren Wert als heute.

Wenn die Metallgewinnung und -verarbeitung in Indien bereits zur Zeit Alexanders des Großen so hoch entwickelt waren, muß man ihre Anfänge viel weiter zurück ansetzen. In der Tat wird schon in den Brāhmanas, heiligen Schriften, die ungefähr im 9. bis 6. Jahrhundert v. u. Z. entstanden sind, über das Schmelzen von Eisen berichtet. Daraus folgt, daß die Metallgewinnung und -verwendung in Indien zur Zeit der Aufstellung des Eisenpfeilers von Delhi eine mindestens 1500jährige Geschichte hatten. Eisen war bei den Indern so gewöhnlich geworden, daß man daraus Pflüge fertigte.

Die meisten altindischen Metallerzeugnisse sind jedoch nicht erhalten, sie wurden durch Korrosion, den Todfeind der Metalle, zerstört. Nach neueren Berechnungen frißt die Korrosion in der Welt alljährlich Metall im Wert von über einer Milliarde Rubel. Es rosten Schienen und Pfähle, Maschinen werden unbrauchbar. Doch die Tschandraguptasäule ist davon nicht betroffen.

Manche Leute sagen: »Bis heute bringt man nichts Ähnliches zustande. Da steht die indische Säule, der reinste Damaszenerstahl ... Wo gibt es das jetzt noch? Bleibt denn die Säule ein ewiges Geheimnis?«

Leider müssen wir diejenigen enttäuschen, die glauben, den Eisenpfeiler von Delhi hätten geheimnisvolle Wesen auf geheimnisvolle Weise geschaffen.

Bereits Ende des vorigen Jahrhunderts begannen die Metallurgen sich mit dieser Säule zu beschäftigen. Seither wurden zahlreiche Analysen am Material der Säule durchgeführt, deren Ergebnisse man durchaus nicht geheimhielt und die dennoch ziemlich unbekannt blieben. Denn die Historiker lesen keine Aufsätze über Metallurgie, und die Metallurgen ziehen es vor, sich nicht in die Streitfragen der Historiker einzumischen.

Man hat folgendes festgestellt:

Erstens ist die Säule nicht aus Eisen, sondern aus niederkohlenstoffhaltigem Stahl, der »nach dem Schwefelgehalt als äußerst rein zu bezeichnen ist und unzulässig viel Phosphor enthält«, mit einem Kohlenstoffgehalt »wie beim heute recht gebräuchlichen Stahl C15«. Und die Qualität dieses Metalls beurteilt einer der Metallurgen so: »Würde ein heutiger Fachmann für Metallverarbeitung die Struktur eines solchen Eisengusses unter dem Mikroskop betrachten, müßte er erklären, daß das ihm vorliegende Material nur zur Herstellung von wenigen wichtigen Details geeignet ist und daß es wegen eines zu hohen Anteils nichtmetallischer Bestandteile besser überhaupt nicht verwendet werden sollte.«

Zweitens stellte sich heraus, daß die Säule nicht im Ganzen gegossen wurde. »Teilstücke von 20 bis 30 Kilogramm wurden zusammengeschweißt; an der Säule fand man Spuren von Hammerschlägen und Schweißnähte.«

Drittens zeigte sich, daß das Nichtrosten der Säule eine Legende ist. Der schwedische Metallforscher Wranglen legte ein Stück des in die Erde vertieften Teiles der Säule frei, das den Historikern und jenen, die an die außerirdische Herkunft der Säule glaubten, nicht zugänglich war. Der in die Erde versenkte Teil der Säule war mit einer zentimeterdicken Korrosionsschicht bedeckt und wies vom Rost herrührende, bis 10 Zentimeter tiefe Löcher auf.

Offenbar blieb von der Legende nichts mehr übrig. Freilich war noch folgender Einwand möglich: »Der über der Erde befindliche Teil der Säule rostet aber nicht. Vielleicht hatte man ihn anders hergestellt?«

Doch es ist dasselbe Material. Der genannte Wranglen sägte ein paar kleine Stücke aus der Säule heraus und brachte eines an die Ozeanküste, ein anderes nach Schweden. Die Proben rosteten unglaublich schnell. Es zeigte sich, daß das trockene und heiße Klima Nordindiens den Erfindern der Legende entgegengekommen war. Als man unlängst in verschiedenen Gegenden der Erde Korrosionsuntersuchungen vornahm, stellte sich heraus, daß Delhi hinsichtlich der Passivität der Atmosphäre an zweiter Stelle hinter Khartum rangiert. Selbst das unstabile Zink oxydiert in Delhi beinahe gar nicht.

Außer der Inschrift, die Ort und Zeit der Entstehung der Säule bezeugt, existiert noch ein weiterer, indirekter Beweis dafür, daß sie aus dem Indien der Guptaepoche stammt. Dieser Beweis führt uns noch einmal in die Zeit Alexanders von Makedonien zurück. Als der große Eroberer das Perserreich zerschlagen und die Grenzen vieler Staaten zerbrochen hatte, kamen nicht nur gewaltige Migrationen von Menschen in Gang. In der neuen, nach Alexander entstandenen hellenistischen Welt wurden auch Ideen rascher und leichter als zuvor ausgetauscht, konnten Kulturen, die früher isoliert waren, einander bereichern. Die Entstehung der indischen Monumentalarchitektur war in nicht geringem Maße ein Ergebnis der Feldzüge Alexanders.

Beträchtlichen Anteil an ihrer Entwicklung hatten anfänglich griechische und persische Meister. Ihr Einfluß läßt sich insbesondere an Bauwerken aus der Epoche der Mauryadynastie verfolgen, die aus dem Norden kam und unmittelbar nach Alexanders Feldzügen die Herrschaft übernahm. Die Tschandraguptasäule wird von einem Kapitell gekrönt, in dem man unschwer persischen Kanon erkennt. Es ist ein sogenanntes Lotos- oder Glockenkapitell, das uns an den Säulensaal von Persepolis erinnert. So wird eine Verbindung zwischen den Epochen sichtbar. Doch es ist eine irdische, keine außerirdische Beziehung.

Die nichtrostende Säule von Delhi stellt keine absolute Ausnahme dar. Ebenso wie sie haben die etwa 10 Meter langen und 20 Zentimeter dicken Eisenträger, die man zum Bau des Tempels von Konaraka verwendete, dem Rost widerstanden.

# DER TEMPEL VON KONARAKA
### Die Schwarze Pagode

Es war einmal ein schöner, kluger und fröhlicher Prinz. Die Götter hatten ihn mit allen Talenten und Tugenden beschenkt. Der Prinz war als Brahmane geboren und verfügte über alle Merkmale der Brahmanenwürde. Bei seiner Heirat traf er eine ausgezeichnete Wahl, und niemand bezweifelte, daß er den väterlichen Thron erben würde.

Doch eines unglücklichen Tages verwundete der Prinz einen Elefanten. Keiner weiß, ob er es ungewollt oder absichtlich tat, auch die Götter überlegten nicht lange, wie es geschehen war. Der erzürnte Wischnu nahm die Gestalt Indras an und bestrafte den unvorsichtigen Prinzen mit Aussatz. Als sich die ersten Anzeichen der Krankheit im Gesicht des Prinzen zeigten, verstieß ihn der Vater aus dem Palast, und die Wache vertrieb den Unglücklichen aus der Stadt. Von nun an gehörte er zu den Ausgestoßenen. Viele Jahre lang zog der Prinz im Lande umher, und selbst die Menschen aus den niedrigsten Kasten wandten sich von ihm ab.

Eines Tages kam er im Morgengrauen zum Ufer des Ozeans. Kraftlos ließ er sich auf dem Sand nieder und schloß die Augen. Plötzlich verspürte er durch die geschlossenen Lider ein helles Licht. Der erste Strahl der hinter dem Ozean aufgehenden Sonne hatte das sandige Ufer erreicht.

»Surya!« rief da der verzweifelte Prinz. »Surya, Gott der Sonne, hilf mir! Ich will dir an dieser Stelle den schönsten Tempel der Welt erbauen, er soll deinem Wagen gleichen, und du wirst darauf jeden

Morgen wie in einem Wagen den Himmel hinauffahren! Hilf mir doch, heile mich und laß mich in den Königspalast zurückkehren!«

Der in seinem glänzenden Wagen über das Meer gleitende Gott verharrte einen Augenblick und schaute herab. Die kleine Gestalt auf der weiten Sandfläche krümmte sich vor Schmerz und Trauer, der Anblick erfüllte den allmächtigen Gott mit Rührung und Mitleid.

In jener alten Zeit vermochten die Götter Indiens selbst aus großer Entfernung einen echten Prinzen von einem einfachen Menschen zu unterscheiden, möglicherweise kannten sie auch alle Prinzen persönlich. Vielleicht hatte schon seit langem keiner mehr versprochen, dem Sonnengott an einem so schönen Ort einen Tempel zu erbauen, dazu noch den größten der Welt.

Surya hob den Arm, und der Prinz fühlte sich sofort erleichtert. Er neigte sich über eine Wasserlache, die von der Flut verblieben war, und erblickte darin ein reines Gesicht ohne Lepra. Der Prinz begab sich zum nahen Fischerdorf und verkündete den Fischern, er sei niemand anders als ihr künftiger Herrscher. Fischer sind mitunter ebenso klug wie die Götter, sie besorgten sogleich den schönsten Wagen und brachten den Prinzen in die Hauptstadt. Als der König sah, daß sein Sohn wieder gesund war, freute er sich sehr und bestätigte auf der Stelle den Thronanspruch des Prinzen. Bald darauf starb der König, und der Prinz wurde sein Nachfolger.

Er wurde selbst ein mächtiger König und unterwarf viele Völker. Aber niemals, weder im Kampf noch bei Vergnügungen, vergaß er sein dem Sonnengott gegebenes Versprechen.

Sobald er genug Gold in seiner Schatzkammer angehäuft und in Lagern nahe der Hauptstadt viele Sklaven versammelt hatte, rief er die Baumeister zu sich und befahl, einen großen Tempel zu projektieren, der dem Sonnengotte Surya auch als Wagen dienen könnte. Bevor noch die ersten Entwürfe fertig waren, trieb der König Sklaven, Maler und Bildhauer zusammen und befahl den Bauern, viele tausend Fuhren mit Steinen zu liefern. Der Tempelbau konnte beginnen.

In Gestalt eines von sieben Himmelspferden gezogenen Wagens mit zwölf Rädern wurde der Tempel dort errichtet, wo einst der unglückliche Aussätzige lag — am Ufer des Ozeans. Wellen und Flut sollten die Treppenstufen des Tempels umspülen. Jeden Morgen, wenn sich der Sonnengott auf seinen Wagen schwang, stellte er befriedigt fest, daß die Tempelmauern am Vortage wieder um eine Steinschicht gewachsen waren.

Wie der Tempel wuchs, so dehnte sich auch das Reich des ehemaligen Prinzen aus. Immer mehr Zeit mußte der König den Schlachten und Feldzügen widmen; denn dies ist das Los der Eroberer:

Noch keiner konnte je alles gewinnen, was er zu besitzen wünschte. Wurde ein Fürstentum unterworfen, so zeigte sich, daß dahinter ein noch reicheres und größeres lag, dessen Eingliederung in das Imperium sich ebenfalls lohnte. Mit dem Tempelbau konnte sich der König nicht mehr befassen. Denn wie sollte er Zeit finden, die Baustelle aufzusuchen, um den träge gewordenen Aufsehern den Kopf zu waschen, wenn gerade eine Schlacht oder ein aus taktischen Gründen notwendiger Rückzug bevorstand.

Da hatten die Aufseher gute Gelegenheit, sich zu bereichern, wie es Aufsehern zusteht. Die Dorfschulzen vergaßen, neue Steinfuhren zu liefern, und die Steinmetzen entliefen heimlich in die Nachbarstädte, wo kleinere Tempel gebaut wurden und wo man besser bezahlte. Der Bauplatz gehörte ja nicht zu den angenehmsten Gegenden Indiens. Langweilig war es hier, in der Nähe gab es weder Städte noch Dörfer, nur Sand und Meer. Neue Sklaven schickte der König auch nicht mehr, er brauchte sie anderswo — dort mußte an einer entlegenen Grenze eine Festung, da im fernen Himalajagebirge ein Sommerpalast gebaut werden. Eines Tages sah Surya bei seinem Flug über das Baugelände, daß die Arbeiten stockten und die letzten Maurer ihre armseligen Bündel schnürten.

Suryas Gefühle waren zutiefst verletzt. So steht es also mit der menschlichen Dankbarkeit, dachte er. Der Tempel wird nicht weitergebaut, meinetwegen, ich brauche ihn nicht. Surya holte zum Schlag aus und zertrümmerte den Turm neben dem Tempel mit einem einzigen Hieb. Der Deul stürzte ein, und die Steine rollten über den Sand. Da schlug der Sonnengott noch einmal zu, und der Ozean zog sich von dem halbfertigen Tempel zurück, der nun inmitten der Sandwüste stand. Mit dem dritten Schlag beraubte der Gott den König seiner Macht.

Der König erriet sofort, was geschehen war. Im Kampf gegen einen ziemlich schwachen Widersacher hatte er eine schwere Niederlage erlitten. Auf dem Rückzug kamen ihm Eilboten entgegen und berichteten über den traurigen Vorfall.

»Ich will weiterbauen!« rief der König. »Und koste es mein Leben, ich werde den Tempel vollenden.«

Doch wer glaubt schon jemandem, der ein feierliches Versprechen

*Obwohl der Sonnentempel von Konaraka fast völlig verfallen ist, sind daran noch zahlreiche Frauenfiguren erhalten, die musizieren und verschiedene Tanzhaltungen einnehmen.*
*Zwölf Räder an jeder Seite des Tempels ließen zusammen mit den sieben Pferden an der Treppe das Bild des Sonnenwagens entstehen, der über seine himmlische Bahn dahineilt.*

nicht gehalten hat? Surya glaubte dem wortbrüchigen König natürlich nicht.

Bald darauf fiel der König in einer Schlacht, als er versuchte, die von allen Seiten in sein Reich eindringenden Feinde abzuwehren. Der halbfertige Tempel blieb an der Ozeanküste stehen und verfiel allmählich — ein schreckliches, leeres, von Göttern und Menschen verlassenes Bauwerk. Die Bewohner der Küstenregion von Orissa nannten es die Schwarze Pagode.

Doch die verlassene Pagode, die gleichsam an Gottes Zorn gemahnte, flößte durchaus nicht allen Furcht ein. Viele, die diese Gegend aufsuchten, unter ihnen Historiker und Asienforscher, fanden Worte der Bewunderung. »Selbst jene, deren Urteil nicht wohlwollend ist«, schrieb im Jahre 1585 Abu'l Fasl, der Chronist Akbars, »auch jene, die sich nicht leicht zur Begeisterung hinreißen lassen, halten beim Anblick dieses Tempels voll Erstaunen inne.«

Es gab auch andere Einschätzungen der Pagode. Christliche Missionare, denen die ihrer Ansicht nach allzu gewagten Motive der den Tempel zierenden Skulpturen nicht genehm waren, meinten, der Tempel sei von perversen Menschen erbaut worden, denen es an Moral, Geschmack und Takt mangelte. Dem stimmten auch die Kolonialbeamten zu. Leider blieb dieser Tempel samt seinen Bildwerken breiteren Kreisen der Öffentlichkeit unbekannt. Berühmt ist Tadsch Mahal, bekannt sind auch die Felsentempel Indiens und Borobudur, doch nur wenige haben vom Tempel des Sonnengottes Surya in Konaraka, von der Schwarzen Pagode, gehört.

»Vor uns lag eine weite Flachebene«, schreibt ein zeitgenössischer Besucher von Konaraka, »die sich im fahlen Licht des anbrechenden Tages in endloser Ferne verlor. Das nahezu kahle Tal wird am Horizont von einem grünen Streifen begrenzt, der Schatten und Kühle verspricht. 'Dort hinter den Bäumen liegt die Schwarze Pagode', sagte der Chauffeur.

Doch erst als die Sonne schon hoch über uns stand, hatten wir die Hügelkette umrundet und erblickten die wahrhaft majestätische, einsame, großartige Schwarze Pagode. Stolz und mächtig erhob sie sich über die Wipfel der sie umrahmenden Bäume — ein Leuchtturm für unzählige Fischergenerationen, eine Quelle von Mythen und Legenden, ein Symbol des Gipfels einer der aktivsten Perioden indischer Architektur. Ein gewaltiger Tempel, der in sich Elemente des Hinduismus und geheimnisvolle rituelle Fragmente des im Dunkel der Urreligion wurzelnden Tantrismus vereint.«

... Die Pagode steht, über viele Kilometer hin sichtbar, zwischen Sandhügeln an der Ozeanküste im indischen Unionsstaat Orissa. Rundum gibt es nur Sand und Sümpfe. Selten kommen Menschen hierher.

Ab und zu bleibt ein Fischer vor den Tempelmauern stehen, und einmal im Jahr bringt ein Pagodenfestival Leben in diese Gegend.

Tritt man näher heran, so sieht man, daß das mächtige Bauwerk gleichsam auf Rädern ruht. Sie haben einen Durchmesser von vier Metern. Auf zwei Seiten des Tempels wurden je zwölf Räder in das Fundament hineingehauen.

Der Tempel sollte in der Tat einen Wagen symbolisieren. Vorn sind Reste breiter Stufen mit Podesten für die steinernen Pferde erhalten. Einst zogen sieben Pferde, Giganten aus Stein mit gebogenen Hälsen und schweren Hufen, den Sonnenwagentempel in Richtung des Meeres.

Um eine Vorstellung zu gewinnen, wie der Tempel von Konaraka ausgesehen hätte, wäre er fertiggebaut worden, sollte man andere Tempel von Orissa besichtigen, denn sie alle, mögen sie kleiner oder groß sein, wurden nach einem Grundmodell, nach demselben Kanon erbaut.

Der südindische Tempeltyp bildete sich im 7. Jahrhundert heraus. Seither bestanden die Tempel von Orissa über Jahrhunderte stets aus jeweils zwei Hauptteilen: aus dem Hauptbau mit pyramidenförmigem Dach, den man Dschagamohan nennt, und aus einem sich anschließenden Turm, dem Deul. Das Heiligtum ähnelt als Ganzes einer orthodoxen Kirche mit getrennt stehendem Glockenturm, den ein Gang mit der eigentlichen Kirche verbindet.

Der Altar mit dem Kultbild des Gottes, dem der Tempel geweiht ist, befindet sich nicht im Hauptgebäude, sondern in einer Zelle des Turmes, Garbhagriha genannt ... Vor dem Tempel wurden gewöhnlich Nebengebäude errichtet, zum Beispiel eine Tanz- und eine Opferhalle.

Die Symbolik des indischen Tempels erscheint äußerst kompliziert. Alle seine Teile haben besondere Bezeichnungen, die für die Architekten in speziellen Werken mit Gesetzeskraft vorgegeben waren. Vermutlich standen die Erbauer von Tempeln nirgendwo sonst in der Welt so sehr unter dem Zwang von zahlreichen Regeln und Vorschriften. Man war zum Beispiel an zwei Zahlen gebunden, an die Vier und die Sieben. Die mystische Zahl Sieben besaß Zauberkraft, und die Vier repräsentierte die vier Seiten des quadratischen Fundaments eines jeden Gebäudes. Der Tempel stellte zugleich den Körper des Menschen dar. Wer einen Tempel erbauen ließ — ein Radscha vielleicht, ein Brahmane oder ein anderer reicher Mann —, mußte wissen, daß die Tempelteile eins waren mit den Teilen seines Körpers. Wurde der Tempel nicht fertig oder einer seiner Teile nachlässig gebaut, mußte der Bauherr erwarten, daß den entsprechenden Teil seines Körpers ein Leiden befallen würde.

Doch wenden wir uns wieder dem Tempel von Konaraka zu. Auf

einer hohen Plattform, mit gewaltigen Rädern an den Seiten versehen, steht der Dschagamohan. Vom Turm sind nur einzelne Platten erhalten. Nach den Maßen des Fundaments und des Unterbaus kann man — bei Kenntnis der für die indischen Architekten verbindlichen Gesetze — unschwer seine einstige Höhe errechnen. Der Turm war ungefähr 75 Meter hoch — eine unglaubliche Höhe, wenn man bedenkt, daß er direkt am Meer auf Sand erbaut wurde. Und man kann sich vorstellen, mit welcher Wucht der Turm irgendwann einstürzte, wie weit die Platten flogen ...

Doch diese Platten, von denen jede einige zehn Tonnen wiegt, liegen dicht neben der Tempelplattform. Sie liegen geordnet da, als wären sie von jemandem aufgeschichtet worden und nicht von großer Höhe herabgestürzt. Nicht einmal zerbrochen sind sie, nicht im Sande versunken. Ein Stück weiter befinden sich die kleineren Platten.

So konnte wohl ein Einsturz nicht geschehen sein. Es bleibt nur die Schlußfolgerung: Diese Platten waren niemals dort angebracht worden, wo sie hingehörten, und sind also auch nicht herabgestürzt. Sie gelangten einfach niemals nach oben, man hatte sie nur bereitgestellt, doch dann verließen die Bauleute die Baustelle.

Sollte also die Legende wahr sein? Heißt das, der König hat wirklich, durch Feldzüge und Kriege in Anspruch genommen, sein dem Gotte gegebenes Versprechen gebrochen, wofür er dann mit dem Verlust der Macht bezahlte? In diesem Fall wäre die Legende noch mit dem Volksglauben verflochten, daß ein unvollendeter Tempel dem Bauherrn Krankheit oder Tod bringt. Wenn zumal der Turm nicht fertig wurde, so bedeutete das, daß gerade das Haupt des Königs gefährdet war.

Wissenschaftler, die den Tempel untersucht haben, bestätigten einhellig, daß er niemals vollendet wurde. Der Anblick des unvollendeten Tempels — eine in Indien seltene Erscheinung — mußte die Betrachter an das unglückliche Los des königlichen Bauherrn erinnern. So wurde die Legende geboren.

Was war nun wirklich mit dem Turm geschehen?

Im Mittelalter zerfiel die indische Provinz Orissa in eine Anzahl miteinander verfeindeter Feudalfürstentümer. Im Jahre 1106 bestieg Tschoda Ganga den Thron eines dieser Fürstentümer. Während seiner erfolgreichen Regierung, die über siebzig Jahre dauerte, vereinigte er die meisten Fürstentümer von Orissa sowie einige angrenzende Kleinstaaten. Unter seiner Herrschaft wurden viele Tempel erbaut, die weit weniger groß und prächtig waren als der Tempel von Konaraka und dennoch durch ihre wertvollen Skulpturen und Reliefs beeindrucken.

Die Nachfolger von Tschoda Ganga hatten es schwer. Im Norden Indiens siegte der Islam. Seine unter dem Sultan von Delhi vereinten Anhänger drangen nach Südosten vor und erstrebten die Unterwerfung von ganz Indien. Einer der letzten Herrscher von Orissa, Narasinha Dewa I., wurde dadurch berühmt, daß er Mitte des 13. Jahrhunderts einen Ansturm der Muselmanen abwehrte. Während der Regierungszeit dieses Kaisers wurde die Schwarze Pagode erbaut.

Über Narasinha Dewa, einen historisch bezeugten Herrscher, ist bekannt, daß er nur wenige Kriege führte und niemals an Lepra erkrankte. Er betrieb eine kluge Politik, durch die er das weitere Vordringen der Moslems verhindern konnte. Narasinha Dewas Vater liebte seinen Sohn und dachte niemals daran, ihn aus dem Palast zu vertreiben. Falls der König in seiner Jugend am sandigen Strand von Orissa geweilt haben sollte und dort dem Sonnengott begegnet war, so doch nicht als ein Ausgestoßener, sondern als rechtmäßiger Thronerbe.

Narasinha Dewa faßte den Plan, einen Tempel zu erbauen, der größer als alle übrigen Tempel des Landes werden sollte. Doch bald nach Beginn der Bauarbeiten zeigte sich, daß der Sandboden als Baugrund ungeeignet war. Da aber der König die Stelle selbst gewählt hatte, wagte es niemand, Einwände zu erheben.

Monate und Jahre gingen dahin. Die massive Plattform, die nach dem Plan der Erbauer die ganze Last des Tempels tragen sollte, war bereits fertiggestellt. In die Seiten meißelte man die Räder des Sonnenwagens hinein. Danach begann der Bau des Dschagamohan. Zugleich wurden die ersten Quader des Turmunterbaus aufgerichtet. Doch weit schneller als der Turm wuchs der Dschagamohan. Er sollte nicht ganz so hoch, im Unterbau aber breiter werden. Der Turmbau stagnierte schließlich vollends.

Wir wissen nicht, welche Turmhöhe erreicht war, als die Baumeister sich gezwungen sahen, die Arbeiten am Turm abzubrechen, um das bereits Geschaffene nicht zu gefährden. Denn der Deul begann sich deutlich zu senken. Es fehlte nicht viel, und die Plattform hätte nicht standgehalten, nicht nur der Turm, sondern auch der halbfertige Dschagamohan wären eingestürzt.

Dennoch mußte der Bau fortgesetzt werden, denn der König hatte ihn befohlen. Was sollte man tun, um ein sicheres und stabiles Bauwerk zustande zu bringen? Da entschlossen sich die Architekten, die offensichtlich über bedeutende Mittel verfügten, ein neues Material einzusetzen, etwas zu erfinden, was diesen Tempel von allen anderen Tempeln Orissas unterscheiden würde. Er erhielt ein eisernes Stützgerüst.

Die Quader der Tempelmauern sind durch Eisenstäbe und -keile verbunden, und die Decke der Dschagamohanhaupthalle ruht auf bis 10 Meter langen und 20 Zentimeter dicken Metallträgern. Solche Träger wurden sonst in der mittelalterlichen östlichen Architektur nicht verwendet. Einige davon wurden geschmiedet, andere aus breiten Eisenstücken durch Kaltschweißen hergestellt.

Bemerkenswert ist auch das Verfahren, mit dessen Hilfe die gewaltigen Quader und Platten hochbefördert wurden. Nachdem die erste Schicht gesetzt worden war, häuften die Bauleute Sand bis zur Höhe dieser Schicht auf. Der Sandberg wuchs ebenso rasch wie die Mauer, so daß man das Gebäude zunächst nicht sehen konnte. Eine Erfindung der Pyramidenerbauer ist hier wiederholt worden. Über die Hänge des Sandberges schleppte man die Quader hinauf. Auch das Innere des Tempels wurde mit Sand ausgefüllt. Dieses Verfahren erhöhte die Sicherheit und Festigkeit des Baus, solange er oben noch nicht durch die Deckenplatten abgeschlossen war. Also wurde der Dschagamohan fertiggebaut, während man auf den Turm verzichten mußte.

... Niemand kann sagen, wie der König die Nachricht aufnahm. Er dürfte kaum ruhig geblieben sein, denn er müßte ja bedacht haben, daß der Tempel sein eigner Körper war; wenn der Turm nicht vollendet werden konnte, würde er sterben müssen. Vielleicht befahl er, die Baumeister hinzurichten, weil er den Abbruch der Bauarbeiten als einen indirekten Anschlag auf sein Leben betrachtete. Vielleicht war der König vernünftig genug, sich nach Überprüfung der Berechnungen mit dem Verzicht auf den Turmbau und der Erhaltung des Haupttempels abzufinden und keine Köpfe rollen zu lassen.

Als die Bauleute den Tempel längst verlassen hatten und in alle Winde verstreut waren, schufen die zahlreichen Händler, Hilfsarbeiter und Bettelmönche — all jene, die der Tempelbau angelockt hatte — im Verbund mit den Fischern die Legende, daß der erzürnte Sonnengott den Turm zerstört habe.

»... Selbst in halbzerstörtem Zustand ist dieser zerbeulte, zerbröckelnde, halb mit Sand zugeschüttete Tempel gleich dem Torso einer berühmten klassischen Statue ohne Kopf und Arme dennoch mit Sicherheit ein großes Kunstwerk«, schreibt über die Schwarze Pagode einer der besten Kenner altindischer Architektur, Percy Brown.

Auf den ersten Blick könnte der Dschagamohan mit seinen unzähligen Skulpturen und Reliefs allzu überladen und üppig erscheinen, doch bei näherem Hinsehen erkennt man die relative Einfachheit seiner Konstruktion. Der Bau besteht aus dem Bada, einem würfelförmigen Teil, und dem Pida, dem pyramidenähnlichen Dach. Die Länge des Unterbaus entspricht der Gesamthöhe des Gebäudes, so daß

der Dschagamohan im ganzen in einem Kubus von 36 Meter Seitenlänge unterzubringen wäre.

Drei gestufte Terrassen bilden das Pyramidendach. Darauf stehen
überlebensgroße Statuen, die Musikanten darstellen. Auch das war
etwas Neues, in anderen hinduistischen Tempeln findet man ähnliche
Skulpturen nicht. Selbst in Indien gibt es nicht viele Tempel mit
einem derartigen Skulpturenreichtum. Vielleicht glaubten die Architekten, daß ein dem Sonnengott geweihter Tempel prächtiger sein müsse
als die übrigen hinduistischen Heiligtümer von Orissa.

Außer den sieben den Sonnenwagen ziehenden Pferden befanden
sich im Tempelhof weitere Gruppen von Tierfiguren, die Elefanten in
natürlicher Größe, Pferde und Löwen darstellten. Sie hüteten gleichsam die Zugänge zum Tempel.

Der Tempel von Konaraka verdankt seinen Ruhm auch den
Skulpturen und Reliefs, die seine Wände schmücken. In den älteren
Tempeln Orissas wurden nur Götter — wenn auch in Menschenge-
stalt — dargestellt, neben ihnen noch die sie unterhaltenden Tänzerinnen und Musikanten. In der Plastik der jüngeren Tempel, zu denen
auch Konaraka gehört, spielt der Mensch eine weit größere Rolle.
Das Leben der Menschen, die Dinge ihres Alltags wurden nunmehr
als Motive angesehen, die der Darstellung in Tempeln würdig sind.
Der hinduistische Bildhauer, der Szenen aus dem Leben von Menschen seiner Umgebung gestaltete, hielt ihre Liebe und ihre
Beschäftigungen für ebenso wichtig wie die Taten der Götter. Die
hinduistische Tempelplastik zeigt starke Einflüsse des Tantrismus, einer
Geheimlehre, in deren Mittelpunkt Rituale und Beschwörungen stan-
den, durch die der Mensch der Wahrheit teilhaftig werden sollte.
Der Tantrismus schließt Elemente des Animismus und der Schwarzen
Magie ein. Der menschliche Körper wird im Tantra als Inkorporation
der Weltwahrheit betrachtet. Die Skulpturen der Tempel mit Tant-
raeinfluß wurden deshalb von den puritanisch gesinnten britischen
Reisenden gelegentlich als obszön empfunden. Für sie, deren Erzie-
hung durch die christliche Sittenlehre geprägt war, schien die
Darstellung von Liebesszenen eines Gotteshauses nicht würdig. Was
über viele Jahrhunderte im verborgenen geschah, worüber man nur
flüstern und nicht laut sprechen durfte, wird an den Wänden der
hinduistischen Tempel offen gestaltet. Somit war es kein Wunder,
daß die britischen Missionare und Kolonialbeamten nur sehr un-
freundliche Worte für den Tempel von Konaraka fanden und ihn am
liebsten zerstört hätten.

Doch für die Inder sind Gott und der Mensch eins, und im Leben
der Menschen gibt es nichts, was an Tempelwänden nicht dargestellt
werden dürfte. Die Kernfrage besteht in etwas anderem — und an

dieser Stelle wird auch die Kunst angesprochen —, nämlich darin, daß das menschliche Leben schön und dem göttlichen ebenbürtig sein sollte.

Nirgendwo sonst in Orissa findet man so vollendete Skulpturen und Reliefs wie im Tempel von Konaraka, nirgends wurde eine solche Harmonie zwischen Architektur und Plastik erreicht. Die nicht fertiggebaute und später beinahe vergessene Schwarze Pagode repräsentiert den Gipfel der Kunst von Orissa. Mit dem Bau dieses Tempels war die Entwicklung einer der großartigsten indischen Kunstschulen abgeschlossen.

## FATEHPUR-SIKRI
### Die Stadt des Außenseiters

Die Stadt Fatehpur-Sikri wurde vom Großmogul Akbar projektiert und erbaut. Er hat sie später verlassen und dem Verfall preisgegeben.

Akbars Vater Humajun, der zweite Großmogul, oberster Herrscher von Indien, regierte nicht lange, wenn auch in den Geschichtsbüchern neben seinem Namen die Regierungszeit 1530 bis 1556 angegeben wird. Im Jahre 1530 hatte Humajun das Erbe des großen Babur angetreten. Er war entschlossen, das vom Vater begonnene Werk der Vereinigung Indiens zu einem Großreich weiterzuführen. Humajun war moslemischen Glaubens, doch er hatte sehr wohl begriffen, daß er das Land nur im Bündnis mit den Hindus und mit den Repräsentanten anderer indischer Religionen würde vereinigen können. So unternahm er zwar Feldzüge gegen aufständische Hindufürsten, berief jedoch andererseits Hindus in seine Dienste, machte sie zu seinen Beratern und Beamten. Doch auf einem seiner Feldzüge erlitt Humajun eine Niederlage und war nach kaum zehnjähriger Regierungszeit gezwungen, mit seiner Familie über das Wüstengebiet von Radschputana nach Persien zu fliehen. Während der Flucht mußten er und seine Begleiter große Entbehrungen hinnehmen und waren ständig von rachsüchtigen Feinden und Räubern bedroht. In der Wüste gebar Humajuns Frau einen Sohn, Akbar. Akbar wurde als Säugling nach Persien gebracht und blieb dort 15 Jahre. Schließlich gelang es Humajun, den Thron von Delhi wiederzugewinnen.

Mit der Familie nach Indien zurückgekehrt, ging Humajun daran, das unterbrochene Werk fortzusetzen. Doch es wurde nichts daraus, denn er starb bereits ein Jahr später. Die Thronfolge trat der Knabe Akbar an.

Kleiner und ärmer als eine Reihe anderer indischer Fürstentümer war der Staat, den Akbar geerbt hatte. In dem Lande, das ihm Asyl gewährte, hatte der junge Akbar am persischen Hofe Gedankenfreiheit und Toleranz kennengelernt, jetzt aber wurde er ein Unfreier auf dem eigenen Thron. Ihn umgaben Scharen von moslemischen Würdenträgern, von fanatischen Mullahs und gewinnsüchtigen Beamten. Akbars Vormund, der Regent Bairam Chan, unterwarf in Akbars Namen die benachbarten kleinen Fürstentümer Gwalior und Dschaunpur und führte die Regierungsgeschäfte. Die Vereinigung Gesamtindiens lag noch in weiter Ferne.

Vier Jahre lang blieb Akbar Throninhaber, ohne wirklich zu regieren. Im fünften Jahr überraschte er den gesamten Hof mit der Vertreibung aller Berater, entledigte sich des Regenten Bairam Chan und übernahm selbst die Herrschaft im Lande. Dies war der Eintritt des Großmoguls Akbar, des bedeutendsten Mogulkaisers, in die Geschichte.

Nachdem Akbar der wirkliche Herrscher seines Landes geworden war, setzte er die Politik seines Vaters fort, ja, er begann sie in einer Richtung weiterzuentwickeln, die den Mullahs nicht paßte. Schon bald regte sich unter ihnen Widerspruch, den sie jedoch angesichts der Entschlossenheit Akbars nicht offen zu bekunden wagten. Mit zwanzig Jahren heiratete Akbar eine Radschputenprinzessin, die Tochter des Radschas Amber. Die Mullahs nahmen es mit Bestürzung auf, denn die Prinzessin war keine Moslime. Akbar betraute einige Hindus mit hohen Ämtern, die zuvor nur an rechtgläubige Moslems vergeben wurden. Er setzte sogar den Sikh Man Singh als Gouverneur in Kabul ein, in einer mohammedanischen Stadt. Akbar schaffte ferner die Kopfsteuer für Hindus sowie die Hindupilgersteuer ab. Allmählich hörten die Hindus auf, sich im eigenen Lande wie unerwünschte Fremdlinge zu fühlen. Die Losung »Indien den Moslems« verlor zusehends ihre Gültigkeit. Akbar war freilich kein Philanthrop, der den benachteiligten Hindus uneigennützige Sympathie entgegenbrachte. Als guter Politiker wünschte er, keine Feinde unter den eigenen Untertanen zu haben; die indischen Radschas wollte er zu seinen Verbündeten machen. Wie klug diese Politik Akbars war, zeigte sich, als in Bengalen und Bihar Aufstände ausbrachen und die Afghanen Indien zur gleichen Zeit von Norden überfielen: Die Heere der Radschputenfürsten ließen Akbar nicht im Stich.

Doch nicht alles fügte sich wohl im Reich des Großmoguls. Akbar war nicht glücklich. Von den dreißig Jahren seines bis dahin gelebten Lebens hatte er zehn den Feldzügen geopfert, hatte bereits Verrat, Wortbruch und Haß erfahren. Akbar war so einsam, wie ein Mensch sein muß, der nicht einmal seinen engsten Freunden vertrauen darf und der den eigenen Bruder als Verräter bestrafen mußte.

Versuchen wir, uns Akbar vorzustellen, einen jungen Mann, der seine Kindheit in einem fremden Land, an einem fremden Hof verlebte, wo er von anderen Prinzen verspottet und gejagt wurde. Stellen wir uns Akbar vor, dessen einsame Jugend in einem indischen Palast vorüberging, wo ihn die moslemischen Würdenträger als Schachfigur in ihrem Ränkespiel benutzten. Stellen wir uns vor, daß Akbar Indien auf seine Weise liebte, nicht nur als Erbbesitz der Nachkommen Timurs, zu denen er gehörte, sondern auch als das Indien des Kaisers Aschoka, der Radschputen und der Marathen, als ein Land, in dem er sich oft wie ein Fremder fühlte, obwohl er hier doch kein Fremder zu sein wünschte.

Akbar hatte viel für gutes Essen und Feste übrig und brachte dennoch den größten Teil seines Lebens auf Feldzügen zu. Er schlief gern lange, hatte aber dafür nur selten Zeit. Er liebte die Dichtkunst und die Wissenschaft, war jedoch ein Analphabet. Er versuchte, den Sinn des Lebens zu begreifen, wollte eine neue Universalreligion begründen und wagte doch nicht, mit dem Islam zu brechen.

Akbar lebte in Agra, der Residenz des Mogulreiches, aber er liebte diese Stadt nicht, denn er wurde hier an die Zeit seiner Unfreiheit erinnert. In Agra wimmelte es von allwissenden Mullahs und aufgeblasenen Höflingen. Akbar haßte die Stadt auch deshalb, weil er hier seine Söhne, die Zwillinge, verloren hatte.

In einem kleinen Dorf in der Nähe von Agra lebte damals ein Einsiedler. Zwischen Felsen am Dorfrand hatte er sich eingerichtet. Von Zeit zu Zeit sagte er Regen oder anhaltende Trockenheit voraus und ernährte sich von den milden Gaben der Bauern. Es ist nicht bekannt, weshalb es dem Eremiten eines Tages einfiel, sogar den Kaiser in seine Weissagung einzubeziehen. Er verkündete den versammelten Bauern, dem Monarchen werde bald ein Sohn, der Thronfolger, geboren werden.

Danach geschah alles wie in einem orientalischen Märchen. Man sollte sich nicht darüber wundern, denn die Märchen des Ostens schöpfen aus Geschichten, die sich wirklich ereignet haben. Akbar erfuhr von der Prophezeiung und mochte so gern daran glauben, daß er seine Frau bald in jenes Dorf brachte. Ein gesunder Knabe wurde geboren, der Einsiedler hatte recht behalten.

Da beschloß Akbar, an diesem Ort eine neue Hauptstadt zu gründen. Dabei ließ er sich sowohl von seiner Abneigung gegenüber Agra

*Oben: der Pantsch Mahal in Fatehpur-Sikri, ein wunderliches Bauwerk, das keine Vorbilder hatte. Die Etagen stufen sich nach oben ab und werden von Zwischensäulen getragen. Unten: Akbars Thron auf einer Säule. Hier saß der Herrscher, wenn er Zeremonien beiwohnte.*

als auch von dem Wunsch, etwas Einmaliges zu vollbringen, leiten. Beide Gefühle zusammen lösten bei ihm einen wahren Energierausch aus. Die neue Stadt wurde bereits Fatehpur-Sikri genannt, bevor man sie erbaute.

Die besten Baumeister Indiens und Persiens erbauten Fatehpur-Sikri nach einem genau festgelegten Plan innerhalb von 14 Jahren. Man sollte die Stadt daher wohl eher mit Leningrad oder mit Brasilia vergleichen als mit anderen mittelalterlichen Städten Indiens. In Fatehpur-Sikri entstanden keine schmalen Gassen, gab es nicht die dumpfe Enge einer mittelalterlichen Stadt. Alle Bauten wurden mit Überlegung in den Gesamtplan eingeordnet und rationell ausgeführt, natürlich unter den Bedingungen, die im Indien des 16. Jahrhunderts bestanden. Akbar wünschte sich vor allem Weiträumigkeit in der neuen Stadt, viel Platz für das Lager, das die Armee und die Elefanten beherbergen würde, Raum für glanzvolle Prozessionen und für ein fröhliches Menschengetümmel.

Es gibt viele Plätze in Fatehpur-Sikri. Auf dem größten steht eine mächtige Moschee, die zu Ehren des prophetischen Einsiedlers erbaut wurde. Nichts ist langweilig und eintönig in dieser Stadt, nichts wiederholt sich. Für viele Gebäude hat man roten Sandstein und zum Teil Marmor verwendet. Höhenunterschiede des Geländes, abgeflachte Hügel wurden geschickt in die Architektur einbezogen. Die Hauptstraße von Fatehpur-Sikri verläuft nicht gerade, sondern weist eine leichte Krümmung auf. Die malerische und schöne Stadt liegt auf einer Anhöhe und ist aus weiter Ferne sichtbar.

In bemerkenswerter Weise wurde die Wasserversorgung der inmitten einer wasserarmen Ebene hoch gelegenen Stadt gesichert. In der Nähe schuf man einen künstlichen See, daraus floß das Wasser in mehrere Becken ab und wurde dann mittels vieler Kanäle und Gräben über die ganze Stadt verteilt. Es gab auch unterirdische Wasserreservoire. Da Bäume und Sträucher im tropischen Klima Nordindiens sehr schnell wachsen, war die neue Hauptstadt Akbars bereits nach wenigen Jahren in üppiges Grün getaucht.

... Man betritt die Stadt durch das Hohe Tor, auch Tor des Sieges genannt, dessen imposante Höhe 60 Meter beträgt. Beiderseits schließt sich eine niedrige gezackte Mauer an. Wir befinden uns nun auf einem großen Platz, den eine etwa 500 Meter lange Galerie umgibt. Sie ist an einer Stelle unterbrochen und gestattet den Zugang zur großen Moschee, neben der sich die Grabstätte des berühmten Eremiten befindet.

Man könnte viele Stunden lang in der Stadt umhergehen, immer wieder entdeckt man Neues, gelangt aus einer Galerie in eine andere, betritt Pavillons, überquert abgelegene Plätze und breite Straßen, stößt auf Lagerhäuser, wirft einen Blick auf Pferdeställe und Elefantenboxen. Dank der geringen Luftfeuchtigkeit ist fast alles erstaunlich gut erhalten. Holz und Metalle vermißt man allerdings im heutigen Fatehpur-Sikri. Seitdem die Stadt verlassen wurde, sind mehr als 400 Jahre vergangen. In ihrem Umkreis wohnten arme Bauern, die Holz und Metall gut gebrauchen konnten.

Die Stadt ist heute tot und menschenleer. An manchen Vormittagen erscheint auf dem Hauptplatz eine Touristengruppe, die sich dort wie ein winziges Häuflein ausnimmt. Bald verschwinden die Gäste in den Straßen der Stadt, die weiterhin still und ausgestorben daliegt, bis auch der letzte Tourist sie am Abend wieder verläßt.

Jener Mann, der Fatehpur-Sikri erbauen ließ, war jung und tatkräftig, nahm selbst teil an der Planung und Ausführung der Bauarbeiten. Es scheint, als lebe der Geist Akbars noch heute in der Stadt, die hell, weiträumig und stabil geblieben ist. In ihrer Architektur verbinden sich persische und indische Elemente in bewundernswerter Harmonie. Akbar hatte Architekten aus Persien geholt, wo er selbst erzogen worden war, doch die ausführenden Meister stammten aus Indien. Der Stil der Mogulzeit, der erst unter Akbars Nachfolgern seine höchste Blüte entfaltete und in prunkvollen, imposanten wie auch üppigleichten Bauwerken seinen Ausdruck fand, war noch nicht voll ausgebildet.

Einige Gebäude sollte man auch von innen besichtigen. Sie weisen — wie übrigens die Stadt im ganzen — Spuren der Unsicherheit und Gefühlsverwirrungen des jungen Akbar auf.

Auf einem der von Säulengängen umgebenen Plätze befindet sich das Audienzgebäude. Die äußere Fassade zeigt ein einstöckiges Bauwerk, dessen Dach in vier Erker einmündet; in Wirklichkeit hat es nur ein Geschoß. In der Saalmitte steht eine eigenartige Säule, die nicht bis zur Decke reicht. Ihr breites, becherförmiges, an eine Morchel erinnerndes Kapitell ist größer als der übrige Säulenteil und wurde ohne Zweifel von indischen Meistern geschaffen. Vom Kapitell führen brückenähnliche Galerien zu den Saalecken hin. Es heißt, der junge Monarch habe beim Hofzeremoniell auf dem Kapitell Platz genommen, während die Galerien den Ministern vorbehalten blieben und alle übrigen Anwesenden sich auf dem Fußboden niederließen. Vielleicht ging es um die Sicherheit des Kaisers. Vielleicht war die Säule auch nur ein launischer Einfall Akbars. Jedenfalls findet man nirgendwo in der Welt einen ähnlichen Thronsaal mit einem derart über die Köpfe der Audienzteilnehmer erhobenen Thron.

An einem anderen Platz steht das prächtige, mit zwei Kuppeln versehene Birbalhaus. Birbal war ursprünglich ein wandernder Hindusänger. Seine Klugheit und seine Einfälle gefielen Akbar, er nahm den Sänger in seinen Dienst. Doch der gescheite und lustige Birbal war kein guter Heerführer, indessen wurde von jedem Minister erfolgreiche Kriegführung verlangt. Birbal aber verlor eine Schlacht, bei der er selbst ums Leben kam.

In Fatehpur-Sikri gab es auch ein Haus der Disputationen. Akbar wollte wissen, an welchen Gott man glauben sollte. Um die Wahrheit herauszufinden (ein bei orientalischen Herrschern seltener Wunsch), lädt er, ein Moslem, in seine Hauptstadt Vertreter der ihm bekannten Religionen ein und läßt sie miteinander disputieren, beteiligt sich auch selbst an den Streitgesprächen. In diesem Haus traten auch zwei Jesuitenpater auf und hatten, wie berichtet wird, keinen leichten Stand. Die östlichen Theologen fanden häufig die besseren Argumente, und die Jesuiten konnten die ihren in diesem Falle nicht durch ein Kanonenfeuer herbeigerufener christlicher Freunde bekräftigen. Kein europäischer König hätte es auf eine Auseinandersetzung mit Akbars Armee ankommen lassen.

Das Haus der Streitgespräche existiert heute nicht mehr. Akbar gab selbst den Befehl, es niederzureißen, als er erkannt hatte, daß weder die Christen noch die Hindus, noch die Mohammedaner, auch nicht die Dschainisten oder die Buddhisten über die alleinige Wahrheit verfügten. Das heißt jedoch nicht, daß der enttäuschte Monarch sich von der Religion völlig losgesagt hätte; Akbar blieb ein Moslem und besuchte die Moschee, tat es jedoch vermutlich mehr aus politischen als aus religiösen Gründen. Er folgte den Gedanken seines weisen Freundes Abu'l Fasl, der eine neue Religion, den »Göttlichen Glauben« (Din-ilāhi), ersonnen hatte. Akbar blieb darin die Rolle eines »obersten Lehrers« vorbehalten. Im »Göttlichen Glauben« fanden sich Elemente sämtlicher in Indien vorkommender Religionen; er sollte wohl die Vereinigung des Landes fördern. Akbar schloß sich der Lehre des Abu'l Fasl aus politischen Motiven an. Doch der neuen Religion und ihrem Schöpfer war kein Glück beschieden. Akbars Nachfolger, Dschahangir, ließ Abu'l Fasl gleich nach der Thronbesteigung auf Betreiben der Mullahs enthaupten und verbot den »Göttlichen Glauben«.

Verschwunden ist außer dem Haus der Disputationen auch die Bibliothek. Vielleicht war sie in einem der noch erhaltenen Gebäude untergebracht? Die Bibliothek des Großmoguls Akbar, eine der größten Bibliotheken des Mittelalters, umfaßte über 20 000 Werke. Viele davon

*In Fatehpur-Sikri findet man kaum einmal zwei völlig gleichartige Pfeiler oder Säulen. Der nebenstehende Pfeiler ist aus vier frei stehenden Säulenschäften komponiert und weist in hinduistischer Manier gearbeitete Ornamente mit Arabesken und Früchten auf.*

waren auf Akbars, des wißbegierigen Kaisers, persönlichen Wunsch besorgt, abgeschrieben oder illustriert worden. Er selbst konnte nicht lesen, ließ sich aber oft bis in die Nacht vorlesen.

Es wird dunkel. Wir treten den Rückweg an, überqueren wieder die Plätze. Sie sind mit großen Steinplatten akkurat belegt. Nun entdecken wir noch die kleinen Paläste der Kaisergattinnen. Man kann die Paläste der Hindudamen auf den ersten Blick von den Häusern der Musliminnen unterscheiden. Akbar gestattete seinen Frauen, sich nach eigenem Geschmack einzurichten.

Die Leere der Stadt weckt Angstgefühle. Man wünscht sie zu bevölkern, wiederzubeleben, möchte Soldaten, Dichtern, Beamten, Bauleuten begegnen. Die Männermode der Akbarzeit vereinte die indischen Dhoti oder muselmanischen Pluderhosen mit kurzen, weiten Röcken oder knielangen Kamisols. Wir stellen sie uns vor: viele Männer mit einem Schwert am Gürtel, den Kopf zumeist mit einem Turban bedeckt; die Mohammedanerinnen verschleiert, die Hindufrauen mit unverhülltem Gesicht; daneben halbnackte Diener, Händler; überall Menschen, unzählige Menschen ...

Fatehpur-Sikri blieb nicht lange bevölkert. Vierzehn Jahre hatte man benötigt, um die Stadt zu erbauen — während eines einzigen Jahres wurde sie verlassen. Es heißt, die Wasservorräte seien erschöpft gewesen. Das erscheint kaum glaubhaft, denn Akbar standen ausgezeichnete Ingenieure zur Verfügung. Sie konnten das Kanalnetz erweitern oder zusätzliche Pumpräder installieren. Akbar war einfach gereift, die Zeit des Suchens und der Irrungen lag hinter ihm. Die Freunde, die er in dieser Stadt gewonnen und wieder verloren hat, interessieren ihn nicht mehr. Er ist fast vierzig Jahre alt, hat beinahe ganz Indien erobert, und niemand würde es wagen, sich gegen ihn aufzulehnen. Seine Söhne, die Erben und Thronfolger, wachsen heran. Ihrer sind viele, und nach des Kaisers Tod könnte ein blutiger Erbfolgekrieg beginnen. Vergessen sind auch die in der Jugend erduldeten Kränkungen. Keiner würde jetzt so vermessen sein, die Ehre des Herrschers anzutasten.

Und so starb Fatehpur-Sikri wohl nach dem Willen des Großmoguls.


## TADSCH MAHAL
### Das weiße Wunder

Am Fenster des Gefängnisses stand der Großmogul Schah Dschahan, der Herrscher von Indien. Einst verfügte er über uneingeschränkte

Macht, sein Name flößte Angst und Schrecken ein, und sein Blick traf vernichtender als der Blitz.

Am Kerkerfenster stand ein hilfloser Greis, der nur noch zwei Freuden kannte: die Gefängnissuppe, die man ihm abends reichte, und das schmale, schießschartenähnliche Fenster in der Gefängnismauer.

Durch das Fenster waren weder die graubraunen staubbedeckten Felder, noch die grünen Kronen der Mangobäume neben den Tempeln, noch die gelblichen Würfel der Lehmhütten zu sehen. Gleich einer leichten weißen Wolke schimmerte dort, von der schweren Steinmauer umrahmt, nur Tadsch Mahal, das Mausoleum von Schah Dschahans längst verstorbener Frau.

Vor sechs Jahren war Schah Dschahan — ein Enkel Akbars, dessen Politik er fortgesetzt hatte — schwer erkrankt. Es mußte entschieden werden, welcher seiner Söhne den Thron nach ihm besteigen sollte. Der älteste Sohn, Dara-Schikoh, teilte die Gesinnung des Vaters, die Ansichten des Großvaters und Urgroßvaters: Er wünschte die Einheit des Landes, Aussöhnung mit den Hindus, Verbündung mit den Radschputen- und Marathenradschas. Doch die Mullahs und moslemischen Würdenträger, denen die liberale und tolerante Politik am Hofe des Großmoguls mißfiel, standen geschlossen hinter dem finsteren und grausamen Aurangseb, Schah Dschahans drittem Sohn, der ein fanatischer Moslem war. Aurangseb besiegte den Bruder und zog mit seinem Heer in Agra ein. Hier erfuhr er, daß der Vater wieder gesund war und nicht an den Rücktritt dachte.

Wie lange würde Schah Dschahan noch leben? Sollte Aurangseb seinen Tod abwarten? Niemand verzichtet gern auf die einmal erlangte Macht. Aurangseb ließ den Vater verhaften und in das Festungsgefängnis werfen. Im Jahre 1659 wurde Schah Dschahan eingekerkert ...

»Wer möchte nach Agra? Nach Agra? Wollen Sie nach Agra?«

Die neben ihren klapprigen Taxis wartenden Sikhs wenden die turbangeschmückten Köpfe hin und her.

Ich möchte nach Agra, um dort das unter dem Namen Tadsch Mahal bekannte Mumtaz-e-Mahal-Mausoleum zu sehen. Vom traurigen Schicksal des Großmoguls Dschahan und von seinem grausamen Sohn Aurangseb wissen nur wenige, doch wer hätte nicht schon von Tadsch Mahal gehört? Viele Künstler haben das Mausoleum bei Sonnenschein und im Mondlicht gemalt, tausendfach wurde es aus der Nähe und Ferne fotografiert; man hatte es erforscht, ausgemessen und genauestens beschrieben. Tadsch Mahal ist so sehr zum Symbol von Schönheit und Vollkommenheit geworden, daß sich unwillkürlich Zweifel zu regen beginnen.

Agra, die einstige Residenz der Großmoguln, ist etwa 200 Kilometer von Delhi entfernt. Der Taxifahrer rückt seinen Turban im Spiegel zurecht. Langsam rollt der Wagen zur Asphaltstraße hinauf und biegt zum Unabhängigkeitsdenkmal ab.

Da blitzte das in den wolkenlosen Himmel hineinragende Kutb Minar auf, das größte Minarett der Welt, und die Stadt blieb hinter uns zurück. Die Straße zog an den letzten kleinen Häusern eines Außenbezirks von Delhi vorüber und lief dann über die ausgetrocknete indische Ebene weiter, in der nahezu jeder Hügel die Spur einer alten Stadt oder Festung markiert. Hier hatten einander mehrere Kulturen im Laufe der Jahrtausende abgelöst. Die Hügel bergen viele Schichten, viele Male kamen Erbauer hierher, errichteten Tempel und Festungen und nutzten dabei die alten Fundamente von Bauwerken, die durch Eroberer oder von der Zeit zerstört worden waren.

Die kleinen Häuser heben sich farblich kaum von der Erde ab, sehen heute wohl nicht anders aus als vor tausend Jahren. Gelegentlich wird die melancholische hellbraune Eintönigkeit der Dorfsilhouette durch einen dissonanten weißen Würfel, die neue Schule oder das Krankenhaus, unterbrochen. Manchmal vereinigen sich die Hänge der Hügel mit den Mauern gut erhaltener Festungen oder halbverfallener Tempel. Über der Straße berührt sich das Geäst der Bäume, in deren Schatten sich Affen vergnügen. In Erwartung von Leckerbissen blicken sie neugierig auf die vorbeifahrenden Autos. Die Felder sind leer, denn es ist Winter.

Wir wollen uns von den Nebenstraßen nicht verleiten lassen. Jede zweite führt zu einem Palast, einer Festung oder Moschee, jede fünfte würde bei einem Denkmal enden, das eine besondere Monographie verdient. Doch wenn die Zeit knapp ist, muß man sich auf das Sehenswerteste beschränken.

Das Stadtgebiet von Agra beginnt unvermittelt. Es ist eine typisch indische mittelgroße Stadt mit einem Basar, mit einstöckigen Kaufmanns- und Beamtenvillen und kleinen Häuschen am Stadtrand, mit unzähligen Läden. Viel Staub bedeckt die Beine der Rikschafahrer und die Körbe der Schlangenbeschwörer.

Längst hätte man vergessen, daß dies die Hauptstadt eines Großreiches war, wäre nicht Tadsch Mahal.

*Das ganz aus weißem Marmor erbaute Grabmal Tadsch Mahal, das der indische Großmogul Schah Dschahan seiner Königin als Denkmal der Liebe errichten ließ, ist das berühmteste unter den großen Bauwerken des Ostens.*
*Unten: Detail des im Achteck angeordneten Marmorgitters, das die Grabstätte der Mumtaz und ihres Mannes umschließt. Es zählt zu den wundervollsten Kunstwerken der Welt.*

Dort befindet sich die Festung, in der Schah Dschahan gefangengehalten wurde. Nur einen Steinwurf davon entfernt ist Tadsch Mahal. Doch noch sieht man das Mausoleum nicht, nimmt sein Vorhandensein erst wahr, wenn man den ihm vorgelagerten Platz vor dem Ehrenportal erreicht hat.

Auf dem Platz parken zahlreiche Autos, dazwischen leuchten vielfarbige Saris, und ringsum brodelt es bei den ihre Ware auf Tragbrettern oder in Körben feilbietenden Kleinhändlern. Noch bevor man den echten Tadsch Mahal zu sehen bekommt, kann man ihn in vielfältiger Nachbildung erwerben: auf einer mit Anilinfarbe gemalten Ansichtskarte, als kleines Modell aus Marmor oder Gips, in Gestalt eines Kelims, Tintenfasses, Scherenschnittes, einer Dose oder sogar als Gebäck.

Der Touristenstrom, in dem die Inder dominieren, drängt in Kolonnen durch das Portal, fließt mit den Gruppen der Kunstjünger zusammen. Mit einiger Beklemmung erwartet man den Moment der Begegnung mit dem Wunder, fürchtet ein wenig die mögliche Enttäuschung. Wer seit der Kindheit Abbildungen eines berühmten Kunstdenkmals kennt, schafft sich davon allmählich eine ganz bestimmte unverrückbare Vorstellung. Einer, der den Turm von Pisa nie sah, hat seinen eigenen Turm im Kopf; jedem, der nicht in Ägypten war, baut die Phantasie eigene Pyramiden. In unserer Vorstellung wird das Bild ergänzt und vervollkommnet. Gelingt es uns später, das Original kennenzulernen, so stellt sich heraus, daß es nicht ganz unserer Erwartung entspricht. Mitunter empfindet man Enttäuschung. So erging es mir, offen gestanden, mit den ägyptischen Pyramiden. Das Auge raubte ihnen etwas von ihren wirklichen Ausmaßen, und sie erschienen mir kleiner, als ich angenommen hatte. Tadsch Mahal stellte ich mir immer ein bißchen süßlich und allzu perfekt vor.

Ich schloß mich einer Gruppe indischer Studenten an und trat unter die Ehrenpforte aus rotem Stein. Hier blieb ich stehen. Tadsch Mahal entsprach genau den Abbildungen, die ich kannte: Da sind die Minarette und dort die Kuppeln — eine große in der Mitte und vier kleine, die sich an die große anschmiegten. Das ist also der warmgetönte weiße Marmor. Doch weder Fotos noch Bilder geben die Haupteigenschaft des Mausoleums wieder: seine Schwerelosigkeit. Die Kuppeln scheinen unter dem blauen Himmel zu schweben und die Mauern kaum die Erde zu berühren. Eine glatte Wasserbahn führt zum Mausoleum hin, und ein zweiter Tadsch steht darin auf dem Kopf, ebenso leicht und schwerelos. Tadsch Mahal schien mir schlechthin vollkommen zu sein. Minutenlang bewegte ich mich nicht und nahm den einzigartigen Zauber des Tadsch Mahal in mich auf.

Irgendwann fiel mir ein Lehrbuch zur Geschichte der Architektur in die Hände, ein altes, von vielen Studenten zerlesenes Buch. Beim Ansehen der Abbildungen stieß ich auf Tadsch Mahal. Ein Leser, der den Autoritäten offensichtlich mißtraute, hatte hier mit dem Lineal ein paar Striche eingezeichnet. Wenn er das Buch damit auch verunziert hatte, so überzeugte er sich doch von der Meisterschaft der Erbauer des Mausoleums.

Die Lehrbücher enthielten keine irrtümlichen Angaben: Tadsch Mahal wurde so erbaut, daß seine Gesamthöhe der Fassadenbreite gleich ist, so daß sein Grundriß wie auch der Seitenriß exakt in ein Quadrat von 75 Metern Seitenlänge passen, wobei die Höhe des Portals der halben Höhe des Mausoleums entspricht. Man könnte noch viele weitere Maße des Bauwerks vergleichen und eine ganze Reihe erstaunlicher Regelmäßigkeiten und Übereinstimmungen seiner Proportionen feststellen.

Als ich den Tadsch jedoch vor mir sah, vergaß ich die Geometrie. So hatten es die Erbauer sicherlich gewollt: Die Betrachter sollten das Mausoleum nicht als ein kompliziertes und geometrisch vollkommenes Gebilde sehen, sondern nur seine Schönheit empfinden.

Am Rande des schmalen Wasserbeckens schritt ich weiter, und Tadsch Mahal wuchs vor meinen Augen. Schon konnte man das Mausoleum nicht mehr ganz mit dem Blick erfassen und hat begonnen, den Details Aufmerksamkeit zuzuwenden: In den weißen Marmor sind stellenweise Ornamente aus rotem Sandstein unaufdringlich eingesprengt.

Am Eingang zur Plattform, die das Mausoleum umgibt, holte mich ein hochgewachsener Inder in weißen Dhoti ein. Er war unglaublich mager, als hätte ihn die Sonne ausgedörrt, und sah sehr traurig aus. Seine Traurigkeit fiel besonders durch den Kontrast mit der lauten Ausgelassenheit der Studenten auf, die sich vor dem Hintergrund des hohen Portals gegenseitig fotografierten.

»Salam«, sagte er feierlich, und ich ahnte mit Schrecken, daß es sich um einen Fremdenführer handelte, einen jener geschäftigen und redseligen Leute, deren Diensten ich mich am Ehrenportal hatte glücklich entziehen können.

»Möchten Sie das Mausoleum nicht von innen sehen?« fragte er. »Dort war ich schon«, log ich. »Ich weiß selbst, was ich besichtigen möchte.«

Der Mann in Weiß lächelte betrübt. »Sie nahmen an einer Führung teil«, sagte er. »Die Führer sind Papageien, sie plappern fremde Worte nach, ohne ihren Sinn zu verstehen. Ich bin ein Hadim.«

»Ach so«, antwortete ich, obwohl mir das Wort »Hadim« nichts sagte.

»Ich bin ein Mausoleumswächter, der dieses Amt ererbt hat. Schon mein Großvater und Urgroßvater wohnten hier. Wissen Sie denn, was die Inschriften über dem Eingang bedeuten? Es sind Girlanden, die sich um unsere Schultern legen sollen. Durch sieben Türen werden Sie schreiten, bis Sie zum Sarkophag der Kaiserin gelangen, und sieben Girlanden werden auf Ihre Schultern fallen, um Ihren Stolz zu bezwingen.«

»Tadsch Mahal, Tadsch Mahal«, schallte es von allen Seiten. Die Touristen berauschten sich am Klang dieses Wortes.

»Hören Sie«, sagte der Hadim, »Tadsch Mahal — das ist die Unwahrheit, das gibt es überhaupt nicht. Die Kaiserin hieß Mumtaz, und dies ist ihre Raoza. Dieses arabische Wort hat viele Bedeutungen. Aber die Engländer nannten das Grabmal Tadsch Mahal.«

»Sie haben hier wohl schon viel gesehen?« fragte ich, ohne mich von einer gewissen Befangenheit freimachen zu können, wie man sie in Anwesenheit eines Lehrers empfindet, der schon von vornherein weiß, daß man sich nicht vorbereitet hat.

»Fürsten und Kaiser haben sich vor den Hadims der Mumtaz verneigt.« Mein Begleiter schwieg einige Sekunden und fügte dann überraschend lebhaft hinzu: »Sehen Sie die Zypressen? Das hat man sich auch erst unlängst ausgedacht. Früher wuchsen hier mächtige Bäume ...«

»Sie haben wohl die Sicht auf den Tadsch ... auf die Raoza verdeckt?«

»So wurde es begründet«, sagte der Hadim . mißbilligend. Seine zornige Stimme konnte die verdammten englischen Beamten von den Toten auferwecken. »Die großen Bäume verbargen die Raoza nicht nur vor den Augen der Neugierigen, sie beschützten sie auch. Sie hielten den Wind von den Mauern ab, und die Luft um die Raoza blieb feucht. Jetzt aber bekommt der Marmor Risse ...«

»Sind Sie ein Touristenführer?« unterbrach ihn ein korpulenter Europäer in kurzer Hose, der einer Schar geschminkter älterer Damen mit breitrandigen, blumenverzierten Hüten voranging.

»Ich bin ein Hadim«, antwortete mein Gesprächspartner.

»Zeigen Sie uns das Mausoleum von innen. Wieviel verlangen Sie?«

»Sie werden meine Mühe selbst bewerten«, sagte der Hadim streng, nickte mir zu und setzte sich wortlos an die Spitze der Gruppe. Die Touristen erfaßten den Ernst des Augenblicks, verstummten und trippelten auf den Eingang zu.

Als sie sich entfernt hatten, begab ich mich zum Portal. Die erste Girlande fiel auf meine Schultern und dämpfte meinen Hochmut ...

Innen zeigte sich der Mumtaz-e Mahal (ich wagte nicht mehr,

das Mausoleum Tadsch Mahal zu nennen) weniger schlicht als von außen. Es scheint, als seien alle Wände, Fußböden und Sarkophage mit Teppichen belegt und behängt. In der Haupthalle stehen nur Kenotaphe — reich verzierte Ehrengrabmale. Die echten Sarkophage befinden sich unten in der Mausoleumsgruft. Dort wurden Mumtaz und neben ihr Schah Dschahan beigesetzt. Die Sarkophage sind rundherum mit Halbedelsteinintarsien bedeckt. Zweige von Märchenbäumen mit Blättern, Blüten und Knospen verbinden sich hier zu wundersamen Ornamenten. Die Intarsien sind in denselben warmgetönten weißen Marmor eingelassen, aus dem das ganze Mausoleum erbaut wurde, und die Halbedelsteine schimmern darin rot, grün und blau. Es sind Lasursteine aus Sri Lanka* und Pamir, Nephrite aus China, Amethyste aus dem Iran. Zwanzigtausend Arbeiter und Künstler waren 18 Jahre lang damit beschäftigt, den Mumtaz-e Mahal zu schaffen.

Spricht man vom Tadsch Mahal, so ist nicht allein das Mausoleum gemeint. Dieses bildet nur den Mittelpunkt eines Komplexes. Er umfaßt auch die Plattform, auf der sich das Mausoleum erhebt, und die vier Minarette an ihren Ecken, schließlich eine noch größere Plattform, auf der außer dem Mausoleum samt den Minaretten eine Moschee und eine überdachte Galerie aus rotem Sandstein stehen. Für die zuletzt genannten schönen Bauwerke wählte der Architekt statt des weißen Marmors roten Sandstein, um das Mausoleum abzuheben; sie bilden dessen Hintergrund und unterstreichen sein blendendes Weiß und seine Schwerelosigkeit. Zum Tadsch-Mahal-Komplex gehört auch ein großer Garten mit Wasserbecken und Springbrunnen, deren Anlage und Verteilung dazu veranlassen, das Mausoleum aus verschiedenen Perspektiven zu betrachten. Die großen Bäume, von denen der Hadim sprach, gibt es nicht mehr, doch die Zypressen schaffen hier keine Friedhofsatmosphäre und sind durchaus nicht überflüssig.

Der Bau des Mumtaz-e Mahal stellte im damaligen Indien ein Vorhaben von höchst offiziellem Rang dar. Die Archive der Großmoguln geben Auskunft über seine Geschichte.

Mumtaz starb 1629 bei der Geburt ihres vierzehnten Kindes. Der tiefbetrübte Schah Dschahan wünschte, die besten Architekten des Ostens zu versammeln. Da wurden Eilboten in alle Nachbarländer entsandt, um die Meister, koste es, was es wolle, zur Reise nach Indien zu bewegen. Die Abgesandten klopften an die Türen von Architekten in Schiras und Buchara, in Bagdad und Samarkand,

* Sri Lanka ist die alte Bezeichnung für Ceylon, die der Insel erst vor kurzem wieder verliehen wurde, und gegenwärtig zugleich der offizielle Name des Inselstaates.

17*

in Damaskus und Istanbul. Von anderen Boten wurden Pläne und Abbildungen aller berühmten Bauwerke Asiens eiligst (so schnell es damals möglich war) nach Agra gebracht. All das hat man in den Chroniken festgehalten.

Schließlich konnte das einberufene Gremium tagen. Man beriet über zahlreiche Entwürfe, prüfte und verwarf Hunderte von Projekten. Der Kaiser wünschte ein Bauwerk, das jetzt und künftig in der Welt durch kein anderes übertroffen würde.

Endlich einigte man sich auf das Projekt des indischen Architekten Ustad Isa. Die von ihm vorgelegte Variante fand die Zustimmung aller Meister und des Kaisers. Schah Dschahan ließ ein Modell des künftigen Mausoleums aus Holz fertigen, und nachdem auch dieses gebilligt worden war, begannen die Bauvorbereitungen. Die Meister zeichneten Entwürfe der Kuppeln, die Beamten versammelten Arbeiter, in den Steinbrüchen von Radschputana wurde der beste Marmor gebrochen. Die Bauleute kamen hauptsächlich aus Delhi und aus Kandahar. Den Architekten Chan Rumi aus Istanbul und Scherif aus Samarkand oblag die Errichtung der Kuppeln, sie wurden von einem Meister aus Lahore unterstützt. Künstler aus Buchara und Delhi leiteten die Ausführung der Dekors. Der Garten wurde von einem Mann aus Bengalen geschaffen. Aus Damaskus, Bagdad und Schiras kamen Kalligraphen und Maler. Leitender Architekt war der Schöpfer des Gesamtprojekts, der einheimische Baumeister Ustad Isa.

Bereits diese unvollständige Übersicht läßt uns begreifen, weshalb Mumtaz-e Mahal die höchsten Errungenschaften der östlichen Architektur jener Zeit vereint: Die Erfahrungen von Buchara, Damaskus, Samarkand, Bagdad und Schiras wurden von den Meistern aus diesen durch ihre Moscheen, Minarette, Mausoleen und Paläste berühmten Städten nach Agra gebracht. Wir verstehen aber auch, weshalb Tadsch Mahal so unverwechselbar indisch ist. Mehr als die Hälfte aller Meister, der leitende Architekt, Maler, Schnitzer, ebenso die Arbeiter stammten aus Indien. Das Bauvorhaben besaß internationale Dimension, doch das Bauwerk blieb indisch.

Vermutlich dachten nur wenige der Baumeister und Arbeiter daran, daß sie ein Mausoleum, ein Grabmal, schufen. Im Ergebnis ihrer Mühen entstand ein Bauwerk, welches das Leben preist. In der Gartenanlage vernimmt man beinahe immer ein fröhliches Lachen.

Als der Kaiser das fertige Mausoleum sah, beschloß er, für sich selbst ein ebensolches, jedoch aus schwarzem Marmor, zu erbauen. Vielleicht wäre es ebenso schön geworden wie Mumtaz-e Mahal. Vielleicht würden beide Mausoleen einen ganz ungewöhnlichen Anblick bieten. Doch es gibt keinen zweiten Tadsch. Die Staatskasse war leer, die Bauern lebten in tiefer Armut, unter den Mullahs und

Würdenträgern regte sich Unzufriedenheit. Das Land wurde von einem Krieg heimgesucht, der für Schah Dschahan ein tragisches Ende nahm. Die Geschichte vom schwarzen Tadsch gehört zu den Mären von nicht existierenden Weltwundern.

Vor seinem Tode bat der Kaiser, daß man ihn zum Gefängnisfenster hinaufhebe, dabei »versank er auf ewig in einen tiefen Schlaf«, berichtet der Chronist.

... Am späten Abend, als es Zeit wurde, nach Delhi zurückzukehren, ging ich noch einmal hin zum Platz vor dem Tadsch. Neben dem Tor flackerten viele Zünglein von Kerzen, die die Händler angezündet hatten. Immer noch strömten Menschen auf das Portal zu, denn bei Mondschein bietet das Mausoleum ein noch zauberhafteres Bild. Nun schimmerte es blau über der dunklen Erde. Funkelnde Sterne schmiegten sich an seine schwebenden Kuppeln.

## ANURADHAPURA

### Sonnenaufgang auf dem Gipfel des heiligen Berges

Der Aufstieg beginnt in der Nacht. Von der durch Teeplantagen verlaufenden Straße biegt ein schmaler, ausgetretener Pfad ab. Sein sanfter Anstieg wird später durch eine Palmenreihe markiert. An Masten, Bäumen und Felsen hängen Laternen, deren leuchtende Kette voran und hinauf zum Firmament führt und weiter vorn gleich fernen Gestirnen immer trüber wird, bis sie in der Höhe ganz abbricht.

Es ist still. Man hört nur das Stapfen der Sandalen und bloßen Füße, die in der Dunkelheit sichtbare Staubschwaden aufwirbeln. Und plötzlich wird die Stille von einem durchdringenden Aufschrei unterbrochen:

»Sadhu! Saa-dhu! Saaaa-a!«

»Sa-aa ...«, fallen viele Stimmen im Dunkel ein.

»Sa-a-!« rollt der Ruf hinauf und verebbt in der Ferne.

Der Pfad wird enger, die Dschungelwand schiebt sich näher heran. Die steinernen Stufen sind von einer Seite durch Abhänge und Schluchten, von der anderen durch ein Lianengestrüpp begrenzt. Dann verwandelt sich der Weg in einen feuchtheißen Tunnel, und wären da nicht ein paar Lampen und die Leuchten in den Händen der Pilger, so hätte man das Gefühl, in eine Höhle ohne Ausgang geraten zu sein.

Die Menschenkette bewegt sich langsam. Es sind viele Alte dabei, sie werden an den Händen geführt, und man bleibt immer wieder stehen, um sie Atem holen zu lassen. Von Zeit zu Zeit stockt der Zug, ein Zeichen, daß vorn ein Teehäuschen oder ein Rastplatz erreicht wurde. Es gibt deren viele an diesem langen Pilgerweg. Doch die Zeit drängt, denn der Gipfel muß erreicht sein, bevor es hell wird.

An einer Stelle sind die Stufen der Steintreppe ganz neu. Noch vor kurzem mußte dieses Stück Wegstrecke zwischen steilen Felsen mit Überhängen, darunter der Abgrund, über einen Laufsteg aus dicken Ketten bewältigt werden. Traf die Menschen dort ein plötzlicher Windstoß — die Luft ist stark böig in dieser Höhe —, so stürzten sie hinab in die Schlucht, und die herzzerreißenden Schreie der Verunglückten ließen die Prozession für Minuten erstarren.

Im Osten beginnt sich der Himmel blau zu färben, und auf dem heller werdenden Hintergrund zeichnet sich dunkel und majestätisch der Berggipfel ab. Dorthin führt der Weg der Pilger. Das Licht der Lampen wirkt zunehmend fahl und unwirklich. Nur noch einige hundert Schritte, und der Gipfel ist erreicht.

Auf der abgeflachten Bergkuppe findet man einen Platz vor, dessen Mitte eine etwa 2 Meter lange ovale Vertiefung unter einem Schirmdach markiert. Dies ist der »Fußtapfen Buddhas«. Vor Sonnenaufgang versammeln sich auf dem Platz Tausende von Menschen. Sie stehen dicht aneinandergedrängt, und eine wachsende Erregung bemächtigt sich der Pilger, die weder den schneidenden Wind in nahezu 3000 Meter Höhe noch die eigene Ermüdung nach dem schweren Aufstieg zu spüren scheinen.

Von Zeit zu Zeit ertönt über dem Gipfel der tiefe Ton einer Glocke und schmilzt im blauen Raum gleich wieder dahin. Mit dem Glockenzeichen geben verspätete Pilger die Beendigung ihrer Reise kund. Der Himmel erhellt sich, schon kann man die dunklen Gesichter, die Gipfel der umliegenden Berge und die leichten morgendlichen Wolken erkennen.

Und plötzlich bricht, wie stets unerwartet, ein Strahlenbündel hinter dem Berg hervor, vergoldet die Gipfel und Gesichter, und bereits in der nächsten Sekunde — am Äquator geht die Sonne unglaublich schnell auf, einen solchen Sonnenaufgang erlebt ein Bewohner gemäßigter Breiten niemals — fliegt der Sonnenball wie ein Schleudergeschoß am Himmel empor.

Auf diesen Augenblick hatten alle gewartet. Ein Aufatmen der Freude und Erleichterung geht durch die Menge, als hätten die Menschen schon nicht mehr gehofft, die Sonne noch aufgehen zu sehen. Und tausendstimmig erschallt der Ruf:

*Sitzender, als Monolith gehauener Buddha aus Anuradhapura.*
*Vorn: Bodhisattwa aus Anuradhapura, der auch als*
*König Duttha Gamani angesehen wird.*

»Sadhu! Saadhu! Saaaa!!«

Aller Augen wenden sich nun der anderen Bergseite zu, wo sich der Schatten des Gipfels wie ein riesiger dunkler Luftkegel zeigt. Die Pilger sind verstummt, und in die Stille fällt die Stimme des Mönchs ein, der das Gebet spricht. Die Stimme wird durch den Lautsprecher um ein Vielfaches verstärkt. Dieser Ort wurde erst unlängst von der Technik erreicht, jetzt hat sie sich hier fest etabliert.

Der Mönch sagt die Worte des Gebets vor, sie werden von vielen hundert Stimmen wiederholt.

»Ich werde nicht stehlen ...«

Die Menge kniet nieder.

»Ich werde nichts Lebendes töten ...«

Die Stirnen der Pilger berühren die kalten Steine.

»Ich werde nicht lügen ...«

Der Mönch setzt das Gebet fort: »... der über unbegrenzte Weisheit Verfügende kam dreimal hierher, bedacht auf die Errettung Lankas ... So erlangte diese Insel im Glanze des Lichtes der Wahrheit hohe Ehre unter den treuen Gläubigen.«

So steht es im Mahawamsa, in der Geschichtschronik von Sri Lanka. Dreimal weilte Buddha auf der Insel, und an jedem Ort, den er besucht hatte, wurden später Tempel erbaut. Als Buddha nach dem dritten Besuch die Insel verließ, berührte sein Fuß den Gipfel des Berges Adamspik, so daß ein Fußabdruck, genannt Sripada, entstand. Seither ziehen Scharen von Pilgern dorthin, und am Fest des Maivollmondes steigen sie in großer Eile zum Gipfel hinauf, um auf dem heiligen Berg den Sonnenaufgang zu erleben und den Schatten des Gipfels zu sehen, wenn die ersten Strahlen hervorbrechen.

Der Berg Adamspik erhebt sich kegelförmig in der Inselmitte. Von hier eröffnet sich ein Rundblick über die weite Hügellandschaft mit ihren Urwäldern, Teeplantagen, Straßen und Dörfern, mit unzähligen Pagoden und Tempeln. Es sind die Tempel eines wunderbaren Landes ...

Sri Lanka gleicht einem von Indien abgelösten Tropfen und bildet eine Brücke zwischen dem Subkontinent und den weiter östlich gelegenen Ländern. Diese haben viel von Indien übernommen, ihre Kultur entwickelte sich unter indischem Einfluß, ihre Ideologien und Religionen wurden weitgehend aus Indien eingeführt.

Der Buddhismus entstand in Indien 600 bis 500 Jahre vor dem Beginn unserer Zeitrechnung. Als sein Begründer gilt Gautama-Buddha, ein indischer Fürstensohn, der beschlossen hatte, den Menschen seine Lehre von der Gerechtigkeit und Wahrheit zu bringen.

Zu jener Zeit machte die in Indien herrschende Religion, die an komplizierte Riten gebunden war und die Kastenordnung sowie eine selbst vor Gott bestehende Ungleichheit der Menschen anerkannte, eine Krise durch. Überall kamen Sekten auf, die die Gleichheit der Menschen predigten. Ketzerei breitete sich aus ... Anfänglich war der Buddhismus nur eine von diesen Sekten. Seine Geschichte gleicht in vielem der Geschichte des Christentums: Beide Lehren wandten sich den Unterdrückten zu und versprachen Erlösung. Ob Gautama wirklich existiert hat oder — wie Christus — nur die Verkörperung eines kollektiven Prophetenbildes darstellte, ist nicht sicher erwiesen. Viele Wissenschaftler neigen jetzt zu der Annahme, daß es den Fürstensohn Siddharta, den man später Buddha, den »Erleuchteten« nannte, tatsächlich gegeben hat. Seiner Lehre war mehr Glück beschieden als anderen, die zu jener Zeit in Indien entstanden, jedoch nach dem Tode ihrer Begründer wieder untergingen.

Da der Buddhismus die Gleichheit aller Menschen verkündete und sich gegen die komplizierten Rituale des Hinduismus sowie gegen die Privilegien der Priester wandte, gewann er viele Anhänger. Zu ihm bekannten sich sogar einige Fürsten und Könige, vor allem jedoch Händler und Handwerker. Im Laufe weniger Jahrzehnte verbreitete sich die Lehre Buddhas über nahezu ganz Indien.

Ein besonders eifriger Anhänger des Buddhismus war der indische Herrscher Aschoka, der im 3. Jahrhundert v. u. Z. lebte und bei den Buddhisten als Heiliger verehrt wird. Laut Überlieferung trat zu seiner Zeit ein buddhistischer Konvent zusammen und legte die Lebens- und Verhaltensregeln der Gläubigen fest. Auch wurden Missionare in andere Länder entsandt, um dort den Buddhismus zu lehren.

Eine der Missionen erreichte Sri Lanka. Nach der Legende, die den historisch erwiesenen Fakten nicht widerspricht, stand an ihrer Spitze ein Sohn Aschokas, Mahinda (im Sanskrit lautet der Name Mahendra).

Die in der Mahawamsachronik aufgezeichnete Legende berichtet, Mahinda sei unweit des Ortes Mihintale dem im Walde jagenden König Dewanampija Tissa begegnet. Der König lud den Wandersmann zu sich ein, und diesem gelang es, Dewanampija Tissa binnen kurzer Zeit zum Buddhismus zu bekehren.

Mahinda ließ sich in Mihintale nieder. Er wohnte in einer Höhle, und der König holte sich bei ihm Rat. Dewanampija Tissa erbaute einige Tempel und Klöster, und als Mahinda starb, wurde über seinem Grab die höchste Dagoba des Landes errichtet. Um diese Dagoba entstand die Stadt Anuradhapura.

Anuradhapura entwickelte sich zu einer der größten Städte des

Ostens, deren Blütezeit einige Jahrhunderte währte. Als die Residenz später an einen anderen Ort verlegt wurde, verließen die Bewohner die Stadt, die jedoch auf Sri Lanka eine Stätte der höchste Verehrung genießenden buddhistischen Heiligtümer blieb. Sie zog alljährlich zahlreiche Pilger aus Sri Lanka und aus anderen buddhistischen Ländern an. Vieles blieb in Anuradhapura erhalten, und was im Laufe der Zeit verfiel, wurde und wird immer wieder erneuert.

Auf Sri Lanka wechselten die Dynastien und die Residenzen, Eroberer kamen und zogen sich wieder zurück, doch man hielt hier 2000 Jahre lang an einer Religion fest. In Sri Lanka ist der Buddhismus noch heute, wie bereits vor 2000 Jahren, die vorherrschende Ideologie. Weder dem Islam noch dem Christentum gelang es, unter den Singhalesen Wurzel zu fassen. Diese Kontinuität ermöglichte die Entstehung einer einmaligen Ansammlung von Denkmalen. Alle Monumente, mögen sie nun vor Jahrhunderten oder erst gestern geschaffen worden sein, werden sorglich behütet.

Von hier, aus Sri Lanka, begaben sich Missionare in die südöstlichen Gebiete Asiens, um den Buddhismus dort, wo er Rückschläge erlitten oder Niedergang erfahren hatte, wieder aufzurichten. Sie brachten heilige Schriften mit, die die Buddhisten, Laien wie Mönche, zu befolgen hatten, und vermittelten ihnen auch die verbindlichen Kanons für den Bau der sakralen Stätten.

Anuradhapura war Residenz der Könige aus der Mahawamsadynastie. Wenn sich Mahinda im 3. Jahrhundert v. u. Z. nach Sri Lanka begeben hat und Anuradhapura erst im 8. Jahrhundert aufhörte, Hauptstadt zu sein, so blieb sie es immerhin über tausend Jahre, länger als irgendeine andere Stadt der Welt. Einige Wissenschaftler glauben, daß dort zur Zeit der Hochblüte Anuradhapuras über drei Millionen Menschen gelebt haben.

Als ältestes Baudenkmal von Anuradhapura gilt die Thuparamadagoba. Sie soll, wie die Buddhisten versichern, noch zur Zeit von Kaiser Aschoka erbaut worden sein, als Mahinda Buddhas Schlüsselbein aus Indien hergeholt hatte, um es an einem würdigen Ort zu bestatten.

Höchstwahrscheinlich ging die Dagoba — wie auch der indische Stupa und die burmesische Pagode — auf den Grabhügel zurück. Die frühen Dagoben und Stupas hatten die Form von Halbkugeln und unterschieden sich zuweilen überhaupt nicht von gewöhnlichen Erhebungen oder Grabhügeln. Später streckte sich der Hügel nach oben und wurde mit zusätzlichen Elementen versehen, deren jedes eine genau festgelegte Bedeutung und Bestimmung besaß. In Burma und in Thailand wuchsen die Pagoden schließlich zu prächtigen schlanken Kegeln empor.

Da die Dagoba nun einmal eine Grabstätte darstellte, durften sich darin außer der Totenkammer keine weiteren Räume befinden. Freilich ergaben sich dabei gewisse Schwierigkeiten: Wurde die Dagoba als das Grab Buddhas angesehen, so benötigte man doch nur eine einzige, die übrigen waren zwangsläufig Kenotaphe — unechte Grabmale. Indessen wünschte sich jedes Land und jede Region echte Grabmonumente, selbst jede halbwegs ansehnliche Pagode wollte gern eine solche Grabstätte sein.

Da begann man Buddha zu teilen. Nach der Legende werden in der burmesischen Schwe-Dagon-Pagode acht Haare Buddhas aufbewahrt, in Kandy auf Sri Lanka soll sich sein Zahn befinden. In China gibt es einen zweiten Zahn Buddhas, in der Thuparamapagode wurde sein Schlüsselbein bestattet ... Wollte man statistisch erfassen, wieviel Schlüsselbeine, Zähne und Finger Buddhas gegenwärtig in der Welt gezählt werden, dürfte sich herausstellen, daß Buddha weit mehr Hände, Füße und Zähne hatte als jeder normale Mensch.

Wegen der Buddhareliquien kam es gelegentlich zu Streitigkeiten und schweren Konflikten, die durch Kriege entschieden wurden, obwohl der Buddhismus den Krieg ablehnt. So überzog der burmesische König Anawratha das Fürstentum Thaton mehrfach mit Kriegen, um einen kostbaren Buddhazahn zu gewinnen. Die Srilanker überließen einst den Burmesen einen Zahn Buddhas aus ihrem Besitz, doch später kam heraus, daß der Zahn gefälscht war, den »echten« hatte man für sich behalten.

Die Thuparamadagoba ist nicht die größte, wird jedoch als die schönste und vollkommenste der Dagoben in Anuradhapura angesehen. Freilich rührt diese Vollkommenheit nicht von ihren Anfängen her, im 13. Jahrhundert wurde sie bekanntlich umgebaut und erneuert. Wie alle Dagoben besteht sie aus drei Teilen: aus dem halbkugelförmigen steinernen Unterbau, aus dem quadratischen Kubus darüber, der die Reliquien und andere sakrale Gegenstände birgt, und aus der Turmnadel. Die 20 Meter hohe Dagoba ist von Steinpfeilern umgeben. Offenbar umschlossen sie die Dagoba ursprünglich in mehreren konzentrischen Kreisen und waren überdacht.

König Duttha Gamani, den man in der Geschichte Sri Lankas als Befreier der Insel von südindischen Eindringlingen rühmt, war einer der wichtigsten Erbauer Anuradhapuras. Nach erfolgreichen Kriegen wandte er sich dem Bau von buddhistischen Kultstätten zu. Er errichtete die Mirisawetidagoba und begann mit dem Bau der Ruanwelidagoba, deren Vollendung er nicht mehr erlebte. Erst der jüngere Bruder des Königs führte das Vorhaben zu Ende.

Die Größe der Ruanwelidagoba ist beeindruckend: Sie ist 60

Meter hoch, und ihr Durchmesser beträgt an der Basis beinahe 100 Meter. Stellen Sie sich auf dem Hintergrund des tiefblauen Himmels eine weiße Halbkugel vor, gekrönt von einem Würfel und einer vergoldeten Turmspitze; es ist ein unvergleichlicher Anblick ...

Wiederum vergingen einige Jahre, und der Neffe des Kriegshelden Duttha Gamani leitete im nördlichen Randbezirk von Anuradhapura den Bau der Abhajagiri-(Dschetawana-)Dagoba ein. Der König, ein von seiner Größe und Macht überzeugter Herrscher, wollte die größte Dagoba der Welt errichten. Gewöhnlich wurde das Dagobafundament aus Steinen und Ziegeln erbaut ... Der König von Sri Lanka befahl, ein Fundament aus Silber-, Kupfer-, Quarz- und Tonschichten zu setzen.

In der Reliquienkammer der Dagoba gibt es folgende Inschrift: »Niemals werden die Blumen hier welken, die Düfte verwehen, die Lampen erlöschen — nichts wird hier aufhören.«

Der König starb, bevor der Bau vollendet wurde. Doch seine Nachkommen setzten die Arbeiten fort, trieben Scharen von Bauleuten zusammen, erhoben Sondersteuern von den Inselbewohnern. Selbst zum fertigen Bauwerk kehrten die Meister immer wieder zurück. Es ist bezeugt, daß König Gadschabahu I. 300 Jahre später anordnete, eine neue Ziegelschicht auf die Dagoba aufzutragen.

Der englische Forscher E. Tannent hat berechnet, daß »das zum Bau dieser Dagoba benötigte Material ausgereicht hätte für 8000 Gebäude von je 20 Fuß Fassadenbreite, die zusammen 30 Straßen, je eine Meile lang, bilden würden, eine Stadt annähernd so groß wie Coventry«.

Nach ihren Dimensionen übertrifft die Abhajagiridagoba sogar die Cheopspyramide: von der Plattform bis zur Turmspitze mißt sie 150 Meter. Ihr Basisdurchmesser beträgt 120 Meter.

In der gleichen Zeit entstand auch der sogenannte Bronzene Palast (der Lohapasada). Heute bietet er einen merkwürdigen Anblick. Ein Wald steht inmitten der Dagoben — ein Wald von Säulen aus Stein. Alle Pfeiler sind 4 Meter hoch, und es gibt genau 1600, das heißt 40 Reihen zu je 40 Säulen. Einst waren sie mit Silberplatten verkleidet, und das Dach, das sie trugen, war mit Bronzeplatten belegt, von denen das Bauwerk seinen Namen erhielt. Davon blieben nur die Säulen übrig.

Es sind die Reste eines Riesenklosters.

Über den Lohapasada berichtet die Mahawamsachronik: »Seine Simse waren mit Edelsteinen und Gold verziert. Dort gab es hunderttausend Räume, und jeder hatte Fenster, so klar wie Augen.«

Dennoch werden von den Singhalesen nicht die Dagoben, so

hoch sie in ihrer Wertschätzung auch stehen mögen, nicht die Ruinen von Palästen und Klöstern als die heiligsten Stätten von Anuradhapura betrachtet. Ihre höchste Verehrung gilt dem Baumheiligtum, Bodhi oder Bo genannt. Nach der Legende war aus einem Trieb des Baumes, unter dem sich Buddha einst den Meditationen widmete, ein neuer Baum gewachsen. Vom Bodhibaum zu Anuradhapura berichteten schon mittelalterliche Chronisten und die ersten Seefahrer. Bereits damals war der Baum unendlich alt, und nur die kalifornischen Mammutbäume könnten ihm vielleicht den Rang des höchsten Alters streitig machen.

Mit dem Niedergang von Anuradhapura kamen für Sri Lanka schwere Zeiten, als Eindringlinge aus Südindien Teile der Insel besetzten, Kriege und Verwüstungen folgten. Die Residenz wurde nach Polonnaruwa verlegt. Auch diese Hauptstadt erlangte, wie Anuradhapura, großen Ruhm durch ihre Dagoben und Klöster, im besonderen jedoch dank ihrer Statuen und Reliefs. Dort befindet sich eine in den Felsen gehauene 15 Meter hohe Buddhastatue. Doch auch Polonnaruwa fiel im 12. Jahrhundert, als von König Madha angeführte südindische Heere auf Sri Lanka landeten.

»Wie ein heftiger Sturm brauste dieser Madha mit seinem Heer über die Insel Lanka hinweg, er war wie eine wilde Feuersbrunst, die über den Wald herfällt ... Er zerstörte die Dagoben, warf die Statuen um, stöberte verborgene Schätze auf ... Oh weh! O weh! So haben die tamilischen Riesen das Königreich und die Religion auf der Insel zerschlagen ...«, berichtet die Chronik.

Die Singhalesen zogen sich in die Festungen tief im Inneren der Insel zurück. Hierher wurde aus dem Tal auch die Hauptreliquie, Buddhas Zahn, gebracht. Man verwahrte ihn in Kandy, wo dafür ein kleines Heiligtum erbaut wurde.

Später kamen die Portugiesen und die Holländer ...

Doch während aller Kriege und Heimsuchungen, über die Jahrhunderte kolonialer Abhängigkeit hinweg blieben die Bewohner von Sri Lanka ihren nationalen Traditionen, ihrer Kultur und Religion treu. An den großen Feiertagen versammeln sich die Singhalesen wie vor tausend Jahren in ihren zahllosen Tempeln, in den Dagoben, herrlichen Denkmälern buddhistischer Kunst. Früher war ein Besuch der Dagoben oft mit weiten Fußmärschen verbunden, heute werden die alten Vorschriften nicht mehr so streng beachtet, die Menschen haben weniger Zeit, viele könnten es sich nicht leisten, mehrere Tage lang unterwegs zu sein, um die Dagoben von Anuradhapura aufzusuchen.

An Feiertagen sind die Straßen von Colombo nach Anuradhapura voll von Autos und anderen Fahrzeugen. An den entlang der Straße eingerichteten Rastplätzen kann man sich ausruhen und einen Imbiß erhalten. Alles ist gratis und wird von den Bewohnern anliegender Ortschaften für diesen Tag vorbereitet. Es ist ein alter, aus der Zeit der langen und beschwerlichen Pilgerreisen stammender Brauch.

Am Feiertag des Maivollmondes werden alle Häuser und Hütten mit Fähnchen und am Abend mit Öllämpchen geschmückt. In den Städten zieht man Lampiongirlanden über die Straße und stellt dekorative Bögen auf. Diese Bräuche werden auf der ganzen altertümlichen Insel gepflegt.

Doch die meisten Pilger begeben sich zum Berg Adamspik. Am Abend werden überall Feuerzeichen gezündet, und der Aufstieg beginnt. Denn die Nacht ist kurz, und man muß den Gipfel vor dem Hellwerden erreichen, um zu erleben, wie die Sonne über dem Land der gigantischen Dagoben aufgeht.

# SIGIRIJA
### Galerie der einundzwanzig Schönen

Die als Weltwunder bezeichneten Bau- und Kunstwerke, von denen in diesem Buch die Rede ist, wurden vom Volk geschaffen und gehören dem jeweiligen Volk. Wir dürfen die Fresken von Adschanta als Errungenschaft der Inder betrachten, sollten die Wandmalereien von Dunhuang als Werk der Chinesen ansehen und die Felsbilder von Sigirija als eine Schöpfung des Volkes von Sri Lanka. Dennoch unterscheiden sie sich ...

In Dunhuang und in Adschanta waren viele Meister jahrhundertelang am Werk. Was dort geschaffen wurde, ist nicht das Ergebnis einer kurzen Zeitspanne, sondern repräsentiert ganze Kunstschulen, die über Jahrhunderte fortbestanden und die Weiterentwicklung der Kunst im Lande grundlegend bestimmten. Wie beeindruckend die Fresken von Adschanta auch sein mögen, man muß ihre Entstehung als geradezu gesetzmäßig ansehen. Hätte man sie nicht in Adschanta geschaffen, so gäbe es gleiche oder ähnliche Darstellungen und Ausdeutungen buddhistischer Mythologie, mit ebensolchen Formen und typischen Haltungen der unzähligen Figuren, in anderen indischen Tempeln. Diese Gemälde wurden — wie auch die Basreliefs Angkors — von vielen Meistern geschaffen, und der Anteil des hervorragend talentierten Begründers der neuen Schule am Gesamtwerk ging unter, überlagert von Arbeiten seiner Schüler und

*Zwei der himmlischen Mädchen von Sigirija.*

Nachahmer. Ein Künstler, der die Fesseln alter Kanons gesprengt hatte, wurde zum Erfinder neuer. Dennoch hat es stets Ausnahmen gegeben, geniale Meister, die weder Schüler noch Nachahmer fanden.

Sofern ein solcher genialer Künstler vor vielen Jahrhunderten in Asien lebte, wo man Kunstwerke nicht mit dem Namen ihrer Schöpfer zu versehen pflegte, werden wir den Namen des Genies niemals erfahren. Die Felsenfresken von Sigirija, einer Festung im Inneren von Sri Lanka, beweisen das.

Zur tragischen Geschichte Sigirijas liegen nur lückenhafte historische Auskünfte vor. Damit die Fresken entstehen konnten, mußte ein aufrührerischer und ausgestoßener König in Erscheinung treten. In diesem Drama ist Sri Lanka der Ort, und das 5. Jahrhundert ist Zeit der Handlung.

»Es war einmal ein König, der hatte zwei Frauen ...«, so beginnt die Sigirijalegende, in der Dichtung und Wahrheit verwoben sind, die Wahrheit jedoch überwiegt.

»... Es gab zwei Königinnen. Die eine war schön, aber von niederer Herkunft, und der König liebte sie sehr. Die andere Königin war nicht schön, jedoch von edlem Geschlecht, und sie liebte den König. Zwei Söhne hatte der König. Der Sohn der schönen Königin sah wohl aus, war aber arglistig und böse. Der Sohn der weniger hübschen Gemahlin zeichnete sich nicht durch Schönheit, aber durch Klugheit und Güte aus. Der König hatte auch eine bezaubernde Tochter, die er wie seinen Augapfel behütete.

Diese Tochter gab der König dem Oberbefehlshaber seiner Reiterarmee zur Frau. Die Ehe der Prinzessin war jedoch nicht glücklich, denn die Schwiegermutter mißhandelte die junge Frau. Eines Tages erfuhr es der König. Man muß hier einfügen, daß er sehr gütig sein konnte und zuzeiten in seiner Güte von niemandem übertroffen wurde. Geriet er jedoch in Zorn, so war er grausamer als jeder andere.

Als der König hörte, daß seine Tochter schlecht behandelt wurde, und als er die Striemen von Peitschenhieben auf dem zarten Körper der Prinzessin sah, packte ihn grenzenlose Wut. Er befahl, die herzlose Schwiegermutter lebendigen Leibes zu verbrennen. Der Befehl wurde auf der Stelle ausgeführt.

Der Befehlshaber der königlichen Reiterarmee war ein Busenfreund des schönen, aber bösen Prinzen. Von Rachsucht getrieben, stiftete er den Prinzen zur Verschwörung gegen den König an. Der Prinz bemächtigte sich des Thrones, tötete den Vater und ließ seinen Leichnam in der Festung einmauern. Danach wollte der neue König auch mit seinem jüngeren Bruder abrechnen, doch der kluge Prinz ahnte die Gefahr und floh außer Landes.

Von jetzt an fürchtete der neue König die Rache des Bruders und den Widerstand des Volkes, das den Königsmord verurteilte. Da entdeckte er inmitten eines Tales einen ganz und gar vom Dschungel eingeschlossenen unzugänglichen Felsen und erbaute dort seine neue Residenz, Sigirija. Die Stadt war uneinnehmbar, man hatte sie vorsorglich so erbaut, daß einige wenige Soldaten sie gegen eine ganze Armee verteidigen konnten.

Achtzehn Jahre lang hielt sich der König in der Felsenfestung auf und herrschte von dort über Sri Lanka. Er führte ein ausschweifendes Leben und vertrieb sich die Zeit mit Gelagen und Festen, um die Angst zu betäuben und die Stimme des Gewissens zu beschwichtigen.

Eines Tages meldeten die Wachen, daß sich vom Meer her ein großes Heer nähere. Der König versammelte seine Soldaten und befahl einen Ausfall ins Tal, er wollte dem Feind auf offenem Felde begegnen.

Das angreifende Heer wurde vom jüngeren Bruder des Königs angeführt, und das Schlachtenglück war auf der Seite des Prinzen. Als der König erkannte, daß seine Niederlage besiegelt war, trat er den Rückzug zur uneinnehmbaren Festung an. Im letzten Augenblick beschloß er jedoch, wie ein König und nicht als ein Geächteter zu sterben, zog das Schwert und gab sich selbst den Tod.

Nachdem der Prinz den ermordeten Vater gerächt hatte, kehrte er in die frühere Hauptstadt, Anuradhapura, zurück und wurde Herrscher von Sri Lanka. Bald vergaßen die Menschen den Felsen, auf dem der Vatermörder gelebt hatte, kannten selbst den Weg nicht mehr, der dorthin führte.«

So oder ähnlich hatte sich alles wirklich zugetragen. König Kassapa (478—496), ein Reformer, eine herausragende und zugleich tragische Gestalt in der Geschichte Sri Lankas, ließ für sich nach Ermordung des Vaters eine Festung auf Felsen erbauen, in der er dann residierte. Wie Waben eines Bienenstockes durchzogen die Höhlen und Häuser dieser Stadt die Felshänge, und die Eingänge lagen hinter großen Steinblöcken verborgen.

Im Jahre 496 kehrte der jüngere Bruder des Königs, Monallana, der während der Kämpfe um den Thron nach Indien geflohen war, zurück und besiegte Kassapa.

Der Felsen Sigirija mit den Ruinen der einstigen Residenz liegt 200 Kilometer von der heutigen Hauptstadt Sri Lankas, Colombo, und 70 Kilometer von Anuradhapura, der bedeutendsten mittelalterlichen Hauptstadt des Landes, entfernt. An die nach Sigirija führende Straße schob sich der Dschungel von beiden Seiten dicht heran und gibt den Blick auf den 150 Meter hohen zuckerhutförmigen Felsen erst frei, wenn man ihn schon beinahe erreicht hat. Plötzlich endet die Straße vor einer steil nach oben führenden Treppe, deren Stufen teils in den Felsen gehauen, teils aus Ziegeln gelegt sind. Neben der Treppe ragen die riesigen Krallen einer etwa 5 Meter hohen mythologischen Vogelfigur aus dem Gestein.

Endlos steigt man, den Felsen umrundend, die Treppe hinauf, die sich mehrfach abrupt wendet, und gelangt schließlich zu einer langen stromlinienförmigen Galerie. Von einer Seite ist sie durch die steile Felswand, von der anderen durch ein steinernes Geländer begrenzt und verläuft in Windungen, die Felsenvorsprünge wie ein Gebirgspfad umgehend. In einem Teilstück der Galerie blieben Wandmalereien aus der Zeit des Königs Kassapa erhalten. Sie bedecken eine große, schwer zugängliche Felsnische in 15 Meter Höhe.

Zu dieser Nische stieg man früher über eine gewöhnliche Holzleiter hinauf. Jetzt gibt es dort eine durch Drahtnetze gesicherte Metallwendeltreppe (die Aufsicht liegt in den Händen des Amtes für Touristik von Sri Lanka). In der Felsnische befinden sich die Sigirijafresken, sie sind das Wunder der Insel.

Die einundzwanzig Frauenbildnisse stellen das einzige Beispiel weltlichen Malerei im mittelalterlichen Sri Lanka dar und müssen wohl darüber hinaus als ein unikales Werk der mittelalterlichen Kunst Asiens angesehen werden.

Gelegentlich vergleicht man die Sigirijafresken mit den indischen Wandmalereien von Adschanta. Dieser Vergleich ist jedoch nicht ganz zutreffend. So talentiert die Meister von Adschanta auch zweifellos waren, ihre Kunst überschritt nicht den Rahmen des von der Religion Erlaubten, blieb mit ihr eng verbunden. Die Bilder von Adschanta verraten keine Auflehnung gegen hergebrachte Kanons, ihre Schöpfer hatten nichts Revolutionäres im Sinne, wenn sie es auch verstanden, die religiösen Sujets mit Leben zu erfüllen.

Sigirija ist anders. Bis heute besteht bei den Kunstwissenschaftlern keine einhellige Meinung darüber, was die Fresken darstellen. Einige halten die Frauen für himmlische Tänzerinnen, Apsaras, die aus den Wolken Blumen auf die Erde streuen, oder für Regengöttinen; manche glauben, es handele sich um eine Trauerprozession oder um eine Zeremonie am Hofe Kassapas; noch andere meinen, es seien einfach Mädchen, die in einem See baden.

Allein diese Vielfalt der Deutungen legt bestimmte Folgerungen nahe. In der buddhistischen Mythologie kennen sich die Fachwissenschaftler nämlich so sicher aus, daß es im asiatischen Raum kaum Fresken geben dürfte, die nicht diesen oder anderen traditionellen Sujets zugeordnet werden könnten. Daher muß in diesem Falle wohl an eine Abweichung von den religiösen Kanons gedacht werden.

Die lebensgroßen Figuren der nahezu unbekleideten Schönen bilden Paare aus je einem dunklen und einem hellhäutigen Mädchen. Vermutlich wollte der Maler eine der Frauen als Herrin, die andere als ihre Dienerin kennzeichnen. Die Figuren verteilen sich frei über die gesamte Wandfläche, was sonst für die asiatische Kunst unüblich ist. Die Mädchen bewegen sich gleichsam in einer dichten weißen Wolke oder vielleicht im Wasser und versinken darin bis zu den Hüften. Gerade dies ist das Auffällige, daß sie sich zu bewegen und zu leben scheinen. Mir ist kein anderes Werk mittelalterlichen Malerei bekannt, das Bewegung und Leben ähnlich echt und überzeugend ausdrücken würde.

Schönheitsideale sind nicht nur von Land zu Land verschieden, sie wandeln sich unaufhörlich, nicht nur von einem Jahrhundert zum anderen, sondern zuweilen binnen eines einzigen Jahrzehnts. Nur einige hervorragende Kunstwerke blieben vom Wandel der Mode und des Geschmacks über die Jahrhunderte unberührt. Nofretete, die Venus von Milo, die Venus Boticellis wurden zu allen Zeiten als sehr schön empfunden. Neben ihnen darf man auch die Mädchen von Sigirija nennen.

Der Künstler wollte die Schönheit darstellen. Er hat es getan, und es gelang ihm, die Zeit zu besiegen.

Deshalb bin ich fest überzeugt, daß in Sigirija kein Künstlerkollektiv existierte und auch keine Kunstschule mit Kanons und Vorschriften. Es gab dort nur einen Meister.

Wie Michelangelo viele Monate lang unermüdlich an den Gemälden der Sixtinischen Kapelle arbeitete, in gekrümmter, angespannter Haltung auf dem Gerüst unter der Decke liegend, wie er mit dem Material rang und gegen die Macht des Hergebrachten ankämpfte, um sein einmaliges Werk zu schaffen, so malte wohl auch der Meister von Sigirija seine Galerie der schönen Frauen, monatelang über der unzugänglichen Nische auf schwankenden Leitern stehend, in kühner Manier. Es ist nicht wichtig, wie er sie nannte, wie er dem König seine den Palasteingang belebenden Frauengestalten deutete. Vielleicht sagte er wirklich, es seien Apsaras oder auch Regengöttinnen. Der Name ändert nichts am Wesen der ganz irdischen Bilder, die keineswegs zu demütigem Dulden und zum Nachsinnen über die Vergänglichkeit des Lebens veranlassen, sondern zu Lebensfreude und Liebe ermutigen. Diese Botschaft dürfte sich selbst dem Mutlosesten mitteilen.

Der Künstler brach mit allen Traditionen und Regeln und malte Frauen, wie er sie kannte — irdische, begehrenswerte Frauen. Kein Gesicht, keine Gestalt wiederholt sich. Die zarten, ausdrucksvollen Hände und Finger scheinen sich zu bewegen, und man glaubt unwillkürlich, einem graziösen langsamen Tanz beizuwohnen.

Vor einigen Jahren hat ein Geistesgestörter versucht, die Schönen von Sigirija zu vernichten. Ehe man eingreifen konnte, wurde ein Teil der Fresken stark beschädigt. Geisteskranke mögen große Kunst nicht — erinnern wir uns der Anschläge auf Rembrandts »Nachtwache« und auf die »Mona Lisa«.

Längst ist der stolze König Kassapa vergessen, und auch seine Stadt verfiel, doch die Fresken sind geblieben. Der König hätte sie wohl kaum malen lassen, wäre ihm prophezeit worden, daß Sigirija nur dank der Fresken berühmt bleiben würde; denn Könige empfinden es als Kränkung, das die Kunst stärker ist als Herrscher und Regierungen. Doch das läßt sich nicht ändern. Schon oft hat die Kunst im Laufe der Geschichte einen ähnlichen Wettstreit gewonnen.

# FÜNFTES KAPITEL

# SÜDOSTASIEN
# UND FERNER OSTEN

# PAGAN

Fünftausend Tempel

Im Sommer 1975 ereignete sich in Burma wieder einmal ein schweres Erdbeben. Dabei wurde vor allem das alte Pagan in Mitleidenschaft gezogen. In den Zeitungsberichten kamen Namen vor, die nur wenige kannten: Der Anandatempel war zerstört worden und die Bupayapagode im Irawadi versunken ...

Bei mir aber lebten Erinnerungen auf: an erhabene Silhouetten vor dem Hintergrund des morgendlichen Himmels, an dunkle Tempelräume und dumpf darin widerhallende Schritte, an das Rascheln trockenen Grases vor stämmigen Pagoden.

Die Wiederherstellung der beschädigten Tempel hat bereits begonnen, und vieles kann gerettet werden, doch leider nicht alles.

Pagan ist weit weniger bekannt, als der Ort es verdient hätte. Die Stadt gehört zu den bewunderungswertesten Denkmalen der Weltkultur. Da andere Weltwunder zumeist von zahlreichen Autoren gewürdigt wurden, möchte ich es für meinen Teil übernehmen, Pagan zu rühmen.

Burma liegt südlich von China und östlich von Indien. Durch das ganze Land fließt, von Nord nach Süd, der mächtige Strom Irawadi. Er entspringt dem Hochland von Tibet, durchquert die grüne Hügellandschaft des Nordens, ergießt sich in ein breites Tal, versorgt die trockene Ebene im Inneren Burmas mit Wasser und mündet über ein vielarmiges Delta in den Indischen Ozean.

Im Herzen des Landes, inmitten seiner Trockenzone, liegt am Ufer des Irawadi die wunderbare Stadt Pagan. Sie wurde wahrscheinlich von den ersten Birmanenstämmen erbaut, die vor ungefähr tausend Jahren in das heutige Burma einwanderten.

Im Jahre 1044 wurde Pagan die Hauptstadt von Burma, das man damals Königreich Pagan nannte. Zweihundertfünfzig Jahre später, Ende des 13. Jahrhunderts, haben mongolische Eroberer dieses Königreich zerschlagen, und die Bewohner von Pagan verließen die

278

zerstörte Stadt. Ihre aus Holz erbauten Häuser und Paläste wurden morsch und zerfielen, auf den Straßen wucherten trockene Gräser und Kaktusgewächse, alle Teiche und Wasserbecken trockneten aus. Nur die Tempel und Pagoden der Stadt, ungefähr 5000, stehen noch immer.

Außerhalb von Burma hörte man kaum etwas über Pagan, und nur selten besuchten Fremde die Stadt. Das hatte mehrere Gründe. Zum einen lag ganz Burma lange abseits der großen Handelsstraßen, zum anderen war Pagan schwer zu erreichen, denn es gab keine Eisenbahnverbindung dorthin, schließlich interessierte sich in Burmas Kolonialzeit kaum jemand für die Stadt. Burma galt als Randprovinz von Britisch-Indien, und das ferne Pagan fand weit weniger Beachtung als die viel bekannteren indischen Altertümer und Tempel.

Pagan war aber nicht im unpassierbaren Urwald verschwunden wie zum Beispiel Angkor oder die Pyramiden der Maya; es war auch nicht im Wüstensand verschüttet wie Hara-Hoto oder Choresm. Pagan ist bereits seit 700 Jahren nicht mehr Burmas Hauptstadt, blieb jedoch bis heute eine der angesehensten Ortschaften des Landes.

Jedes zweite burmesische Märchen beginnt mit »Es war einmal in Pagan ...«

Der erste Europäer in Pagan war der große Weltreisende Marco Polo. Manche Forscher bezweifeln freilich, ob er die Stadt wirklich gesehen hat. Marco Polo, der damals im Dienste Chubilai-Chans, eines Enkels von Tschinggis-Chan, stand, hinterließ jedenfalls einen Bericht über den Krieg der Mongolen mit Pagan und eine Beschreibung der Stadt.

Danach verging nahezu ein halbes Jahrtausend, bis wieder europäische Reisende nach Pagan kamen. Während es Marco Polo noch vergönnt war, Leben in der Stadt anzutreffen, fand der Engländer M. Symes, dem wir einige Zeichnungen von Pagans Tempeln verdanken, Ende des 18. Jahrhunderts bereits eine ausgestorbene Stadt vor. Allerdings hatten englische Touristen und sonstige Abenteurer verschiedener Couleur Pagan damals noch nicht ausgeplündert.

In der ersten Hälfte des vorigen Jahrhunderts hielten sich viele Engländer in Pagan auf: Missionare, Offiziere, Spione und Diplomaten. Die Briten bereiteten die Unterwerfung Burmas vor und waren zunächst bemüht, das Land gründlich auszukundschaften. Für Pagan interessierte man sich nur am Rande, die schönen Altertümer bedeuteten den Geschäftsleuten nicht viel. Gelegentlich wurden Zweifel daran geäußert, daß Pagan von den Burmesen erbaut worden war. Viele hielten sie für ein halbwildes Volk, dem man so bald wie möglich die europäische Kultur beibringen sollte.

Nachdem ganz Burma 1885 von den Briten besetzt worden war, folgten den Kundschaftern nicht Gelehrte, sondern Plünderer. Die Soldaten nahmen viele der kleinen verstaubten Statuetten mit, Offiziere schickten größere Skulpturen nach Hause, und Pseudoarchäologen brachten es fertig, ganze, mit Fresken bemalte Wände in europäische Museen zu überführen.

Erst zu Beginn unseres Jahrhunderts wandten die Gelehrten Pagan mehr Aufmerksamkeit zu. Vor der Befreiung Burmas waren es freilich nur wenige. Immerhin hatte die Geschichtsforschung mittlerweile bereits vieles über Pagans Vergangenheit erfahren; dennoch blieb noch manches dunkel und rätselhaft.

Heute verfügt Pagan über ein Museum, in der Stadt werden kontinuierlich Ausgrabungen und Restaurierungsarbeiten vorgenommen. Burmesische Studenten — künftige Architekten, Künstler, Kunstwissenschaftler und Philologen — absolvieren hier ihr Praktikum. Für viele Touristen ist Pagan ein interessantes Reiseziel. So wird die Stadt immer bekannter, und allmählich gelingt es ihr, den im Laufe der Jahrhunderte verschütteten Ruhm wiederzuerlangen.

... An meinen ersten Morgen in Pagan erinnere ich mich genau. Die Sonne war noch nicht aufgegangen und die Luft hinter dem Fenster von tiefem Blau gefärbt. Es schien, als hätten sich alle Tempel von Pagan vor den Fenstern dieses kleinen, im Stadtzentrum gelegenen Hotels versammelt. Wohin man blickte, überall standen blaue und violette Tempel, auf deren Dächern schon der Glanz des anbrechenden Tages lag. Gleich nebenan stieß der Turmobelisk des Thatbinnju an zarte Federwolken. Von der Basis bis zur Spitze mißt er 70 Meter, dennoch wirkt diese Masse leicht wie ein Märchenschloß, das von einem gütigen Zauberer über Nacht erbaut wurde.

Nachdem Anawratha (Anoratha), der erste König des Reiches Pagan, die Südgebiete Burmas, in denen die Vorfahren der heutigen Mon siedelten, erobert hatte, holte er viele Meister aus allen Teilen des Landes in seine neue Hauptstadt. Pagan sollte prächtiger werden als alle Städte, die Anawratha kannte. Seither haben hier viele Könige von Pagan, um den eigenen Ruhm zu mehren, große und kleine Tempel erbaut. Ihnen eiferten Würdenträger, Minister, Feldherren und sonstige Vermögende nach.

Pagan entwickelte sich zu einem der bedeutendsten Kulturzentren Asiens. In den hiesigen Universitäten hielten sich Studenten aus fernen Ländern auf. Hier studierten Prinzen aus Sri Lanka und Südindien, Bonzen aus dem Champareich und Mönche aus China. In der Stadt gab es mehrere Bibliotheken. Das Gebäude einer Bibliothek blieb als Pagans einziger nichtsakraler mittelalterlicher Bau erhalten.

Das älteste große Heiligtum von Pagan ist die von König Anawratha errichtete gewaltige pyramidenförmige Schwezigonpagode. Nur wenig später folgten die ersten Tempel. Der bekannteste Paganer Tempel, Ananda, wurde Ende des 11. Jahrhunderts erbaut. Stellen wir uns ein rechteckiges, einstöckiges, streng wirkendes Bauwerk vor mit glatten Wänden und wenigen kleinen Fenstern, deren prächtige Stuckumrandungen an Flammenkränze erinnern. An die Mitte jeder Tempelwand schließen sich bis zum ersten Stock hinaufreichende überdachte Galerien an. Über sie gelangt man ins Tempelinnere, das im Grundriß ein reguläres Kreuz bildet. Das Tempeldach besteht aus mehreren Terrassen, die sich nach oben verjüngen und an den Ecken mit kleinen Pagoden sowie phantastischen Löwenskulpturen verziert sind. Auf der höchsten und zugleich kleinsten Terrasse erhebt sich ein konischer Turm, der Schikhara, mit einer Spitze gekrönt. Der 60 Meter hohe Tempel wirkt von außen leicht und hell.

Völlig anders empfindet man das Tempelinnere. Eine hohe Tür öffnet sich, und wir betreten einen spärlich ·beleuchteten langen Gang. Hier ist es kühl und still. Plötzlich befällt uns das beklemmende Gefühl, von Geheimnissen umgeben zu sein. Vorn erscheint ein unbestimmtes Glimmern. Wir durchschreiten zwei konzentrisch verlaufende Gänge und stehen schließlich zu Füßen einer 10 Meter hohen vergoldeten Buddhastatue. Sie ist nur schwach beleuchtet. In Kopfhöhe der Statue fällt durch ein winziges Fenster ein Lichtstreif auf Buddhas Gesicht, das geheimnisvoll zu lächeln scheint. Hier sollte man sich im Angesicht der höheren Mächte und des Schicksals nichtig und klein fühlen. Die hohen Bögen der labyrinthartigen Gänge verschwinden über uns im Halbdunkel. In den Seitennischen entdecken wir kleine Skulpturen. Jeder Schritt hallt in den Gängen laut und lang wider.

Doch kaum hat man die Gänge verlassen und betrachtet das ins Sonnenlicht getauchte Tempelgebäude von außen, hebt dieser Anblick jene Wirkung der im Tempel herrschenden Dunkelheit und Strenge wieder vollkommen auf.

Am anderen Ende von Pagan (die Tempel sind über die ganze Stadt verteilt, die sich im Flußtal über einige zehn Quadratkilometer ausdehnt) steht ein weiterer Tempel, der wie Ananda im 11. Jahrhundert erbaut wurde.

Es ist der Tempel des Manuha, eines Königs der Mon, den die Burmanen während eines der ersten Eroberungszüge Anawrathas gefangennahmen. Anawratha beließ dem Monkönig dessen Hofstaat und einen Teil seines Vermögens. Manuha wurde als Gefangener in Ehren gehalten, dennoch war er ein seines Thrones, seiner Heimat und Zukunft beraubter unfreier Mann. Die Chronik berichtet, er habe seinen königlichen Rubin verkauft und für den Erlös einen Tempel errichten lassen.

Kein anderes Paganer Heiligtum gleicht diesem Tempel. Es fehlt daran jegliche Verzierung, offenbar gaben sich die Erbauer keine Mühe, ihn irgendwie zu verschönern. Da sind drei Würfel miteinander verbunden, ein großer steht in der Mitte, zu beiden Seiten fügen sich die kleineren an. Man betritt den Tempel durch eine niedrige Tür und erwartet einen der äußeren Tempelform entsprechenden quadratischen Raum. Den findet man dann auch vor, zugleich aber bietet sich dem Besucher ein höchst ungewöhnlicher und beinahe unglaublicher Anblick. Den ganzen mittleren Tempelteil füllt die Statue eines sitzenden Buddhas. Sein Haupt stößt an die Decke, Ellbogen und Knie scheinen sich gegen die Wände zu stemmen, und in den Nebenraum gelangt man nur, indem man sich zwischen Buddhas Fingern — die Hand liegt auf dem Knie — und der Wand hindurchzwängt.

Schrecklich eng hat es der 10 Meter große, breitschultrige, stämmige Buddha im Tempel, dessen Wände ihn beinahe erdrücken. Man spürt förmlich, bald wird er es nicht mehr ertragen, wird die Schultern bewegen und sich aus dem furchtbaren Gefängnis befreien. Doch Buddha bleibt reglos.

Offensichtlich hat der gefangene König Manuha diesen Tempel mit voller Absicht so gestaltet. Der eingesperrte Buddha stellt wohl den König selbst dar. Das Gefühl der Unfreiheit, Enge und Qual ergreift den Tempelbesucher, wenn er den durch Decke und Mauern erdrückten Koloß betrachtet, und man denkt unwillkürlich an einen Gefangenen.

In den beiden Nebenräumen wiederholt sich alles. Dort gibt es also zwei weitere Statuen, die ebenso beengt, mit dem Rücken, den Ellbogen und Knien an die Wand gepreßt sind. Niemals dürfen die Arme und Beine ausgestreckt werden ... Treten wir später von hinten an den Tempel heran, überrascht uns noch eine Begegnung. Über alle drei Tempelteile hinweg fügt sich ein langer und flacher vierter Raum an, der einen liegenden Buddha einschließt. Dieser ist wohl der glückseligen Ruhe, des Nirwana, teilhaftig geworden. Freilich muß man »glückselige Ruhe« hier als Ironie empfinden, denn Buddha liegt in einer engen Gruft, nur wenige Zentimeter trennen sein Haupt von der Decke.

Der Manuhatempel stellt ein vereinzeltes, besonderes Bauwerk dar. Die übrigen Tempel von Pagan, große und kleinere, ähneln zumeist

*Oben: der Gawdawpalintempel.*
*Unten: aus dem Inneren des Tempels von Ananda.*

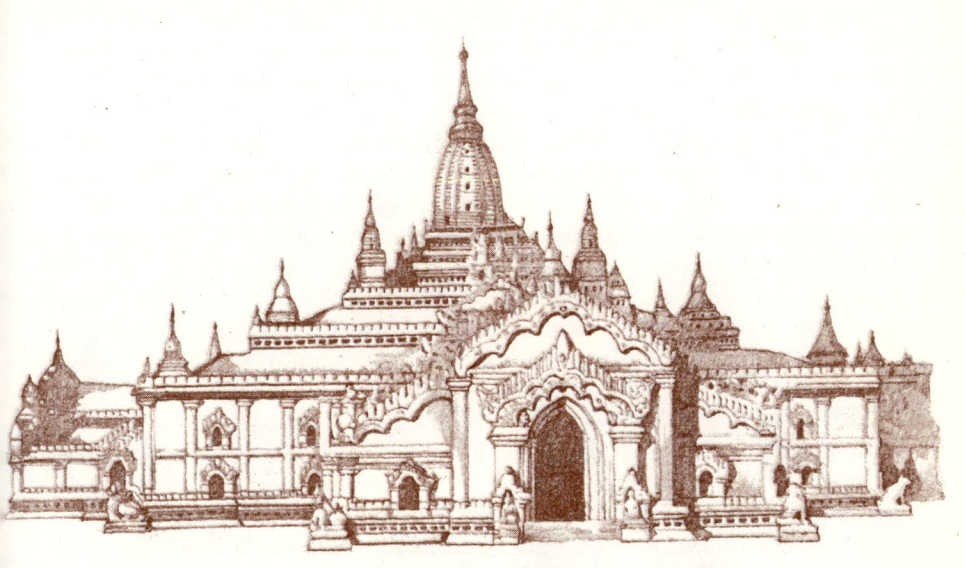

Ananda. Sie zeigen aber die Entwicklung der burmesischen Architektur und den Wandel des Geschmacks. Zu den relativ spät erbauten Heiligtümern gehören der wunderschöne, gleichsam schwebende Gawdawpalin, der mächtige Thatbinnju, der Htilominlo, der Dhammayasedi. Sie sind heller als der Anandatempel, haben breitere Gänge, größere Fenster, in ihnen läßt es sich leichter atmen. Die zahlreichen kleinen Tempel zieren in der Regel reiche Wandmalereien, gleich Teppichen bedecken sie die Innenwände von oben bis unten. Sie stellen zwar Szenen aus dem Leben Buddhas dar, dokumentieren jedoch zugleich das Leben zu Pagan, zeigen die Menschen und Häuser der Stadt, denn die Meister stellten die mythologischen Gestalten in die ihnen bekannten Häuser und Paläste hinein, bekleideten sie in der ihnen vertrauten Art und ließen sie sogar jene Fahrzeuge benutzen, die man zur Zeit der ersten burmesischen Hauptstadt auf ihren Straßen gesehen hat.

Ein wichtiges Element der burmesischen Architektur, das auch für die auffällige Kontinuität im Baustil der burmesischen Tempel gesorgt hat, war der — im mittelalterlichen Indien wie auch in Südostasien nahezu unbekannte — Bogen. Die Burmesen erfanden für ihn vielfältige Verwendung, wandelten ihn zu mehreren Typen und Arten ab. Der Bogen trug dazu bei, daß die burmesischen Tempel hinsichtlich ihrer Konstruktion andere ostasiatische Bauten des Altertums und Mittelalters bei weitem übertreffen.

Für die Paganer Baukunst sind ferner die flammenförmigen Portale charakteristisch. Jede Tür und jedes Fenster von Pagan schließen im oberen Teil prächtige Stuckverzierungen ab, die aus dem Mauerwerk hervorbrechenden Flammenzungen ähneln. Hier und dort erscheint zwischen den Flammen der Kopf des Drachen Naga. Einige Forscher glauben, daß die so häufigen Brände der alten Holztempel einst zur Einführung des ungewöhnlichen Schmuckmotivs angeregt haben. Andere meinen, die Tempel seien ursprünglich mit Palmenblättern verziert worden. Jedenfalls kann man den typischen Paganer Tempel mit Sicherheit an diesen Portalen erkennen.

Manche Paganer Tempel unterscheiden sich von der Masse der übrigen, wenn sie auch bestimmte Merkmale der örtlichen Baukunst aufweisen. Einer dieser Tempel wurde nicht von Burmesen entworfen, es ist eine von Paganer Architekten abgewandelte Kopie des indischen Tempels von Bodhgaja. An diesem für alle Buddhisten heiligen Ort steht ein Tempel, den man an der Stätte der »Erleuchtung« Buddhas erbaute. Dorthin begaben sich Paganer Meister, um das baufällig gewordene indische Heiligtum wiederherzustellen. Die notwendigen Mittel waren von Paganer Königen gespendet worden. Die Meister kehrten nach Pagan zurück und erbauten hier einen gleichen Tempel.

Vom Paganer Baustil weichen einige Tempel ab, die den Anhängern nichtbuddhistischer Religionen gehören. Pagan war seinerzeit ein bedeutender Handelsplatz und ein wichtiges politisches Zentrum Südostasiens. Hier gab es Kolonien von Kaufleuten, Mönchen und Gelehrten aus verschiedenen Ländern, hier lebten Anhänger des Hinduismus und des Dschainismus. Auch für sie wurden in Pagan Tempel erbaut. Da deren Baumeister ebenfalls Burmesen waren, tragen auch diese Tempel Kennzeichen der Paganarchitektur.

Bei alledem findet man in der ganzen Tempelstadt nicht einmal zwei Bauwerke, die völlig gleich wären. Jeder Tempel ist eine unikale Schöpfung. Der Nagayomtempel hat die Form eines Bootes mit langgestrecktem hohem Bug; der Dhammayandschi ähnelt einer mächtigen Festung; der Bhuyathomsu wirkt wie ein leichtes Spielzeug aus einem lustigen Traum ...

Außer den Tempeln gibt es in Pagan viele Pagoden. Manche sind winzig, gerade so groß wie ein Mensch, andere riesenhaft mit mehreren Terrassen. Die großen Pagoden wurden an den Feiertagen von prächtigen Prozessionen umwandelt.

Die Stadt ist seit langem tot, das bedeutet jedoch nicht, daß die Menschen diese Gegend ganz verlassen hätten. Auf dem Boden des einstigen Pagan entstanden mehrere Dörfer und eine kleine Stadt. Zwischen den Tempeln ziehen sich Felder und Weiden hin, liegen Gärten und Palmenhaine. Wenn die Kinder zur Schule gehen, umrundet ihr schmaler Fußweg gewöhnlich einen oder einige der tausendjährigen Riesen. Hinter einer Hecke aus Kakteengestrüpp wird ein Pflug von behäbigen Büffeln gezogen. Über den Irawadi unten gleiten langsam Dschonken und langhalsige kleine Dampfer.

Kommen Besucher nach Pagan, so pflegt man sich auf die höchste Terrasse des Gawdawpalin zu begeben, um aus 60 Meter Höhe die große alte Hauptstadt in ihrer Gesamtheit zu überschauen und den Sonnenuntergang abzuwarten. Die Sonne senkt sich zum blauen Hügelzug auf der anderen Seite des Flusses, und je mehr sie sich ihm nähert, desto länger und dichter werden die wunderlichen Schatten, bis sie schließlich in eine einzige dunkle Fläche zusammenfließen. Blutrot und mächtig wälzt sich der Sonnenball hinab und verschwindet hinter dem flachen Bergrücken. Nur noch wenige Minuten lang währt der endlose Himmel den kräftigroten Schimmer, der zum Zenit hin in ein mattes Blau übergeht, während sich hinter uns bereits Ultramarin ausgebreitet hat.

Unten im Dorf werden die ersten Feuer angezündet, Hunde bellen, irgendwo hat man das Radio eingeschaltet und empfängt Nachrichten — in dieser märchenhaften Stille sind sie kilometerweit zu hören. Pagan begibt sich zur Ruhe. Unsere Phantasie bevölkert die weiten Plätze der alten Stadt mit den Schatten vor 700 Jahren verstorbener Könige, Würdenträger und Künstler ... In der Nacht aufersteht die Vergangenheit.

## SCHWE-DAGON

### Die goldene Pagode

Dank ihrer ungewöhnlichen Bedeutung vermögen Architekturdenkmäler ganz bestimmte, leider aber oft falsche Vorstellungen von einem Land zu erzeugen. Wird von Ägypten gesprochen, fallen uns unverzüglich die Pyramiden ein. Zum gedanklichen Abbild der ägyptischen Landschaft gehören nun einmal die Wüste, Pyramiden und Sphinxe. Dabei haben Millionen von Ägyptern die für viele allzu entfernten Pyramiden niemals gesehen. Ist die Rede von Amerika, so denken wir an Wolkenkratzer und an die Freiheitsstatue in der Hudsonbucht. Doch für die Landschaft der Vereinigten Staaten von Amerika ist New York keineswegs typisch. Manche Leute verbinden ihre Vorstellung von Rußland mit der Wassili-Blashenny-Kathedrale oder noch häufiger mit dem Kreml ...

Ähnlich verhält es sich mit Burma. Die vergoldete Pagode Schwe-Dagon beeindruckt jeden Besucher dieses Landes so außerordentlich, daß sich in nahezu der Hälfte aller Bücher und Abhandlungen über Burma die Bezeichnung »Land der goldenen Pagoden« findet. Das klingt sehr schön, ist aber unwahr. Es gibt nur wenige vergoldete Pagoden in Burma.

Ich bin kreuz und quer durch Burma gereist und kann versichern, daß man zwar von einem »Land der Pagoden« sprechen darf, denn es gibt hier wirklich sehr viele, jedoch ist allenfalls die Bezeichnung »Land der weißen Pagoden« zulässig, da sie zu 99 Prozent weiß getüncht sind.

Aber Schwe-Dagon ist golden. Schwe-Dagon ist die höchste, auffälligste, großartigste aller Pagoden. Die Schwe-Dagon-Pagode steht auf einem Hügel und ist in Rangun von überall sichtbar, sie wird in jedem von dieser Stadt oder über dieses Land handelnden Buch erwähnt, ihr Bild fehlt in keinem Reklameprospekt und in keiner Fotoausstellung über Burma. Schwe-Dagon wurde zum Symbol und Wahrzeichen der Hauptstadt von Burma und des ganzen Landes.

*Die Pagode Schwe-Dagon und ein Chinte (in der Bauplastik die Figur eines Fabellöwen).*

Die Geschichte dieser Pagode ist die Geschichte Burmas. Niemand weiß, von wem und wann sie erbaut wurde, obwohl darüber zahlreiche Legenden erzählt werden. Deren Kern läßt sich in Folgendem zusammenfassen: Vor 2500 Jahren hielten sich zwei aus Burma stammende Brüder, die Kaufleute Tapussa und Bhallika, in Indien auf. Dort sahen sie den unter dem heiligen Baum Bo meditierenden Buddha. Buddha schenkte ihnen acht Haare und bat, sie fortan in der Heimatstadt der Kaufleute aufzubewahren, das heißt in Okkala, wo sich heute Rangun befindet.

Eiligst traten die Brüder die Heimreise an, doch die war voller Hindernisse. Der Weg der Kaufleute führte über einige Länder, und deren Könige hatten von Buddhas Geschenk erfahren. Sie versuchten, Tapussa und Bhallika die heiligen Haare mit List und Gewalt zu entreißen. Zwei Haare gelangten in den Besitz des Königs von Adschetta und zwei weitere raubte der Drachenkönig, der menschliche Gestalt angenommen und sich auf das Schiff eingeschlichen hatte.

Vier Haare Buddhas konnten nach Okkala gebracht werden. Welche Feste wurden da in Burma gefeiert, als die Menschen von Buddhas Geschenk hörten! Selbst Sakka, der Herr des Himmels, stieg zur Erde nieder und half, einen würdigen Ort für das Heiligtum zu finden, in dem die Reliquien künftig aufbewahrt werden sollten. Endlich hatte man sich für eine geeignete Stelle entschieden. Als jedoch König Okkalapa das Kästchen mit Buddhas Geschenk öffnete, um es in der neuerbauten Pagode einzumauern, entdeckte er darin statt der erwarteten vier alle acht Haare. Sie flogen sieben Palmenhöhen hoch und waren von einem Strahlenkranz umgeben. Davon wurden Taube hörend, Sprachlose redend, und die Erde war mit Perlen übersät. Das ist die Legende.

In Wirklichkeit gab es im heutigen Burma vor 2500 Jahren noch keine Burmesen, sie kamen bedeutend später in dieses Land. Einen König Okkalapa hat es ebenfalls nicht gegeben, und schließlich dürfte Schwe-Dagon kaum so alt sein.

Ziemlich wahrscheinlich ist dagegen, daß an der Stelle der heutigen Schwe-Dagon bereits in den ersten Jahrhunderten unserer Zeitrechnung eine kleine Pagode stand. Wir haben sichere Kenntnis, daß der König von Pegu die Pagode im Jahre 1372 besuchte und ihre Wiederherstellung anordnete. Später kamen Könige des Monreiches Pegu und Könige von Oberburma von Zeit zu Zeit hierher und veranlaßten die Erneuerung und Vergoldung der Pagode. Allmählich wuchs die Pagode, die immer wieder eine neue Ummantelung aus Ziegeln erhielt, bis sie im 15. Jahrhundert ihre heutige Größe erreichte.

Man sollte hier anmerken, daß die burmesischen Pagoden von außen den kleinen Pyramiden ähneln, die spielende Kinder aus Ringen aufbauen. Ihrer Konstruktion nach sind sie den Pyramiden Ägyptens oder den Mayapyramiden verwandt, sie haben keine Innenräume und können also nicht betreten werden. Irgendwo im Inneren einer jeden Pagode ist eine Kammer mit den dort eingemauerten Reliquien verborgen. Sämtliche Zeremonien, Feierlichkeiten und Gottesdienste finden auf dem Platz vor der Pagode statt.

Je höher die Schwe-Dagon-Pagode wurde — sie erreichte schließlich die Höhe von mehr als 100 Metern über der Plattform, wurde die höchste Pagode der Welt und eines der größten mittelalterlichen Bauwerke überhaupt (der Umfang ihres Unterbaus beträgt 460 Meter) —, desto mehr Gold benötigte man für ihre Verschönerung. Es wird in Form von Blattgold aufgearbeitet, und jedes Mal werden einige hundert Kilogramm des Edelmetalls verbraucht.

Weithin sichtbar beherrscht die am Tage hellgelb leuchtende, bei Sonnenuntergang rötlich erglühende Pagode das Stadtbild von Rangun.

Der große Komplex der zur Schwe-Dagon-Pagode gehörenden Anlagen beginnt bereits einige hundert Meter vor dem Pagodenkegel. Im Umkreis von einem Kilometer liegen Klöster, Pilgerquartiere, Parks und Gärten, kleine Pagoden und der unverzichtbare heilige Teich. Neben der Straße schimmert hinter einer niedrigen steinernen Einfassung das hellgrüne Rechteck eines Wasserbassins. In seiner Mitte steht eine von Pfählen getragene kleine weiße Pagode. Die Oberfläche des Teiches ist so glatt und unbewegt, daß man glauben könnte, das Becken sei nicht mit Wasser, sondern mit einer halbfesten grünen Masse gefüllt. An einer Stelle gibt es ein paar zum Wasser hinunterführende Steinstufen. Dort steht ein kleiner Junge im karierten Loungeröckchen und vor ihm ein Korb mit Maisflockenbällchen. Falls man die Absicht hat, zum Wasserbecken abzusteigen, sollte man einige Bälle kaufen.

Wirft man einen Maisball ins Wasser, so verwandelt sich der Teich augenblicklich. Das Wasser beginnt an dieser Stelle zu brodeln, und es zeigt sich, daß der Teich keineswegs so ruhig ist, wie es zunächst schien. Er ist voller Fische. Sie sind etwa 12 Zentimeter lang und haben Ähnlichkeit mit kleinen Welsen. Die dunkelgrünen, glänzenden, bärtigen Fische bilden an der Teichoberfläche dichte Knäuel, verdrängen das Wasser fast vollständig. Sie fallen über die Maiskugel her, zerren daran, man meint, in wenigen Sekunden werde nichts mehr davon übrig sein. Doch in diesem Augenblick schiebt sich ein großer dunkler Körper durch den Fischschwarm, ein Schnabel taucht aus dem Wasser auf, öffnet sich, und der angefressene Maiskuchen verschwindet. Schon hat sich der Teich wieder geglättet ... Doch da fliegen neue Kugeln ins Wasser, und wo sie hinfallen, beginnt der Teich erneut zu brodeln. Es ist ziemlich sicher, daß auch dort wieder der schwarze Schnabel auftaucht, der die Fische vertreibt. Legt man ein Stück Brot oder einen Maiskloß an den Beckenrand, bekommt man den Besitzer des schwarzen Schnabels zu sehen: Es ist eine alte Riesenschildkröte, über einen Meter ist sie lang.

Die morsch gewordene steinerne Umrandung des Teiches verrät dessen Alter. Zwischen den Platten wachsen Gras und Sträucher. Einen solchen Teich gibt es neben jeder größeren Pagode. Er bietet Gelegenheit, die stummen Geschöpfe zu füttern und damit etwas Gutes zu tun. Hinter dem Fischteich befindet sich ein Parkplatz für die Autos und Busse der Touristen und die Fahrradrikschas. Den Platz säumen viele kleine Läden, man kann hier Blumen kaufen und einen Imbiß einnehmen.

Zwei etwa 10 Meter hohe Chintelöwen bewachen die zur Pagode hinaufführende Treppe. Sie sind weiß, nur ihre Rachen und Klauen zeigen bunte Bemalung. Der starre Blick der runden Augen ist in die Ferne gerichtet. Die Löwen sollen die Pagode wohl nicht vor Menschen, sondern vor gefährlicheren Feinden beschützen. Vielleicht halten sie Ausschau nach einem richtigen Drachen oder bösen Riesen. Mögen sie nur kommen, die Wächter werden es ihnen schon zeigen ...

Durch das von den Löwen behütete Portal gelangt man zu einem langen, steilen Treppenaufgang, neben dem an zahlreichen Verkaufsständen alles mögliche angeboten wird. In dem dunklen Vestibül kann man Bücher erwerben, Nippsachen, Blumensträuße, an Bambusstäbchen angebunden, damit sie sich in den glänzenden Messingvasen vor den Buddhastatuen besser halten, Schirmchen und Kerzen, die ebenfalls als Buddhageschenke gedacht sind.

Unter einem Schirmdach hat sich im matten Lichtschein einer einsamen Glühbirne ein Chiromant niedergelassen. Über ihm hängt wie eine avantgardistische Bühnendekoration ein riesiges Tuch mit grob aufgemalter Hand, in die kreuz und quer schwarze Striche eingezeichnet sind. Auf einem kleinen Kelim hat der Chiromant Zauberbücher ausgebreitet und liest daraus halblaut, den Oberkörper wiegend. Es hört sich an wie der Singsang eines monotonen orientalischen Liedes.

Dort werden Talismane und Kräuter angeboten. Der Verkäufer sitzt unter einem Dach aus zerschlissenen Leopardenfellen. Büffelhörner und Hirschgeweihe sind mit ihren Spitzen auf die Vorübergehenden gerichtet. Da liegen Stöße von Wurzeln und knorrigen Ästen, die wie einfache Holzbündel aussehen, Haufen von Perlen, Knochen und dunklen Figuren. Gleich einem Wall trennen sie den Hexenmeister von den gewöhnlichen Sterblichen.

In einem Winkel hat sich ein Tätowierkünstler eingerichtet und die Muster seiner Bilder ausgelegt. Ernst und streng, wie eine erfahrene Krankenschwester, handhabt er das einer Spritze oder einem kleinen Bohrer ähnelnde Tätowiergerät. Der technische Fortschritt hat auch diesen Bereich der angewandten Kunst erobert.

Heutzutage finden sich in den Städten nur noch wenige, die den Wunsch haben, sich durch Tätowierung zu verschönen. Es hilft nicht viel, daß die Muster bunt sind, daß die Prozedur mechanisiert und um ein Vielfaches verkürzt ist, daß der Meister die Haut des Patienten vor dem Eingriff mit Spiritus einreibt, um jede Infektionsgefahr auszuschließen. Doch unter den alten Männern und Frauen, die zur Pagode hinaufsteigen, sieht man noch viele Tätowierte. Auf dem Lande, vor allem in den entlegenen Gebirgsdörfern, werden auch heute noch Arme und Beine oft von oben bis unten total tätowiert. Das sieht dann so aus, als hätten sich die Menschen in blaue Spitzen gehüllt.

Die Treppe führt zunächst zu einem kleinen sonnenüberfluteten Platz. Auf der gegenüberliegenden Seite wird er von einer überdachten Halle begrenzt, in der vergoldete Statuen funkeln. Doch vor uns verdeckt der unermeßliche Pagodenkegel den Himmel wie ein riesiger Vorhang.

Die Pagode ist von einer mit Marmor belegten Plattform umgeben. Auf dem Plattformviereck hat man viele offene Hallen, kleine Tempel und sonstige Heiligtümer erbaut, so daß nur eine etwa 10 Meter breite Straße um die Pagode herum für die Touristen und Pilger frei blieb. Sie hocken auf den Marmorplatten, meditieren oder beten, Blumen und Kerzen in den Händen haltend. Manche suchten sich ein schattiges Plätzchen, um die Zeitung zu lesen oder um etwas Mitgebrachtes zu verzehren. Die Schritte unzähliger bloßer Füße auf dem Marmor, das halblaute Stimmengewirr, ein fernes Glockengeläut, das Rascheln von Papierblumen und Fähnchen — all das zusammen schafft um die Pagode eine eigenartige, feierliche Geräuschkulisse. Zur Nichtalltäglichkeit und Feierlichkeit trägt auch der Reichtum intensiver Farben bei, die hier zum Wesen der Dinge zu gehören scheinen. Da ist das Grün der Palmen, deren Kronen zur Plattform hinauf- und über sie hinausreichen (auf der Terrasse selbst sind nur wenig Bäume zugelassen), das Weiß und Gold der Pagoden, das Rot und Blau der Dächer. Dazwischen leuchten bunte Blumentupfer, farbige Statuen und Säulen. Und über allem erstrahlt der unvergleichliche Glanz der bis zum Himmel reichenden Schwe-Dagon-Pagode.

Wir wollen die Pagode auf der Plattenstraße umwandeln, wie es alle tun, die herkommen — die Bauern aus entlegenen Gebirgsregionen wie die ausländischen Touristen und alle anderen. Der Weg ist zwar nur einen halben Kilometer lang, aber reich an Sehenswertem, denn im Laufe von 2000 Jahren hat sich um die Pagode nicht wenig angesammelt.

Direkt vor uns steht ein Tanschaun, eine kleine offene Halle, die einem Tannenbaum ähnelt, ihre acht Dachstufen werden nach oben hin immer kleiner. Darunter ist es halbdunkel und kühl. Der Tanschaun lehnt sich unmittelbar an die Pagode an, und seine goldenen Buddhas scheinen jeden Eintretenden mit ein wenig zugekniffenen Augen aufmerksam anzublicken. Die Statuen sind zur Hälfte durch Blumen und Fähnchen verdeckt. Es gibt auf der Plattform viele Hallen dieser Art.

Und dort steht eine kleine Pagode. Ihre acht Nischen füllen wiederum Statuen des sitzenden Buddhas und über ihnen Skulpturen von Tieren und Vögeln, die bestimmte Planeten oder Wochentage symbolisieren. Die traditionelle Kosmologie der Burmesen weicht ein wenig von den uns geläufigen Auffassungen ab. In ihrem System gibt es acht Himmelskörper, zu denen auch Sonne und Mond zählen, acht Himmelsrichtungen und acht Wochentage. Die Einfügung des achten Wochentages in die gewöhnliche Woche macht zwar gewisse Schwierigkeiten, doch man braucht ihn wegen der acht Planeten. Der »achte Tag« beginnt am Mittwoch nach Sonnenuntergang und endet am Donnerstagmorgen. Sein Symbol ist Rahu, der Elefant ohne Stoßzähne. Zu diesem Tag gehört die Himmelsrichtung Nordost, und da es ein nicht vorhandener Tag ist, repräsentiert er einen entsprechend nicht existenten Himmelskörper, den Planeten, der die Sonnen- und Mondfinsternisse verursacht.

Hinter der Pagode der acht Planeten steht auf einem Sockel die 1778 gegossene Glocke Mahaganda. Sie wiegt 16 Tonnen und ist 2,5 Meter hoch, die Glockenwand 30 Zentimeter dick. Es ist eine der größten und schönsten Glocken der Welt. Während des anglo-burmesischen Krieges wurde sie nach der Eroberung von Rangun aus der Pagode entfernt und auf ein Schiff verladen, das sie nach England bringen sollte. Doch das Schiff kippte um, und die Glocke versank im Fluß. Den Engländern gelang nicht, sie zu heben. Erst als die Burmesen es versuchten, gab der Fluß die Glocke wieder her, und nun blieb sie in Rangun. Manchmal tritt jemand heran und klopft dreimal an die Glocke. Das bringt, wie die Burmesen glauben, die Erfüllung eines Wunsches.

Ein paar Schritte weiter steht ein besonders großer Tanschaun. Die Halle ist so geräumig, daß sie nicht nur für den 10 Meter großen sitzenden Buddha bequem ausreicht, sondern noch Platz bietet für Versammlungen und Meetings verschiedener Organisationen. Der Buddhismus zeigt sich ziemlich tolerant gegenüber weltlichen Interessen. Wir haben einen Eckbereich der Terrasse erreicht. Hier wächst zwischen zwei Pagoden und durch Barrieren geschützt der heilige Bo-Baum. Nach der Überlieferung stammte der Sproß von jenem Baum, unter dem Buddha die Erleuchtung erlangte, den Sinn des Lebens ergründete und seine zur Erlösung führende Lehre schuf. Dieser Bo-Baum von Rangun wurde am Tag der Proklamation der Unabhängigkeit Burmas, am 4. Januar 1948, gepflanzt. Hier wird Buddhas Geburtstag mit feierlichen Zeremonien begangen. Mitglieder der Regierung und andere angesehene burmesische Bürger dürfen den Baum begießen.

Auf diesem Platz rückt Rangun in unser Blickfeld. Zwischen den alten Bäumen, die am Hang des Schwe-Dagon-Hügels hochwuchsen, wird die Stadt sichtbar. Ein leichter Dunst liegt auf den dunklen Dächern der Häuser und Tempel, und in der Ferne glänzt das Silberband des Irawadi.

Die Hänge des Hügels, auf dem sich die Schwe-Dagon-Pagode erhebt, sind eng mit der Geschichte Burmas verbunden. Nach der Eroberung Ranguns legten die Briten hier einen Friedhof für ihre bei der Erstürmung des Pagodengeländes gefallenen Soldaten an. Eine größere Kränkung der Burmesen hätte man sich nicht ausdenken können. In den Jahren der britischen Kolonialherrschaft fanden auf den Hügelhängen Streiks und Demonstrationen statt. Heute steht hier das Mausoleum von Aung San und anderen 1947 ermordeten Ministern der ersten burmesischen Regierung.

Wir gehen noch ein paar Schritte weiter und stehen vor einer ganz kleinen Pagode, die nach der Überlieferung das älteste Bauwerk auf dieser Plattform sein soll. Vor der Pagode liegt der Stein der Wünsche. Verbeugt man sich vor ihm mit den Worten »Möge dieser Stein für mich leicht sein, damit sich mein Wunsch erfülle« und versucht dann, den Stein anzuheben, so kann man sich selbst überzeugen, ob er leicht oder schwer ist. Doch es steht uns auch frei, einen anderen Spruch zu wählen: »Möge dieser Stein für mich schwer sein, so wird sich mein Wunsch erfüllen.«

Unter dem nächsten Tanschaun blickt uns ein Buddha mit Augen von ungleicher Größe an. Es heißt, die Statue sei zu Ehren eines großen Gelehrten der Paganzeit, Sina It-tsagon, aufgestellt worden, der Blei in Gold verwandeln konnte. Die Alchimisten hatten wohl überall in der Welt annähernd die gleichen Wünsche ...

Vor den Pagoden und Tanschauns stehen auf niedrigen Sockeln Opferkästen für die Gaben der Besucher. Sie werden von Mitgliedern der Schwe-Dagon-Behörde beaufsichtigt. Feierlich bedankt man sich bei jedem Spender.

Plötzlich bietet sich uns ein ungewohnter Anblick. Das Gebäude am Rande der Plattform ist ein einfacher Klotz ohne Verzierungen, Blumen, Buddhastatuen und sogar ohne Aufsicht. Die Tür öffnet sich, und von unten erscheint ein ganz gewöhnlicher Aufzug. Er wurde vor zwanzig Jahren eingerichtet, um die Besteigung des hohen Hügels zu erleichtern ...

Leider müssen wir uns nun verabschieden. Vielleicht können wir an einem großen Feiertag wiederkommen, wenn hier gesungen und getanzt wird. Vielleicht dürfen wir auch einmal zur Abendzeit hier weilen, in der zaubervollen Stunde des Tages, wenn die Sonne sich schon tief geneigt hat, die kurze tropische Dämmerung jedoch noch dauert und alles in dunkles Blau getaucht ist, wenn vor der Pagode und auf der gesamten Plattform Hunderte von Kerzen wie Sterne aufleuchten. Dann strebt die Pagode, deren Spitze die letzten Sonnenstrahlen auffängt, wie eine lodernde Flamme zum blauen Himmel empor.

# DIE MINGUNPAGODE
### Eine Prophezeiung und ihre Folgen

Schon gegen zehn Uhr morgens beginnt sich die Luft über dem Irawadi zu trüben und vor Hitze zu flimmern. Der Fluß wirkt bleiern und nahezu farblos. Ein von Mandalay, der letzten Hauptstadt der burmesischen Könige, kommender Kutter bewegt sich auf dem Irawadi im grauen Dunst, und das müde Hämmern des Motors wird durch die schwere Luft gedämpft. Dem Kutter entgegen gleiten wie unscharfe Schatten die braunen Segel hochbugiger Dschonken, die an Karavellen erinnern. Manchmal waten die Schaufelräder eines mit schmalem Auspuffrohr versehenen alten Dampfers vorüber, der ein Teakholzfloß mit einem Zelt in der Mitte hinter sich herzieht.

Nahe der Stadt bedecken Reisfelder die flache Flußniederung, die weiter flußabwärts in monotones, menschenleeres Ödland übergeht, wo nur hier und da eingesprengte Büsche und nackte Kaktusfinger sich aus dem Sande recken.

Danach wandelt sich die Landschaft. Am rechten Ufer schwillt das Flachland zu graublauen und ockerfarbenen Hügelrücken an, auf denen kleine weiße Pagoden leuchten. Hier erlaubt die mäßigere Trockenheit schon den Anbau von Erdnüssen, Pfeffer und Mais an den niedrigen Hängen. Im Schatten von Fiederpalmenkolonnaden liegen kleine Dörfer verborgen. Die Umgebung nimmt konkretere Gestalt an, die Luftbilder lösen sich auf, der Himmel ist kräftig blau und nur stellenweise von leichten, nahezu durchsichtigen Wolken verhangen.

Vor dem Hintergrund der Hügelkette zeichnet sich ein nicht näher bestimmbares, scheinbar formloses, halb von Mangobäumen verdecktes Bauwerk ab. Davor liegt ein ganz in Grün eingebettetes Kloster, neben dem man Pilgerraststätten und kleine Pagoden ausmachen kann. Doch all das verschwindet geradezu, wirkt winzig wie ein Spielzeug von Zwergen neben dem gigantischen Aufbau, der sich über fünf nach oben hin kleiner werdenden Terrassen erhebt.

Einst standen hier noch Wächterlöwen, vermutlich waren es die größten Tierskulpturen der Welt. Jedes Steinbild maß 30 Meter. Die riesigen weißen Marmorklauen bohrten sich tief in den Sockel hinein, und die meterbreiten Augen blickten grimmig auf das Gewimmel der winzigen Menschen zu Füßen der Löwen herab. Ihr Grimm war berechtigt, denn man hatte sie ursprünglich geschaffen, die größte Pagode, das größte Bauwerk der Welt zu beschützen, dann aber bewachten sie einen häßlichen geborstenen Steinklotz. Und wären da nicht die Chroniken, die Berichte der Mönche aus dem Kloster von nebenan, so wüßten wir nicht, was sich einst im kleinen Städtchen Mingun zugetragen hat.

·... Im Jahre 1782 wurde Bodawpaya König von Burma. Sein Vorgänger Singu war ein unbeherrschter, jähzorniger, dazu dem Trunke nicht abgeneigter Mann. Das hinderte ihn nicht, ein tiefgläubiger Buddhist zu sein und allerorts im Lande Pagoden und Klöster zu bauen. Und das burmesische Volk war diesem König sogar recht zugetan, denn er hatte bald nach seiner Thronbesteigung einen schon viele Jahre währenden Krieg gegen Siam beendet, die Soldaten entlassen und dem Land den lang ersehnten Frieden gesichert.

Nicht sonderlich gut erging es den Hofbeamten und Edelleuten unter Singu. Manch einer mußte über die Klinge springen, wenn er es dem König nicht recht gemacht hatte, und anderen drohte jederzeit dasselbe Los.

Da wurde am Hofe eine Verschwörung angezettelt. Die Beamten wußten, daß der König den ungeliebten Palast von Zeit zu Zeit in Begleitung weniger Soldaten verließ und der Hauptstadt oft wochenlang fernblieb.

Einmal hatte sich Singu zu der drei Tagesritte von der Hauptstadt entfernten Pagode Htihado begeben und kehrte lange nicht wieder. Da erschien in einer Nacht vor dem Palasttor ein Reitertrupp, an seiner Spitze ein Mann in königlicher Kleidung. Die Wachhabenden salutierten, traten zurück und öffneten die Tore.

Nachdem er den Thronsaal betreten hatte, nahm der vermeintliche König den die Augen verdeckenden Helm ab und verlangte eine Schüssel mit Wasser. Ein Begleiter brachte das Wasser. Der König wusch sich die Schminke ab, und man erkannte das Gesicht des achtzehnjährigen Fürsten von Taungu, Maung Maung. Alles war genauestens überlegt worden, und noch in derselben Nacht wurden die Vertrauten Singus ermordet. Maung Maung wurde dann offiziell zum neuen König proklamiert.

Als die Nachricht Singu erreichte, wollte er zunächst ins Ausland fliehen, doch seine mittlerweile herbeigeeilte Mutter forderte ihn auf, um den Thron zu kämpfen und ihn wiederzugewinnen oder als König in Würde zu sterben.

Allein, unbewaffnet und ohne Leibwache näherte sich Singu dem Palasttor und sagte zu den Wachsoldaten, die vor ihm die Lanzen kreuzten:

»Habt ihr mich nicht erkannt? Ich bin Singu, der rechtmäßige Herr dieses Palastes.«

Die Wachen traten zurück und verneigten sich ehrerbietig.

Als der König den Palast betrat, kam ihm sein früherer Minister, ein Anführer der Revolte, entgegen. Singu schrie ihn an:

»Du Verräter, ich bin zurückgekehrt, und der Thron wird wieder mir gehören!«

Man darf annehmen, daß im Palast eine Panik ausbrach. Die Hofbeamten überlegten wohl fieberhaft, wie die Sache ausgehen könnte, welche Seite mächtiger sein würde und wessen Partei man ergreifen müßte, um am Leben zu bleiben. Nur der verräterische Minister ließ sich nicht aus der Fassung bringen. Er wußte, daß er nichts mehr zu verlieren hatte, zog sein Schwert und erschlug den König auf der Stelle.

Damit war der Machtkampf jedoch noch nicht beendet. Der jugendliche Maung Maung hatte den Verschwörern nur als Werkzeug gedient. Der stärkste unter den Thronanwärtern konnte ihn bei der ersten Gelegenheit stürzen. So geschah es auch. Drei Tage nach Singus Tod und am siebten Regierungstag von Maung Maung ließ ihn Bodawpaya ermorden und wurde selbst König.

Der Hinrichtung der Marionettenkönigs folgte die Aburteilung aller an der Verschwörung Beteiligten, danach die Beseitigung aller potentiellen Thronanwärter, darunter alle Angehörigen und Frauen Singus. Bodawpaya wollte das Schicksal seiner Vorgänger von sich abwenden.

*Glocke aus der Mingunpagode.*
*Unten: Modell der Mingunpagode.*

Bodawpaya regierte lange, beinahe dreißig Jahre, sein ganzes Leben wurde jedoch nachhaltig durch die ersten Tage seiner Herrschaft geprägt. Der König hatte sich geschworen, keinem Menschen zu trauen und wich niemals von diesem Grundsatz ab. Niemand — weder eine Frau noch ein Sohn oder Bruder — wurde in seine Pläne eingeweiht. Dreißig Jahre lang schlief der König kein einziges Mal in aufeinanderfolgenden Nächten in demselben Zimmer, keiner wußte, in welchem der zahlreichen Räume des Palastes er die Nacht verbringen würde.

Ein Jahr nach der Thronbesteigung beschloß Bodawpaya, seine Residenz an einen anderen Ort zu verlegen. Das erwies sich als Unglück für das ganze Land. Betroffen war nicht nur die halbe Million Einwohner der alten Hauptstadt, denen nur übrigblieb, ihre Häuser abzubrechen und sie 10 Kilometer weiter auf eigene Kosten wieder aufzubauen, sondern auch alle übrigen Burmesen, denn sie wurden mit Sondersteuern und Abgaben beauflagt. In der neuen Hauptstadt Amarapura sollten ein neuer Palast, neue Pagoden und Klöster erbaut werden, und alle diese Bauwerke mußten schöner und reicher sein als die Gebäude der alten Residenz Awa. Der König wünschte sich ewigen Ruhm. Die Anfänge des psychischen Leidens, des Größenwahns, von dem Bodawpaya im Alter befallen sein wird, lassen sich bis in die ersten Jahre seiner Herrschaft zurückverfolgen. Das Land wurde durch die große Steuerlast erdrückt. In verschiedenen Orten entstanden wieder und wieder neue Pagoden. Schließlich beschloß Bodawpaya, eine Pagode zu errichten, wie sie die Welt zuvor noch nie gesehen hatte.

Die Mingunpagode sollte fast 200 Meter hoch werden; damit hätte sie die Höhe der Cheopspyramide um 50 Meter übertroffen.

Am Bau der Pagode beteiligte sich das ganze Land. Tausende von Fahrzeugen, mit Steinen und Ziegeln beladen, rollten von Taungu, Prome, Schwebo und Siam nach Mingun. Aus allen Provinzen wurden Männer zusammengetrieben, sie arbeiteten Tag und Nacht und setzten Schicht auf Schicht. Das widersinnige Bauvorhaben zog sich über dreizehn Jahre hin. In den ersten sieben Jahren besuchte der König den Bauplatz häufig. Auf einer Insel des Irawadi wurde eigens ein Palast errichtet, in dem der König wohnte, um sich am Lärm des gewaltigen Baugeschehens und am Anblick der immer größer werdenden Pagode zu erfreuen.

In dreizehn Jahren hatte man etwa ein Drittel bewältigt. Über fünf Terrassen ragte ein 70 Meter hoher Würfel empor. Dafür war bereits mehr Material verbraucht worden als für sämtliche Bauten der Hauptstadt und vieler anderer Städte zusammen. Vor der Pagode standen schon die kolossalen Löwenfiguren.

Da verbreitete sich auf einmal in dem ganzen von übergroßer Last gequälten Lande das Gerücht von einer Prophezeiung. Niemand wußte, woher es stammte. Vielleicht war es in einem entlegenen Dorf aufgekommen oder im Palast oder auch unter den Bauleuten. Es handelte sich wohl um eine jener Voraussagen, die man schon lange vor ihrem Bekanntwerden erwartet. So ist es nicht verwunderlich, daß jedermann in Burma binnen eines Monats von der Prophezeiung erfuhr. Sie lautete: »Wenn die Pagode fertig sein wird, geht das große Land zugrunde.«

Die Prophezeiung enthielt ein Stück Realität. Das Budget des Landes Burma war total zerrüttet, die Staatskasse leer. Durch die Baufron wurden die Bauern daran gehindert, die Reisfelder zu bepflanzen und die Ernte einzubringen. Die Menschen litten Hunger. Nur wenig fehlte, und die ganze Ordnung, die man Staat nennt, würde zusammenbrechen. Niemand konnte wissen, wie sich das äußern würde — als Bauernaufstand vielleicht oder in einer Kriegsniederlage, vielleicht auch als Palastrevolte. Offenbar begriff dies auch der König, so schwer es für ihn auch gewesen sein mag. Nach dreizehn Jahren befahl er, die Bauarbeiten abzubrechen.

Die Maurer verließen die Baustelle, auf der Berge von nicht-verarbeiteten Ziegeln zurückblieben, auch die Künstler gingen fort, die Steinmetzen und die Architekten, die hier so manches Jahr zugebracht hatten. Die Läden und Lagerhäuser der um die Pagode entstehenden Stadt wurden geschlossen ...

Im Jahre 1838 ereignete sich in Burma eine Naturkatastrophe — ein Erdbeben. Dabei wurde die unvollendete Pagode stark beschädigt. Vielleicht spielte ihr unfertiger Zustand eine Rolle, möglicherweise lag von Anfang an ein Konstruktionsfehler vor. Ein solcher Gigant ist einfach zu schwer, um auf der Erde einen stabilen Stand bewahren zu können. Die Pagode bekam einen Riß und wurde einem angebrochenen Brotlaib ähnlich. Die Löwen stürzten um, ihre überlangen Krallen zerbrachen, und die Stücke fielen auf das umliegende Gelände.

Nur die für diese Pagode gegossene Glocke, die 4 Meter hoch ist und 90 Tonnen wiegt — ein hervorragendes Zeugnis burmesischer Glockengießerkunst —, blieb vom Beben und von der Zeit unberührt. Es ist die größte »tätige« Glocke der Welt (nur die Zarenglocke übertrifft sie an Masse und Maßen). Die Riesenglocke sollte den Dimensionen der Pagode entsprechen.

Klopft man dreimal mit dem dafür bereitliegenden Hammer an die Glockenwand, wird sich ein großer Wunsch erfüllen. Über dem Denkmal der Ruhmsucht, das einst viele Menschenleben gefordert hat, verhallt dann ein tiefer, voller Glockenton ...

# DER KÖNIGSPALAST VON MANDALAY
## König Mindons letztes Vorhaben

Von allen Palästen, die jemals in Burma erbaut wurden, war dies der schönste und größte. Es gibt ihn nicht mehr. Er wurde vor rund 120 Jahren erbaut und im zweiten Weltkrieg zerstört. Mit ihm verbindet sich eines der traurigsten Kapitel in der jüngeren Geschichte Burmas.

... Die burmesischen Könige pflegten ihre Residenz von einem Ort in einen anderen zu verlegen. Im tropischen Teil Asiens wachsen die Städte rasch und altern auch schneller als im Norden. Beinahe alle Häuser werden aus Rohr, Bambus oder Holz gebaut. Selbst die Paläste sind aus Holz. Nur zum Bau von Pagoden und Tempeln verwendet man Ziegel und Steine. Nach einigen Jahrzehnten dehnen sich die Grenzen der Stadt über den ihr zugemessenen Raum aus. Sie beginnt, sich an Hügelhängen hochzuschieben und in sumpfiges Gelände hinabzugleiten. Auch im Stadtzentrum wird es immer enger, Straßen und Plätze leiden an Raummangel. Schließlich entsteht ein Wirrwarr von schmalen Gassen, ein Durcheinander auf den Marktplätzen, die voll Gestank sind, Häuser und Hütten stehen dicht aneinandergedrängt, Straßen und Winkel ersticken im Gerümpel und Unrat. Unvermeidliche Folgen solcher Verhältnisse sind Feuersbrünste und Epidemien.

Doch die Entscheidungen burmesischer Könige, ihre Residenz zu verlegen, waren niemals in der Sorge um das Wohl der Stadtbewohner begründet. Sie schufen sich neue Hauptstädte, um sich von den Taten und vom üblen Ruhm des jeweiligen Vorgängers zu distanzieren, um mit dem Glanz der neuen Residenz und mit großen Bauvorhaben andere Herrscher zu übertrumpfen. Manchmal gaben sie vor, auf Geheiß »von oben« zu handeln.

Einige Jahrhunderte lang wanderte die Residenz der Könige von Burma am mittleren Lauf des Irawadi auf und ab. Die Könige stiegen nach Pagan hinunter, ließen sich dann in Sagaing nieder, zogen nach Awa um, wechselten nach Amarapura hinüber, kehrten wieder nach Awa zurück. Die letzte Hauptstadt des Königreiches Burma war Mandalay. Diese Stadt erlangte wohl in Europa größere Bekanntheit als alle anderen burmesischen Städte. Ende des vorigen Jahrhunderts sprach man von ihr in vielen Ländern, als hierher die britische Armee während des dritten anglo-burmesischen Krieges vorstieß, nach dem Burma die Unabhängigkeit verlor. Burma wurde eine britische Kolonie, und man hätte Mandalay — wie andere Hauptstädte der von Großbritannien unterworfenen Staaten — gewiß vergessen, wäre der Name nicht in einem bekannten

Gedicht von Rudyard Kipling wiederaufgetaucht. Es beginnt so: »Auf dem Weg nach Mandalay ...«

Wenn von einer Hauptstadt der burmesischen Könige die Rede ist, stellt man sich wohl eine von östlicher Langlebigkeit gezeichnete, mit einem Ring morsch gewordener Festungsmauern umschlossene Stadt vor, in deren Bild das ergraute Weiß von Tempeln und Moscheen dominiert. Doch Mandalay hat erst unlängst sein hundertjähriges Bestehen gefeiert.

Im Jahre 1852 waren britische Truppen zum zweiten Mal innerhalb eines Vierteljahrhunderts in Rangun an Land gegangen, hatten die Streitkräfte des burmesischen Königs Pagan Min zerschlagen und die reichen Südprovinzen Burmas besetzt, so daß das Land den Zugang zum Meer verlor. Nach diesem Krieg verwandelte sich Burma aus einem mächtigen Reich in ein von der ganzen Welt abgeschnittenes Gebirgsland, dessen Tage gezählt waren. Sie waren vor allem deshalb gezählt, weil die Briten nicht daran dachten, sich mit dem Erreichten zufriedenzugeben. Sobald sich eine Möglichkeit zeigte, Burma erneut anzugreifen, fand sich auch ein human bemäntelter Vorwand, zum Beispiel schlechte Behandlung britischer Kaufleute durch den König von Burma, Geldhändel der burmesischen Regierung mit britischen Firmen, schließlich die Bosheit und Grausamkeit des Königs selbst. Von den Briten wurde niemals ein fremdes Land sozusagen ohne Grund überfallen. Sie traten stets im Namen einer höheren Gerechtigkeit auf, stellten sich scheinbar vor die Schwachen und Geschädigten, mochten es nun britische Kaufleute oder die Verwandten des Königs sein. England entsandte dann unverzüglich eine mächtige Eskader und lehrte den König von Burma auf dem Schlachtfeld, sich moralisch zu verhalten.

Ein Jahr nach der Niederlage Burmas kam es am Hofe Pagan Mins zu einem Komplott. Der Verschwörerkreis sammelte sich um Mindon Min, einen klugen und aufgeklärten Prinzen, Anhänger von Reformen und Befürworter einer flexiblen Politik.

Die Verschwörer hatten Erfolg, weil auf ihrer Seite nicht nur die Reformanhänger, sondern praktisch auch der gesamte Adel, die von dem im Krieg unterlegenen König enttäuschten Beamten und schließlich die durch die Kriegslasten am meisten geschädigten Bauern standen.

Mindon Min wurde König, schenkte jedoch dem älteren Bruder das Leben und beließ ihm den Palast und ein Gefolge.

Mindon wollte den Frieden. Ihm war vollkommen klar, daß dieses von der Küste abgeschnittene rückständige Land einen weiteren Krieg mit den Briten nicht überstehen würde, daß ihm der völlige Verlust der Unabhängigkeit drohte. Wiederholt wandte sich Mindon an den Vizekönig von Britisch-Indien mit dem Ersuchen, Burma die entrissenen Provinzen wiederzugeben, und erhielt selbstverständlich abschlägige Antworten. Dennoch fand sich der König mit dem Verlust der Südprovinzen nicht ab. Er hoffte, daß es Burma nach Schaffung einer wirklich modernen Armee und durch Industrialisierung des Landes sowie den Beistand von europäischen Verbündeten gelingen würde, die verlorenen Gebiete wiederzugewinnen. Bis zum Ende seines Lebens ließ sich Mindon nicht dazu bewegen, einen von den Briten vorgeschlagenen Friedensvertrag, in dem die Südprovinzen zu britischen Besitzungen erklärt wurden, zu ratifizieren. Darüber hinaus hielt sich am Hofe des Königs eine Anzahl von Beamten ständig für die sofortige Übernahme von Aufgaben im Süden des Landes bereit; sie hatten offiziell den Status von Gouverneuren, Richtern und Armeeführern in Pegu, Rangun und Arakan.

Eine Zeitlang öffnete Mindon seinen Hof sogar christlichen Missionaren in der Hoffnung, sie würden ihn im Kampf um die gerechte Sache unterstützen. Seine Söhne besuchten englische Schulen. Sie ritten dorthin auf Elefanten und wurden von einem berittenen Gefolge begleitet. Doch schon bald überzeugte sich Mindon, daß die Missionare zwar stets zum Nehmen, aber zu keiner Hilfe bereit waren. Da wandte sich der König wieder von ihnen ab.

Hauptstadt von Burma blieb noch einige Jahre lang Amarapura, die mit dem Schicksal von Mindons älterem Bruder verbundene Stadt. Fortwährend trug sich der König mit der Absicht, die Residenz an einen anderen Ort zu verlegen. Amarapura war übervölkert, und Burma brauchte eine neue Hauptstadt, die den künftigen Aufgaben des Staates angemessen wäre.

Wie berichtet wird, hatte dann Mindon irgendwann einen prophetischen Traum. Darin kam ein Berg vor, genauer gesagt, ein Hügel am Ufer des Irawadi nördlich von Amarapura. Mindon befolgte die Weisung des Traumes und überführte seine Residenz an diesen Ort. Die Verlegung der Hauptstadt vollzog sich folgendermaßen: Zuerst berief der König eine aus fünf Ministern bestehende Kommission. Unter ihrer Leitung erarbeiteten die besten Architekten des Landes das Generalprojekt der neuen Stadt. Sie sollte alle früheren Hauptstädte von Burma übertreffen, zugleich aber mußten bestimmte Ordnungen und Traditionen beibehalten werden, die schon für jene älteren Hauptstädte gegolten hatten.

Im Stadtzentrum wird also der von einer Mauer und einem Festungsgraben eingeschlossene Palast stehen. Die Palastmauer soll ein Quadrat von 6666 Ellen (etwa 2 Kilometer) Seitenlänge bilden. Die Mauer — sie wird dann eine erstaunliche Ähnlichkeit mit der Kremlmauer haben — soll ungefähr 10 Meter hoch sein und alle

200 Meter mit einem Turm versehen. Goldene Spitzen werden die mehrfach gestuften Dächer der Türme krönen.

Vor Grundlegung der Mauer hätte man nach einer alten Gepflogenheit unter den Ecktürmen einige lebende Sklaven einmauern müssen, ihre Geister sollten den Palast beschützen. Doch Mindon verbot diesen Brauch. Statt dessen wurden an den Mauerecken Ölopfer abgebrannt und neben den Türmen kleine Kapellen mit Statuen der Schutzgeister erbaut.

Während die Mauern emporwuchsen, begannen die Arbeiter auch den Graben um den Palast auszuheben. Der 100 Meter breite Festungsgraben sollte für jeden, der sich in böser Absicht näherte, ein unüberwindliches Hindernis sein. Über ihn führten vier Zugbrücken zu den vier Haupttoren des Palastes.

Als der Mauerbau beendet und der Graben mit Wasser gefüllt war, brachte man nach und nach bestimmte Teile des Königspalastes aus Amarapura hierher. Auch die mit feinen Schnitzereien bedeckten vergoldeten Säulen und die schirmartigen Dächer sowie die Königsthrone wurden nach Mandalay überführt.

Der burmesische Thron hatte wenig Ähnlichkeit mit einem europäischen Königsthron, wie wir ihn kennen. Stellen Sie sich eine runde Plattform oder besser eine eigenartig geformte, 3 Meter breite und ebenso hohe Trommel vor. An den Trommelseiten ranken in das Holz geschnitzte flammenförmige Verzierungen empor. Die fünf Meter hohe Rückenlehne des Thrones ist reich mit Schnitzerei sowie mit Glas- und Edelsteinintarsien versehen. In ihrer Mitte befindet sich eine Tür.

Über eine Treppe hinter der Thronrückwand gelangte der König zum Thronsitz und ließ sich hier im Schneidersitz nieder. Betrachtet man alte Gravüren, die den burmesischen König auf dem Thron zeigen, so kann der Eindruck entstehen, daß man einer optischen Täuschung erliegt. Denn diese Trommel mit Rückenlehne konnte ja ein gewöhnlicher Sessel für einen normal groß gewachsenen König sein. Auf dem Sitz ist aber nur ein winziges Zwerglein zu sehen, das dort geradezu verschwindet. Auf dem Sitz des burmesischen Thrones hätten fünf oder sechs Personen bequem Platz finden können.

Viele Bestandteile des Palastes von Amarapura waren nun nach Mandalay überführt und sollten hier in das neue Bauwerk einbezogen werden. Doch auf seine Vollendung mußte man noch etwas warten.

Im Jahre 1857 siedelte Mindon mit seinem Hof nach Mandalay über und wohnte zunächst in einem provisorischen Palast. Er mochte nicht länger in der alten Hauptstadt bleiben.

Dem König folgten alle Diener und Beamten, auch viele Kaufleute zogen um. Kaum ein Jahr später hatten Tausende Bewohner von

Amarapura ihren Wohnsitz gewechselt. Für viele war das nicht sehr schwierig, einfacher hatten es dabei die Ärmeren. Das Haus konnte in Teile zerlegt werden: Die Stangen und Pfähle verlud man auf einen von Büffeln gezogenen Karren, darüber wurden die Bambus- und Rohrmatten gelegt, das heißt das Dach und die Wände des Hauses. Vielleicht bedauerte man, einen kleinen Garten zurücklassen zu müssen, einen Brunnen, Gemüsebeete, alles Vertraute und Gewohnte. Doch die Beamten des Königs mahnten zur Eile, wer nicht auf sie hörte, würde vielleicht Ärger bekommen.

Die Wohnviertel von Mandalay waren im voraus projektiert worden, und die zuständigen Beamten wiesen jedem neu Hinzukommenden seine Stelle zu. In Palastnähe, an den die Festung mit dem Fluß verbindenden Straßen und an den sie kreuzenden Hauptmagistralen durften sich die Reichen niederlassen. Abseits davon, in den schmalen Gassen, standen die Hüttenreihen der Armen. Die Stadt wirkte ungewöhnlich geordnet und streng. In den langgestreckten Straßen traf der Staub noch auf kein Hindernis, es gab keine Bäume und Sträucher, die ihn hätten auffangen können.

Endlich war der Tag des offiziellen Umzugs der Residenz von Amarapura nach Mandalay gekommen.

»Der Thathanabaing, der Sayado und mehr als 500 Hpongys (Titel buddhistischer Würdenträger und Mönche) bildeten einen langen Prozessionszug, an dessen Spitze eine Buddhastatue und die Pitakas (heiligen Schriften) getragen wurden. Die größeren Statuen wurden gefahren. Über den Statuen schwebten je acht goldene Schirme und über den Pitakas je sechs. Der Hauptsayado schritt unter vier weißen Schirmen daher, und jeder der 500 Mönche trug zwei weiße Schirme. Der König, die Königin, die Königinwitwe, der Kronprinz, alle Prinzen und Minister erwarteten die Prozession vor den Palasttoren.« So berichtet eine burmesische Chronik über das Ereignis.

Mandalay war also Hauptstadt geworden. Den Mittelpunkt von Mandalay bildete die Festung, und im Herzen der Festung lag der Königspalast, das großartigste Holzbauwerk Südostasiens.

Den Palast, dessen Bau bald nach dem Umzug vollendet wurde, umgab eine 7 Meter hohe Teakholzpalisade. Der Palastkomplex stand auf einer 300 Meter langen und 200 Meter breiten steinernen Plattform und umfaßte 120 Gebäude.

Auf den ersten Blick mochte die Palastanlage kompliziert erscheinen, doch in Wirklichkeit war ihr Plan einfach. Eine Mittellinie untergliederte das Ganze in zwei Hauptkomplexe: in einen östlichen

Teil für die Männer und einen westlichen für die Frauen. Den letzteren durfte von den Männern nur der König betreten. Zwischen beiden Komplexen lag das »Zentrum des Universums«, das waren die Gebäude, in denen sich die Thronsäle mit den acht Thronen des Königs befanden, darunter der prunkvolle Audienzsaal.

Zu beiden Seiten der Thronsaalgebäude lagen die Kasernen der Leibwächter des Königs. Dahinter kamen die Schatzkammer, die Bibliothek, die Appartements der Königinnen und verschiedene andere Gebäude. Innerhalb der Palastanlage waren auch die Pferdeställe und die Elefantengehege untergebracht.

Versuchen wir uns einen Besuch im Palast vorzustellen, an einem Tag, an dem der König die burmesischen Edelleute zur Audienz geladen hat. Das geschah dreimal jährlich.

... Wir steigen eine breite Treppe hinauf und betreten den von vergoldeten Säulen eingefaßten hohen Saal. Die Säulen tragen das dreifach gestufte Dach. Am Ende des Saales erhebt sich der Löwenthron, der größte der burmesischen Königsthrone. Noch ist er leer, doch die Plätze beiderseits des Thrones sind bereits besetzt. Dort hat sich, dem leeren Thron zugewandt, der Kronprinz auf einem wiegenähnlichen Thron niedergelassen, hinter ihm sitzen die Prinzen und Prinzessinnen aus dem Königshause und weiter die Minister und vornehmsten Edelleute. Die Beamten und das Hofgefolge niederen Ranges füllen die Seitenplätze nahe der Säulen.

Musik und der gleichmäßige Marschschritt der Garde, der Musketiere, künden das Erscheinen des Königs an. Der König im goldnen Helm, im kostbaren, mit Edelsteinen übersäten Gewand steigt langsam die Treppe zum Thron hinauf. Scheinbar selbsttätig öffnet sich die Tür in der Rückwand des Thrones. Neben dem König rechts schreitet die Hauptkönigin und links seine Lieblingstochter. Die Burmesen lieben ihre Kinder und scheuen sich nicht, das offen zu zeigen. Auf dem Thron sind also neben dem König und der Königin gelegentlich auch Kinder zu sehen.

Nun läßt sich der König auf dem Thron nieder. Augenblicklich treten aus dem Säulenbereich in Weiß mit Gold gekleidete Brahmanen des Hofstaates hervor und singen oder murmeln einen Hymnus auf den König ... Dann ziehen sie sich zurück, und es erscheint ein »Bote der Königsstimme«, ein Herold. Er verkündet die Verdienste, die sich der König für das Land erworben hat, und preist seine Größe. Dies alles gehört zum Ritual, und kaum einer verfolgt aufmerksam das Geschehen.

Nach einer kurzen Pause tritt der älteste Prinz vor und schwört dem König kniefällig seine Treue. Danach läßt er durch einen besonderen Hofbeamten mitteilen, welche Gaben der König von ihm erhält. Dem ältesten Prinzen folgen die jüngeren, dann die Edelleute, die Gouverneure der Provinzen und die Vasallen des Königs, Fürsten unterworfener Stämme.

Der weitere Verlauf der Zeremonie hing hauptsächlich von der Stimmung des Königs und von seinem sonstigen Tagesplan ab.

Diese Zeremonien wiederholten sich von Jahr zu Jahr, ihr Ursprung liegt im Dunkel der Vorgeschichte Burmas. Jedenfalls ist durch Steininschriften bekannt, daß die Audienzzeremonie im großen Thronsaal bereits vor 600 Jahren im wesentlichen genauso ablief, wie sie die europäischen Gesandten dann Ende des vorigen Jahrhunderts selbst erlebt haben.

Außer dem Saal mit dem Löwenthron gab es, wie wir bereits wissen, noch sieben weitere Thronsäle. Da war der Entensaal mit dem Ententhron, er hatte rote Säulen, an den Wänden hingen rote Teppiche, und auch der Thron war mit einem scharlachroten Teppich bedeckt.

In einem dritten Gebäude befand sich der Elefantenthron. Dort tagte der Ministerrat, berief der König die Beamten und teilte mit, wessen Dienste nicht mehr erwünscht waren. Es gab noch einen Saal mit einem kleinen Thron, den man den Schneckenthron nannte. Seine Wände waren mit Muscheln und mit Bildern vom Meer verziert. Der Saal wurde sehr selten benutzt, denn er diente nur einem Zweck: Hier gab der König bekannt, wen er zu seinem Nachfolger bestimmt hatte. In manchen Fällen geschah das nur einmal während der ganzen Regierungszeit eines Königs.

Zur Zeit der Herrschaft von Mindon Min führte die Bestimmung des Thronfolgers zu einer Tragödie, und diese lieferte den Engländern schließlich den Vorwand für die vollständige Unterjochung Burmas.

Wie bereits andere burmesische Könige zuvor wünschte Mindon, seiner Herrschaft durch ein großes Bauwerk bleibenden Ruhm zu sichern. Unweit von Mandalay wurde der Bau einer weiteren gigantischen Pagode eingeleitet. Doch die Arbeiten gingen nur langsam voran. Mindon rief einen zufällig in Mandalay weilenden französischen Ingenieur zu sich und fragte ihn, wieviel Zeit der Pagodenbau nach seiner Meinung in Anspruch nehmen würde. Der Ingenieur entschloß sich, die Wahrheit zu sagen:

»Wenn dort 5000 Männer so weiterarbeiten, wie sie es jetzt tun, wird der Bau nach achtzig Jahren beendet sein.«

Es heißt, der König habe eine Weile überlegt, ob er dem dreisten Ingenieur den Kopf abschlagen soll oder aber denen, die zum Bau der Pagode geraten hatten. Schließlich unterließ er das eine wie das andere und wandte sein Interesse ganz der Marmorstatue Buddhas zu, die sich über der Stadt erheben sollte.

Mindon verbrachte Tage und Nächte bei der Statue und ließ in ihrer Nähe sogar einen provisorischen Palast erbauen. Für die Zeit seiner Abwesenheit übertrug er die Verwaltung der Hauptstadt und des ganzen Landes auf den designierten Thronfolger, seinen jüngeren Bruder. Eigentlich wollte Mindon keinen Nachfolger benennen, denn die zahlreichen Prinzen und Königinnen waren miteinander wegen der Thronfolge verfeindet, und die frühzeitige Wahl eines Kronprinzen bedeutete für diesen eine echte Gefahr. Doch der jüngere Bruder hatte Mindon seinerzeit im Kampf um den Thron beigestanden, deshalb fühlte sich der König verpflichtet, seine eigenen Söhne zu übergehen und den Bruder als Thronfolger einzusetzen.

Den Benachteiligten bot die Abwesenheit des Königs günstige Gelegenheit für die Anzettelung einer Verschwörung. Sie wurde von den beiden ältesten Söhnen Mindons angeführt, denen es nicht mehr paßte, im Schatten des Vaters und Onkels zu stehen.

Am 18. Juni 1866 hielt der Thronfolger im nahezu leeren Palast mit den Ministern eine Beratung über die laufenden Staatsgeschäfte ab. Plötzlich erschien ein Eilbote und schrie: »Die Stadt steht in Flammen!«

Als der Kronprinz aus dem Thronsaal hinauslief, kamen ihm bewaffnete Männer entgegen, die die im Palast verbliebenen Wachsoldaten niederschlugen. Allein die Anwesenheit bewaffneter Männer im Palastbereich zeugte davon, daß etwas Außerordentliches geschehen war, denn kein Mensch, die königliche Garde ausgenommen, durfte es wagen, das Palastgelände diesseits der Mauer mit der Waffe in der Hand zu betreten. Darauf stand die Todesstrafe.

Wenige Minuten später war der Thronfolger nicht mehr am Leben. Seinen abgeschlagenen Kopf hielt einer der rebellierenden Prinzen hoch und rief:

»Wir haben gesiegt!«

Die Minister und Prinzen, die sich mit dem Thronfolger im Palast aufgehalten hatten, wurden getötet, und zum totalen Sieg der Verschwörer fehlte nur noch ein einziger Schritt: Man mußte zum Palast in der Vorstadt gelangen und den ahnungslosen Mindon ermorden.

Wegen des Großfeuers (fast die halbe Hauptstadt ging an diesem Tag in Flammen auf), das durch Brandstiftung der Verschwörer entstanden war, hatte kaum jemand in der Stadt etwas von den Vorgängen im Königspalast bemerkt, und niemand versuchte, die Rebellen auf dem Weg zum provisorischen Palast aufzuhalten. An seiner Schwelle trat ihnen die Wache entgegen, die der Minister Kinwun Mingyi befehligte. (Mingyi war einer der bedeutendsten burmesischen Staatsmänner des 19. Jahrhunderts; er leitete u. a. Abordnungen, die sich in Frankreich und Rußland um Beistand für Burma bemühten.)

Die Wachen wurden erstochen, der verwundete Kinwun verlor das Bewußtsein, was ihm das Leben rettete, denn die Angreifer glaubten, er sei tot. Doch die wenigen Minuten, in denen die Verschwörer von der Wache aufgehalten wurden, entschieden über das Schicksal des Königs. Mindon konnte den Vorstadtpalast durch einen Seitenausgang verlassen und erreichte die Stadt mit der Hilfe einiger treuer Offiziere.

Den Verschwörern war ein schwerwiegender Fehler unterlaufen: Sie hatten keinen der Ihrigen im Königspalast zu Mandalay zurückgelassen.

Mindon erreichte den Palast vor den Aufrührern. Von allen Seiten liefen Diener, Soldaten und Beamte herbei, die sich in den zahlreichen Räumen des Palastes hatten verstecken können. Innerhalb weniger Minuten vermochte Mindon die Verteidigung des Palastes zu organisieren, und als die Verschwörer zurückkamen, war es für sie zu spät. Ihr Angriff wurde zurückgeschlagen. Sie zogen sich schleunigst zum Irawadi zurück, kaperten dort ein Schiff und traten die Flucht flußabwärts an. Unterwegs plünderten sie die Dörfer entlang der Ufer. Die aufrührerischen Prinzen wurden von den treugebliebenen Truppen des Königs verfolgt, überschritten aber einige Tage später die Grenze von Britisch-Burma und entkamen in die besetzten Südprovinzen. Dort ersuchten sie die Engländer um politisches Asyl und erhielten es auch. Für die Briten war es vorteilhaft, burmesische Thronprätendenten in den Händen zu haben.

Nach diesen traurigen Ereignissen wagte es Mindon nicht mehr, einen Thronfolger zu benennen, und starb, ohne einen der Prinzen als Nachfolger bestimmt zu haben. Das führte bald nach seinem Tode zum offenen Kampf um den Thron. Dabei hatten die Verwandten Thibaws, eines der jüngeren Prinzen, Erfolg. So bestieg der willensschwache Thibaw, ein Spielball in den Händen der Hofintriganten, den Thron von Burma.

Im Jahre 1885 begründeten die Engländer ihren dritten Krieg gegen Burma damit, wegen der Grausamkeit Thibaws und der im Königspalast von Mandalay herrschenden barbarischen Sitten einschreiten zu müssen.

Noch waren die Bäume jung, die man um den Palastkomplex angepflanzt hatte, und die Säulen der endlosen Verbindungshallen waren kaum von Staub bedeckt, noch bewahrten die mehrfach gestuften vergoldeten Dächer ihren Glanz, als der Palast verlassen wurde. Burma hatte die Unabhängigkeit verloren.

Auf ihren Kanonenbooten waren die Briten den Irawadi aufwärts vorgedrungen und hatten den Widerstand der Festungsbesatzungen am Flußufer gebrochen. Nach wenigen Tagen war der Krieg zu Ende. Mit ihren Musketen und den kleinen Kanonen unterschiedlicher Herkunft konnten die Burmesen nichts gegen die modernen Waffen ausrichten, die den Truppen Ihrer Majestät zur Verfügung standen.

Gespannte Ruhe herrschte in den staubigen Straßen der Stadt, als das wehrlose Mandalay die Eroberer empfing. Die Palasttore waren weit geöffnet. Ein englischer Oberst betrat den Audienzsaal, wo ihn auf dem riesenhaften Thron der besiegte König erwartete. Der Oberst wünschte keine Verhandlungen, er erteilte Befehle.

Noch in derselben Nacht wurde Thibaw, der letzte König von Burma, auf dem Irawadi flußabwärts als Gefangener abtransportiert.

Die britischen Soldaten plünderten den Palast, mehrere Gebäude wurden zerstört, andere brannten nieder. Doch im ganzen blieb der Palast noch einige Jahrzehnte erhalten, vergessen zwar, aber noch immer großartig.

Von Norden her Singapur, die uneinnehmbare britische Militärbasis in Südostasien, zu umgehen suchend, fielen während des zweiten Weltkrieges im Jahre 1942 die Japaner in Südburma ein. Nach einigen Wochen verließen die britischen Truppen den ganzen Südteil des Landes und zogen sich nach Mandalay zurück. Auch hier blieben sie nicht lange. Die Briten hatten es eilig, den Irawadi und dessen wichtigsten Nebenfluß Chindwin sowie die nach Indien, wo man gerettet war, führenden Gebirgspässe zu erreichen.

Eines Morgens wurden die Bewohner von Mandalay durch Bombendetonationen und Maschinengewehrsalven geweckt. Japanische Flieger bombardierten die Stadt. Einige Minen fielen auch in den Palast. Das trockene Holz fing sofort Feuer. Lichterloh, wie gigantische, bis zum Himmel reichende Fackeln, brannten die vielstufigen Dächer und die vergoldeten Säulen der Thronsäle.

Am Abend war der Königspalast von Mandalay nicht mehr.

Eine Kopie aus Teakholz, fünfmal 5 Meter groß, befindet sich im Ranguner Nationalmuseum.

# ANGKOR
## Hier lebten Giganten

In der Wüste und in der Trockensteppe vermag die Natur Tempel und Festungen über Jahrtausende im Sand zu konservieren; im Dschungel der Tropen geht sie mit den Bauwerken der Menschen ganz anders um. Kaum wurde ein Haus, eine Stadt von Bewohnern verlassen, und schon sprengen Sträucher und Bambustriebe die Platten der Plätze, winden sich Lianen um die Häuserwände, grünen Grasbüschel auf den Dächern. Nach einigen Jahrzehnten brechen die Mauern, von mächtigen Wurzeln gespalten, auseinander, stürzen die Dächer ein, verschwinden die Überreste der Gebäude hinter ausladenden Baumkronen. Noch schneller werden Kanäle und Teiche von Gräsern überwuchert, verlieren sich Wege und Straßen im Buschwerk. Und auch die menschliche Erinnerung wird von einer unsichtbaren Schimmelschicht der Zeit überzogen.

So sind die Spuren der Monreiche in Südburma und Thailand, von Funan, Chenla und Champa nahezu vollständig verschwunden. Ihre Städte, auf deren Plätzen erhabene Tempel standen, zählten einmal Hunderttausende von Einwohnern, und die geräumigen vergoldeten Paläste ihrer Herrscher mit den labyrinthartigen Zimmerfluchten mögen den Zeitgenossen unvergänglich erschienen sein.

In Asien kennen wir nur zwei Ausnahmen: Borobudur und Angkor. Nur der vor tausend Jahren auf Java errichtete Stupa und die Tempel der mittelalterlichen Hauptstadt von Kampuchea haben dem Druck des Waldes standgehalten. Diese Anlagen konnten nur von wirklich großen Baumeistern geschaffen worden sein. Überragend waren die Schöpfer von Angkor.

Noch vor hundert Jahren wußte niemand etwas von Angkor, weder die europäischen Gelehrten noch die Khmer selbst. So ausgezeichnet war sein vom Dschungel geschaffenes Versteck.

Dem französischen Naturforscher Henri Mouhot wurden während einer Reise durch entlegene Gebiete von Kampuchea Legenden über eine untergegangene Stadt erzählt. Ähnliche Legenden hört man in den Ländern des Ostens häufig, und Mouhot hätte diese Geschichte nicht sonderlich beachtet, wäre sie nicht ständig wiederholt worden, mit genauen Angaben zur Lage der Stadt, die die Jäger, Fischer und an den Seen siedelnden Bauern gesehen haben wollten.

Der Naturforscher blieb skeptisch, doch als er die Legende auch von einem Missionar zu hören bekam, den es in diese Gegend verschlagen hatte, entschloß er sich, die Stadt zusammen mit dem Pater zu suchen.

Zuerst benutzten sie ein Boot, marschierten dann auf einem schmalen Pfad zu Fuß durch den Wald. Und eines schönen Tages schob der Franzose das Gebüsch auseinander und wurde starr vor Staunen. Vor ihm lag die Stadt, die wir heute unter dem Namen Angkor kennen.

Riesenhafte Tempel überragten selbst die höchsten Bäume. Die mächtigen Schlingen der Lianen und in die Mauern eindringende knorrige Baumstämme vermochten nicht die erhabene Schönheit der Türme zu verbergen. Wunderbare Reliefs bedeckten die langgestreckten Terrassen, und aus den mit Laubwerk und Moder gefüllten Nischen blickten Statuen von Tänzerinnen hervor. Neben den dunklen Portalen nisteten Vögel, in den Tempelräumen hörte man das eigenartige Geräusch von Fledermausgeflatter.

Der französische Forscher bekam nicht einmal den zehnten Teil der Stadt zu sehen, es gab kein Durchkommen auf den Straßen und Plätzen. Doch bereits das Gesehene beeindruckte ihn aufs höchste, alles erschien ihm hier ungewöhnlich, einzigartig, unvergleichlich. Bevor er abreiste, befragte er noch einmal die Bewohner nahe gelegener Dörfer, denen die Stadt im Dschungel bekannt war.

»Wer hat die Stadt erbaut? Warum wurde sie von den Bewohnern verlassen? Wann geschah das?«

Doch die Bauern antworteten nur:

»Die Stadt ist das Werk des Engelkönigs Pra-Yun.«

»Diese Stadt wurde von Riesen erbaut, die einmal in unserem Lande lebten.«

»Die Stadt ist von selbst entstanden, denn Menschen hätten sie nicht erbauen können.«

... Im Jahre 802 begab sich ein Khmerprinz in das Fürstentum Indrapura. Sicherlich lag ein bestimmter Grund für diese Reise vor: Vielleicht hatte der Prinz dort, in einem der vielen kleinen unabhängigen Fürstentümer des Landes, Verwandte, oder der Thron war frei geworden und konnte vom Prinzen ohne große Mühe mit Hilfe einer bewaffneten Truppe gewonnen werden. Das mochte dann wie ein gewöhnlicher Staatsstreich in der Herrscherfamilie dieses unbedeutenden Fürstentums ausgesehen haben. Er liegt so lange zurück, daß ihn die Historiker, selbst jene, die es sehr genau nehmen, eigentlich vergessen sollten.

Der Prinz ließ sich als Jayavarman II. krönen. Als ihm die Herrschaft über das Fürstentum sicher war, begann er seinen Besitz zu erweitern. Jayavarman unterwarf ein benachbartes Fürstentum und gründete dann seine Residenz an einem etwa 15 Kilometer von der später erbauten Stadt Angkor entfernten Ort. Die Gegend erschien dem Fürsten wohl strategisch günstig. Von hier unternahm Jayavarman mehrere Feldzüge. Nach einigen Jahren gefiel ihm aber die Lage der Hauptstadt aus irgendeinem Grunde nicht mehr, und er versuchte, nur wenige Kilometer weiter eine neue Stadt zu gründen. Doch auch dieser Ort sagte Jayavarman nicht ganz zu. Da bestieg er den Berg Phnom Kulen und zwang dort die Priester, ihn zum Gottkönig auszurufen.

Einer seiner Nachfolger, Yasovarman I., strebte ebenfalls nach Festigung und Vergöttlichung seiner Macht. Dafür bedurfte es der Unterstützung der Priester. Der König gründete deshalb viele Klöster, errichtete Tempel verschiedener Religionen und begann schließlich eine des gottgleichen Herrschers würdige neue Hauptstadt zu bauen. Sie hieß zuerst Yasodharapura. Heute ist diese Stadt unter dem Namen Angkor bekannt.

Die Khmer schufen zahlreiche Kanäle sowie große Wasserrückhaltebecken und bauten zur Hauptstadt führende Straßen. Die Stadt, die mit einem hohen Wall umgeben wurde, dehnte sich über eine Fläche von 16 Quadratkilometern aus. Auf diesem Areal entdeckten die Forscher Reste von 800 Teichen und Wasserbecken.

Vier breite gepflasterte Straßen führten in die Stadt hinein, dort standen die Häuser der Bürger und die Paläste der Edelleute. Und in der Stadtmitte, wo die Straßen zusammenliefen, wurde auf einem Hügel der Tempel Phnom Bakheng erbaut. Die Feudalherren wollten nicht hinter dem König zurückstehen, so wurden sämtliche Hügel rings um die Stadt binnen weniger Jahrzehnte mit Tempelbauten gekrönt.

Nach dem Tode Yasovarmans folgte eine längere Periode von Fehden und Machtkämpfen. Auch die verschiedenen Thronprätendenten begannen, nach dem Vorbild Yasovarmans für sich Residenzen zu bauen.

Angkor wurde zwanzig Jahre lang vernachlässigt, doch dann kam ein neuer König, der — wie eine Inschrift bezeugt — »die heilige Stadt Yasodharapura wieder aufbaute und in unvergleichlicher Schönheit erstrahlen ließ, indem er golden glänzende Häuser und von Edelsteinen funkelnde Paläste erbaute ...«

In diese Zeit fällt die Entstehung einiger berühmter Tempel von Angkor, darunter ein kleinerer, Banteay Srei, den man als architektonisches Kleinod betrachtet. Doch die größten Tempel Angkors wurden erst hundert Jahre später, zur Zeit der Hochblüte des mächtigen Angkorreiches erbaut.

Wäre die Bautätigkeit in Angkor (der Name bedeutet in der Khmersprache einfach »Stadt«) bereits unter den ersten Königen beendet worden, so würde es heute zu den zahlreichen vom Dschungel verschlungenen Städten gehören, für die sich (sofern man sie wiederentdeckt) zwar die Archäologen lebhaft interessieren, denen jedoch die übrige vielbeschäftigte Menschheit wenig Beachtung schenkt.

Indessen bestieg Suryavarman II. im Jahre 1113 den Thron. Über ihn sagte man in einer Inschrift: »Schon in seiner Jugend, als seine Ausbildung noch nicht beendet war, trug er in sich den Drang nach königlicher Würde, und er war damals von zwei Herrschern abhängig.« Als Suryavarman König wurde, erlebte das Reich Angkor wieder einmal eine schwierige Periode. Die Krise hing mit dem Machtkampf von drei Thronprätendenten zusammen, deren jüngster

Suryavarman war. Nachdem er seine Gegner besiegt hatte, bedachte er den Klerus mit großen Geschenken. »Er brachte reiche Opfergaben dar«, heißt es in einer anderen Inschrift, »schenkte den Priestern Sänften, Fächer, Fliegenklatschen, Kronen, Anhänger, Armbänder, Ringe und Spangen. Vielen Tempeln überließ er Schmuck, Hausrat, Land, Sklaven und Viehherden.«.

Dann stellte Suryavarman eine Armee auf, wie es sich für einen König gehört, und zog aus, die Nachbarn zu besiegen. Doch diese wollten sich Angkor nicht unterwerfen. In Vietnam erlitt Suryavarmans Heer eine schwere Niederlage und wurde von dort vertrieben. Auch eine aus 700 Schiffen bestehende Armada, die im folgenden Jahr ausgesandt wurde, mußte wieder umkehren. Da verbündete sich Suryavarman mit dem Nachbarstaat Champa, doch in der entscheidenden Schlacht liefen die Cham zum Feind über, und der König von Angkor mußte fliehen. Er beschloß, sich am treulosen Verbündeten zu rächen, unternahm einen Feldzug gegen Champa und eroberte die Hauptstadt dieses Landes. Die nach Süden zurückweichenden Cham setzten Suryavarman nicht nur unerwarteten Widerstand entgegen, sondern zerschlugen nach und nach seine Abteilungen und Armeen.

Da dem König Kriegsruhm also nicht vergönnt war, wandte er sich Vorhaben im Lande zu. Er festigte den Gottkönigkult und erbaute deshalb Angkor Wat, die größte sakrale Anlage der Welt. Jawohl, Angkor Wat ist größer als irgendeine europäische Kathedrale, als die größte Moschee, Zikkurat, Pagode oder Pyramide. Dabei wurde der Tempel so fest erbaut, daß er vollständig erhalten blieb.

Das Tempelheiligtum ist 65 Meter hoch und steht auf einer 13 Meter breiten Plattform. Diese ruht auf einer zweiten, einen Hektar großen Plattform, die an den vier Ecken mit Türmen versehen ist. Mit dem Zentraltempel sind die Türme durch Galerien verbunden. Eine Doppelmauer mit Toren, Türmen und Treppen umschließt das Ganze, so daß Angkor Wat eine Gesamtfläche von einem Quadratkilometer besitzt.

Die Türme von Angkor Wat lassen sich nur schwer beschreiben, da es nichts Ähnliches in der Weltarchitektur gibt. Vielleicht erinnert ihre Form an einen unten verkürzten Maiskolben oder an eine Weizenähre von unglaublicher Größe. Ursprünglich waren ihre Dächer

*Oben: Phantasiedarstellung der vom Dschungel überwucherten Ruine von Angkor Wat, die Forscher im 19. Jh. vorfanden (nach L. Delaporte, Voyage en Cambodge).*
*Unten: Gott Wischnu auf seinem Reittier Garuda, Relief aus einem Ziegeltempel.*

mit Blattgold bedeckt und die Reliefs der Terrassen bunt bemalt. In dem 200 Meter breiten Wassergraben, der die Anlage einfaßte, spiegelte sich der farbenprächtige, großartige Tempel ...

Den Namen des Schöpfers (vielleicht waren es mehrere) von Angkor Wat findet man in keiner der Inschriften. Wir nennen als Erbauer einen Mann, der mit Kunst nichts zu tun hatte, sich nur um seinen Ruhm sorgte, den er um jeden Preis, sei es durch Kriege mit den Nachbarn oder durch die Errichtung gigantischer Tempel, erwerben wollte. Wie es scheint, kann das dem eigentlichen Schöpfer angetane Unrecht in diesem Falle niemals wiedergutgemacht werden. Suryavarman II., der andere Länder überfiel, verbleibt auf dem Piedestal der Geschichte, wie andere Könige und Kaiser vor und nach ihm. Aber die wahren Erbauer von Angkor Wat kennt niemand, wie man sie vermutlich auch vor 800 Jahren nicht kannte. An ihrem Ruhm konnte den Machthabern nichts liegen, und eine solche Frage hätte sogar ihr Verständnis überfordert. Es gab ja nur einen Gottkönig (jedenfalls in diesem Lande), und niemand zweifelte daran, daß der Tempel auf seinen Befehl und für sein Geld erbaut wurde.

Im Laufe der Geschichte war das Glück den Architekten nur selten geneigt. Selbst dann, wenn ihr Name in Inschriften, Büchern oder Zahlungsregistern erhalten blieb, wurde die Urheberschaft von Bauwerken doch deren Besitzern zugeschrieben. Kaum jemand erinnert sich an die Namen der Schöpfer von Pyramiden oder des Tadsch Mahal, die Namen Cheops und Schah Dschahan sind dagegen vielen bekannt. Diese betrübliche Tradition setzt sich praktisch bis heute fort: Der Name des Architekten erscheint nicht am Sockel des von ihm projektierten Gebäudes, während der Bildhauer den seinen in den Piedestal der Statue einritzt, der Name des Autors auf dem Bucheinband prangt. Und es ist schon ein Glücksfall und die Ausnahme, wenn ein Bauwerk, wie zum Beispiel der Eiffelturm, den Namen seines Schöpfers trägt.

Wie die Blütenblätter einer Märchenblume scheinen die Türme von Angkor Wat vor uns emporzuwachsen. Beim Näherkommen sieht man zuerst den Mittelturm und zwei Ecktürme der Terrasse. Seitlich am Wege recken steinerne Nagadrachen ihre langen Hälse. Einst blickten sie in den Wassergraben. Die lange Galerie der äußeren Mauer führt uns zur Mitte hin, zum prunkvollen Eingangsportal.

Der Weg zum Tempel ist weit. Wir überquerten bereits den tiefen Graben und haben durch das Portal den Innenhof betreten. Dann gehen wir über den Hof, gelangen zu einem weiteren Torbogen, dahinter führt uns eine breite Treppe zum eigentlichen Tempel. Man hat ihn so erbaut, daß die zu ihm Hinaufsteigenden unwillkürlich immer mehr seine Macht, ja Allmacht fühlen. Die Gottesidee verband sich in der menschlichen Vorstellung stets mit dem Gefühl der Unvergleichbarkeit der für das menschliche und göttliche Sein gültigen Maßstäbe. Selbst die alten Griechen, die sich Götter von ihrer eigenen Gestalt und mit menschlichen Charaktereigenschaften geschaffen hatten, siedelten sie auf dem Olymp und im Himmel an. Wird eine Religion zur Staatsideologie und zum wichtigen Instrument der Subordination der Untertanen erhoben, so wachsen die Dimensionen der Tempel, die dann nicht mehr nur die Größe Gottes symbolisieren, sondern auch die Macht seines über Leben und Tod gebietenden irdischen Vertreters, des Königs. In Angkor war der König offiziell Gott gleichgestellt, und der Tempel, das Gotteshaus, war auch das Haus des Königs, in dem nicht sein Leib, sondern sein göttliches Wesen wohnte.

Suryavarman, der bei seinen kriegerischen Abenteuern eine Reihe vernichtender Niederlagen erlitten hatte, konzentrierte nun alle Kraft des Staates darauf, einen Schein seiner Unbesiegbarkeit und Macht zu erzeugen. Mit dem Bau eines einfachen Tempels durfte er sich nicht begnügen. Bescheidene Gotteshäuser werden von den Anhängern ganz neuer Religionen erbaut, die noch abseits vom Kampf um die Verteilung weltlicher Güter stehen, wenn die neue Religion noch nicht die Unterstützung des Staates genießt.

Im Osten führt die Form des Tempels häufig auf eine Abstraktion des Berges zurück. Das hängt mit der Bedeutung des heiligen Berges Meru (des Mittelpunkts im kosmologischen Weltbild des Hinduismus) zusammen sowie mit der Rolle der Berge in der Mythologie des Ostens, die hier größer war als in Europa. Der Berg ist ein Symbol der Macht und Größe, deshalb sind die mittelalterlichen Tempel Indiens Bergen ähnlich, deshalb sieht das fünftürmige Angkor Wat wie ein Gebirge aus.

Im Inneren des Tempels hatte Suryavarman eine Statue des Gottes Wischnu aufstellen lassen, deren Kopf ein Porträt des Königs ist. Dies war Tradition in Angkor. Die Könige dieses Reiches identifizierten sich nicht nur geistig mit der Gottheit, sie betrachteten sich als Verkörperung Gottes.

Der Bau des Tempels und der ihn umgebenden Anlagen bildete nur einen Teil dessen, was in Angkor geschaffen wurde. Es ist erstaunlich, daß das kleine kampucheanische Land vor 800 Jahren über so viele talentierte Meister verfügte. Auch bei der Ausstattung des Tempels mit schmückenden Statuen und Reliefs erreichten die alten Künstler ein gleiches, vielleicht noch höheres Niveau als in der Architektur. Voll Ausdruckskraft sind die Reliefs von Angkor. Jeder, der sie sieht, muß die Dynamik der fließenden Bilder und die Natürlichkeit der Darstellung empfinden.

Die Reliefs zeigen nicht nur mythologische Szenen, sondern schildern auch historische Ereignisse aus der Zeit Suryavarmans. Besonders beeindruckend sind die Kampfszenen: Aus einem Hinterhalt im Walde überfallen Khmersoldaten die Cham, und zwischen den dichten Baumstämmen spielt sich ein vehementes kurzes Ringen ab. Auf dem Relief darunter ist eine Seeschlacht dargestellt. Kriegsgaleeren mit Drachenköpfen am hohen Bug prallen aufeinander, und herabgestoßene Krieger versuchen sich über Wasser zu halten. Einem von ihnen hat sich von hinten ein Krokodil genähert, und schon verschwinden die Beine des Kriegers im Rachen des Ungeheuers. Eine andere Szene zeigt, wie ein Überfall der Cham von den Khmer abgewehrt wird. Rasende Elefanten zertreten Krieger, die sich in tödlicher Umklammerung am Boden wälzen. Wer die Waffe verlor, versucht den Gegner mit den Händen zu erwürgen ... Und da ist auch Suryavarman. Unter dem königlichen Baldachin sitzt er auf dem Thron, umringt von Dienern mit Fächern, und die vor dem Thron versammelten Minister hören aufmerksam der — so scheint es — weisen und wichtigen Rede des Königs zu.

Da Suryavarmans Taten keineswegs glorreich waren, bemühten sich seine Höflinge und auf deren Geheiß auch beflissene Künstler und Schreiber um so mehr, den König zu rühmen. Er war nicht nur »der gütigste aller Könige und ein Ausbund von Tugenden«, sondern auch »überaus fortgeschritten in allen Wissenschaften und allen Leibesübungen, im Tanz, Gesang und in anderen Künsten, als hätte er sie selbst erfunden«. Und als Gott ihn sah, sagte er voll Bewunderung: »Warum habe ich mir in der Person dieses Königs einen solchen Widerpart geschaffen?«.

Die hemmungslose Verherrlichung des Königs hatte — übrigens nicht nur im alten Kampuchea — schicksalhafte Folgen. Die Quittung für Suryavarmans Prahlerei erhielten seine Nachkommen. In den Aufzeichnungen eines arabischen Reisenden findet sich eine Erzählung, die sich zwar auf die Frühgeschichte Kampucheas bezieht, jedoch sehr an die Situation erinnert, die zur Zeit von Suryavarmans Nachfolgern bestand.

Lange vor Suryavarman herrschte bei den Khmer, deren Staat damals Chenla hieß, ein junger und verwegener König. Alle Menschen in seiner Umgebung bestätigten ihm immer wieder, daß er mächtig und unbesiegbar sei. Einmal sagte der König:

»Ich habe einen großen Wunsch, den ich mir gern erfüllen möchte.«

»Was für einen Wunsch hast du, o König?«

»Ich möchte schon bald das Haupt des Königs von Java auf einer Schüssel vor mir sehen.«

Über kurz oder lang kamen die Worte des Königs dem Herrscher von Java zu Ohren. Der rüstete tausend Boote aus und überquerte mit ihnen die Meerenge. Er zog mit seinen Kriegern zur Hauptstadt von Chenla und schlug das Heer des Königs ohne besondere Mühe, nahm den König gefangen und sagte zu ihm:

»Du wolltest meinen Kopf auf einer Schüssel. Das ist gut so. Hättest du auch noch gewünscht, mein Land zu erobern, unsere Städte niederzubrennen, meine Untertanen als Sklaven zu entführen, würde ich jetzt dasselbe mit deinem Lande tun. Doch du hattest ja nur den einen Wunsch. So werde ich auch nur deinen Kopf auf einer Schüssel mitnehmen, dein Land aber verschonen. Und deinen Ministern werde ich empfehlen, einen König zu wählen, der seine Worte auch verantworten kann.« Und so geschah es.

Suryavarmans Nachfolger übernahmen von ihm vor allem den Eigendünkel. Nach Suryavarmans Tode zerschlugen die Cham das stolze Reich der Khmer und eroberten ihre Hauptstadt. Das durch Sondersteuern und Abgaben ausgeblutete Land — der König hatte sie für seine Kriege und gigantischen Bauvorhaben benötigt — konnte sich nicht verteidigen. Die Dörfer waren entvölkert, denn manche Bauern dienten im Heer, andere mußten Fronarbeit auf den Bauplätzen leisten. Im Lande brachen Bauernunruhen aus. So war der Überfall der Cham nur ein letzter Stoß, durch den der Koloß auf tönernen Beinen ins Wanken geriet.

Dennoch folgte nach diesem Rückschlag, der den Staat Angkor an den Rand des Untergangs brachte, eine neue Blüteperiode. Als die Hauptstadt der Khmer erobert worden war, die Sieger deren Bewohner in die Sklaverei verschleppt und das Gold von den Türmen Angkor Wats geraubt hatten, vereinigten sich die besiegten, aber nicht zur Unterwerfung bereiten Khmer um ihren neuen König Jayavarman VII. Dieser König gehört zu den bedeutendsten Gestalten in der Geschichte Kampucheas.

Seinerzeit hatte er freiwillig auf den Thron, sein rechtmäßiges Erbe, verzichtet und die Hauptstadt verlassen. Man wird zugeben, daß ein solches Verhalten für einen König ganz untypisch ist. Es ist glaubhaft bezeugt, daß sich Jayavarman tatsächlich aus freien Stücken für den Thronverzicht entschieden und die Verbannung gewählt hat.

Als seinem Land jedoch Unterjochung drohte, vereinigte Jayavarman in den Bergen die zersprengten Reste des geschlagenen Khmerheeres, organisierte einen Bauernlandsturm und führte das Heer in den Kampf gegen die Eindringlinge. Im Jahre 1181 brachte er den Cham eine vernichtende Niederlage bei, versenkte ihre Schiffe und tötete den König von Champa.

Noch in demselben Jahr wurde Jayavarman König von Angkor. Nun widmete er alle Kraft der Erneuerung des Landes, ließ Kanäle und Straßen bauen und Wasserspeicher anlegen, befestigte die Grenzen und disziplinierte die Beamten. Inschriften besagen, er habe hundert Krankenhäuser erbaut. Jayavarman sorgte auch für den Wiederaufbau der vom Feinde zerstörten Stadt Angkor und ließ eine mächtige Stadtmauer errichten. Dieser erneuerte Stadtteil ist uns jetzt unter dem Namen Angkor Thom, »die befestigte Stadt«, bekannt.

Die quadratische, über 30 Kilometer lange und 8 Meter breite steinerne Stadtmauer blieb bis heute erhalten. Um die Mauer verläuft ein 100 Meter breiter Graben, in dem sich eine Menge großer Krokodile tummelte, die sozusagen die erste Abwehrreihe darstellten. Die zu den Stadttoren führenden Brücken waren 15 Meter breit. Statt der Geländer standen dort zu beiden Seiten je 54 gigantische Figuren, die eine überlange Nagaschlange in den Händen trugen, eine Last, die sie gemeinsam gerade noch bewältigen konnten. Angkor Thom, dessen Aufbau mehrere Jahre in Anspruch nahm, erstreckte sich über eine Fläche, die größer war als das Gebiet so mancher mittelalterlichen Stadt Europas.

In der Mitte der Stadt, deren Tempel, Paläste und großartige Elefantenterrasse heute berühmt sind, wurde der Bayon errichtet, ein kampucheanischer Tempel neuen Typs. Später entstanden auch in anderen Gegenden des Landes ähnliche Tempel.

Der Bayon macht einen phantastischen, befremdenden, widersprüchlichen Eindruck. Widersprüchlichkeit kennzeichnete auch sonst alles, was Jayavarman unternahm. Er erbaute Krankenhäuser und Asyle, plünderte aber zugleich die Bauern aus, um immer wieder Armeen ins Feld zu schicken; er führte den Buddhismus ein, der toleranter und volksnaher war als der Hinduismus, hielt jedoch am Gottkönigkult fest.

Der Bayontempel, das letzte große Bauwerk von Angkor, ist überladen, düster und massiv, mit ihm kündet sich bereits der Niedergang des Reiches an. Zum Tempel gehören 54 zum Himmel ragende Türme mit je vier Riesengesichtern des Bodhisattwa Awalokiteschwara. Mehr als zweihundert Gesichter blicken mit geheimnisvollem Lächeln auf die Stadt, und glaubt man der Überlieferung und den Chroniken, so zeigen sie alle die Züge Jayavarmans VII., des letzten großen Erbauers von Angkor.

Jayavarman regierte lange und wurde neunzig Jahre alt. Seinen Erben hinterließ er ein großes und mächtiges Imperium, doch mit jedem der nach ihm folgenden Könige schrumpften die Grenzen des Reiches, verringerte sich seine Macht. Schließlich wurde die

Stadt Angkor von den Einwohnern verlassen, nachdem sie die Siamesen im Jahre 1431 zum wiederholten Male geplündert hatten.

Einige wenige Menschen lebten noch hier, doch sproß bereits Gras zwischen den Pflastersteinen der Straßen, die Kanäle und Wasserspeicher wurden von Schilf überwuchert. Die hungrigen Krokodile, um die sich niemand mehr kümmerte, krochen an Land und verendeten im Lianengestrüpp auf den Straßen der toten Hauptstadt. Bestenfalls erreichten sie einen der im Dschungel versteckten Flußläufe und wurden dort zum Schrecken der Fischer und Jäger heimisch.

Später verschlang der Dschungel die Stadt nahezu vollständig, und keiner kannte mehr die zu ihr hinführenden Straßen. Auch der Gottkönigkult geriet in Vergessenheit. Wenn sich einmal Bewohner der umliegenden Dörfer dorthin verirrten und plötzlich die lächelnden Antlitze der Türme sahen, glaubten sie, nicht Menschen, sondern Dämonen hätten die Stadt erbaut oder aber sie sei von selbst entstanden.

Diese Stadt war nicht bereit unterzugehen. Ihre Tempel wehrten sich gegen die sie umklammernden Baumwurzeln, und für die Bambustriebe öffnete sich zwischen den festgefügten Quadern kein Spalt. Der Kampf währte lange und endete mit dem Sieg der Stadt.

Endlich war ihre Zeit gekommen. Anfänglich verwoben sich die Nachrichten über Angkor mit Legenden, schienen selbst legendär zu sein. Doch nach einigen Jahrzehnten intensiver Forschungsarbeit, nach Ausgrabungen und nach der Entzifferung halbverwitterter Inschriften verfügten die Geschichtsforscher verschiedener Länder über so viele Daten, daß wir gegenwärtig nicht nur die Namen und Regierungszeiten der Herrscher von Angkor kennen, nicht nur wissen, mit wem sie Kriege führten, sondern auch, wie sich ihre Untertanen kleideten, woran sie geglaubt und worüber sie nachgedacht haben.

## BOROBUDUR
### Für Gottes Augen

Etwa 40 Kilometer nordöstlich der indonesischen Stadt Djokjakarta nähert sich die vom Schachbrett der Reisfelder bedeckte Niederung den Bergen. Dort wird einer der sanften Hügel des Vorgebirges vom grauen Helm des Borobudur gekrönt.

Es fällt schwer, für Borobudur einen Vergleich zu finden. Vielleicht besitzt das Bauwerk eine entfernte Ähnlichkeit mit der Stufenpyramide, jedoch gewinnt man durch diesen Hinweis keinesfalls eine richtige Vorstellung von Borobudur. Da sind bestimmte Merkmale indischer Architektur erkennbar, einiges erinnert an die Tempel Funans, eines der ältesten Staaten in Südostasien. Bei all dem bleibt Borobudur ein Weltwunder, das ganz zu Indonesien, zu Java gehört und an keinem anderen Ort der Erde hätte entstehen können. Borobudur fügt sich so sehr in diese Landschaft ein, erscheint so unlösbar mit den grünen Hügeln, den blauen Bergen und den Reisfeldern verbunden, daß man glauben könnte, es stehe seit Anbeginn an diesem Ort.

Wer schon einmal Gelegenheit hatte, in Wladimir zu weilen und die Pokrowkirche an der Nerl zu sehen, deren weiße Mauern sich im stillen Gewässer der Alten Kljasma spiegeln, hat sicherlich die vollkommene Einheit von Natur und Menschenwerk empfunden, jene Harmonie, die wahre Schönheit schafft. Gewiß, es gibt nicht wenige wundervolle Bauten, die nach dem Willen des Architekten nicht an Natur gebunden sind. Beim Tadsch Mahal existiert nur die Zweisamkeit von Bauwerk und Himmel; die Bäume und Sträucher wurden dem Tadsch erst später beigefügt und können niemals Gleichrangigkeit erlangen. Dagegen sind in Japan sämtliche Tempel in die Landschaft einbezogen. Im gewissen Sinne gehören auch die ägyptischen Pyramiden zu ihrer Landschaft. Wollte man eine Pyramide vor Bergen erbauen oder in unseren Wald hineinstellen, jene vom Wüstenhintergrund ausgehende Wirkung wäre nicht vorhanden. Man kann folgende Gesetzmäßigkeit beobachten: Je abwechslungsreicher die Landschaft, desto kunstvoller und komplizierter die Formen der Bauwerke. Die weiten Ebenen der Wüsten, die Herbheit von Sand und Felsen brachten strenge Monumentalbauten hervor — die Pyramiden Ägyptens und die eckigen Zikkurate von Babylon. Auf Java trugen die gleichsam mit dem Kurvenlineal gezeichneten sanften Hügelhänge des Vorgebirges dazu bei, daß Borobudur die ihm eigene Gestalt erhielt.

Borobudur ist ein Stupa und entstand zu einer Zeit, in der auf Java der Buddhismus dominierte. Der Stupa, ein ziemlich komplizierter Sakralbau, ging offenbar aus dem Begräbnishügel hervor. Es ist kein Tempel, denn betreten kann man einen Stupa nicht.

*Der Borobudur, eine Stufenpyramide, ist auf den Hängen eines Hügels errichtet. Es gibt weder Innenräume noch Fenster und Türen, jedes Geschoß ist von einer Galerie umgeben, und ein riesiger glockenförmiger Stupa krönt das gesamte Bauwerk. Im Vordergrund die Statue des Bodhisattwa Maitreya (»der Liebevolle«) im Borobudur.*

Bemerkenswert ist, daß das dem Stupabau zugrunde liegende Prinzip in der Architektur verschiedener Regionen der Erde parallel in Erscheinung trat. Es gab kompakte Riesenbauwerke in Ägypten viele Jahrhunderte vor Beginn unserer Zeitrechnung, in Indien und Sri Lanka entstanden sie um die Zeitwende, man findet sie auch in den Ländern Lateinamerikas sowie im Nahen Osten (die Zikkurate von Babylon).

Im Unterbau bildet Borobudur ein Quadrat von 120 Meter Seitenlänge, was der Basis der Cheopspyramide entspricht. Um zur Spitze des Bauwerks zu gelangen, muß man jedoch mehrere Kilometer zurücklegen und sollte dafür mit der nötigen Zeit und Geduld gerüstet sein. Der Weg nach oben verläuft als Spirale, die das Heiligtum so viele Male umrundet, wie es Terrassen besitzt. Dabei hat Borobudur — von der Hügeloberfläche bis zur Stupaspitze gemessen — die vergleichsweise geringe Höhe von nur 40 Metern.

Wir besteigen die unterste Terrasse und haben einen Gang erreicht, den von einer Seite die mit Reliefs verzierte Terrassenwand, von der anderen eine Balustrade begrenzt. Entlang der Terrassenwand schreiten wir die 120 Meter bis zur Ecke ab, und dieser Weg ist keineswegs ermüdend oder langweilig. Das Reliefband scheint uns entgegenzukommen und entfaltet vor unseren Augen immer neue Szenen. Dann sind wir am Wendepunkt angelangt, und eine neue Erzählung in Bildern beginnt, die ebenfalls 120 Meter lang ist. Wir erreichen die nächste Wende, und es folgt eine weitere Geschichte ... Schließlich begeben wir uns zur nächsthöheren Terrasse. Die Terrassen verkleinern sich nach oben hin jeweils um die Breite eines Umwandlungsganges.

Wir haben bereits die sechste Terrasse besichtigt und befinden uns am Ende aller Gänge. Nun bleiben noch drei Terrassen übrig, doch die sind nicht quadratisch wie die unteren, sondern rund. Jede der oberen Terrassen trägt eine Art Gitter aus steinernen »Glocken«. Es sind kleine Dagoben, deren jede ein steinernes Buddhabildnis einschließt. Bis zur Spitze zählen wir 72 Dagoben. Die Indonesier glauben, ein großer Wunsch werde sich erfüllen, wenn man eine der Buddhastatuen mit der Hand berührt.

Nun sind wir auf der abgeflachten Spitze des Stupas angekommen, und die bläulich schimmernden Berge scheinen ganz nahe. Weit unten sieht man die Knäuel zotteliger Palmenkronen, in deren Schatten winzige Häuser wie ein verstreutes Spielzeug daliegen. Blickt man hinunter, erscheint die Erde viel ferner als die Spitze des Borobudur von unten aus betrachtet. Doch das ist eine Erfahrung, die man beim Besteigen hoher Gebäude fast immer macht.

Borobudur verdankt seinen Ruhm den Reliefs der sechs unteren

Terrassen. Die Gesamtlänge der Reliefwände beträgt rund 2 Kilometer, ihre Höhe 3 Meter. Somit bedecken die in Stein gemeißelten Plastiken zusammen eine Fläche von 6000 Quadratmetern.

Die Bilder stellen Szenen aus dem Leben Gautama-Buddhas dar. Doch die Bildhauer wußten nicht, wie die Zeitgenossen und Landsleute Buddhas in Nordindien gelebt hatten, wie sie sich kleideten und wie sie aussahen. Darum erscheint auf dem Relief statt des indischen ein javanischer König, auch die ihn umgebenden Edelleute sind Javaner, ebenso die Stadtbewohner und Bauern. Auf diese Weise wurde die Religionsgeschichte adaptiert. Im Ergebnis sind die Reliefs von Borobudur nicht nur Kunstdenkmale, sondern auch ein ausgezeichnetes Geschichtslehrbuch, aus dem man eine bis ins einzelne gehende Vorstellung von der damaligen Lebensweise der Javaner gewinnen kann. Da ziehen die Schlachtenreihen der Krieger in den Kampf, dort durchfurchen große Mehrdecksegelschiffe den Ozean, Bauern pflügen den Boden, der Fürst hält Gericht ...

Doch in welche Zeit ist all das einzuordnen?

... Auf ihrer Jagd nach Gewürzen erreichten die portugiesischen Konquistadoren Anfang des 16. Jahrhunderts Java.

Nach etwas über hundert Jahren wurden die Portugiesen von den Holländern und den Engländern abgelöst. Im Kampf um die Inseln Indonesiens behaupteten sich die Holländer. Ihnen ging es nun nicht mehr allein um den Handel. Sie begnügten sich nicht mit der Errichtung von Stützpunkten entlang der Küste — sie wollten das ganze Land. Die javanischen Sultanate und Fürstentümer verschwanden eines nach dem anderen. Java wurde Bestandteil von Niederländisch-Indien.

Borobudur blieb jahrhundertelang ein Rätsel, ein verlassener und vergessener Tempel ... Baumstämme und Sträucher drängten sich zwischen die gespaltenen Steinquader, und allmählich schien Borobudur nicht mehr ein Werk menschlicher Hände, sondern nur noch ein Teil des Hügels zu sein.

Die niederländischen Gelehrten wandten dem Monument ihre Aufmerksamkeit erst relativ spät, Ende des vorigen Jahrhunderts, zu. Doch sie waren überzeugt, daß die rückständigen Javaner dieses Bauwerk nicht geschaffen haben konnten. Also war irgend jemand hierhergekommen und hatte ihnen Borobudur erbaut. Wer mag es gewesen sein? Offenbar die Inder, denn der Buddhismus stammte ja aus Indien. Später waren die Inder wohl aus irgendwelchen Gründen gezwungen, Java zu verlassen und die Herrschaft über die Insel aufzugeben. Die Javaner fielen in ihre primitive Lebensweise zurück. Diese Theorie konnte jedoch in ihrer Absolutheit nur so lange aufrechterhalten werden, bis die Historiker über Fakten zur

Geschichte Indonesiens aus der Zeit vor dem 10. Jahrhundert, das heißt vor dem Eindringen des Islam in diese Region, verfügten. Beim Studium chinesischer Quellen stieß man auf die Erwähnung von Missionen aus dem Reich Srividschaja, die seit der Mitte des 7. Jahrhunderts nach China gekommen waren. In der Hauptstadt von Srividschaja lebten damals über tausend buddhistische Mönche. Eine Gegenüberstellung der chinesischen Nachrichten mit den Inhalten indonesischer Inschriften, die beinahe gleichzeitig mit den chinesischen Chroniken entdeckt wurden, ergab, daß Srividschaja anfänglich ein Reich auf Sumatra war, dann aber erstarkte und weitere Inseln, darunter Teile von Java, eroberte.

Srividschaja war eines der größten asiatischen Reiche jener Zeit, und die dort regierende Dynastie der Sjailendra dehnte ihre Herrschaft über ganz Indonesien, über Malakka und wohl auch über einige Gebiete im heutigen Thailand aus.

Srividschaja unterhielt geschäftliche und diplomatische Beziehungen zu China und Indien; die Schiffe dieses Landes überquerten den Indischen Ozean und wagten sich bis zum Stillen Ozean vor. Srividschaja besaß die besten Seefahrer jener Zeit.

Mittlerweile ist die Entstehungsgeschichte von Borobudur gut erforscht. Der Stupa entstand in den siebziger Jahren des 8. Jahrhunderts. Der Buddhismus hatte im 8. Jahrhundert auf Zentraljava, und zwar zuerst in dem zum Herrschaftsgebiet der Sjailendra gehörenden Fürstentum Mataram, Fuß gefaßt und hielt sich dort über hundert Jahre. Danach verringerte sich die Zahl der Pilger, die Gebäude in der Umgebung des Heiligtums verfielen, und Borobudur wurde allmählich vernachlässigt.

Noch sind nicht alle Geheimnisse des Denkmals vollständig gelüftet. Höchst interessant erscheint das Rätsel der »zehnten Terrasse«. Durch Zufall wurde entdeckt, daß die unterirdischen Fundamente von Borobudur mit ebensolchem Reliefschmuck versehen sind wie die darüber gelegenen sechs Terrassen.

Unter der Erde verbargen sich also weitere 1500 Quadratmeter der kostbaren Reliefs.

Anfänglich versuchte man das damit zu erklären, daß sich der Tempel im Laufe von mehr als tausend Jahren gesenkt haben mußte und dadurch die ursprünglich höher liegenden Plastiken des Unterbaus unsichtbar geworden waren. Doch wenn das stimmte,

*Oben: Spitze des bekrönten Torbogens vom Borobudur, der von der zweiten Terrasse aufwärts zum Zentralstupa führt.*
*Unten: Bildnis eines Bodhisattwa als Prediger der Lehre. Ursprünglich war diese Figur in einem durchbrochenen Stupa eingeschlossen.*

weshalb hatte man dann die unterirdischen Reliefs mit Steinplatten überdeckt?

Manche Wissenschaftler nehmen an, daß die verborgenen Reliefs vom Leben im Jenseits künden und nicht für die Augen der Menschen bestimmt waren. Man hatte das große Figurenwerk absichtlich vor den Menschen verborgen, es sollte nur die Götter erfreuen, deren Augen alles sehen. Die Anhänger dieser Hypothese glauben zudem, Borobudur sei seiner gesamten Anlage nach zum Anschauen aus der Vogelperspektive erbaut worden. Seine Terrassen sind niedrig, die Kühnheit des architektonischen Planes und die Schönheit des Tempels erschließen sich erst voll, wenn man das Bauwerk aus der Höhe betrachtet. Zur Zeit Srividschajas gab es aber keinen Zaubervogel Ruck (mehr), und es gab auch (noch) keine Hubschrauber, nur die Bewohner des Himmels konnten auf Borobudur herabschauen.

Eine andere Version scheint überzeugender. Man hat nämlich festgestellt, daß sämtliche Reliefs der über der Erde befindlichen Terrassen vollendet wurden, was man von den unterirdischen Plastiken nicht behaupten kann. An einigen Platten blieben sogar Inschriften und Zeichen der Meister erhalten, aus denen hervorgeht, was darauf dargestellt werden sollte und wo sie hingehören. Die unfertigen Reliefs lassen darauf schließen, daß die Arbeiten, die voll im Gange waren, dort plötzlich abgebrochen wurden. Die unterste Terrasse zeigt zudem ein Profil, das sich von dem der oberen unterscheidet. Ein Vergleich mit anderen javanischen Tempeln läßt die Annahme zu, daß dieser Unterbau für einen traditionellen, höheren Tempel vorgesehen war. Daraus folgt, daß Borobudur in seiner uns heute bekannten Gestalt nicht dem ursprünglichen Entwurf entspricht.

Während der Bauarbeiten stellte sich wohl heraus, daß der weiche Baugrund einen Tempelgiganten nicht würde tragen können. Das Projekt wurde kurzfristig geändert. Man erbaute ein nicht so hohes Heiligtum und ummantelte die unteren, unvollendeten Reliefs mit Steinplatten, so daß die Bildnisse verschwanden. Im nachhinein knüpften sich daran die verschiedensten Spekulationen.

Für die zuletzt erwähnte Hypothese (Änderung des Bauplanes) spricht neben anderem die jüngste Geschichte von Borobudur. Zu Beginn unseres Jahrhunderts wurde das Bauwerk durch niederländische Wissenschaftler zunächst gesäubert und wiederhergestellt, und in den zwanziger Jahren entfernte man die steinerne Umwandung von den Reliefs der untersten Stufe. Doch die Restaurierung verursachte neue Komplikationen. Die bei der Säuberung freigelegten Fugen wurden nun durch die tropischen Regengüsse ausgewaschen, das aber bewirkte ein allmähliches Abrutschen des Tempels. Die Restauratoren hatten auch die praktische Funktion der von ihnen entfernten Steinplatten, die das Gebäude von unten stützten, nicht erraten. Nun verschob sich der Unterbau durch den Druck der nachgebenden oberen Stockwerke und wurde schief. Außerdem haben sich der Nord- und Westteil des Bauwerks infolge eines Erdbebens gesenkt.

Auf Ersuchen der indonesischen Archäologen wurde im Jahre 1970 eine UNESCO-Kommission zur Restaurierung von Borobudur ins Leben gerufen. Nach Überprüfung seines Zustandes kamen die Experten zu dem Ergebnis, daß irgendwelche provisorischen Maßnahmen den Verfall des Monuments nur hinauszögern würden, ohne ihn wirklich aufzuhalten. Deshalb wurde anschließend ein Projekt erarbeitet, das vorsieht, den Hügel nach zeitweiliger Verlegung des Tempels mit einer Eisenbetonkappe zu überkleiden und Borobudur darauf wieder zu errichten. Dabei soll auch das Dilemma des freien Zugangs zu den untersten Reliefs bei Erhaltung des steinernen Stützringes eine Lösung finden. Es ist vorgesehen, den äußeren Steinring in einem Abstand von 3 Metern von der untersten Terrassenwand einzusetzen. Dadurch wird ein Gang entstehen, und die Reliefs bleiben zugänglich.

Beim Zerlegen des Tempels wird Borobudur auch sein Geheimnis preisgeben: Befindet sich darin eine Reliquienkammer, ähnlich den Kammern vieler berühmter Pagoden und Stupas, und — sollte eine vorhanden sein — was birgt sie?

Von Zeit zu Zeit überfliegt ein Verkehrsflugzeug Borobudur, und die von den klaren Umrissen des Tempels faszinierten Passagiere ahnen nicht, daß sie, die aus der Höhe auf das Heiligtum blicken, gottgleich sind.


# DUNHUANG

## Die Höhlen der tausend Buddhas

Für Dunhuang und das Göremetal in der Türkei lassen sich — auch im Hinblick auf ihre Geschichte — manche Ähnlichkeiten feststellen. Gewiß, in Göreme sind die Höhlen über das ganze Tal verstreut, in Dunhuang dagegen findet man sie in einem einzigen hohen Felshang. Die Höhlen Göremes hatten viele Bewohner, in Dunhuang aber war nur ein kleiner Teil der Höhlen für Unterkünfte bestimmt. Göreme ist selbst in der Türkei nur wenigen bekannt, über Dunhuang wurden zahlreiche Bücher geschrieben, Bildmaterialien verbreitet, Forschungsberichte veröffentlicht. (Eine Zeitlang existierte in der Volksrepublik China ein Institut zur Erforschung der Höhlen von Dunhuang.) Jedoch verbindet Göreme und Dunhuang, daß beide Denkmale im Laufe vieler Jahrhunderte entstanden sind. Hier wie dort blieben alte Felsmalereien erhalten, deren Kunstwert als einmalig gelten darf.

In Dunhuang verzweigte sich die aus China kommende Große Seidenstraße. Von hier führte ein Weg nach Nordwesten über die Wüste Gobi und Turfan nach Persien, der andere, südliche, durchquerte die Wüste Lob-nor, zog nach Chotan weiter und erreichte über die Gebirgspässe Indien.

Von alters her rasteten die Karawanen in Dunhuang. Es war die letzte Oase vor der großen Wüste, sie wurde vom Altyn-tag-Gebirge mit Wasser gespeist. Hier überprüften die Kaufleute ihre Waren und bevorrateten sich mit Wasser. Hierher war einst auch Marco Polo gekommen, nachdem er Wüsten und Berge bezwungen hatte, ermüdet nach der langen Reise, von der dünnen Luft der Pamirhöhen, von Durst und Staub. In alter Zeit bildeten die Karawanenstraßen die hauptsächlichen Verkehrsadern, die ganze Erdteile miteinander verbanden. Und die wichtigste von allen war die Große Seidenstraße. An ihren Endpunkten lagen China und Rom, und ihre Stationen waren Persien, Indien, Arabien und Syrien.

Wer reist, erfährt schneller etwas Neues als einer, der zu Hause bleibt. Ein Reisender begegnet zehnmal mehr Menschen, ist eher bereit, neue Dinge zur Kenntnis zu nehmen, die Gedanken Fremder zu verstehen. Über die Karawanenstraßen wanderten auch die Religionen weiter. Und es ist nicht verwunderlich, daß gerade Dunhuang, eine Stadt und Oase nahe der chinesischen Grenze, derjenige Ort war, an dem der 500 Jahre v. u. Z. in Indien aufgekommene Buddhismus im Reich der Mitte zuerst Fuß faßte, daß sich Buddhas Lehre von hier über ganz China ausbreitete. Auch das Christentum, der Manichäismus und die Lehre Mohammeds drangen auf diesem Weg in China ein.

In den letzten Jahrhunderten vor Beginn unserer Zeitrechnung hatte der Buddhismus bei den über Dunhuang reisenden Kaufleuten großen Zulauf erhalten. Bevor die Händler die gefährliche Reise durch die Wüste antraten, sprachen sie ihre Gebete, sie beteten auch, wenn die Reise überstanden war, dankten den Göttern, die sie durch furchtbare Sandstürme geführt, vor Räubern beschützt und bei Hitze und Kälte behütet hatten. Die Karawanenwege waren voller Gefahren, und es gab sonst niemanden, dem man sein Schicksal hätte anvertrauen können, außer den Göttern.

In dieser Oase errichteten die Buddhaanhänger ihre ersten Heiligtümer und stellten Buddhastatuen auf. Die Statuen waren stets das Letzte, was die Kaufleute sahen, wenn die Karawane in die graue Hitze der Wüste hinauszog.

Man wollte die Figuren vor Wind und Sonne schützen. Eines Tages richtete wohl einer der Buddhisten vor dem Aufbruch in die Wüste in der 12 Kilometer von Dunhuang entfernten steilen Felswand eine kleine Grotte her, um darin seine Buddhastatuette aufzustellen, die er anfertigen ließ oder vielleicht aus Indien mitgebracht hatte.

Für jene Anfänge der Höhlen von Dunhuang schufen sich die chinesischen Buddhisten freilich eine Legende. Sie kündet, der Mönch Lo Dsung habe im Jahre 366 einen seltsamen Traum geträumt. Tausend Buddhas stiegen aus strahlenden Wolken auf den Gipfel der Felswand jenseits des Tales nieder. Der von dem Traumbild erleuchtete Mönch habe dann, so heißt es in der Legende, die Stadtbewohner veranlaßt, die erste Höhle in den Felsen zu schlagen.

Doch das ist eben nur eine Legende. Mit großer Wahrscheinlichkeit sind die ersten Höhlen von Dunhuang um viele Jahrzehnte vor dem angeblichen Traum jenes Mönches entstanden. In der Zeit, in der Lo Dsung lebte, kommt es zu einem anderen Ereignis, das in der späteren Geschichte der Höhle eine wichtige Rolle spielen wird. Darauf gehen wir gleich noch näher ein.

Der 70 Meter hohe Berghang hat eine Ausdehnung von 2 Kilometern. Das weiche Gestein, die große Lufttrockenheit und das in der Nähe reichlich vorhandene Wasser boten ideale Voraussetzungen für die Schaffung von Höhlenheiligtümern. Zunächst stellte man die Buddhastatuen wohl in den natürlichen Vertiefungen auf, und in ihrer Nachbarschaft ließen sich die ersten Mönche nieder. Doch je mehr Mönche nach Dunhuang kamen, desto größer wurde unter den Buddhisten der Ruhm dieser Höhlen, und immer mehr Händler, die an die Kraft ihrer Schutzheiligen glaubten, überbrachten den Eremiten Geschenke oder schufen neue Höhlen, in denen sie Statuen aufstellten.

Um die Mitte des 4. Jahrhunderts, das heißt zur Zeit des Lo Dsung, hatte ein Händler den Einfall, eine neue Höhle von einem Künstler bemalen zu lassen. So entstand der erste buddhistische Tempel von Dunhuang. Die Gelehrten meinen jedenfalls, daß gerade zu jener Zeit der erste von den erhalten gebliebenen Dunhuangtempeln geschaffen wurde.

Unter den Händlern verbreitete sich die Kunde von dem Tempel, da fanden sich Nachahmer, und bald bestand in Dunhuang ein großer Bedarf an Malern. Sie kamen von weit her — aus Landschou und Turfan, aus Urumtschi und aus anderen Städten.

In Dunhuang angekommen, brachen die Meister aus dem Felsen quadratische Nischen heraus, bemalten die Wände und stellten daneben farbig bemalte Statuen auf. Der fertige Tempel wurde für alle Zeiten verschlossen, zugemauert, nur eine schmale Tür wurde belassen. Von jetzt an dunkelten die Tempelwände und -decken durch die Kerzen der Mönche und den Weihrauch allmählich nach. Tausend und mehr Jahre vergingen, und auf die Fresken fiel kein einziger Sonnenstrahl. Dadurch blieben sie erhalten, die Farben verblaßten nicht.

Die Tempel von Dunhuang waren Gott geweiht. Man kann sich unschwer die Tragödie eines dort vor 1500 Jahren lebenden und schaffenden Künstlers vorstellen.

Arbeitsreiche Wochen und Monate sind zu Ende. Nach vielen Jahren des Lernens, nach Zweifeln, Mißerfolgen, Erfindungen hat der Künstler ein großartiges Fresko gemalt, das vieles übertraf, was Menschenhände je schufen. Der Maler betrachtet das vollendete Werk, doch neben ihm warten bereits die Maurer, die die Vorderwand aufbauen werden. Ein letzter Sonnenstrahl streift die Gesichter auf dem Gemälde (wie schwierig war es doch, die richtige Farbschattierung für sie zu finden!), und alles ist vorbei. Niemals mehr wird irgend jemand diese Farben bei Tageslicht bewundern dürfen. Auch der Schöpfer des Bildes, der alle Farben und Formen im Kopf hat, wird es nie mehr sehen. Jetzt sind sie für ihn nur noch Erinnerung, seine Augen werden die Farbtöne des blauen Himmels, des durchsichtig scheinenden Kleides der Schönen am See nicht wiedersehen.

Viele Vorderwände der Tempel stürzten inzwischen ein, und die Tempel verwandelten sich in große Nischen. Die Sonne hat wieder Zutritt zu den Gemälden und beleuchtet die ein wenig verblaßten, doch immer noch wunderbaren Farben.

Im Laufe von tausend Jahren vermehrte sich die Zahl der Tempel in Dunhuang unaufhörlich, am Ende waren es mehr als 500. Fünfhundert Höhlen mit Wandmalereien, mit Rollbildern auf Seide, mit buntbemalten Tonfiguren in verschiedener Größe ... Irgendwo wurden Städte gegründet und vom Wüstensand wieder begraben, Karawanenwege gerieten in Vergessenheit, und neue Straßen entstanden, fern von Dunhuang wandelte sich die Welt und wurde größer, doch die unbekannten Künstler hörten nicht auf, Höhlenwände zu bemalen; immer noch sorgten in Dunhuang Mönche für Weihrauch vor den unbewegten Statuen, ließen den Gong ertönen und leierten monoton ihre Gebete in endloser Wiederholung.

Die Höhlen wurden in China berühmt, und alle Buddhisten im Lande betrachteten es als ihre Pflicht, nach Dunhuang zu pilgern und sich an der heiligen Stätte zu verneigen. An den buddhistischen

Feiertagen strömten hierher Zehntausende von Gläubigen, sie kamen aus China, aus der Mongolei, aus Tibet, aus den westlichen Wüsten- und Steppengebieten, die von Kasachen, Uiguren und Dunganen (Hui) bevölkert waren.

Während der letzten fünfzig Jahre erschienen in Dunhuang auch immer mehr Reisende und Touristen aus dem Westen, angelockt durch die ständig wachsende Berühmtheit der Höhlen. Und hier verzeichnete man dann, wie auch anderenorts im Osten, den Verlust von zahlreichen Manuskripten und Bildern, die in die Museen Europas oder in Privatsammlungen überwechselten.

Manchmal war das Verhalten der Reisenden durch wissenschaftlichen Eifer motiviert, durch den Wunsch, die Handschriften oder Kunstwerke, die in verfallenden Höhlen herumlagen, zu retten. Doch ging es häufig auch um Ruhm oder einfach um materiellen Gewinn. Aus Dunhuang wurden zahlreiche Manuskripte und auf Seide gemalte Bilder entführt, die man von Mönchen für Kleingeld erstanden hatte. Der deutsche Archäologe A. von Le Coq suchte in den Wüsten von Hsindjian nach alten Fresken. Wenn er solche fand, löste er sie aus der Wand heraus. Genauso verfuhr sein Landsmann Tomani in Burma, wo er kostbare Fresken aus einem Paganer Tempel entfernte. In China agierten solche Plünderer beinahe offiziell, denn das zerrüttete Reich war von den europäischen Mächten abhängig. Nachdem die Soldaten Großbritanniens, Deutschlands, Rußlands und Frankreichs 1900 in den Pekinger Kaiserpalast eingezogen waren, wagte es in China kaum jemand, sich Europäern zu widersetzen, zumal die Regierung in Peking andere Sorgen hatte als die Behütung von Kulturschätzen.

Immerhin waren die Höhlen von Dunhuang noch vom Glück begünstigt: Als sich von Le Coq 1905 bereits auf dem Weg dorthin befand, erreichte ihn ein unerwarteter Brief. Er wurde gebeten, ins Expeditionshauptlager zu kommen, das 1000 Kilometer von Dunhuang entfernt war. Le Coq überlegte eine Weile, ob er sich zu den Höhlen oder sofort ins Lager begeben sollte. Schließlich warf er eine Münze: der Adler würde die Reise zu den Höhlen, die Zahl Rückkehr ins Lager bedeuten. Die Münze zeigte die Zahl, Le Coq fuhr ins Lager, und die Wandmalereien von Dunhuang waren gerettet.

Im Jahre 1920 dienten die Höhlen Weißgardisten, die aus Mittelasien geflohen waren, zeitweilig als Unterkunft. An den Decken mancher Höhlen erkennt man bis heute Rauchspuren, die vom offenen Feuer herrühren, an dem die zerlumpten und entkräfteten weißen Offiziere ihre Hammel brieten.

Die Weißgardisten verließen Dunhuang und tauchten in den endlosen Steppen von Hsindjian unter. Reisende hörten auf, diese ferne und beinahe unerreichbare Region eines kriegführenden Landes zu besuchen. Es gab auch keine Karawanen mehr — die Straße von Landschou nach Urumtschi, die 100 Kilometer nördlich von Dunhuang verläuft, war hier zur Hauptverkehrsader geworden. Die Prozessionen Tausender von Pilgern gehörten schon lange der Vergangenheit an, und die verlassenen Tempel hatten sich in Museen verwandelt.

In der Mitte der Felswand befindet sich der vom Fuße bis zur Spitze des Hanges hinaufreichende zehnstöckige Haupttempel von Dunhuang. Obwohl er verhältnismäßig spät entstand, wendet man ihm doch stets besondere Aufmerksamkeit zu, denn es ist der einzige Tempel, der nicht nur in die Felswand eingetieft wurde, sondern aus ihr heraustritt. Er ähnelt einem mehrstufigen, auf einem Baumstamm aufgesetzten Pilzhut. Eine in den Felsen gehauene, 60 Meter hohe Statue des sitzenden Buddhas füllt den Tempelraum fast bis zur Decke. Es ist nicht die älteste Buddhastatue von Dunhuang, kaum älter als 200 Jahre, dafür ist sie die größte hier und darüber hinaus eine der größten nicht nur in China, sondern in ganz Asien. Vor der Statue steigt Weihrauch von niedrigen Tischen auf, und sämtliche Wände der riesigen Tempelnische sind mit Malereien bedeckt. In den Seitennischen stehen Figuren von Göttern, die einem untergeordneten Rang zugehören.

Die Höhlen von Dunhuang sind nicht nur ein Denkmal des frühen Buddhismus, sie repräsentieren vor allem chinesische Kunstgeschichte, sind die vortrefflichste und vollständigste Kunstmonographie eigener Art, die in China erhalten blieb. Es gibt in der Welt keinen anderen Ort, an dem man die Entwicklung der Kunst eines Landes über einen Zeitraum von 1500 Jahren in ähnlicher Weise überschauen könnte.

Die ältesten Wandmalereien befinden sich in den 22 Höhlen des Südteils der Felswand. Es sind kleinere Höhlen, die aus der Zeit der Nördlichen We-Dynastie (386—534) stammen. Die Fresken sind relativ gut erhalten, die Farben kräftig und rein. Hier kommen hauptsächlich Malachit, Grün, Blau, Schwarz und Weiß vor, der Hintergrund ist zumeist dunkelrot. Bei häufig noch primitiver Zeichnung erscheinen die Figuren statisch. Die Plastiken dieser Höhlen wirken oft optisch größer, weil sie von »Mikronischen«

*Oben: Eingang zur Höhle T'ang-tzu in Lung-men (Honan) vom Typ der nördlichen We-Architektur (Anfang 6. Jh.).*
*Unten: Wandmalerei (aus der Zeit des Hirschkönigs) der Nördlichen We-Dynastie in den Höhlentempeln der Tausend Buddhas von Dunhuang.*

umgeben sind, manche nur 10 bis 20 Zentimeter hoch. In jeder Nische steht eine kleine bemalte Figur. Von den Decken blicken »Glückliche Seelen«. Lächelnd hocken sie auf durchsichtigen Wolken, und ihre leichten Gewänder flattern im sanften Zephir des Paradieses.

Diese 22 sehr alten Höhlen stellen den Hauptteil aller aus der We-Zeit erhaltenen Kunstschätze Chinas dar. Sie sind nicht nur ein interessantes Studienobjekt für den Kunstwissenschaftler und den Buddhismusforscher, sondern besitzen auch unschätzbaren Wert für den Historiker. Betrachten wir zum Beispiel die Höhle Nr. 285 aus der ersten Hälfte des 6. Jahrhunderts. Ihre Decke ziert ein figurenreiches Gemälde, das eine Kampfszene mit Räubern darstellt. Umgeben von Dämonen des Windes und Donners, nähern sich die geharnischten Räuber im Sturmritt der Stadt. Für jede Person, jedes Pferd wurde eine besondere, sich nicht wiederholende Perspektive gefunden, die teilweise so modern und originell wirkt, daß man kaum glauben mag, ein altes Fresko zu sehen und nicht ein mit Talent und Können gemaltes, ironisch gemeintes Bild eines Künstlers der Gegenwart. Da ist die Stadt mit ihren aufgeschreckten Einwohnern. Eine Dienerin eilt zur Terrasse hin, um ihren Herrschaften die böse Nachricht zu überbringen. Eine Handvoll Verteidiger versucht die Reiter aufzuhalten.

Den Höhlen der We-Periode folgten die Tempel der Sui-Dynastie (589—618) und der Tang-Zeit (618—907). Diese 300 Jahre waren ein goldenes Zeitalter der chinesischen Kunst und die Blüteperiode der Höhlenstadt Dunhuang. Der Buddhismus wurde von den Kaisern begünstigt, und Tausende von Mönchen lebten in der Oase. Aus der Zeit der Sui-Dynastie stammen 87 Tempel, 177 entstanden in der Periode der Tang.

Die Höhlentempel dieser gesamten Epoche sind einander ähnlich, man hielt sich bei ihrem Bau an ein ziemlich starres Schema. Jeder Tempel ist ein 6 bis 8 Quadratmeter großer Raum, an dessen Rückwand eine Gruppe farbig bemalter Figuren steht, die Bodhisattwas darstellen. Viele Skulpturen verraten den Einfluß griechischer und persischer Kunst. Die Große Seidenstraße erfüllte ihre Funktion bestens, und die sogenannten hellenisierten Länder Nordindien und Persien beeinflußten mittelbar die Entwicklung der chinesischen Skulptur, insbesondere nahe der Westgrenze Chinas.

Szenen aus dem Leben Buddhas schmücken die Tempelwände, auch Bilder vom »westlichen Paradies«, dessen Bewohner, wie man sieht, in prächtigen Pavillons an den Ufern von klaren Gewässern ein glückseliges Leben führen. In den Höhlen findet man auch zahlreiche Porträts der Gönner, für deren Geld die Tempel eingerichtet und mit Malereien versehen wurden. Sie erhielten ihren Platz neben den Himmelsbewohnern und Heiligen.

Würdevoll schreiten die Stifter in Begleitung der Diener daher. Ihre Kleidung ist modisch, ihre Haltung stolz und natürlich. Sicherlich bemühte sich der Künstler, den Gönner und seine Familie vorteilhaft darzustellen, und so ist es uns möglich, zum Beispiel anhand der Frauenbildnisse auf das weibliche Schönheitsideal der Chinesen von damals zu schließen. Schöne Frauen mußten offenbar schlank, groß und ebenmäßig gebaut sein. Ihre Kleider fielen von der hohen Taille lose herab, das Haar wurde zum großen Knoten am Hinterkopf hochgesteckt.

Die Sujets der Fresken und Skulpturen wurden allmählich freier. Die Künstler beschränkten sich nicht mehr auf die kanonisierten Motive und das »Leben Buddhas«. Diese freiere Malweise kann man zum Beispiel in der Höhle Nr. 220 feststellen. Durch einen glücklichen Zufall blieben ihre Fresken übrigens besser erhalten als die Wandmalereien in anderen Tempeln. Als die Fresken der Höhle hundert Jahre alt waren, mißfielen sie aus irgendeinem Grunde. Vielleicht hatte sich der Geschmack gewandelt, oder die Mönche glaubten einen noch besseren Meister gefunden zu haben. Jedenfalls ließen sie die vom Zahn der Zeit noch nicht geschädigten Fresken übermalen. Vor zwanzig Jahren blätterte ein Stück von der jüngeren Schicht ab, und ein Fresko der frühen Tang-Zeit kam zum Vorschein.

Man darf völlig sicher sein, daß es zu jener Zeit nirgendwo in der Welt eine Malerei gab, die der Malkunst dieser Höhlen der tausend Buddhas ebenbürtig gewesen wäre. Rom war untergegangen, seine Traditionen wurden nicht weitergeführt. Die Kunst von Adschanta und Pagan ordnete sich ziemlich starren Kanons unter. In Dunhuang dagegen durften die Maler experimentieren. Von einer Höhle zur anderen zeigt sich, wann und wie die Neuheiten aufkamen, auch solche, die tausend Jahre später von den Meistern der Renaissance wiederentdeckt werden sollten. Da wurden verschiedene Perspektiven angewendet, die Bilder erreichen Tiefenwirkung und Lebendigkeit. Flüsse strömen von schneebedeckten Bergen herab, verbreitern sich im Vordergrund zwischen entlaubten Bäumen; Pilger streben des Nachts einer Herberge zu; Krieger üben sich vor einer Festung, deren Hintergrund ein ferner Hügelzug bildet, in der Fechtkunst; um den Lotosthron des Kaisers drängt sich eine Schar lebhaft schwatzender Höflinge und Diener.

Doch plötzlich klafft eine Lücke auf: Hundert Jahre lang werden keine neuen Höhlen gebaut, die vorhandenen nicht erneuert. Das mächtige Tibet hat die Westgebiete erobert, die Höhlen sind beinahe vergessen, denn es fehlen reiche Spender, und die Karawanenstraßen bleiben leer. Bereits im 9. Jh. begann sich die zuvor so stürmisch verlaufende Entwicklung zu verlangsamen. Davon zeugt unter anderem ein interessantes Detail: Immer häufiger werden von den Freskenmalern seidene Wandschirme kopiert. Die Künstler vermeiden kühne, schwungvolle Pinselzüge, sorgfältig zeichnen sie die Schirmflügel und versuchen sogar, dünne Stellen der Seide wiederzugeben. Die Kunst wird immer mehr verfeinert und in Kanons eingebunden, ordnet sich den Regeln unter, die die Klassiker festgelegt hatten. Hundert Höhlen sind aus der Zeit der Song-Dynastie (960—1279) erhalten, darunter gibt es nur wenige originelle. Es scheint, daß sie von einem einzigen Maler gestaltet wurden, und seine Bilder sind viel langweiliger, weit mehr den Regeln unterworfen als die Werke seiner Vorgänger.

Die Unterschiede zwischen den Fresken der Tang-Periode und den späteren Malereien fallen besonders in jenen Höhlen ins Auge, in denen man alte Fresken übermalt hatte. Die jüngere Schicht bröckelt ab, bedeckt den Boden, und man sieht oft zwei verschiedene Wandhälften, die im Abstand von zwei- bis dreihundert Jahren bemalt wurden. Beim Vergleich gewinnt gewöhnlich die untere Schicht. Hier hatte sich eine Entwicklung vollzogen, wie sie später ähnlich der altrussischen Ikonenmalerei widerfuhr. Solange sie jung war, solange sie für den Künstler die einzige Möglichkeit bot, sich selbst auszudrücken und den Menschen eine Botschaft zu vermitteln, entstanden große Werke, brachte die religiöse Malerei einen Rubljow und Dionissi hervor. Als jedoch die Kirche zu einer versteinerten Einrichtung wurde, erstickte sie das Schöpfertum der Künstler durch strenge Malvorschriften und Schemata; die Ikonen degenerierten, und die Künstler, jedenfalls die besten von ihnen, wandten sich der weltlichen Malerei zu.

Mit den Höhlen von Dunhuang hängt eine der interessantesten Entdeckungen unserer Zeit zusammen. Sie bezieht sich nicht unmittelbar auf die Wandmalereien und Skulpturen, wird deshalb in den enthusiastischen Beschreibungen der Höhlentempel gewöhnlich gar nicht erwähnt.

Ende des vorigen Jahrhunderts beschloß ein buddhistischer Mönch, der viel über den beklagenswerten Zustand der Höhlen vernommen hatte, sich um ihre Erneuerung zu bemühen. Der Mönch hatte nur eine unklare Vorstellung vom Ausmaß eines solchen Vorhabens, zeichnete sich aber durch Entschlossenheit und Beharrlichkeit aus. Einige Jahre lang wanderte er durch die chinesischen Städte und sammelte Gaben für das gute Werk. Im Jahre 1900 kam er nach Dunhuang und ging an die Arbeit.

In einem der Tempel war die Putzschicht teilweise abgefallen, und der Mönch wollte sie ganz entfernen, um die Höhle anschließend zu erneuern. Doch hinter dem Lehmbewurf kam auf einmal statt des Felsens eine zugemauerte Tür zum Vorschein. Dahinter befand sich ein kleines Gewölbe, das mit Handschriften vollgestopft war.

Die Manuskripte interessierten den Mönch nicht sonderlich. Er ließ sie in der Höhle liegen und brachte lediglich einen Teil davon in das benachbarte Kloster. Doch auch dort wußte man nichts damit anzufangen. Die meisten Handschriften waren so alt, daß sie niemand lesen konnte.

Als sieben Jahre später der englische Archäologe Sir Aurel Stein die Höhlen erforschte, erfuhr er von dem Handschriftenfund und prüfte einen Teil davon. Ihm wurde bald klar, daß die Manuskripte spätestens im 11. Jahrhundert hier verwahrt worden waren, in einer Zeit der Wirren, als die gelehrten buddhistischen Mönche fürchten mußten, die Bibliothek von Dunhuang könnte vernichtet werden. Hier war eine Sammlung aus mehreren tausend in vielen östlichen Sprachen verfaßten Werken von unschätzbarem Wert erhalten geblieben. In Dunhuang trafen ja einst Karawanen aus Mittelasien, China und Indien zusammen, und die über Gebirgspässe und Wüsten hierher gebrachten Bücher wurden zur Freude der gelehrten Mönche in den Höhlentempeln belassen.

Als sich die Gelehrten dann systematisch mit dem Bücherschatz von Dunhuang beschäftigten, stellte sich heraus, daß sich darunter als wertvollstes Werk ein im 9. Jahrhundert aus dem Indischen übersetztes »Diamantenes Sutra« (Sutra=philosophisches Lehrbuch) befand. Die Schriftrolle bestand aus sechs zusammengeklebten Textblättern und einem Blatt mit dem Bildnis des sitzenden Buddhas. Am Ende der Rolle befindet sich ein Impressum, aus dem hervorgeht, daß sie im Jahre 868 vom Meister Wang Chi »kostenlos zum ewigen Andenken der verstorbenen Eltern« angefertigt wurde.

Nicht in ihrem Inhalt besteht der große Wert der Schriftrolle (das Diamantene Sutra existiert in noch älteren Abschriften) und auch nicht in dem Buddhabildnis — in demselben Raum wurden viele gelungenere entdeckt. Doch diese Rolle ist das älteste gedruckte Buch der Welt, dessen Entstehungsdatum wir kennen. Meister Wang Chi, von dem wir sonst nichts wissen, schnitzte die umgekehrten Schriftzeichen in sechs Holztafeln, bestrich die Platten mit Farbe und drückte die Papierblätter darauf. Das geschah im Jahre 868, vor 1100 Jahren also, 600 Jahre vor der Erfindung Gutenbergs.

# DIE CHINESISCHE MAUER

## Das größte Wunder

»... Ungeachtet dessen, daß die Fortifikationsregeln bei ihrem Bau total mißachtet wurden, ist sie dennoch so solide und unzugänglich, sind ihre Wachtürme und Tore so klug verteilt, daß selbst eine für die Einnahme von Festungen erstklassig ausgerüstete moderne Armee durch sie aufgehalten werden kann, vorausgesetzt freilich, daß man irgendwie versucht, sie zu verteidigen.«

Das sagte der britische General Wilson in der zweiten Hälfte des vorigen Jahrhunderts. Der General war ein nüchtern denkender Mann, er sah in der Großen Chinesischen Mauer, die bereits damals als Architekturdenkmal galt, nur eine Befestigungsanlage. Wilson errechnete die Anzahl der Soldaten, die man für die Erstürmung der Mauer benötigt, und stellte sie sich unter dem Hagel von Kanonenkugeln und explodierenden Geschossen vor ...

Man kann folgende Gesetzmäßigkeit postulieren: Solange ein Staat mächtig ist, braucht er keine uneinnehmbaren Festungen, denn die Nachbarn wagen keinen Überfall. Wird der Staat jedoch schwächer, so halten sich auch seine Festungen nicht lange. Wie tapfer ihre Verteidiger, wie voll die Vorratslager und wie tief die Brunnen auch sein mögen — nach einem Monat oder einem Jahr wird die Festung mit Sicherheit fallen, sei es wegen Schwäche oder Verrats, infolge Unterminierung oder Sprengung. Rjasan fiel unter dem Ansturm Batyjas, es fielen Babylon und Jericho, auch die Maginotlinie und der Siegfriedwall bestätigten die in sie gesetzten Erwartungen nicht. In Aserbaidshan, unweit des Dorfes Tschukujurt, ragen auf einem einsamen Felsen die Ruinen einer Burg. Jahrelang bemühte sich ein junger Dorflehrer, den Weg zum unzugänglichen Gipfel zu finden. Erst im dritten Jahr gelang es ihm, eine mit Ziegelbruch, Splittern von gläsernen Armreifen und Tonscherben bedeckte Felsenplattform zu erreichen. Hierher waren einst die Fürsten des Landes vor den Sassaniden geflüchtet. Doch retten konnten sie sich nicht.

Die Große Chinesische Mauer ist ein tragisches Denkmal, das vom märchenhaften Reichtum, von Hoffart und Macht chinesischer Kaiser zeugt, aber auch von unglaublichem Fleiß und großer Beharrlichkeit der chinesischen Meister kündet. Sie ist zugleich ein Monument für unzählige vergebliche Opfer, denn die Mauer hat die ihr zugedachte Aufgabe nicht erfüllt.

Im Altertum und Mittelalter waren die Steppen und Wüsten Nord- und Westchinas von unbotmäßigen Nomadenstämmen bevölkert. In Zeiten, in denen das chinesische Reich mächtig war, gelang es seinen Armeen, diese Gebiete zu erobern und ihre Bewohner für eine gewisse Zeit zu unterwerfen. Wenn dann aber weniger starke Dynastien folgten, China in mehrere miteinander verfeindete Teilreiche zerfiel, wenn Bauernaufstände den geschwächten Koloß an den Rand des Untergangs brachten, wurden die Rollen getauscht: Die nördlichen und westlichen Nomaden drangen bis in das Innere Chinas vor, entführten Gefangene und Vieh, und manchmal besetzten sie die Hauptstadt und erhoben einen Mann aus ihren Reihen auf den Thron. So wurden die Mongolen- und die Mandschu-Dynastie begründet. Doch China sog die Eroberer auf, sie mischten sich unter die Millionenmassen der Chinesen und übernahmen deren Kultur und Religion. Nach einigen Jahrzehnten vermochte China seine Souveränität stets wiederzuerlangen, und man vergaß, daß auf dem Kaiserthron Nachkommen der Eroberer saßen.

Doch auch in friedlichen Zeiten drohte den an die Steppe und Wüsten anrainenden Gebieten ständige Gefahr von den Nomadenvölkern. Die Dschou (Chou) und insbesondere die Hunnen verwüsteten regelmäßig die Grenzregionen. Bereits tausend Jahre vor Beginn unserer Zeitrechnung zerschlugen die Dschou den Schang-Staat, und die Fürsten der Dschou begründeten eine Dynastie, die die Macht in China übernahm.

In der Periode der »Streitenden Reiche« (475—221 v. u. Z.) versuchten die chinesischen Fürsten zusammen mit Lehnsträgern der Grenzprovinzen ein Mittel gegen die Einfälle zu finden. Die chinesischen Teilstaaten vermochten nicht, Truppen in ausreichender Stärke zum Schutze der Grenzen aufzubieten.

Bekanntlich waren die Nomaden nicht imstande, befestigte Städte einzunehmen. Sie selbst besaßen keine Stadtsiedlungen und kämpften seit jeher zu Pferde. Erst später werden ihre nach Westen vordringenden Nachkommen und Verwandten bei der Unterwerfung asiatischer, russischer und weiterer europäischer Fürstentümer und Reiche lernen, Festungen zu stürmen.

Im 4. bis 3. Jahrhundert v. u. Z. begannen die chinesischen Herrscher, ihre Grenzen an Gebirgspässen und Straßen, über die die Nomaden in China einzufallen pflegten, durch befestigte Mauern zu sichern. Diese Mauern, die eigentlich zunächst nur Erdwälle waren, erreichten mitunter eine beträchtliche Länge, dehnten sich oft über Dutzende von Kilometern aus.

Es ist durchaus möglich, daß die Abteilungen der Nomaden vor den Wällen haltmachten und sogar zurückwichen. Doch sollten wir uns an dieser Stelle der viele Jahrhunderte später geäußerten Worte des britischen Generals erinnern. Bei aller Mächtigkeit offenbarten jene ersten Wälle bereits ihre Schwäche: Für ihre Verteidigung brauchte man viele Menschen. Die in unaufhörliche Machtkämpfe verwickelten chinesischen Herrscher vernachlässigten die Westgrenzen. Ein weiterer Nachteil der Wälle war, daß sie umgangen werden konnten.

Unter den rivalisierenden Teilstaaten Chinas trat im 4. Jahrhundert v. u. Z. das Reich Tjin (Qin, Chin) hervor. Sein rascher Aufstieg war mit dem Namen des Ministers Schang Jang verbunden, der die Verwaltung des Landes nach militärischen Gesichtspunkten reorganisierte. Je fünf Familien wurden zu einem »Wu« zusammengefaßt, je zehn Familien bildeten ein »Schih« (»Chia«). Innerhalb der Verwaltungseinheit galt fortan gemeinschaftliche Haftung. Machte sich ein Angehöriger des Verbandes eines Vergehens schuldig, wurden alle Mitglieder zur Rechenschaft gezogen. Auf diese Weise verfügte der Staat zugleich über mehrere Rechtsbrecher. Zwischen diesem Gesetz und dem Bau der Großen Mauer bestand ein direkter Zusammenhang.

Nach einer Reihe von Kriegen brachte der Herrscher von Tjin dem vereinigten Heer mehrerer chinesischer Teilstaaten, die sich mit den Hunnen verbündet hatten, im Jahre 318 v. u. Z. eine Niederlage bei. Nur das Reich Dschao (Chao) setzte seinen Widerstand fort. Die Dschao-Armee wurde vom bis dahin unbesiegten General Ling Bo befehligt. Sieben Jahre nach der Zerschlagung des Koalitionsheeres, als die Streitmacht der Tjin schon unbesiegbar zu sein schien, trat ihr Ling Bo an der Spitze eines 500 000 Mann zählenden Heeres entgegen. Die Heere trafen bei einer Grenzstadt der Dschao aufeinander. Einige Wochen lang konnten die Tjin nichts ausrichten, alle Versuche, Ling Bo zu einer offenen Feldschlacht zu verleiten, schlugen fehl. Der General hielt sich zurück, zog es vor, im Schutze sicherer Festungsanlagen abzuwarten, um erst im günstigsten Augenblick selbst zum Angriff überzugehen.

Da änderten die Tjin ihre Taktik. Wenn die militärische Kraft nicht ausreicht, muß man sich mit Intrigen weiterhelfen. Die Tjin geizten nicht mit Geld und Geschenken für die Hofbeamten und Edelleute des Königs von Dschao, die aber verdienten sich die Schmiergelder redlich. Wann immer sie den König trafen, begannen sie den alten General mit groben Worten zu schmähen und suchten den Monarchen zu überzeugen, daß sich Ling Bo aus lauter Feigheit in der Festung zurückhält. Schließlich glaubte es der König, berief den Oberkommandierenden ab und ersetzte ihn durch einen mutigen

*Die Große Chinesische Mauer erstreckt sich vom Yalu-Fluß im Osten bis zum Paß von Chia-yü in Kansu. Die Abbildung zeigt ein Teilstück mit Wachturm. Die Mauer ist an der Innenseite mit einer Brustwehr, an der Außenseite mit Zinnen und Schießscharten ausgestattet.*

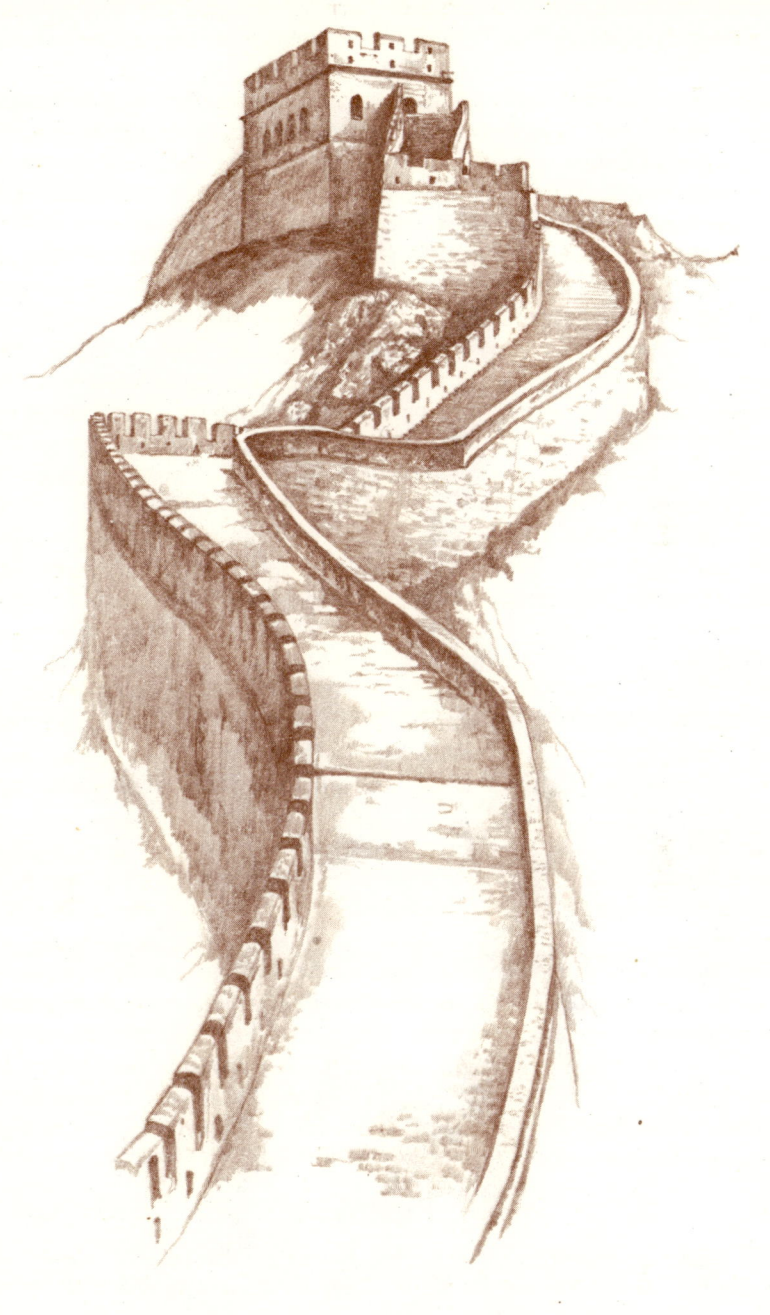

und tatkräftigen jungen General. Der junge Heerführer hatte es eilig, sich auszuzeichnen, stellte sich dem Gegner im offenen Feld und wurde sofort eingekesselt. Wenn Dschao auch ein gewaltiges Heer besaß, so war doch die Streitmacht von Tjin doppelt so groß. Vierzig Tage lang kämpfte die eingeschlossene Dschao-Armee. Mehrfach versuchten ihre Abteilungen, aus der Umzingelung auszubrechen, doch der Tjin-Herrscher, der alle über fünfzehn Jahre alten männlichen Untertanen zum Kriegsdienst einberufen hatte, verfügte über ein erdrückendes Übergewicht an Menschenmaterial. Am Ende wurden die Reste der geschlagenen Dschao-Armee gefangengenommen, die Soldaten entweder getötet oder zu Sklaven gemacht, was ebenfalls eine direkte Beziehung zur Großen Mauer hatte.

Im Jahre 246 v. u. Z. bestieg Dscheng (Cheng) den Thron von Tjin. Unter seiner Herrschaft wurde dieser Staat noch mächtiger. Nachdem Dscheng die restlichen bisher unabhängigen chinesischen Fürstentümer im Verlauf weniger Jahre unterworfen hatte, erklärte er sich zum »ersten Kaiser von Tjin«. Bei der Krönung zum Kaiser nahm er den Namen Schihuangdi an, unter dem er in die Geschichte einging. Unter diesem ungemein energischen und ehrgeizigen Herrscher gab es in China eine kolossale Bautätigkeit. Leider ist von den Großbauten der Schihuangdizeit nichts erhalten, doch man weiß, daß sich im ersten Stock des Kaiserpalastes eine Halle befand, in der 10 000 Menschen Platz hatten, daß die im Raum darunter aufgestellten Fahnenmasten 50 Ellen hoch waren.

Schihuangdi schaffte es auch, zu seinen Lebzeiten ein 500 Ellen hohes Mausoleum für sich zu errichten, dessen Umfang über 5000 Ellen betrug. An der Decke des Mausoleums war ein Planetarium angebracht, und sein Fußboden stellte eine Art Landkarte von China dar, mit Flüssen aus Quecksilber, die in ein Quecksilbermeer mündeten.

Für derartige Bauvorhaben wurden unzählige Arbeitskräfte benötigt. Schihuangdi löste dieses Problem mit der ihm eigenen Rücksichtslosigkeit auf einfache Art. Die Zahlen, mit denen man bei der Beschreibung der Bautätigkeit des Kaisers operieren muß, muten astronomisch an, besonders wenn man bedenkt, daß dies alles vor 2000 Jahren geschah.

Beim Mausoleumsbau wurden 700 000 Menschen eingesetzt, beim Bau des Palastes, der Großen Mauer, der Be- und Entwässerungsanlagen waren es Millionen. Das erforderliche Menschenmaterial lieferten dem Kaiser sowohl die Kriege (mit Hunderttausenden Gefangenen) als auch die Verwaltung, die Einteilung des Landes in Familiengruppeneinheiten. Wenn ein Mann das Gesetz verletzte, wurden zehn Familien versklavt und zu den Großbauten Schihuangdis abkommandiert.

Dort preßte man aus den Menschen alles heraus, und sie schufen alles: voran das Mausoleum, die Paläste und die Kanäle. Die Große Mauer wurde buchstäblich auf den Skeletten der Arbeiter erbaut. Täglich starben Tausende, Zehntausende Menschen, doch sie wurden immer wieder durch andere ersetzt. So braucht man sich nicht zu wundern, daß der Sohn des Kaisers, der zwar die Grausamkeit Schihuangdis, nicht aber seine Fähigkeiten geerbt hatte, für die Politik des Vaters mit dem Leben bezahlen mußte. Das Reich Tjin existierte nur wenig länger als ein halbes Jahrhundert und zerfiel schon bald nach dem Tode Schihuangdis.

Kaiser Schihuangdi schaffte es, die Fundamente der Großen Chinesischen Mauer, der größten Befestigungsanlage der Welt, zu errichten. Doch sie vermochte die ihr zugewiesene Rolle eines hinreichenden Schutzes vor den Hunnenüberfällen nicht zu erfüllen, und ihr Bau erforderte soviel Kraft, verlangte so enorme Opfer an Menschen, daß kein Krieg damals ähnliche Verluste hätte verursachen können.

Zur Zeit Schihuangdis vereinigte der Mauerbau zunächst jene Wälle, die schon früher in den Grenzgebieten angelegt worden waren. Außerdem wurden auf der Mauer Wachtürme errichtet. Diese gesamte Anlage, die sich über viele Kilometer hinzieht, nennt man die Innere Chinesische Mauer.

Nach dem Sturz der Tjin-Dynastie war der Bau eine Zeitlang unterbrochen. Unter den folgenden Dynastien führte man ihn erst weiter, als sich zeigte, daß die Überfälle der Nomaden nicht aufgehört hatten. Die Nomadenheere ritten vom Süden oder Norden her um die Mauer herum oder überwanden sie an ungeschützten Stellen.

Während der Jahrtausende, in denen die Mauer gebaut wurde, erhielt sie ihre eigenartige verzweigte Form. Wenn wir heute von der Chinesischen Mauer sprechen, meinen wir die Äußere Mauer, die viel jünger ist. Sie entstand erst Mitte des 16. Jahrhunderts unter der Ming-Dynastie.

Sobald in China verhältnismäßig starke Dynastien an die Macht kamen, die imstande waren, einige hunderttausend Menschen für den Bau aufzubieten, bewegte sich wiederum eine Karawane von Menschen zur Mauer hin, starben dort Sklaven und aus allen Provinzen hergetriebene Bauern vor Hunger und Krankheit. Und in den Zeiten, die zwischen solchen Dynastien lagen, erfüllte die Mauer ihre Aufgabe niemals. Sie wurde sowohl von den Abteilungen der Altai-Turkstämme im 7. Jahrhundert als auch von den Mongolen im 13. Jahrhundert überwunden, ebenso vom mongolischen Stamm der Oiraten, die 1449 unter Führung von Özen bis Peking vordrangen.

Der zuletztgenannte Krieg veranlaßte die Herrscher der Ming-Dynastie, den Bau der Mauer zu beschleunigen und abzuschließen. Die Kaiser waren überzeugt, die Sicherheit Chinas würde durch eine ausreichend lange, von keiner Seite umgehbare Mauer gewährleistet sein, wenn man darin auch noch alle von den Nomaden genutzten Schwachstellen entsprechend befestigt.

Am Ende zog sich die Mauer ohne Unterbrechung über 2000 Kilometer hin, und ihre Gesamtlänge, alle Abzweigungen und parallel verlaufenden Limes mitgerechnet, betrug ungefähr 6000 Kilometer.

...Seit ihrer Vollendung waren noch nicht einmal fünfzig Jahre vergangen, als die Mandschu sie überwanden und Peking eroberten, wobei sie sich die Zerrüttung der kaiserlichen Armee und die mangelhafte Aktionseinheit der aufständischen Bauern zunutze machten. Übrigens waren die Mandschuren bereits vor der schließlichen Unterwerfung Chinas wiederholt über die Große Mauer eingefallen und hatten Gefangene sowie Vieh erbeutet. Bei einem der Überfälle konnten sie 250 000 Menschen und 500 000 Stück Vieh entführen.

Die Bilder von der Chinesischen Mauer, die jeder von uns seit der Kindheit kennt, vermitteln keine ganz genaue Vorstellung von dem Bauwerk. Sie zeigen in der Regel Teile der Mauer in der Nähe von Peking, die gut erhalten sind oder erneuert wurden. Es ist ihr jüngster Abschnitt. Hier erreicht die Mauer eine Standardhöhe von 15 Metern und ist 4 Meter breit, wobei sie so angelegt wurde, daß sich oben im Schutz von aufgesetzten Zacken Fahrzeuge und Soldatenkolonnen bewegen können. In Abständen von 100 bis 120 Metern sind nicht sonderlich hohe quadratische Wachtürme eingebaut, die ihre Umgebung dominieren. Die an die Türme anschließenden Mauerabschnitte liegen im Schußbereich. Hier und dort gibt es ein Tor in der Mauer. Die nicht sehr zahlreichen Tore kommen an Karawanenstraßen und in der Nähe von Städten vor.

Durch fünf Haupttore führten fünf Karawanenhauptstraßen nach China. Diese Tore wurden als Pforten zum Reich der Mitte angesehen. Eines befindet sich unweit von Peking bei der Stadt Schaihaihuang. Hierher bringt man noch heute verstorbene Chinesen aus den Provinzen »hinter der Mauer«. Noch immer haftet im Bewußtsein vieler Chinesen der Gedanke, daß die Gebiete jenseits der Mauer nicht eigentlich zu China gehören. Die Städte neben den fünf Toren haben notwendigerweise größere Friedhöfe.

Fern von den großen Zentren und Hauptmagistralen sieht die Mauer weniger beeindruckend aus. Mancherorts ist sie nur ein halbverfallener Erdwall, besonders dort, wo die Abzweigungen und

Teilstücke vor tausend, ja sogar vor zweitausend Jahren erbaut wurden. Am besten sind die Abschnitte aus bläulichen Ziegeln und aus Steinen mit Erdfüllung erhalten.

Doch auch an den Strecken mit verfallener Mauer erheben sich Wachtürme. Einst sollen es 60 000 gewesen sein, wie jedenfalls von chinesischen Historikern behauptet wird. Jetzt gibt es noch etwa 20 000 Türme, und das ist ebenfalls eine beeindruckende Zahl.

Man hat ausgerechnet, daß für den Bau der Chinesischen Mauer 700 Millionen Arbeitsstunden, 180 Millionen Kubikmeter Erde und 60 Millionen Kubikmeter Steine oder Ziegel benötigt wurden. Die Zahl der Menschen, die dabei ihr Leben opferten — es waren Hunderttausende —, will ich beiseite lassen. Kein ägyptischer Pharao hat jemals von solchen Dimensionen geträumt.

Heute wie vor tausend Jahren verläuft die Große Mauer durch ganz China, und stößt sie auf einen Berg, so umkreist sie ihn nicht, sondern klettert zum Gipfel hinauf, um auf der anderen Seite wieder herunterzusteigen. Sie durchquert öde Trockensteppen und zieht an Städten vorüber. Die Große Chinesische Mauer ist ein bewundernswertes, doch auch tragisches Bauwerk, ein gewaltiges Monument, das an Jahrhunderte während Arbeitsmühen eines ganzen Volkes erinnert, aber auch an menschliches Leid und Unrecht. Der Bau der Mauer war ein nutzloses Unterfangen, das niemand aufhalten wollte und konnte.

## TODAI-JI

### Holz, Bronze und Steine

Es läßt sich gar nicht verhindern, daß die Kulturen der Völker einander begegnen, daß zwischen ihnen ein Austausch stattfindet, daß sie bisweilen zusammenfließen. Kaufleute und Pilger, gelehrte Mönche und fahnenflüchtige Soldaten haben Kunst und Architektur in der Welt verbreitet. Eroberer trugen die eigenen ästhetischen Maßstäbe in andere Länder und veranlaßten die Besiegten, auf ihren Foren Tempel für fremde Götter zu errichten. Könige kehrten von Kriegszügen zurück und brachten Sklaven mit, unter denen Gelehrte und Künstler am höchsten geschätzt wurden. Als Sklaven hörten die Künstler nicht auf zu schaffen, und in der fremden Stadt erhielt ein Tempel oder Palast ganz ungewohnte Formen. Es kommt zu Wechselwirkungen, und im Laufe der Zeit werden die von außen hineingetragenen Elemente in die Eigenerfahrung des Volkes einbezogen, sie bereichern seine Kultur, ohne sie zu verdrängen.

347

Zusammen mit dem Buddhismus gelangten einst die Vorstellungen von der Gestaltung buddhistischer Sakralbauten nach China und Japan. Chinesische Pilger hielten sich in Indien auf, und indische Kaufleute reisten nach Osten bis zum Rande des Firmaments. Die buddhistischen Architektur- und Kunstprinzipien wurden jedoch auf chinesischem und japanischem Boden modifiziert, mancher typisch indischen Eigenheiten, die man hier nicht verstand, entkleidet, wurden in den Entwicklungsprozeß der einheimischen Kultur aufgenommen, der lange vor dem Aufkommen des Buddhismus begonnen hatte.

Als der aus dem Grabhügel hervorgegangene indische Stupa (die singhalesische Dagoba) nach Osten vorrückte, streckte er sich nach oben; die srilankische Halbkugel wandelte sich zum burmesischen Zapfen, zum thailändischen Kegel und zum vielstufigen Pagodenturm Chinas und Japans. Später kehrt die chinesische Pagode nach Burma zurück und behauptet sich dort neben der aus Indien stammenden, doch ist der rückübernommene Typ in Form und Funktion teilweise verändert: Statt aus Stein werden diese Pagoden aus Holz gebaut, und man stellt darin, wie in Tempeln, Buddhastatuen unter Baldachinen auf.

Baumaterial Holz — darin besteht der wesentliche Unterschied zwischen der Architektur des Fernen Ostens und jener von Süd- und Südostasien. Gewiß, es gibt sowohl in China als auch in Japan nicht wenige Steinbauten, Tempel wie Festungen, dennoch entwirft unsere Vorstellung beim Gedanken an einen japanischen Tempel unverzüglich ein Bild von Holzsäulen, dünnen Wänden und einem großen Ziegeldach mit geschwungenen Ecken, vielleicht mit mehreren sich stufenweise nach oben verjüngenden Dächern. In das Bild gehört unbedingt auch ein sorgfältig gestalteter Garten mit Steinen, mit Moos und krummen Niedrigkiefern rings um den Tempel. Die Steine wirken auf den ersten Blick wie zufällig verstreut, in Wirklichkeit sind sie nach einem wohlüberlegten Plan verteilt.

Indiens Architektur nahm ihren Anfang in Felsen und Höhlen und bewahrte die Spuren dieser Herkunft über Jahrhunderte; dagegen zeigt sich in der japanischen Architektur Verbundenheit des Volkes mit der Natur, mit den waldigen Tälern und dem Wind vom Meer. Der indische Tempel schließt den Menschen von der Außenwelt ab und in sich ein. Dort bilden die Tempelwände eine sichere Umfriedung, die schmalen Türöffnungen gleichen Schießscharten.

Dagegen waren die japanischen Architekten bestrebt, das Bauwerk in die Landschaft einzufügen. Der japanische Tempel ist wie ein Stück vom Walde, seine schlanken, zierlichen Pfeiler gleichen Baumstämmen, das prächtige, ausladende Dach wirkt wie eine Baumkrone, das Tempelinnere ist geräumig, hell und rein. Der dazugehörige Garten, die unverzichtbare Ergänzung eines jeden Gebäudes, scheint nicht ein Werk menschlicher Hände, sondern Teil der Natur zu sein. Bemerkenswert und aufschlußreich ist in diesem Zusammenhang, wie man den Stein in der japanischen Architektur betrachtet. Ein Stein gilt als natürliches Wesen, solange er unbearbeitet bleibt. Der behauene Stein ist tot. In Japans Gartenarchitektur kennt man viele »typische« Bezeichnungen von Steinen: Schildkrötenkopf, Mondschattenstein, Schattenstein spielender Fische, Nebeldeckenstein, Tigerschluchtstein ... Ein bestimmter Gartentyp wird »Garten der trottenden Tigerkinder« genannt. Ein etwas größerer Stein — das ist die alte Tigerin, dahinter ordnen sich die übrigen Steine zu einer ungleichmäßigen Reihe. Die Steine »überqueren« sozusagen die ebene Sandfläche. Steine spielen in der japanischen Gartenkunst eine derart wichtige Rolle, daß ein Architekt des 15. Jahrhunderts in sein Werk die Beschreibung eines Mustergartens aufnahm, in dem es nur Sand und Steine gibt. Über Sandplätze führen Pfade aus Steinen, die im Schrittabstand daliegen. Die Gartenfläche ist von Bäumen, Teichen, kleinen Aufbauten umgeben, und dies alles, der gesamte Komplex, bildet mit dem Haus, Tempel oder Palast ein Ganzes.

Zur Kunst und Architektur Japans wäre noch viel zu sagen, doch hier geht es um Weltwunder. Einem dieser Wunderwerke, und zwar dem Tempel Todai-ji von Nara sowie der Buddhastatue, für die er erbaut wurde, wollen wir uns nun zuwenden. All das oben Gesagte bezieht sich ebenso oder vielleicht in noch höherem Maße auf diesen Tempel wie auch auf andere japanische Kultbauten. Todai-ji unterscheidet sich von anderen Tempeln vor allem darin, daß es das größte Holzbauwerk der Welt mit der größten Bronzestatue der Welt ist.

... Im 6. Jahrhundert drang der Buddhismus aus China und Korea in Japan ein. Seine Einführung und Verbreitung vollzogen sich hier nicht ganz reibungslos. Die komplizierte buddhistische Philosophie fand in Japan nicht nur Anhänger, sondern stieß auch auf heftigen Widerstand, vor allem bei den Priestern, die den Dienst an den alten Gottheiten verwalteten.

Dennoch wurde der Streit bald zugunsten des Buddhismus entschieden. Im 8. Jahrhundert, 200 Jahre nach seinen Anfängen in Japan, erreichte der Buddhismus hier einen Höhepunkt. Diese seine Blütezeit war mit der Stadt Nara verbunden. Nara wurde 710 die erste Hauptstadt Japans und blieb es 74 Jahre lang. Während dieser Zeit regierten dort in Folge sieben Kaiser. Mitte des 8. Jahrhunderts erklärte Kaiser Schomu den Buddhismus zur Staatsreligion.

In dieser Periode unterhielt Japan enge Beziehungen zu China, von dort erfuhr der japanische Buddhismus fortwährend kräftige

Unterstützung. Auch der Kaiser von Japan ließ es weder an materiellen Mitteln noch an Anstrengungen fehlen, um die neue Religion zu festigen. So beschloß er, in seiner Residenz ein Monument zu schaffen, dem nichts in der Welt gleichen sollte. (Dieser für Alleinherrscher typischen Denkweise sind wir auf den Seiten des vorliegenden Buches bereits wiederholt begegnet.)

Im Oktober des 15. Jahres der Tempjo-Ära (im Jahre 743) verfügte der Kaiser durch Erlaß die Schaffung einer riesigen Bronzestatue Buddhas. An einem dafür geeigneten Ort in der Nähe der Hauptstadt wurde das Holzmodell der Statue von den Meistern angefertigt. Man arbeitete vier Jahre ohne Unterbrechung, dann war die 16 Meter hohe Plastik fertig. In Teile zerlegt, wurde sie in die Hauptstadt gebracht. Die Figur war so riesig, daß die Bewohner von Nara noch heute behaupten, man habe mit geöffnetem Schirm in ihr Nasenloch hineinspazieren können. Der Bronzeguß dauerte weitere zwei Jahre. Aus allen Teilen des Kaiserreiches wurde das nötige Metall von den Kupferbergwerken geliefert, und es heißt, der Kaiser habe selbst mit Hand angelegt und in den breiten Ärmeln seines Kimonos Erde zur Gußgrube getragen.

Endlich, im Oktober des ersten Jahres der Ära Tempjo-Schoho, das heißt im Jahre 749, waren die Arbeiten der Gußmeister beendet. Die Bildhauer gaben dem Monument den letzten Schliff, sie glätteten die Nietnägel und die haarfeinen Ritzen an den Nahtstellen der Ringe, aus denen die Bronzestatue zusammengefügt war. Zur Herstellung hatte man über 500 Tonnen Bronze benötigt, und die Arbeiten dauerten genau sechs Jahre.

In strahlender Schönheit, noch ohne Spuren von Wind und Regen das Metall, saß Buddha mit gekreuzten Beinen auf dem Hügel, die in Gebetsgeste nach oben geöffnete linke Hand auf dem Knie, die rechte gehoben und nach vorn gestreckt, was Befreiung von Unruhe und Bedrängnis bedeutet. Der Blick der von schweren Lidern halbverdeckten Augen sucht die Ferne, und auf den klar gezeichneten, an den Winkeln leicht gehobenen Lippen liegt ein kaum merkliches Lächeln. Es ist ein geheimnisvoller, in tiefe Ruhe versunkener Buddha.

Sechzehn Meter hoch, höher als ein fünfstöckiges Haus, ragte über Nara der bronzene Riese. Doch wie sollte man ihn vor Unwetter bewahren und schützen?

Auf Befehl des Kaisers wurde alsbald der Aufbau eines Tempels in Angriff genommen, der groß genug für diesen Buddha sein sollte.

*Das Große Südtor des Todai-ji.*
*Unten: der Große Buddha des Todai-ji, der Höhepunkt*
*japanischer Bronzegußtechnik. Er ist über 16 Meter hoch.*

350

Der Bau des Tempels Todai-ji von Nara, der Wohnstätte des bronzenen Gottes, dauerte noch einmal sechs Jahre. Schließlich war auch er fertig. Seine Höhe betrug 48 Meter, die Länge und Breite je 50 Meter. Ein Vergleich mit heutigen Gebäuden kann diese Maße wiederum verdeutlichen: Die Höhe des Tempels Todai-ji entspricht der Höhe eines sechzehn stöckigen Hauses. Seine Grundfläche mißt 2500 Quadratmeter. Für den Bau wurde kein einziger Stein verwendet.

Nach der Absicht des Kaisers sollten dieser Tempel und diese Statue der neuen Religion Gewicht verleihen und ihm selbst und seinem Hause für alle Zeiten die Herrschaft in Nara sichern.

Doch es kam alles ganz anders. Die Dynastie blieb nicht lange an der Macht. Auch dem Tempel und der Statue war kein ewiges Dasein vergönnt. Den Tempel erwartete ein eigenartiges, wechselvolles Schicksal. Zweimal ging er zugrunde, um zweimal aus der Asche wiederzuerstehen.

Gegen Ende des 8. Jahrhunderts erstarkte der japanische Feudaladel, dadurch wurde die Macht des Kaisers immer mehr beschnitten und schließlich ganz ausgeschaltet. Die letzten Kaiser der Dynastie waren nur noch Marionetten in den Händen des mächtigen Fujiwara-Clans. Die Residenz wurde von Nara nach Kyoto verlegt (damals hieß die Stadt Heian-Kyo). Auch dort errichtete man buddhistische Tempel und Statuen, und es heißt, einige nicht erhaltene Buddhastatuen von Kyoto seien noch größer gewesen als der Buddha in Nara.

Auf Nara, das eine große Stadt geblieben war, richtete sich stets der begehrliche Blick der Adelscliquen. Bei den Machtkämpfen der Feudalgeschlechter traten religiöse Motive häufig in den Hintergrund, für Klöster und Tempel interessierten sich die Feudalen eher deshalb, weil man sich an ihnen bereichern konnte.

Als Nara am 28. Dezember 1180 von der Armee des Taira-Clans gestürmt wurde, stieg über der Stadt eine gewaltige Feuersäule auf. Es brannte das größte Holzbauwerk der Welt. Die jahrhundertealten, ausgetrockneten Edelholzpfeiler wurden wie Streichhölzer von den Flammen verzehrt. Die herabstürzenden Balken zerstoben zu Feuerfunken an Buddhas bronzenem Haupt, und im Schein des Feuers belebte und verzerrte sich wohl das sonst so ruhige und entrückte Antlitz.

Der Brand des Todai-ji-Tempels war kein Zufall. Die Agenten der Taira hatten erfahren, daß die dortigen Priester heimlich auf der Seite der gegnerischen Minamoto-Clique standen. Ein Heer von 40 000 Soldaten wurde entsandt, den gigantischen Tempel zu zerstören. Sie führten den Auftrag aus, und vom Tempel blieb nur ein Aschehaufen übrig, den die Soldaten sorgfältig einebneten. Sowohl sie als auch ihre Befehlshaber waren Buddhisten, doch das spielte keine Rolle.

Inmitten der Asche und verkohlten Überreste erhob sich ein vom Feuer geschwärzter riesiger Bronzeklumpen — die verunstaltete, kopflose Buddhastatue.

Die Zerstörung des Todai-ji war eine der letzten »Heldentaten« der Taira-Armee. Bald darauf wurde sie vom Heer der Minamoto geschlagen, und der Anführer dieses Geschlechts, Yoritomo Minamoto, beraubte den Kaiser praktisch jeglicher Machtbefugnisse, übernahm selbst die Regierungsgewalt und verlegte die Residenz nach Kamakura. Die »Weidenhauptstadt« Kamakura gehörte den Samurai, den Kriegern, denen strenges Pflichtdenken und einfache Lebensführung nachgerühmt werden. In Kamakura wurde eine neue Bronzefigur Buddhas errichtet. Sie blieb bis heute erhalten und ist wohl noch berühmter als die Statue von Nara, da sie unter freiem Himmel steht, stets von Besuchermassen umringt und von vielen Touristen fotografiert.

Doch die Minamoto beschränkten sich nicht auf die Verherrlichung des Buddhismus in der eigenen Hauptstadt. Ob er sich nun den Priestern von Todai-ji oder der Religion im allgemeinen verpflichtet fühlte — jedenfalls beschloß der Schogun, der eigentliche Herrscher im Lande, den Tempel von Nara wiederherzustellen. Freilich wurde der neue Tempel etwas kleiner, denn Buddhas Haupt war ja geschmolzen, und einen neuen Kopf konnte er vorläufig nicht erhalten. Man hatte schon sehr viel Bronze für das Gegenstück — den Buddha von Kamakura — verbraucht.

Erneut wurde der Tempel zu einem der wichtigsten Zentren des Buddhismus in Japan. Nach und nach baute man auch die übrigen Gebäude rings um das Heiligtum wieder auf. Die Klöster und Tempel erwarben Reichtümer und erweiterten ihren Landbesitz ...

Unerwartet brach ein neues Unglück über Todai-ji herein. Freilich war der Zufall so ungewöhnlich nicht. Wiederum fanden in der Nähe von Nara Kämpfe zwischen rivalisierenden Feudalen statt, und Soldaten liefen im Schutze der den Tempel umgebenden Parkanlagen über. Da blieb ein brennender Pfeil im Dachstuhl des Tempels hängen. Die neben Wasserbehältern Wache haltenden Priester schafften es nicht, zum Tempeldach zu gelangen, bevor die Flammen das Gebälk erfaßten. Seit der Tempelerneuerung waren ja bereits 300 Jahre

*Der Glockenturm des Todai-ji, eine reizvolle Holzkonstruktion, wurde im 13. Jh. gebaut. Er birgt die größte Tempelglocke Japans, die im Jahre 752 gegossen wurde und noch heute in Gebrauch ist. Rechts: Tamon-Ten, einer der vier Wächter-Halbgötter des Tempelbezirkes Todai-ji. Die Figur aus dem 8. Jh. ist in Ton modelliert und mit leuchtenden Farben und Blattgold dekoriert.*

353

vergangen, die Dachsparren also ungemein ausgetrocknet ... Das geschah im Jahre 1567. Wieder brannte der Tempel vollständig nieder, und der durch Feuer und Krieg arg geschädigte kopflose Buddha ragte über der Brandstätte.

Dieses Mal zögerte sich der Wiederaufbau des Tempels lange hinaus, im Lande fehlte eine starke Zentralregierung, die sich derartige Aufwendungen hätte leisten können.

Hundertfünfzig Jahre lang zelebrierten die Priester ihre Gottesdienste in den nahe gelegenen kleineren Tempeln, die der Brand verschont hatte, und der verstümmelte Buddha war hinter wuchernden Sträuchern und hohen Bäumen, die den Torso und die Arme des Riesen verdeckten, kaum noch zu sehen.

Zum zweiten und letzten Mal wurde der wie Phönix aus der Asche auferstehende Tempel im Jahre 1709 wiedererrichtet.

In Japan hatte sich seit dem ersten Tempelbau zu Nara nur wenig verändert. Im Jahre 1709 war dieses Land noch genauso abgekapselt und von der Außenwelt isoliert wie vor tausend Jahren. Es sollten noch einmal hundertfünfzig Jahre vergehen, ehe die Revolution von 1868 das alte Feudalsystem hinwegfegen wird, bevor Japan erwacht und Anlauf nimmt, die übrige Welt einzuholen.

Der neue Tempel glich ganz genau seinen Vorgängern, nicht nur deshalb, weil die Architekten Todai-ji nach dem alten Vorbild zu rekonstruieren wünschten. Im 18. Jahrhundert wurden in Japan immer noch die gleichen, Todai-ji ähnlichen Tempel gebaut.

Im Jahre 1709 erhielt die versengte Buddhastatue einen neuen Kopf. Man sollte es jedoch nicht als Irrtum ansehen, wenn angegeben wird, daß der Tempel Todai-ji von Nara aus dem 8. Jahrhundert (und nicht aus dem 18.) stammt.

Sicherlich wird ein scharfes Auge entdecken, daß der Kopf der Statue neuer aussieht als der Körper und die Arme, auch daß einige kleine Tempel und andere Todai-ji umgebende Gebäude bei weitem altertümlicher wirken als der große Tempel.

Außer dem Tempel mit der großen Buddhastatue besitzt Nara noch zahlreiche weitere wundervolle Monumente. Über das 36 Hektar große Parkgelände verteilen sich etwa hundert verschiedene Gebäude und Statuen, die zum Nationalschatz Japans gehören. Unter anderem befindet sich hier eine uralte Schatzkammer, ferner das Nandaimon, das in den Gesamtkomplex hineinführende große Tor, hervorragende Bodhisattwa-Statuen, Figuren himmlischer Wächter und anderer Mitglieder des buddhistischen Pantheons.

Über diese Statuen schrieb Ilja Ehrenburg: »Im Museum von Nara stehen neben einem wunderschönen Kopf des Bodhisattwa Statuen seiner Schüler: Jede Statue ist eine Biographie, Offenbarung eines

Charakters und Schicksals. Ich weiß nicht, ob es im siebenten Jahrhundert das Wort ‚Realismus' gab, aber der Realismus existierte, es genügt, die Plastiken von Nara zu betrachten.«

... Betritt man heute den um den Buddhatempel gelegenen Park durch das hohe Holztor, dessen Dächer denen des Tempels nachgebildet sind, und geht an der mit ungebrannten Ziegeln verkleideten Mauer entlang, so kommt man zum kolossalen Haupttempel. Ein vergoldeter Fries ziert die Ränder seines zweistufigen Daches, doch sonst wurde kein Gramm Farbe auf die Wände oder das Dach aufgetragen. Im Unterschied zu den Chinesen fanden die japanischen Baumeister keinen Gefallen daran, die natürliche Zeichnung des Materials, sei es Holz, Stoff oder Stein, mit greller Farbe zu überdecken. Die Japaner hatten schon früh die den Dingen eigene natürliche, echte Schönheit erkannt und mit ihr umzugehen gelernt.

In einem der kleineren Nebengebäude können alte Figuren bewundert werden, zum Beispiel Himmelswächter in Panzern der mittelalterlichen Feudalen, die zornig, kriegerisch und unerbittlich aussehen. Vielleicht erledigte der Künstler mit ihrer Anfertigung einen besonderen Auftrag: Der Betrachter sollte wohl eine Beziehung zwischen den Beschützern des Himmels und den über sein Schicksal gebietenden Wächtern und Machthabern auf Erden herstellen und sich eines besseren Gehorsams befleißigen. Hochmütig, mit herabgezogenen Mundwinkeln, blicken die Wächter auf die Besucher, Touristen sind ihnen wohl unsympathisch.

Und neben dem Tempel trifft man Hirsche. Manche Narabewunderer behaupten, die Stadt und der Tempel würden ihre Anziehungskraft zur Hälfte verlieren, gäbe es dort die Hirsche nicht. Sie laufen im Park herum, schauen auch einmal in einen Tempel hinein und überholen seelenruhig die Autos auf den Straßen. Offenbar spüren die Hirsche, daß sie die eigentlichen Hausherren sind, nicht die Stadtverwaltung und auch nicht die Priester oder gar die zahlreichen Touristen.

Die Hirsche kamen zusammen mit dem Großen Buddha nach Nara und teilen sich mit ihm den ersten Rang unter den Sehenswürdigkeiten der Stadt. Neben Todai-ji steht der kleinere Kasugatempel, ein Heiligtum des Fujiwara-Geschlechts. Glaubt man der alten Legende, so kam einst die Gottheit, welcher der Kasugatempel geweiht ist, aus fernen Gegenden auf einem Hirsch geritten. Deshalb betrachteten die Angehörigen des mächtigen Feudalclans die Hirsche als heilige Wesen und fingen einige Tiere ein, um sie im Tempelpark zu hegen. Den Stadtbewohnern gefielen die Hirsche, man gewöhnte sich an sie, und sie lebten in Nara so frei und unbehelligt wie die Kühe in Indien. Im Mittelalter ging es ihnen sogar besser als den Menschen.

Laut Überlieferung wurde ein Bewohner von Nara vor einigen Jahrhunderten hingerichtet, weil er einen Hirsch getötet hatte ... Selbst hohe Beamte stiegen aus der Sänfte, um sich vor entgegenkommenden Tieren zu verneigen.

In Nara erzählt man sich folgende Geschichte oder besser gesagt Legende, die ziemlich glaubwürdig klingt und eher traurig ist. Es heißt, die Einwohner Naras standen früher auf als alle übrigen Japaner. Nicht, weil sie fleißiger waren als die anderen. Ein jeder hatte es eilig festzustellen, ob sich nicht neben seinem Haus ein während der Nacht verendeter oder getöteter Hirsch befand. Keiner wollte deshalb sterben, weil zufällig neben seinem Haus ein toter Hirsch lag ... Kam es tatsächlich einmal vor, daß ein Hirsch vor der Tür lag, so versuchte man ihn schleunigst zur Tür des schlimmsten Feindes zu schleppen. Über tausend Jahre konnten die Hirsche friedlich in Nara leben, doch während der letzten hundert Jahre wurden sie zweimal beinahe ausgerottet.

Zum ersten Mal drohte ihnen dieses Schicksal 1868, während der Meiji-Revolution. Als die feudalen Machthaber abtreten mußten, verlor auch die Religion, eine ihrer Stützen, rasch an Autorität. In Nara rächten sich die Menschen an den unschuldigen Hirschen, in denen sie ein Stück ihrer noch nicht weit zurückliegenden unguten Vergangenheit sahen. Wer wollte, tötete einen Hirsch, zumal das nicht sonderlich schwer war, denn bis dahin hatten sich die Menschen zu den völlig zahmen Tieren wie Freunde verhalten. Zehn Jahre nach der Revolution waren von den ursprünglich etwa 1000 Hirschen nur noch 38 übrig. Erst als der Gouverneur der Provinz eine Verordnung über den Schutz der Hirsche erließ, war der Rest des Bestandes gerettet. Zu Beginn des zweiten Weltkrieges hatte sich ihre Zahl wieder auf einige hundert vermehrt, doch während des Krieges erinnerte man sich nicht mehr an das Dekret. Die Menschen litten Hunger und wilderten in den Parks. Irgendwie überstanden die Hirsche auch diese Zeit. Manche Tiere hatten sich wieder in Wild verwandelt und ließen die Menschen nicht an sich herankommen, dadurch überlebten sie. Nach dem Krieg wurde eine Gesellschaft zum Schutz der Hirsche von Nara gegründet, und heute sind es wieder etwa tausend.

So paradox es auch scheinen mag, irgendwie ist die Geschichte der Hirsche von Nara dem Schicksal des Todai-ji-Tempels verwandt. Sowohl den Tempel als auch die Hirsche gibt es zu Nara seit 1200 Jahren. Zweimal wurden sie vernichtet, und zweimal kehrten sie zurück.

... In schlichter Schönheit erhebt sich der Tempel Todai-ji über der alten Stadt. Er ist gleichermaßen anmutig am Tage, des Abends und am frühen Morgen. Doch besonders zauberhaft zeigt sich Nara am 15. Januar, wenn hier das Fest der Verbrennung des Wakakusaberges gefeiert wird.

Dieser Berg oder besser Hügel, etwas über 500 Meter hoch, wölbt sich wie ein runder Rücken über der Stadt. Bäume gibt es dort nicht, dichtes Gras bedeckt seine Hänge. Bereits seit Hunderten von Jahren begeben sich die Priester am 15. Januar zum Berg, um das Gras abzubrennen. Auf dem gelbroten Hintergrund des brennenden Hügels treten die dunklen Silhouetten der Tempel hervor, Funkengarben steigen gleich Raketen zum Himmel auf und bereiten ein märchenhaftes Feuerwerk.